Vidas rebeldes, belos experimentos

FÓSFORO

SAIDIYA HARTMAN

Vidas rebeldes, belos experimentos

Histórias íntimas de meninas negras desordeiras,
mulheres encrenqueiras e queers radicais

Tradução
FLORESTA

Para Beryle e Virgilio Hartman,
de quem sinto saudades todos os dias

Para Hazel Carby, que abriu a porta

*Ela era, como sabia, de uma forma estranhamente indefinida,
um fator perturbador.*

Nella Larsen,
Quicksand [Areia movediça]

Uma nota sobre o método

Na virada do século 20, jovens negras se encontravam em franca rebelião. Elas lutavam para criar vidas autônomas e belas, para escapar das novas formas de servidão que estavam à espreita e para viver como se fossem livres. Este livro recria a imaginação radical e as práticas rebeldes dessas jovens ao descrever o mundo através dos olhos delas. É uma narrativa escrita de lugar nenhum, do não lugar do gueto e do não lugar da utopia.

Quem se dedica a historicizar a multidão, as pessoas despossuídas, subalternas e escravizadas, se vê tendo de enfrentar o poder e a autoridade dos arquivos e os limites que eles estabelecem com relação àquilo que pode ser conhecido, à perspectiva de quem importa e a quem possui a gravidade e a autoridade de agente histórico. Ao escrever este relato da insurgência, lancei mão de uma vasta gama de materiais arquivísticos para representar a experiência cotidiana e o caráter agitado da vida na cidade. Recrio as vozes e uso as palavras dessas jovens quando possível e habito as dimensões íntimas de suas vidas. A ideia é transmitir a experiência sensorial da cidade e capturar a rica paisagem da vida social negra. Com esse fim, empreguei um modo de narrativa íntima, um estilo que coloca a voz que narra e a personagem em uma relação inseparável, de forma que a visão, a linguagem e os ritmos da insurgência modelam e arranjam o texto. As frases e versos em itálico são interferências do coro. Esta história é contada a partir do interior do círculo.

Todas as personagens e os eventos apresentados neste livro são reais; nada foi inventado. O que eu sei da vida dessas jovens foi apurado em registros de cobradores de aluguel; pesquisas e monografias de sociólogos; transcrições de julgamentos; fotografias do gueto; relatórios da delegacia de costumes, assistentes sociais e oficiais de condicional; entrevistas com profissionais da psiquiatria e da psicologia; e autos de prisão — e em todos esses documentos elas são representadas como um problema. (Alguns nomes foram alterados para proteger a confidencialidade e conforme exigência pelo uso de arquivos do Estado.) Criei uma contranarrativa livre dos julgamentos e das classificações que submeteram jovens negras a vigilância, punição e confinamento, e que oferece um relato sobre os belos experimentos — de fazer do viver uma arte — realizados por aquelas muitas vezes descritas como promíscuas, inconsequentes, selvagens e rebeldes. Trata-se de uma tentativa de recuperar o terreno insurgente dessas vidas; de exumar a franca rebelião de dentro dos autos, de desassociar a rebeldia, a recusa, a ajuda mútua e o amor livre de sua identificação como desvio, criminalidade e patologia; é afirmar a maternidade livre (escolha reprodutiva), a intimidade fora da instituição matrimonial e as paixões queer e fora da lei; e iluminar a imaginação radical e a anarquia cotidiana de meninas de cor* comuns, algo que não foi apenas esquecido, mas que é quase inimaginável.

Vidas rebeldes elabora, amplia, transpõe e escancara documentos de arquivo para que forneçam um retrato mais rico da reviravolta social que transformou a vida social negra no século 20. O objetivo é entender e experimentar o mundo como essas jovens fizeram, aprender com aquilo que elas sabiam. Prefiro pensar este livro como o escrito fugitivo da rebeldia, marcado pela errância que a obra descreve. Nes-

---

* A autora emprega o termo *colored*, utilizado por pessoas negras nos Estados Unidos desde o século 19 e que foi repensado e debatido por pensadores e militantes ao longo dos anos. No Brasil, do século 19 até o início da retomada do termo "negro" na década de 1930, a expressão "pessoas de cor" também foi utilizada por alguns grupos como forma de minar outros termos entendidos como depreciativos. (Esta e as demais notas ao longo do texto são do tradutor, exceto se indicado de outra maneira. As notas numeradas são da autora.)

se espírito, tensionei os limites dos autos e dos documentos, especulei sobre o que poderia ter sido, imaginei coisas sussurradas em quartos escuros e ampliei momentos de confinamento, fuga e possibilidade, momentos em que a visão e os sonhos da rebeldia pareciam possíveis.

Poucas pessoas, na época ou agora, reconhecem jovens negras como modernistas sexuais, amantes livres, radicais e anarquistas, ou percebem que *a melindrosa é uma pálida imitação da menina do gueto*.[1] Elas não têm sido creditadas com nada: permanecem como mulheres excedentes sem nenhum significado, meninas consideradas impróprias para a história e destinadas a ser figuras menores. Este livro é alimentado por um conjunto de valores diferente e reconhece os ideais revolucionários que animam vidas comuns. Ele explora os desejos utópicos e a promessa de um mundo futuro que residia no rebelar-se e na recusa da governança.

O álbum aqui montado é um arquivo do exorbitante, um livro dos sonhos pela existência diversa. Na abordagem dessas vidas, uma história do século 20 muito inesperada emerge, uma história que oferece certa crônica íntima do radicalismo negro, uma história estética e desordeira de meninas de cor e seus experimentos libertários — uma revolução anterior a Gatsby. Em grande parte, a história e a potencialidade do universo delas permaneceram impensadas porque ninguém podia conceber jovens negras como socialmente visionárias e como figuras inovadoras no mundo em que esses atos tiveram lugar. As décadas entre 1890 e 1935 foram decisivas na determinação do curso dos futuros negros. Uma revolução em tom menor se desdobrou na cidade, e jovens negras foram seu veículo. Essa reviravolta, ou transformação da vida íntima negra, foi consequência da exclusão econômica, da privação material, do enclausuramento racial e da desapropriação social; contudo, também foi alimentada pela visão de um mundo futuro e daquilo que poderia ser.

A ideia disparatada que anima este livro é a de que jovens negras foram pensadoras radicais que imaginaram incansavelmente outras maneiras de viver e nunca deixaram de considerar como o mundo poderia ser de outra forma.

Personagens

Menina #1	Vaga pelas ruas do Sétimo Distrito da Filadélfia e do Tenderloin de Nova York, ano 1900. Ela é jovem, mas ainda assim tão velha e rude.
Menina #2	Presa em um estúdio num sótão na Filadélfia, ano 1882.
As moças da vitrine	Duas jovens passeando pela South Street, fim dos anos 1890.
Empregada doméstica	Aparece no decorrer do livro, de 1896 a 1935. Está sempre em busca de uma rota de fuga.
As agitadoras	Jovens presas no Lowell Cottage, Bedford Hills, Nova York.
O coro	Todas as jovens sem nome da cidade tentando encontrar uma forma de viver e em busca da beleza.

A brigada do saco de papel	Mulheres que no mercado de escravos do Bronx esperam vender seu trabalho para donas de casa brancas em troca de salários de fome.
Mattie Jackson, nascida Nelson	Quinze anos, vinda de Hampton, Virgínia, e recém-chegada a Nova York.
Victoria Earle Matthews	Fundadora da White Rose Mission e membra da Liga Nacional para a Proteção de Mulheres de Cor e da Associação Nacional de Mulheres de Cor.
W. E. B. Du Bois	Jovem sociólogo e o mais novo doutor de Harvard, conduzindo uma pesquisa social no coração do gueto negro, 1896-98.
Katherine Davis	Diretora da College Settlement Association e primeira superintendente do reformatório feminino do estado de Nova York em Bedford Hills.
Ida B. Wells	Radical, feminista, ativista antilinchamentos, escritora, oradora política e encrenqueira.
Helen Parrish	Filantropa abastada e reformadora habitacional amasiada com Hannah Fox, também membra da elite da Filadélfia.

Mamie Shepherd, vulgo Mamie Sharp	Uma beldade de dezenove anos que aluga um apartamento de três cômodos em um cortiço na Saint Mary Street, Filadélfia.
James Shepherd	Marido de Mamie.

MORADORES DA SAINT MARY STREET

Fanny Fisher	Uma mulher de meia-idade que bebe até cair.
Velho Fisher	Marido de Fanny.
Mary Riley	Uma jovem mãe.
Katy Clayton	Uma moça bonita que gosta de companhias masculinas.
Velha Clayton	Avó de Katy.
Ike e Bella Denby	Um casal briguento que bebe muito.
May Enoch	Recém-chegada em Nova York.
Arthur Harris	Marido e defensor de May.
Robert Thorpe	Um homem branco que agarra May Enoch e bate em Arthur Harris.

Gladys Bentley	Pessoa fanfarrona e mulherenga, uma escultura africana, exibida, andarilha gênero-queer,* tem amizade com Mabel Hampton.
Jackie Mabley	Atua, é comediante, sapatão, fêmea impostora e tem amizade com Mabel Hampton.
Mary White Ovington	Reformista social, uma querida amiga de W. E. B. Du Bois e cofundadora da Associação Nacional para o Progresso de Pessoas de Cor (NAACP).
Edna Thomas	Atua no palco e nas telas.
Olivia Wyndham	Aristocrata inglesa que se apaixona por Edna Thomas.
Lloyd Thomas	Marido de Edna. Um homem bonito e culto que gosta de citar poetas de origem chinesa e é gerente de uma casa noturna no Harlem.
Harriet Powell	Dezessete anos, adora salões de bailes.
Eleanora Fagan, vulgo Billie Holiday	Catorze anos, presa por prostituição em uma batida policial no Harlem.

* *Gender-queer stroller* no original. Aqui o termo *stroller*, literalmente pessoa "andarilha", faz referência à prática de caminhar por um lugar com o intuito, entre outros, de adquirir conhecimentos sobre o local, as pessoas e os costumes, para obter informações variadas e realizar articulações políticas, uma prática comum no Harlem dos anos 1920 e 1930.

Esther Brown	Marafona e revoltada, insiste em ser tratada como as meninas brancas.
Rebecca Waters	Amiga de Esther Brown.
Grace Campbell	Assistente social, oficial de condicional e membra da African Blood Brotherhood e do Partido Socialista.
Eva Perkins	Dezenove anos, operária, amante da vida da rua e esposa de Kid Chocolate.
Aaron Perkins, vulgo Kid Chocolate, vulgo Kid Happy	Boxeador do Harlem, ascensorista e sonhador.
Shine	Mito, arquétipo e avatar.
Mabel Hampton	Corista, lésbica, intelectual da classe trabalhadora e aspirante a cantora de concerto.
Ella Baker	Andarilha do Harlem, conselheira comunitária e pesquisadora de campo da NAACP.
Marvel Cooke	Comunista e jornalista.
Hubert Harrison	Socialista, escritor e leitor palestrante de esquina.

LUGARES

Ruas e vielas do Quinto e Sétimo distritos da Filadélfia; ruas do Tenderloin e do Harlem; o estúdio de um artista na Spruce Street; terceira classe de um navio a vapor da Old Dominion; docas de West Side; vagões segregados da Atlantic Coast Line Railway; quartos e quitinetes por todo o cinturão negro,* clubes, bares e cabarés; Lafayette Theater, Alhambra Theatre, Garden of Joy, Clam House, Edmond's Cellar; o asilo de Blackwell's Island, o reformatório feminino de Bedford Hills; Coney Island; e teatros, cinemas, salões de baile, cassinos, botequins dessegregados,** bares clandestinos e restaurantes chineses.

* No original, *Black Belt*. Termo histórico originalmente empregado em referência à cor da terra em que se cultivava algodão no sul dos Estados Unidos na época da escravidão. Com o tempo, o termo passou a ser usado para se referir aos locais de população majoritariamente negra.

** Termo datado em referência a um bar ou qualquer estabelecimento do tipo que admitia pessoas brancas e racializadas.

LIVRO 1

Ela caminha a esmo pela cidade

A terrível beleza do gueto

Você pode encontrá-la em meio a um grupo de belos bandidos e meninas *ligeiras* reunidos na esquina cantarolando o último *rag*,* ou demorando-se diante da Wanamaker's olhando com cobiça para um par de sapatos finos dispostos como joias atrás da vitrine. Observá-la na viela com um jarro de cerveja que vem e vai entre ela e seus amigos, atrevida e adorável em um vestido barato e fitas de seda; olhá-la com admiração enquanto ela se pendura com metade do corpo para fora da janela de um cortiço, absorvendo o drama do quarteirão e desafiando a força da gravidade. Pise em qualquer um dos caminhos que cruzam a cidade em expansão e você poderá encontrá-la perambulando. Forasteiros chamam de gueto as ruas e vielas que constituem seu mundo. Para ela, é apenas o lugar onde vive. Você nunca pinta na quadra dela a menos que more lá também, ou que tenha se perdido, ou que tenha saído em uma noitada à procura dos prazeres oferecidos por gente de outra laia. Os voyeurs, em suas expedições aos bairros pobres, se alimentam da força vital do gueto, desejam e abominam essa força. Os cientistas sociais e reformadores não são nem um pouco melhores, com suas câmeras e suas pesquisas, ao encarar atentamente todos os estranhos espécimes.

Seu distrito é um labirinto de vielas fedorentas e becos escuros. É uma cidade africana, o quarteirão negro, a zona nativa. Os italianos

---

* Gênero musical estadunidense que ganhou popularidade no fim do século 19 e início do 20. Reconhecidamente negro, o *rag* ou *ragtime* foi um estilo predecessor do jazz.

e judeus, engolfados pela proximidade, desaparecem. É um mundo escondido atrás da fachada da metrópole ordenada. Os prédios ainda não arruinados e as casas decentes de frente para a rua ocultam o cortiço da viela onde ela mora. Ao adentrar a estreita passagem do beco, cruzamos o limiar de um mundo barulhento e desordenado, um lugar definido pelo tumulto, pelo coletivismo vulgar e pela anarquia. É uma pocilga humana povoada pelos piores elementos. É um reino do excesso e de maravilhas. É um ambiente miserável. É a plantation estendida para a cidade. É um laboratório social. O gueto é um espaço do encontro. Os filhos e filhas dos ricos vêm em busca de significado, vitalidade e prazer. Os reformadores e sociólogos vêm em busca dos verdadeiramente desfavorecidos, falhando em vê-la e a seus amigos como pensadores ou planejadores, ou em notar os belos experimentos criados por meninas negras pobres.

O distrito, a quebrada, o gueto — é um ambiente urbano comum onde os pobres se reúnem, improvisam formas de vida, experimentam a liberdade e recusam a existência subalterna predefinida para eles. É uma zona de extrema privação e de um desperdício alarmante. Nas fileiras de cortiços, as pessoas decentes vivem em paz com as devassas e imorais. O quarteirão negro é um lugar despojado de beleza e extravagante na forma como exibe isso. Adentrar e seguir em frente é o que estabelece os ritmos do cotidiano. Cada onda de recém-chegados muda o lugar — a aparência, os sons e os cheiros do gueto. Ninguém se estabelece aqui, apenas vai ficando, espera por algo melhor e segue adiante; pelo menos, essa é a esperança. Ainda não é um *gueto preto*,[1] mas em breve restarão apenas as pessoas negras.

No gueto, tudo está em falta, exceto a sensação. A experiência é *abundante*. A terrível beleza está além do que qualquer um poderia esperar assimilar, ordenar e explicar. Os reformadores tiram suas fotos dos prédios, quitinetes, varais e puxadinhos. Ela passa despercebida enquanto os observa da janela do terceiro andar de seu prédio na viela onde vive, rindo de sua estupidez. Eles tiram uma foto da Lombard Street quando *não tem quase ninguém lá*. Ela se pergunta o que tanto os fascina naqueles varais e puxadinhos. Sempre fotografam as mesmas coisas. Será que as roupas de baixo dos ricos são assim tão me-

lhores? Será que o algodão é tão diferente da seda e não se apresenta tão bem como uma faixa hasteada pelas ruas?

Os forasteiros e os entusiastas falham em capturá-la, em compreendê-la. Tudo o que veem é uma típica viela de negros, cegos diante da troca de olhares e das manifestações de desejo que perturbam a legenda de suas fotografias e insinuam a possibilidade de uma vida maior que a pobreza, o tumulto e o levante que não podem ser capturados pela câmera. Falham em discernir a beleza e veem apenas a desordem, sem captar todas as maneiras pelas quais as pessoas negras criam vida e transformam a mera necessidade em um terreno de elaboração. Uma mulher seminua, com um casaco por cima de uma camisola delicada, está recostada na soleira da porta, oculta pelas sombras do saguão de entrada, enquanto fofoca com sua namorada de pé no limiar. A vida íntima se desdobra nas ruas.

Jornalistas da *Harper's Weekly* golfam no impresso: "Acima dos judeus, nas mesmas casas [de cortiço], em meio a cenas de uma sordidez indescritível e de uma elegância de mau gosto, habitam os negros, levando uma vida despreocupada de prazeres, confusão, música, barulho e brigas violentas que fazem deles um *terror para as vizinhanças brancas e os senhorios*".[2] Excitado com a visão de criados, zeladores e estivadores vestidos com elegância, meninos ascensoristas com chapéus estilosos se aprumando na esquina, e negros *estéticos* contentes em gastar dinheiro com extravagâncias, ornamentos e brilhos, o sociólogo implora para que eles aprendam o valor de um dólar com seus vizinhos judeus e italianos. Os negros devem abandonar os hábitos lassos de vida, o deleite sensual e excessos imprudentes que são costumes da escravidão. O presente-passado de uma servidão involuntária se desdobra na rua, e o lar, *completamente arruinado pelo navio negreiro e pelo arrebanhamento promíscuo da plantation* [...],[3] está mais uma vez arruinado agora, escancarado ao acolhimento de estranhos.

Os sentidos são solicitados e oprimidos. Veja só. Deixe que seus olhos capturem tudo: os belos bandidos alinhados no pátio como sentinelas; a disposição desmedida de três vasos de flores arranjados no parapeito da janela de um cortiço, lençóis, lenços com iniciais, meias-calças de seda bordadas e roupas de baixo de prostitutas pendura-

das em um varal de um lado ao outro da viela, comunicando arranjos clandestinos, vidas rebeldes, questões carnais. Mulheres com embrulhos de papel e barbante passam apressadas como sombras. A luz inclemente às suas costas as transforma em silhuetas; formas escuras e abstratas que substituem quem realmente são.

As filhas do vendedor de jornal à toa nos degraus que levam ao seu apartamento no porão. A mais velha é magnífica, sentada entre os escombros em seu chapéu e vestido de domingo puídos. A mais jovem permanece misteriosa e indistinguível.

O sol se derrama pela escada, deitando-se sobre as meninas e iluminando a entrada para o cômodo pequeno e úmido, abarrotado com as mercadorias do pai: pasquins, papéis, encomendas e objetos descartados que foram recuperados para uso futuro. Ele vira as costas para a câmera e se esquiva da captura.

O que você pode ouvir se parar para escutar: os sons guturais do iídiche fazendo do inglês uma língua estrangeira. Os sons harmoniosos e vociferantes da Carolina do Norte e da Virgínia se desmanchando na linguagem dura da cidade, transformados pelo ritmo e pela cadência das ruas do Norte. A erupção de risos, a salva de maldições, os gritos que fazem as paredes do cortiço vibrarem e o chão vacilar. *Sim, oooh, amor, isso é tão bom!* — a doce música de um gemido longo que silencia quem ouve, os bisbilhoteiros querendo mais, apesar de saber que não deveriam. A onda de impressões: a almiscarada essência de corpos dançando bem juntos em um bar num porão; o roçar não intencional da mão de uma estranha na sua enquanto ela atravessa o pátio; um vislumbre de jovens amantes aninhados nas sombras profundas do corredor de um cortiço; o abraço violento de dois homens brigando; o odor acre de bacon e bolo de milho fritando em um fogareiro; a madressilva da água-de-colônia de uma doméstica; a fumaça de bordo-campestre subindo do cachimbo de espiga de milho de um velho. Um mundo inteiro se espreme em um pequeno quarteirão lotado de pessoas negras apartadas de quase todas as oportunidades que a cidade oferece, mas ainda assim *intoxicadas pela liberdade*. O ar está vivo com as possibilidades de se juntar, de se encontrar, de congregar. A qualquer momento, a promessa da insurreição, o milagre da revolta: pequenos grupos, pessoas *sozinhas* e estranhos ameaçam iniciar uma aglomeração para incitar uma *traição em massa*.

Não há nenhum aviso visível nas portas das lojas barrando a entrada dela, apenas a brutal rejeição do "não atendemos negros". Quando se sente corajosa, ela grita um insulto ou prageja enquanto se retira da loja sob os olhares de ódio da balconista e das clientes. Ela pode se sentar onde quiser nos bondes e teatros, ainda que as pessoas se encolham caso escolha se sentar ao lado delas, como se fosse contagiosa, e pode assistir ao vaudeville ou ir ao cinema no mesmo dia em que as pessoas brancas, embora seja mais divertido e ela consiga respirar melhor quando há apenas pessoas de cor, porque sabe que não vai ser insultada. Apesar das liberdades da cidade, a vida aqui não é nada melhor que a vida na Virgínia, não há nenhum futuro mais brilhante pela frente, nenhuma oportunidade para garotas de cor a não ser a vassoura e o esfregão ou abrir as pernas nos tempos mais difíceis. Tudo o que é essencial — que escola ela frequenta, o tipo de trabalho que pode conseguir, onde pode morar — é ditado pela linha de cor,* que a coloca por baixo e todos os demais em cima dela. Por ser jovem, ela tenta sonhar com a criação de outra vida, uma na qual seu horizonte não se limite a um uniforme de empregada e à casa suja de uma mulher branca. Nessa outra vida, ela não será obrigada a engolir todas as merdas que ninguém mais aceitaria e se fazer de agradecida.

Nessa cidade do amor fraternal, ela foi confinada a uma zona esquálida que ninguém mais, a não ser os judeus, suportaria. Não se trata de um berço da liberdade, de um território livre ou de um refúgio temporário, mas de um lugar onde uma turba de irlandeses quase espancou seu tio até a morte por um crime supostamente cometido por outro negro; onde a polícia a arrastou para a prisão por ter sido desordeira e indisciplinada ao mandar os policiais *para o inferno*, depois de eles a terem arrancado dos degraus de seu prédio, dizendo para ir embora dali. Na Second com a Bainbridge Street, ela ouviu um homem branco gritar "Lincha ele! Lincha ele!" quando um homem de cor, acusado de roubar um pão na mercearia da esquina,[4] passou correndo.

Quando ela chega no Tenderloin, o motim irrompe. Na 41st com a Eighth Avenue, o policial disse: "Sua vadia preta, saia já daí!". Então arrastou a mulher para fora, a espancou com seu cassetete e a prendeu por desordem e indisciplina.[5]

---

* Categoria elaborada por W. E. B. Du Bois com a finalidade de descrever a desigualdade racial como um fenômeno que opera em escala global. A linha de cor é um termo que visa chamar a atenção para a existência de um conjunto de mecanismos de exclusão de populações não brancas que está na base da manutenção do poder político, econômico e ideológico do grupo racial branco.

*

Paul Laurence Dunbar a avistou na Seventh Avenue e ele temeu pela civilização estadunidense. Ao ver a garota entre a multidão de negros desocupados e indolentes que apinhavam a avenida, ele se perguntou: "O que fazer deles, o que se pode fazer por eles, se têm de ser impedidos a inocular nossa civilização com o veneno de sua vida?".[6] Eles não são anarquistas; e ainda assim nessas multidões aparentemente incautas e espalhafatosas reside uma ameaça terrível às nossas instituições. Embora não tivesse lido *Deus e o Estado* ou *O que é a propriedade?* ou *A conquista do pão*, os perigos que ela e outros como ela representavam se equiparavam aos perigos daqueles malditos judeus, Emma Goldman e Alexander Berkman. Tudo em seu ambiente tendia à degradação do senso moral, todo ato engendrava o crime e encorajava a franca rebelião. Dunbar lamentou: se ao menos pudessem ser impedidos de migrar em bando para a cidade, "se a metrópole pudesse regurgitá-los para o sul, o problema todo se resolveria".[7] As restrições sulistas seriam melhor para eles e para nós, melhor do que uma "falsa liberdade que floresce nocivamente em licença". Antes os campos, as humildes casas de espingarda, as cidades empoeiradas e o interminável ciclo de crédito e débito, antes isso que a anarquia negra.

Na maioria dos dias, os abusos da cidade eclipsam sua promessa: quando a água é cortada nas casas, quando mesmo em seu melhor vestido ela não consegue deixar de se perguntar se está cheirando à latrina ou se é evidente que suas calçolas estão maltrapilhas, quando está tão faminta que o aroma de sopa de feijão que sobe da cozinha do abrigo* enche sua boca de água, ela sai para as ruas, como se em

---

* Os abrigos ou *settlements* eram organizados pelo *settlement movement*, uma iniciativa de reforma social da década de 1880 ambientada na Inglaterra e nos Estados Unidos, cujo objetivo era estimular pessoas de classes mais elevadas a morarem em áreas urbanas habitadas por pessoas empobrecidas, de forma a levar melhorias para essas áreas e aproximar estratos socioeconômicos distintos em comunidades baseadas na cooperação.

busca da cidade real, não dessa pobre imitação. As pretas velhas empoleiradas em suas janelas gritavam: "Garota, por onde você andou?". Cada nova privação levanta dúvidas a respeito de quando chegará a liberdade; levanta dúvidas se a pergunta martelando em sua cabeça — *Eu posso viver?* — um dia poderá ser respondida da maneira certa ou apenas repetida na expectativa de algo melhor do que suportar a dor, a esperança, a beleza e a promessa.

Uma figura menor

A pequena figura nua se reclina no sofá com arabescos. Olhando para a fotografia, é fácil confundi-la com qualquer outra *crioula*, associá-la com todas as delinquentes da Lombard Street e da Middle Alley, perdê-la de vista em meio às muitas mulheres de cor da cidade, condenar e ter pena da menina meretriz. Todo mundo tem uma história diferente para contar. Fragmentos de sua vida se entrelaçam com as histórias de outras jovens parecidas ou que não se assemelham em nada a ela, histórias unidas por desejo, traição, mentira e decepção. O artigo de jornal a confunde com outra menina, registra seu nome de forma equivocada. Fotografias do cortiço em que mora aparecem regularmente nos mandados policiais, mas mal dá para vê-la ali, espiando da janela do terceiro andar. A legenda não faz nenhuma menção a ela, e aponta apenas os riscos morais da quitinete, as condições precárias dos banheiros e o barulho da saída de ar. A fotografia que tiraram dela no estúdio do sótão é a mais familiar; é como o mundo ainda se lembra dela. Se seu nome tivesse sido rabiscado na impressão em albumina, haveria ao menos um fato que eu poderia informar com algum grau de certeza, um detalhe que não teria que adivinhar, um obstáculo a menos para retraçar a trajetória da menina pelas ruas da cidade. Se o fotógrafo ou algum jovem assistente no estúdio tivesse registrado o nome dela, eu poderia tê-la encontrado no censo de 1900, ou descoberto se ela alguma vez residiu no Abrigo para Órfãos de Cor, se dançou no palco do Lafayette

Theater, ou se foi parar no Asilo das Madalenas quando não tinha mais para onde ir.

Os amigos dela se recusaram a dizer qualquer coisa para as autoridades; mas mesmo eles não sabiam como ela chegara no prédio na periferia do Sétimo Distrito, nem o que aconteceu no estúdio naquela tarde. A governanta irlandesa pensou que ela era sobrinha da cozinheira negra, a velha Margaret, e que, negligenciando o trabalho *como elas costumavam fazer*, tinha saído da cozinha para ir até o estúdio. A velha Margaret, que não tinha nenhum parentesco com ela, acreditou que o sr. Eakins tinha atraído a menina até o sótão com a promessa de algumas moedas, mas nunca chegou a confessar o que temia. A assistente social mais tarde encarregada do caso da menina nunca viu a fotografia. Culpou a mãe da menina e o gueto por todas as coisas horríveis que aconteceram e preencheu as lacunas no formulário de histórico pessoal sem jamais ouvir qualquer outra resposta. A idade do primeiro abuso sexual foi a única pergunta sem resposta certa.

Partindo desses fragmentos e peças, tem sido difícil saber por onde começar ou até como chamá-la. A ficção de um nome próprio seria uma evasão do dilema, e não uma solução. Apenas adiaria a pergunta: Quem é ela? Penso que poderia chamá-la de Mattie ou Kit ou Ethel ou Mabel. Qualquer um serviria, eram o tipo de nome comum entre as jovens negras no início do século 19. Há outros nomes reservados às meninas escuras: pitéu, princesa, dondoca e pequena — nomes impostos a meninas como ela que sugerem os prazeres proporcionados por atos íntimos performados em quartos alugados e corredores mal iluminados. E há os pseudônimos também, as identidades vestidas e descartadas — um "senhora" rapidamente afixado ao nome de uma amante, ou um nome emprestado de uma atriz favorita para inventar uma nova vida, ou a capa protetora oferecida pelo sobrenome da prima morta de uma avó materna — tudo para se esquivar da lei, manter seu nome fora dos registros policiais, deixar o passado em uma distância segura, esquecer o que homens crescidos fazem com meninas atrás de portas fechadas. Os nomes e as histórias correm juntos. A vida singular dessa menina em específico começa entrelaçada com a vida de outras jovens que cruzaram seu caminho, compartilharam de suas circunstâncias, dançaram com ela no coro, viveram no quarto ao lado em um cortiço no Harlem, passaram sessenta dias juntas no asilo e traçaram um caminho errante pela cidade.

Sem um nome, há o risco de que ela nunca escape do esquecimento que é o destino de vidas secundárias e de que seja condenada àquela pose pelo resto da sua existência, permanecendo como uma figura insignificante anexada à história de um grande homem, relegada ao item número 308, Menina afro-americana, no conjunto de sua vida e obra. Se eu soubesse o nome dela, poderia localizá-la, descobrir se teve irmãos, se a mãe era falecida, se a avó "morava" com uma família branca, se o pai era um vendedor de jornais ou trabalhador diurno, ou se ele havia desaparecido. Um nome é um luxo que ela não pode se permitir — outras modelos não são nomeadas, mas podem ser identificadas; ela é a única anônima.

Em uma fotografia tirada à força, o nome de uma menina não tem mais importância que seu desejo por um tipo diferente de imagem.[1] (A única coisa que eu sabia com certeza era que ela teve um nome e uma vida que ia além do fotograma no qual foi capturada.) Quando o escândalo veio à tona e meninas brancas que viviam em lares imponentes com pais poderosos revelaram as coisas que o artista as forçou a fazer, ninguém a mencionou, tampouco qualquer outra menina negra. Anos depois, quando outro anatomista, outro homem da ciência, foi surpreendido com uma provisão secreta de nus de colegiais negras, ninguém se lembrou dela.[2]

Sem um nome, era improvável que um dia eu fosse encontrar essa menina em particular.

O importante é que ela representava todas as possibilidades e perigos à espreita de jovens negras nas primeiras décadas do século 20. Ao ter um nome negado, ou, talvez, ao recusar a fornecer um, ela passa a representar todas as outras meninas que seguem pelo seu caminho. O anonimato permite que ela assuma o lugar de todas as outras. A figura secundária cede ao coro. É ela quem deve suportar toda a dor e a promessa da rebeldia.

Não era esse o tipo de imagem que eu procurava quando me pus a contar a história da revolução e das transformações sociais da vida íntima que se desdobrou na cidade-negra-dentro-da-cidade. Vinha buscando fotografias de representação inequívoca daquilo que significava viver em liberdade para a segunda e a terceira gerações nascidas após o fim oficial da escravidão. Estava ávida por imagens que representassem os experimentos de liberdade desenvolvidos na sombra da escravidão, a prática da vida cotidiana e da *fuga da subsistência* alimentada pelas liberdades da cidade. Belos experimentos de um viver livre e tramas urbanas contra a plantation floresceram, mas ainda assim foram insustentáveis, frustrados ou criminalizados antes que pudessem criar raízes. Procurei fotografias que exemplificassem a beleza e a possibilidade cultivadas na vida de meninas e jovens negras comuns que alimentaram sonhos daquilo que seria possível se conseguissem escapar do lar da servidão. Esse arquivo imagético, encontrado e imaginado, forneceria um antídoto necessário para as costas açoitadas, os olhos marejados, os corpos despidos e marcados ou tornados grotescos para o prazer da branquitude. Recusei os retratos e os álbuns de família das elites negras que moldaram sua vida conforme as normas vitorianas, aquelas tão bem descritas por W. E. B. Du Bois como empenhadas, como os décimos talentosos, como brancos de sangue negro.

Procurei entre os retratos adoráveis que Thomas Askew tirou da aristocracia negra, mas não encontrei as jovens cujas vidas se desdobraram nas ruas, cabarés e corredores de cortiço, em vez de casas enormes com salões decorados com pianos e poltronas bergère adornadas com sobrecobertas de renda. Jovens com vários amantes, maridos no plural e amantes mulheres também. Jovens que se fantasiavam de Aida Overton Walker e Florence Mills, jovens que preferiam se vestir como homens.

Procurei em imagens vernaculares, coleções fotográficas em arquivos municipais, antologias fotográficas de pessoas negras, pesquisas documentais do gueto, retratos de pessoas negras e fotos em grupo exibidas em pavilhões negros e organizações socioeconômicas em exposições internacionais e feiras mundiais. Passei por milhares de fotografias tiradas por reformadores sociais e instituições de cari-

dade esperando encontrá-las, mas elas não apareceram. Desviavam o olhar ou passavam correndo pelo fotógrafo; agrupavam-se no canto das fotos, olhavam por janelas, espiavam pelas portas e viravam as costas para a câmera. Recusavam os termos da visibilidade que lhes eram impostos. Escapavam ao fotograma e permaneciam fugitivas — silhuetas adoráveis e sombras escuras impossíveis de prender na rede de descrição naturalista ou na taxonomia das imagens do gueto.

As mães jovens eram retratadas com mais frequência; eram obrigadas a se sentar com seus filhos em quartos apinhados e em quitinetes a fim de receber a assistência que lhes prometeram: leite para as crianças, uma visita da enfermeira, pois a mais nova estava doente, ou um par de sapatos emprestado para poder sair e procurar trabalho. As mães tinham que aparecer nos retratos da reforma, e essas imagens eram reunidas como evidências nos casos abertos contra elas pelos assistentes sociais e sociólogos.

Jovens que não passavam tanta necessidade, que não se encontravam sobrecarregadas pelos filhos e tinham idade suficiente para dizer *Nem ferrando* e *Sai da minha frente* escapavam da captura. As poucas imagens de jovens entre os dezesseis e vinte e três anos são fotografias em grupo tiradas com parentes ou vizinhos. Elas nunca pareciam *furiosas e rebeldes* ou *ligeiras* nessas fotos. Apesar dos gestos fugitivos de recusa —[3] ombros caídos, olhares de esguelha e uma raiva radiante —, eram transformadas em clientes, tipos e exemplos; convertidas em documentos sociais e pessoas estatísticas, reduzidas à excrescência humana do direito social e da ecologia do gueto, compadecidas como jovens mães traídas, rotuladas como criaturas fortuitas de hereditariedade questionável. Os barris de cinzas enfileirados na rua, os prédios arruinados e os visitantes amigáveis dos pobres dominam e infantilizam essas jovens.

Eu me cansei das inúmeras imagens de lençóis brancos pendurados no varal, torneiras vazando, banheiros imundos e quartos apinhados. Recuei diante da apresentação dos slides antigos e suas imagens oscilantes de causa e efeito, antes e depois, o movimento imagético impulsionado por narrativas moralistas sobre promiscuidade sexual, tutela imprópria e os perigos do bar, da pensão e do salão de dança. Os clichês visuais da danação e da salvação: o botequim dessegregado, a sociabilidade dos vizinhos para além da linha de cor, o ato de ficar de bobeira nos degraus do prédio, o casamento entre raças, ou o cortiço-modelo ocupado por uma família monocromática pertencente a uma mesma raça. As consequências eram flagrantes: por um lado, o necrotério, a prisão e o asilo; por outro, o lar privatizado e a soberania do marido e do pai.

As pesquisas e as imagens sociológicas me desanimaram. Essas fotografias jamais compreenderam a bela luta pela sobrevivência, vislumbraram os modos alternativos de vida ou iluminaram a ajuda mútua e a riqueza comunal do gueto. Os retratos da reforma e as pesquisas sociológicas documentaram apenas a feiura. Tudo de bom e digno ficou nas ruínas dos modos de afiliação e formas de vida proscritos: o amor não reconhecido pela lei, lares abertos para estranhos, a intimidade pública das ruas e as predileções estéticas e excessos caprichosos dos jovens negros. Os mundos sociais representados nessas imagens foram alvos de extermínio e eliminação. Os reformadores usavam palavras como "progresso" e "melhorias sociais" e "proteção", mas ninguém se deixou enganar. O gueto inter-racial foi arrasado e mapeado em zonas homogêneas de absoluta diferença. Assim nasceu o gueto negro.

As legendas transformam as fotografias em imagens morais, ampliam a pobreza, arranjam e classificam a desordem. *Quarteirão negro*. A legenda[4] deveria replicar a imagem, detalhar o que reside em seu fotograma, mas, em vez disso, produz o que aparece nele. Subordina a imagem ao texto. As palavras conectadas à imagem — feias, partidas, típicas — quase parecem fazer parte da fotografia, como os lençóis amassados ou as tábuas que cobrem as janelas quebradas do barraco. As legendas indexam a vida do pobre. As palavras policiam e dividem: *Quarteirão negro*. Anunciam a ordem vertical da vida: *Bens danificados*. Tornam o espaço doméstico disponível ao escrutínio e à punição: *Um cômodo de risco moral*. Declaram o crime de arranjos sociais promíscuos: *Oito pessoas ocupam um quarto*. Gerenciam e segregam a multidão mista e representam o mundo fidelizando a linha de cor: *Vista de meninas italianas*, *Meninos de boina* e *Dois negros na entrada de um prédio em ruínas*.

Tais fotografias tornaram impossível imaginar que a segregação não fosse a seleção natural baseada em afinidade, e que as leis Jim Crow nem sempre haviam prevalecido. Os reformadores sociais atacavam a intimidade e proximidade inter-raciais; o problema da mulher e o problema do negro se mostraram ao mesmo tempo e encontraram um alvo comum na liberdade sexual das jovens. Os temores coincidentes da promiscuidade, da degeneração e da intimidade sexual inter-racial resultaram em sua prisão e confinamento. As melhorias no gueto e a mira nos vícios urbanos ampliaram a linha de cor na falta de um aparato legal ou lei estatutária para ordená-la e fazê-la se cumprir. Os reformadores progressistas e os funcionários dos abrigos foram os arquitetos e projetistas da segregação racial nas cidades do Norte.

As fotografias coagiam as pessoas negras e pobres à visibilidade como uma condição de policiamento e caridade, fazendo aqueles que eram *forçados a aparecer* carregarem o fardo da representação. Nessas imagens clássicas do negro urbano e pobre, indivíduos foram forçados a simbolizar narrativas históricas generalizadas sobre o progres-

so ou o fracasso do negro, servir como representantes de uma raça ou classe, incorporar e habitar problemas sociais e evidenciar falhas ou melhorias. Essas fotografias ampliaram uma ótica da visibilidade e da vigilância que tem suas origens na escravidão e na lógica administrada da plantation.[5] (Ser visível era ser alvo de ascensão* ou punição, de confinamento ou violência.)

Algumas coisas não aparecem nas fotografias, como os três vasos de flores alinhados no parapeito da janela, as colchas absurdas protegendo o forro de colchões, as bíblias embrulhadas em renda e calicô, as ilustrações do catálogo de mala direta presas na parede. Os reformadores e os jornalistas eram aficionados pela quitinete. Eles não sabiam que o saguão de entrada, a saída de emergência e a laje eram um trecho de praia urbana até os ricos adotarem a prática e virar moda

---

* Aqui a autora se refere a uma ascensão coagida. A ideia por trás disso é que as pessoas negras teriam de se encaixar em moldes estabelecidos pela branquitude para merecer a liberdade ou ser aceitas na sociedade, não por quem são, mas por meio da vigilância e da punição.

dormir no telhado. Não sabiam que o corredor e a escadaria eram locais de encontro, uma clareira no interior do cortiço, ou que *se amava na entrada dos prédios*.[6] Não há nenhuma fotografia do corredor, mal iluminado pela luz tremeluzente de uma lamparina a gás que esconde todas as coisas sem charme. Mesmo na luz do dia, as sombras são muito escuras e muito densas para capturá-las. O corredor fornece refúgio para o primeiro beijo de língua, um lugar para você se divertir com os amigos, o conduíte para a fofoca e a intriga. É nele que, pela primeira vez, você aprende sobre o mundo e sobre o papel que te atribuíram, então você rabisca *foda-se* ou *filho da puta* na parede da escadaria. É no corredor que as autoridades afixam as leis do cortiço e as regras do conjunto habitacional, e as diretrizes poderiam muito bem dizer: *Negro, nem se dê ao trabalho de tentar viver*. O corredor é uma área interna, mas pública. A polícia invade sem mandados e prende quem quer que tenha a má sorte de ser encontrado e capturado. É a passagem que conduz aos dois cômodos onde você vive com a sua mãe, seu pai, sua tia e suas duas irmãs. Sua mãe tenta transformar esses cômodos sem vida num lar ao dispor o jogo de chá da sua avó, que é elegante demais para a mesinha da cozinha; o jogo pertenceu à família branca para a qual trabalhou. Ela disse que foi um presente, mas uma vez deixou escapar que eles lhe deviam esse presente, ela ganhou o jogo de chá e muito mais. Um calendário de uma loja maçônica e uma litografia de Frederick Douglass escondem a rachadura na parede de gesso. A cortina fina pendurada na janela filtra a luz fraca do fim da tarde. O descanso cor de marfim cobrindo a tampa surrada do fogão confirma que mesmo nos piores lugares é possível encontrar a beleza. Todo esse esforço torna o lugar menos horrível. Ninguém se esquece de que eles estão ali porque foram excluídos de todos os outros lugares, então você se vira como pode e tenta prosperar num lugar quase inabitável. É o cinturão negro: você está confinado aqui. Vocês se amontoam aqui e constroem uma vida juntos.

No corredor, você se pergunta se o mundo vai ser sempre tão estreito quanto duas paredes que ameaçam esmagar e reduzir você a nada. Então imagina outros mundos, às vezes nem sequer melhores, mas pelo menos diferentes deste. Você e seus amigos tramam planos de fuga e de abandono. Esse interior negro é um espaço para o pensamento e a ação, para o estudo e o vandalismo, para o amor e a dificuldade. O corredor é um salão para aqueles que dão conta de viver em cômodos escuros, apertados e sem ar suficiente e que veem a luz do sol apenas quando saem para os degraus da entrada.

É feio, é brutal e é onde você vive. Não importa se você não ama o lugar; você ama as pessoas que moram nele. É o mais perto de um lar que você vai conseguir chegar, é transitório, um refúgio impossível para aqueles que são forçados a sair, empurrados, sempre deslocados. Eles vivem aí, mas nunca se estabelecem. O corredor é um espaço agitado pela expectativa e tensionado pela força do desejo não satisfeito. É a zona liminar entre o dentro e o fora para aqueles que vivem no gueto; o reformista que documenta o habitat do pobre passa direto sem notar, e falha em ver o que pode ser criado em um espaço apertado, *se não um prelúdio, uma profanação*, ou em considerar nossas *belas falhas e terríveis ornamentos*.[7] Esse corredor nunca aparece na apresentação de slides. Apenas aqueles que residem no cortiço sabem disso.

E o interior do cortiço não seria fotografado até décadas mais tarde. Só em 1953[8] é que uma fotografia vai transmitir a experiência de habitar por dentro daquelas paredes, oferecer um vislumbre dos universos ali criados, capturar a falta de ar de um prédio de quatro andares sem elevador, saber em primeira mão que o modo como vivemos e onde moramos não é um problema social. A nossa relação com o mundo dos brancos é que é o problema. Mesmo na quitinete podemos encontrar a alegria dos casais dançando embaixo de um varal suspenso do teto, adolescentes jogando cartas e rindo com os amigos, um homem bebendo chá na mesa da cozinha, a xícara fumegante bem junto à bochecha, o toque da porcelana em sua pele.

Os modos de vida e a *urgência feroz do agora* podem ser percebidos nessas outras fotografias, as imagens perdidas e encontradas, imaginadas e antecipadas, como cenas editadas de um filme inacabado. As ferrotipias tiradas em um piquenique da igreja. As Kodaks na praia em Coney Island. Imagens de meninas negras *ligeiras* tentando abrir caminho num beco sem saída, uma série de fotos de jovens negras em debandada para a cidade a fim de escapar da plantation e na intenção de criar uma vida livre no contexto de uma nova clausura. Elas estão tão desesperadas para encontrar uma rota de fuga da servidão quanto sedentas por novas formas de vida. Ao ver as pessoas passearem pela avenida ou jogarem cartas na escada ou beberem vinho no terraço, elas se convencem de que os negros são o povo mais bonito. A luxúria comunal da metrópole negra, a riqueza do *só nós*, a cidade-negra-dentro-da-cidade transformam a imaginação daquilo que você pode querer e do que pode ser, encorajam você a sonhar. Merda, nem importa se você é negra e pobre, pois você está aqui e está viva e todas as pessoas ao seu redor a encorajam e a convencem a acreditar que você é bonita também. Esse esforço coletivo para *viver livre* se desdobra nos confins da paisagem carcerária. Elas podem ver o muro ser erigido ao redor do gueto, mas ainda assim querem estar prontas para a boa vida, ainda querem se preparar para a liberdade.

A fotografia é tão pequena que é possível segurá-la na palma da mão. Não é uma impressão em prata luxuosa, mas em albumina barata que mede $3,65 \times 6,20$ centímetros; seu tamanho diminuto anuncia seu status menor. É uma imagem forçada,[9] uma imagem capturada sem a permissão da modelo; destinada a classificar, isolar e diferenciar. Não é o tipo de fotografia de que ela gostaria e não foi tirada a seu pedido.

A odalisca, uma imagem de um nu reclinado, combina duas categorias distintas da mercadoria: a escrava e a prostituta. A rigidez do corpo trai a lasciva postura reclinada, e o olhar vazio e duro da menina dificilmente seria um convite à admiração. Ela recua o máximo possível da câmera no canto do sofá, como se à procura de um lugar para se esconder. Seu olhar direto para a câmera não é um convite ao espectador, um apelo por reconhecimento ou um olhar baseado na reciprocidade. Esse olhar não assume nada que possa ser compartilhado entre aquela compelida a sair na foto e aqueles que a encaram. O desejo íntimo é que o mal infligido não seja tão grande e que haja uma saída desse e de outros quartos do mesmo tipo.

Que conhecimento de anatomia Eakins ou seus alunos descobriram naquela tarde no estúdio? Já tinham visto corpos negros antes, em sua maioria os cadáveres do Jefferson Medical College. Corpos de pessoas negras e pobres que não foram reclamados por parentes, ou cuja família não tinha dinheiro para arcar com um enterro adequado, ou corpos roubados do cemitério de pessoas de cor. Houve vários escândalos. Ela era um corpo vivo, não um cadáver, mas sua imagem não é como as outras fotos de crianças tiradas para corroborar ou questionar teorias do desenvolvimento do esqueleto, ou para determinar o movimento da musculatura no fotograma. Espero que ele não tenha colocado eletrodos nela para observar o movimento da massa muscular. É improvável que houvesse alguém acompanhando a menina. Que conhecimento do mundo ela adquiriu naquela tarde? Susan Eakins estava presente? Foi ela que tirou a fotografia? Ela *sussurrou bobagens no ouvido da menina*? Ou a encorajou a ficar quieta e não se mexer? Fez o mesmo com as sobrinhas? Auxiliou ou fez vista grossa para o trabalho dele? É difícil olhar para a fotografia e não pensar a respeito das imagens que a precederam e das que viriam em seu encalço. Imagens persistentes da escravidão[10] que pretendiam lembrar o espectador do poder que exerciam sobre tal corpo e da ameaça que paira sobre o sujeito capturado no fotograma, do tipo de coisas terríveis que podiam ser feitas com uma menina negra sem que ocorresse um crime.

Foi possível fazer anotações sobre a imagem? Transformar minhas palavras em um escudo que poderia protegê-la, uma barricada para desviar o olhar e encobrir o que foi exposto?

Será que ela tremeu ao antecipar a pressão das mãos dele? Terá o pintor pairado sobre o sofá e arranjado os membros dela? Seriam as mãos dele grandes e úmidas? Teriam deixado um resíduo viscoso na superfície da pele dela? Será que ela pôde sentir o cheiro de suor, óleo de linhaça, formaldeído e roupas usadas por muitos dias? Será que notou os chinelos, a camisa surrada e as calças imundas e então ficou assustada? Teriam as outras modelos deixado sua marca na superfície irregular e na pátina oleosa do estofado, no cheiro rançoso e almiscarado?

A menina que entrou no número 1729 da Mount Vernon Street não foi a mesma que partiu. Rumores sobre as outras garotas vieram à tona: elas eram brancas, filhas da elite, então houve indignação pública e o pintor caiu em desgraça. Elas tinham sido poupadas disto: a odalisca, a pose de prostituta e de escrava. Não lhes foi pedido que olhassem diretamente para a câmera, que admitissem o olhar dele e fingissem que o convidavam. As outras meninas poderiam tê-la mencionado se ela não fosse negra e pobre.

Ela deixou o estúdio da mesma forma que chegou: desceu os quatro lances de escada até o jardim retangular com a fileira de colocásias, passou pela torneira, pelos quatro gatos e pelo perdigueiro, saindo pela cerca de madeira e de volta para a 18th Street para então tomar o caminho de casa. Terá sido capaz de se reestabelecer em sua vida ou essa última violência deixou uma marca, um registro tão indelével quanto a fotografia?

O olhar diz tudo sobre o tipo de propriedade feminina que ela é — uma fêmea que não pertence à classe daquelas que merecem proteção e, ao contrário da filha da burguesia, cuja sexualidade é propriedade privada do pai e depois do marido; ela é uma propriedade destinada ao uso público. O prazer fornecido pela agressão negada, pela imagem gráfica da personificação negra violada, provê um indício, uma antecipação, de que o corpo dela, seu trabalho e seu cuidado, vão continuar a ser tomados e explorados; o trabalho íntimo da doméstica definirá sua sujeição. É uma imagem cruel e brutal, apesar de seu suposto poder de excitar. Estaria o prazer de olhar baseado na recusa da violência, na insistência do livre arbítrio da menina, no convite a encará-la assinalado pelo seu olhar direto para a câmera? Seria a pré-condição para esse prazer a indiferença, que é a resposta habitual para a dor negra? Ou o prazer é alcançado por meio do cultivo do sofrimento e da imposição do dano?

A odalisca é uma imagem forense que detalha a violência pela qual o corpo negro feminino pode ser subjugado. É uma imagem duracional da violência íntima. Tanto tempo se acumula em sua pequena figura que a menina poderia muito bem ter séculos de idade, suportando o peso da escravidão e do império, incorporando o trânsito das mercadorias, suturando a identidade da escrava e da prostituta. Tudo isso impossibilita que ela seja uma criança. A fotografia fabrica seu consentimento em ser vista. Como ela consente com a coerção? Como o prazer obtido pela imagem da agressão sexual resulta do convite da menina? É uma imagem que cheira à plataforma de leilão, à plantation e ao bordel.

É uma imagem que confunde nossos esforços para classificá-la. Arte? Ciência? Pornografia?[11] É uma imagem fria que torna aparente aquilo que pode ser tirado e o que pode ser feito sob pretexto da ciência e da observação. A violência alcançada e praticada se justifica como o estudo do negro, como uma lição de anatomia. Como se pode descrever a vida que oscila entre as categorias de doméstica, puta, escrava e cadáver? É evidente que sua vida é descartável? Ou que ela é subjugada por um regime de brutalidade tão normalizado que a violência dele mal pode ser discernida? Como alguém pode tornar essa violência visível quando ela garante o deleite, a soberania e a integridade física do homem e do senhor?

O corpo dela está exposto, mas ela retém tudo. "O corpo se revela",[12] obedecendo à exigência, mas ainda assim "não se dá, não há generosidade nele". É possível dar o que já foi tomado?

O que a fotografia de uma menina posando num sofá pode nos dizer sobre a vida negra na virada do século, ou sobre a vida de jovens negras *em debandada para a cidade*, desesperadas para entrar em uma nova era?[13] Como essa imagem pode antecipar os obstáculos à espera delas? Como essa imagem pode iluminar o emaranhado de escravidão e de liberdade e oferecer um vislumbre dos futuros que se desdobrarão?

Olhando para ela imobilizada no velho sofá de crina de cavalo, presa como um espécime raro no padrão de arabescos, seus bracinhos bem juntos ao tronco como asas cortadas, penso nos tipos de toque que não podem ser recusados. Em 1883, a idade de consentimento era dez anos. Não havia nenhuma lei estatutária de estupro para penalizar o que ocorreu no estúdio, e se uma lei dessas existisse, uma menina negra pobre ficaria fora de sua cobertura. Quando um estupro ou um abuso eram reportados à polícia ou à Sociedade de Nova York para a Prevenção da Crueldade contra as Crianças, a menina, seduzida ou estuprada, poderia ser sentenciada a frequentar uma escola correcional ou um reformatório, a fim de que fosse protegida ou punida por ser muito ligeira, muito madura ou muito sabida. A sexualidade precoce das meninas que *amadureciam rápido demais* as tornava vulneráveis ao confinamento e à prisão. A imoralidade prévia impedia qualquer pedido de proteção pela lei. A inocência (ou seja, virgindade) era a questão, não em que faixa etária uma menina tinha idade suficiente para ser possuída. A imoralidade prévia significava que um homem podia fazer o que quisesse. Presumia-se que meninas de cor eram sempre imorais. (Um dos argumentos contra a legislação estatutária de estupro[14] aprovada nos anos 1890, que elevava a idade de consentimento na maioria dos estados para dezesseis ou dezoito anos, era que meninas negras lascivas usariam a lei para chantagear homens brancos. Meninas negras vieram antes da lei,[15] mas não eram protegidas por ela.)

Como a fotografia evidencia, o corpo dela já era marcado por uma história de corrupção sexual, já era tachado como mercadoria. Sua disponibilidade de ser usado e ferido foi fundamental para o conjunto dominante dos arranjos sociais, no qual ela era formalmente livre e vulnerável ao prejuízo[16] triplo da violência econômica, racial e sexual. Essa violência necessária e rotineira definiu a sobrevida da escravidão e documentou o alcance da plantation no gueto.

Ao observar a fotografia, nos perguntamos se ela já foi criança. Aos dez anos, ela já teria aprendido tudo o que precisava saber sobre sexo? Aos doze, não teria nenhum interesse nisso?[17] Ela conhecia as mulheres que trabalhavam na rua, as senhoras nas casas de tolerância, os homens gentis, os assediadores e ladrões que moravam na quadra dela? Ela passou a entender as coisas muito cedo por causa daquilo que já tinha lhe sido feito ou apenas por observar o mundo ao redor? A violência foi experimentada em um estúdio no sótão ou na casa de um vizinho irreparável? Nesse caso, de que forma teria determinado o curso da vida dela? Essa violência teria eclipsado a possibilidade de uma autonomia sexual ou marcado essa autonomia permanentemente? Teria feito com que ela jurasse que jamais amaria um homem ou que buscaria sua proteção? Isso a levaria a ansiar por um toque afetuoso, capaz de mitigar e retificar a longa história de violência capturada em uma pose? Teria feito com que ela amasse com fúria e imoderação? Essa violência a faria decidir que não queria ser uma mulher, mas tampouco um homem?

Ao observar a fotografia, podemos discernir a *sinfonia da raiva*[18] residindo na figura capturada. É uma imagem que não posso nem reivindicar nem recusar. Confesso que é um lugar difícil para se começar, com a declaração de que a violência não é uma exceção, mas define o horizonte da existência dela. É preciso reconhecer que nunca *fomos destinadas a sobreviver*,[19] mas ainda assim estamos aqui. O emaranhado de violência e sexualidade, de cuidado e exploração, continua a definir o significado do que é ser negra e mulher. Ao mesmo tempo, tenho que ir além da fotografia e encontrar outro caminho para ela. Como essa natureza morta poderia produzir uma imagem latente capaz de articular outro tipo de existência, uma imagem fugitiva que transmita a revolta interna? O que constaria em um filme sobre a vida de uma jovem negra no interior do cinturão negro? O cortiço. A tina. O salão de dança. A casa dos sonhos. Onde começaria? Em Farmville, Virgínia? No porão do navio que transportou sua bisavó das Bermudas para Norfolk? No vapor que a conduziu até a cidade de Nova York? E como terminaria? Com ela dançando no Edmond's Cellar, ou cantando na Clam House, ou limpando quartos no Hollywood Hotel, ou esperando por uma diária no mercado de escravos do Bronx,* ou contando os dias para o término de sua sentença, quando ela receberia seus documentos de soltura de presente? Seriam as imagens sequenciais de sua vida terríveis, adoráveis ou desoladoras?

Nas imagens dela com os amigos num piquenique da igreja na costa de Jersey ou abraçando a namorada embaixo do calçadão de Coney

---

* Como era chamada uma área no Bronx, Nova York, em que mulheres negras permaneciam à espera de serem contratadas por diárias num contexto de grave desemprego causado pela crise de 1929.

Island, captamos um vislumbre dessa outra vida, ouvimos os ritmos secundários que desafiam a lei social e escapam ao senhor, ao Estado e à polícia, ainda que apenas por uma tarde, alguns meses, em seu décimo nono ano. Nas imagens antecipadas, mas ainda não localizadas, podemos vislumbrar a terrível beleza das vidas rebeldes. Em tais quadros, é fácil imaginar a possível história[20] de uma menina negra que talvez siga por outros caminhos. Discernir um indício de possibilidade, sentir a ânsia por aquilo que poderia ser. Foi a essa imagem que eu tentei me agarrar.

Depois de passar um ano olhando para uma menina de cor posando nua em um velho sofá de crina de cavalo, decidi retraçar seus passos pela cidade e imaginar suas muitas vidas. Seguindo as pegadas dela e de outras jovens negras na cidade, tracei um caminho pelos cinturões negros da Filadélfia e de Nova York, as vizinhanças e quarteirões negros apelidados em homenagem aos seus habitantes, Little Africa [Pequena África] e Nigger Heaven [Paraíso Negro], ou conforme suas aspirações, a Meca e a City of Refuge [Cidade do Refúgio]. Desenhei as vias errantes e as linhas de fuga que nas décadas de 1890 a 1935 delimitariam as fronteiras do gueto negro. No fim, isto não se tornou a história de uma única menina, mas uma biografia serial de uma geração, um retrato do coro, um filme da rebeldia.

Por décadas fiquei obcecada por figuras anônimas, e muito do meu trabalho intelectual se dedicou a reconstruir a experiência do desconhecido e a recuperar as vidas menores do esquecimento. Essa foi a minha maneira de retificar a violência da história, compondo uma carta de amor a todos aqueles que foram prejudicados e, sem estar totalmente ciente disso, lidando com o inevitável desaparecimento que me esperava. A revolta que experimentei ao olhar para a fotografia dela me convenceu de que eu tinha que ir adiante, ainda que duvidasse de que algum dia poderia encontrá-la. Eu a vi de uma forma diferente das outras. Ela foi uma menina situada no limiar de uma nova era, uma era definida por extremos —[21] o nadir da democracia e a era progressista. O período foi caracterizado por guerras imperiais, por uma epidemia de estupros e linchamentos, pelo surgimento de aparatos de segregação racial legais e sociais e por leis raciais antinegros que inspiraram as Leis de Nuremberg nazistas.[22] Rebeliões raciais varreram o país. Ao mesmo tempo, reformas legislativas e sociais tentaram proteger os vulneráveis das predações capitalistas e do livre mercado, bem como de seus resultados necessários: pobreza, desemprego e violência social. Ativistas políticos e militantes negros radicais lutaram contra o renascimento do racismo que tomou a nação e contestaram a cidadania prejudicada e a ausência de direitos que definiam a condição negra. Clubes de mulheres* concentraram sua atenção na situação de meninas e mulheres negras, com a determinação de protegê-las, defendê-las, ascendê-las e de erradicar os hábitos imorais, que eram o legado da escravidão.

Eu não a vi como uma figura trágica ou arruinada, mas como uma menina negra comum; e como tal, sua vida foi moldada pela violência sexual ou pela ameaça dessa; o desafio era descobrir como sobreviver a isso, como viver no contexto de tamanha brutalidade e prosperar na privação e pobreza. O estado de emergência era a norma, e não a exceção. A única diferença entre essa menina e todas as outras que cruzaram seu caminho e seguiram em seu encalço é que havia uma fotografia insinuando que algo aconteceu, permitindo que a violência cotidiana adquirisse o status de um evento, a imagem forense de um ato de violência sexual que definitivamente não foi julgada como um crime.

Eu a segui de Filadélfia até Nova York, as maiores cidades negras ao Norte, cambaleando pelas ruas do Sétimo Distrito, passando pelo

---

* *Club women* no original. Referência a um movimento estadunidense iniciado no século 19 que compreendia grupos de mulheres dedicados a educação, serviços comunitários, questões sociais e políticas públicas.

Tenderloin e em seguida pelo Harlem. Eu a notei em todos os lugares — na esquina, no cabaré, no calçadão de Coney Island, no coro; às vezes falhei em notá-la. Em outras, os astros e as celebridades a ofuscavam quando ela era admitida em sua companhia. Ela me lembrou vagamente da primeira menina que encontrei, e se eu não soubesse sobre o sótão ou que ela foi forçada a dormir em um caixote de carvão ou que ela foi estuprada pelo tio ou agredida por um vizinho ou brutalizada por um empregador, jamais adivinharia só de olhar para ela. Foi um período em que os negros eram o povo mais bonito, e isso não era menos verdadeiro no caso dela. Até seus detratores admitiram isso com relutância. É difícil explicar o que há de belo em uma menina de cor tão comum e sem nenhum talento excepcional, um rosto difícil de discernir na multidão, uma corista mediana não destinada a ser uma estrela, ou sequer a heroína de uma trama feminista. De algum modo, é reconhecer o óbvio, mas aquele que é aceito com relutância: a beleza do cotidiano negro, a beleza que anima a determinação de viver livre e que reside nela, a beleza que impulsiona os experimentos de uma vida contrária. Isso inclui o extraordinário e o mundano, a arte e o costume do dia a dia. Beleza não é luxo; ao contrário, é uma forma de criar possibilidade no espaço da clausura, uma arte radical da subsistência, o acolhimento do que é horrível em nós, uma transfiguração daquilo que é dado. É um desejo de adornar, uma tendência ao barroco e o amor pela *abundância*.

Ao buscá-la, logo encontrei todas as outras figuras que pairavam em torno dela — sociólogos, reformadores habitacionais, oficiais de condicional, membros de clubes de mulheres, assistentes sociais, oficiais da polícia de costumes, jornalistas e psiquiatras — todos insistindo que suas visões sobre ela eram a verdade. Uma dessas pessoas estava sempre na minha frente, bloqueando o meu caminho, onde quer que eu a encontrasse. Nenhum deles acreditava que ela floresceria. Seus cadernos, monografias, autos e fotografias criaram as trilhas que segui, mas li esses documentos contra a corrente, perturbando e rompendo com as histórias que eles contaram a fim de narrar a minha própria versão. Para tanto, precisei especular, ouvir com atenção, observar a desordem e a bagunça do arquivo e honrar o silêncio. Os documentos oficiais a transformaram em uma pessoa totalmente diferente: delinquente, prostituta, negra mediana em uma mesa mortuária, criança incorrigível e mulher indisciplinada. No quadro estatístico, na pesquisa social e na fotografia do gueto ela parece tão pequena, tão insignificante. Tudo o mais se assomava — a condição dos cortiços, os perigos do gueto, os riscos morais da quitinete, as ameaças apresentadas por tantos corpos forçados a habitar os quartos abarrotados da pensão. Era mais fácil para os profissionais imaginá-la morta ou desgraçada do que considerar a ideia de que ela poderia prosperar, que o acaso ou o acidente poderiam permitir que florescesse. Tive que estar atenta para que eu mesma não causasse danos. Apenas as coristas, sapatões, negros estéticos, mulheres que amavam mulheres, bichas e anarquistas apoiaram os experimentos de sua vida livre. Ela foi o anjo vingador deles. Apenas os rebeldes apreciavam sua conduta desordeira e seus hábitos bárbaros, bem como o desejo de criar uma vida do nada; apenas eles poderiam discernir a bela trama contra a plantation que ela empreendia dia a dia.

Os homens da mudança encontraram as impressões em albumina em meio ao lixo da casa abandonada. Eles podem ter se animado com a fotografia de uma menina de cor nua em um sofá de arabescos e sem se preocupar nem um pouco se ela já era maior de idade. Uma criança pré-púbere sem peitos, de quadris estreitos e coxas grossas capturada em uma pose de prostituta e de concubina era um estímulo tão bom quanto qualquer outra imagem indecente. Quando o prazer cedeu à indiferença, a fotografia foi descartada e jogada em uma pilha com os outros escombros do estúdio.

Não é o tipo de fotografia que a garota teria desejado. A imagem não se parece em nada com ela. Os olhos estão opacos e vazios; duros como os das garotas que trabalham na Middle Alley. São *olhares que antecipam o tempo e a experiência*.[23] Para evitar que o fotógrafo se aproximasse

mais, ela tentou expressar um olhar do tipo fique-longe-de-mim, eu-te-
-desafio, um olhar de sílex, não o olhar de uma prostituta que aborda
um cliente — *Olá, senhor* — e recusa — *Isso eu não faço* — em um só
relance. Quando ela cruzou o caminho de Du Bois mais de uma década
depois, o anseio nesse olhar a trairia.

Uma mulher mal-amada

Quando o condutor voltou a pedir que ela cedesse seu assento no vagão das senhoras, ela se recusou.[1] Ele não disse que as outras passageiras se opunham à companhia dela, simplesmente ordenou que renunciasse ao seu assento e fosse para o vagão segregado. Até o homem tentar tirá-la à força dali, as senhoras tinham assumido que ela era uma empregada viajando com sua senhora, e assim estavam confortáveis com o seu lugar no vagão da primeira classe. Só depois que a disputa irrompeu e a mulher de pele escura insistiu que seu bilhete de primeira classe lhe dava direito a um assento foi que as senhoras brancas recuaram e começaram a gritar, ordenando "saia daqui" porque não tinham o hábito de "compartilhar assentos com negros". Então elas ficaram chocadas com sua presença e com a imposição de um contato tão íntimo. O tormento causado por sua proximidade não foi aliviado pela estatura miúda da professora de cor — ela tinha pouco menos de um metro e cinquenta — ou por seu refinamento evidente. A bela jovem de 21 anos estava trajada com um elegante guarda-pó de linho. O rancor das mulheres e as ameaças do condutor que pairavam em torno dela não enfraqueceram sua determinação em seguir adiante na jornada de Memphis para Woodstock, Tennessee; nem a levaram a duvidar de seu direito de ocupar um assento pelo qual ela pagara. Os olhos do condutor, seu tom grosseiro e em seguida suas mãos ásperas não foram suficientes para desalojá-la. Não, ela não sairia dali. Ele tentou arrancá-la do assento confortável e acolchoado, mas ao agarrar seu braço, ela cravou os dentes na mão fechada que a agredia e mordeu com toda a força que pôde reunir.

Ficou orgulhosa com o fato de que foram necessários mais dois homens para ajudar o condutor a destituí-la. Ela lutou como um tigre. Os homens agarraram suas mãos e pés, arrastando-a pelo corredor e rasgando seu casaco de viagem. Ela se segurou nos bancos, arranhou e esperneou, mas havia muitos deles e apenas uma dela. As passageiras brancas permaneceram em seus lugares e bateram palmas quando ela foi expulsa. Não era uma senhora. Não era uma mulher. Era uma negra. O vagão Jim Crow não tinha designação de gênero. Ida Wells escolheu deixar o trem em vez de sofrer a humilhação do carro segregado, que também era onde os homens brancos podiam fumar e beber. A conduta proibida na primeira classe era permitida no vagão de cor. Homens brancos fumavam no vagão imundo, cuspiam no chão, bebiam, xingavam, liam revistas obscenas, encaravam com cobiça e molestavam mulheres de cor. Como uma jovem lembrou: "Você ficava à mercê do condutor e de qualquer homem que entrasse lá". Ida estava familiarizada com "todas as terríveis tragédias sofridas por garotas de cor que foram obrigadas a viajar sozinhas nesses vagões".[2] Esse havia sido o motivo de sua escolha pelo vagão das senhoras.

Por sorte, não houve hematomas, olhos roxos ou costelas quebradas. Para a srta. Jane Brown, outra mulher de cor que tinha sido retirada de um vagão da primeira classe anteriormente, a ação foi justificada após o ocorrido com a acusação de que "ela não era uma pessoa respeitável",[3] mas "uma cortesã notoriamente pública, dada ao uso de linguagem profana e a uma conduta ofensiva em espaços públicos". O dano causado a Ida Wells foi justificado não por má reputação, mas por seu status de "não exatamente humana".[4] Uma senhorita negra e uma vaca preta eram estranhamente equivalentes e indicativas da crise de categoria que ela personificava. Que tipo de mulher ela era, se é que era uma mulher? A questão não se mostrou menos presciente ou urgente que antes. Um século depois, esse questionamento alcançaria proporções míticas: *E eu não sou uma mulher?*[5] O domínio da incerteza era tão inescapável que não fazia tanta diferença que Sojourner Truth ainda não tivesse dito essas palavras.* Como Ida Wells experimentou diretamente, uma mulher de cor podia ser tachada de prostituta, xingada de "mulata insolente e vulgar"[6] e ameaçada com castração.

Ao voltar para casa, ela decidiu contratar um advogado e enfrentar a companhia ferroviária no tribunal. Ser obediente não estava em sua natureza. Segundo sua própria descrição, ela era tempestuosa, cabeça-dura e obstinada,[7] o que significava que estava preparada para confrontar os homens brancos e a lei, opondo-se a eles, ao mundo inteiro se necessário fosse. Ida Wells não se colocaria em seu lugar nem se prostraria diante da raça dominante. Ao compartilhar sua história com o advogado, sua voz não falhou pela mortificação que o incidente violento tencionou produzir; em vez disso, liberou sua intrepidez inata e uma qualidade de coragem tão feroz e resoluta que a permitiu fazer o que os negros "razoáveis" se negavam a fazer — confrontar, batalhar, boicotar e se opor à supremacia branca em todas as frentes. Apenas a pele a traía enquanto contava o que havia acontecido; sua pele formigava enquanto se lembrava das mãos dos homens brancos em seus braços e pernas, agarrando-lhe a cintura. O gosto amargo das palavras presas na garganta poderia ter causado náusea ou levado uma mulher mais frágil às lágrimas, mas ela manteve o controle.

O condutor e o carregador de bagagens poderiam ter feito coisa muito pior, e a lei teria permitido. Ela sabia, em primeira mão, de coisas terríveis que aconteciam às mulheres negras. Naquele mesmo dia, tinha lido no *Appeal* sobre o caso de uma mulher de cor que fora linchada em Richmond, Virgínia. Coisas terríveis ocorreram na família dela também. Lembrava-se nitidamente de uma conversa entre a avó, Peggy, e seu pai, James Wells, sobre o antigo senhor e sua esposa. O pai era prole do senhor de escravos, uma propriedade, não filho. A avó comentou que a sra. Polly, a antiga senhora, queria ver James e seus filhos. A veemência da resposta de seu pai surpreendeu a jovem Ida: "Não quero ver aquela velha enquanto eu estiver vivo. Nunca vou esquecer como ela despiu e açoitou você no dia seguinte à morte do velho,

---

* Referência ao discurso proferido em 1851 por Sojourner Truth, "E eu não sou uma mulher?".

e nunca vou visitá-la". As palavras duras de seu pai levantaram questões que ela não ousou perguntar à avó, mas que logo encontraram resposta na violência sexual que tomou o Sul. No jornal *The Free Speech*, Ida Wells escreveria histórias sobre estudantes, domésticas e professoras que tinham sido estupradas, espancadas e enforcadas. *As mulheres da raça não escaparam à fúria da turba.*[8] Ela inscreveria as atrocidades. Faria um registro temporal das mortes. Denunciaria a oclocracia, os linchamentos, a violência sexual e a lei do homem branco até as ameaças de morte a forçarem a fugir de Memphis e ir buscar exílio no Norte.

Na sala de visitas de casas bem providas na Filadélfia e em Nova York, ela trocou com outras mulheres negras histórias sobre os insultos, as propostas obscenas, os olhares odiosos, os olhos libidinosos, as ameaças de lesões corporais graves. No Norte também não encontrou nenhum refúgio. As próprias palavras "jovem de cor" ou "mulher negra" eram quase termos de repreensão. *Ela não estava em voga. Qualquer homenagem no santuário da feminilidade desenhava uma linha de cor que a deixava eternamente fora desse círculo místico.*[9] Juntas elas recontavam essas histórias num tom cheio de cansaço do mundo, mas sem constrangimento — eram tratadas com menos gentileza que um cão de rua, com menos delicadeza que uma mula, eram brutalizadas e abandonadas pela lei. Então vinham as histórias[10] que faziam o silêncio tomar conta da sala: aquela mulher em Nova Orleans assassinada por viver com um marido branco; a doméstica linchada por roubar uma Bíblia; a mãe enforcada ao lado do filho pela acusação de sempre; a esposa do agente dos correios, sra. Baker, que perdeu o marido e a filha pequena para a turba, enfurecida porque um negro havia assumido o trabalho de um homem branco; a menina de treze anos, Mildrey Brown, linchada em Columbia; Maggie Reese, de oito anos, estuprada em Nashville; Lou Stevens, enforcada em uma ponte ferroviária pelo assassinato de seu amante branco que havia abusado dela; e assim por diante. O registro vermelho* nunca cessou. Mais de mil pessoas negras foram assassinadas em seis anos. E todas as coisas terríveis que ela e os outros sobreviventes jamais esqueceriam, por mais que tentassem.

Enquanto bebiam chá e comiam biscoitos amanteigados, as mulheres planejavam formas de evitar que tais coisas acontecessem, sonhavam coletivamente com um país no qual pudessem ser cidadãs, pesavam os prós e os contras da emigração africana, lamentavam os mortos. Ida Wells descreveu as virtudes do Winchester e concluiu que a autodefesa era a única forma de proteção concedida às mulheres negras. *Era melhor morrer lutando contra a injustiça do que como um cão ou um rato na ratoeira.* A frase que ela escreveu sobre o herói fora da lei, o filósofo de sótão Robert Charles, bem poderia ser aplicada a si. Ida já estava determinada a *vender sua vida pelo preço mais alto possível* se ela fosse atacada.

O tilintar delicado da xícara de porcelana apoiada com gentileza no pires, o tinir de uma colher de prata cuidadosamente colocada sobre a louça Wedgwood pareciam anunciar — *Ainda estamos aqui*. Era o murmúrio, a música que animava o discurso delas. Ainda estamos aqui. Não permitiam que suas vozes falhassem nem que seus olhos brilhassem diante dos fatos, do cálculo brutal de vida e morte. Apenas o *nós* e o *ainda estamos aqui* é que lhes permitiam proferir uma atrocidade após a outra sem sucumbir.

---

* Referência ao livro *Red Record* [Um registro vermelho] de Ida B. Wells, em que a autora expõe o linchamento como uma prática recorrente voltada para a manutenção da supremacia branca e para a limitação das oportunidades sociais, políticas e econômicas das pessoas afro-americanas.

Uma história íntima de escravidão e liberdade

Havia chegado a hora de Mattie.[1] Viajar sozinha no navio a vapor Dominion da Virgínia para Nova York seria sua primeira aventura. Parecia que ela estivera esperando por uma eternidade quando sua mãe mandou buscá-la, embora tivesse se passado apenas um ano. Só depois que o navio já havia ido muito além do James River é que ela pôde acreditar que estava a caminho. Tinha embarcado no menor navio auxiliar de Hampton Roads até Norfolk, e, finalmente, estava seguindo para o Norte. Golfadas de ar salgado acalmaram a sensação de vazio que oscilava no fundo de seu estômago. Em dezenove horas ela chegaria nas docas de West Side, píer 26, North River, ao pé da Beach Street. Píer 26 ecoava na cabeça dela como um refrão, como um ritmo que competia com o vaivém do Atlântico, com os silvos e chiados do gigantesco motor a vapor. Foi o que encorajou o devaneio que envolveu Mattie durante toda a jornada e pontuou a lista de coisas que estava feliz em deixar para trás — a fábrica de ostras, os campos de tabaco e as cestas de roupa transbordando de roupas e lençóis sujos. Todos os lugares que um dia foram preenchidos pelas histórias, mentiras e risadas de seu pai ficaram vazios e mal-assombrados depois da morte de Earl Nelson. Havia coisas das quais ela sentiria falta, a grande varanda da casa deles em Hampton. O cheiro de rosa e açafrão. E o que mais? As pessoas, sentiria saudades da avó e do irmão mais novo em especial. O resto tinha sido apagado pela expectativa e pelo desejo. Ela não gritou no convés, "Maldita seja, Virgínia", mas estava muito feliz por ir embora.[2]

Até aquele exato momento, sua vida tinha sido restrita a um raio de cem quilômetros, que incluíam a casa e a fazenda em Gloucester, a escola de um cômodo, a igrejinha que sua família frequentava, e a casa deles na cidade. Esperava que 294 milhas náuticas fossem uma distância suficiente para criar uma nova vida. Mattie queria algo a mais. Era simples assim, algo tão elusivo e vago quanto insistente. *Algo a mais* nunca era listado entre as razões pelas quais as pessoas iam embora, que incluíam apenas coisas terríveis e verificáveis — o bicudo-do-algodoeiro, o linchamento, a turba branca, o trabalho forçado, o estupro, a servidão, a escravidão por dívida; e ainda assim o desejo incipiente, que você quer mas não pode nomear, um desejo resoluto e teimoso por um outro lugar, outra forma ainda por se mostrar mais claramente, uma noção do possível cujos contornos eram confusos e amorfos, exercia uma força não menos poderosa e obstinada. Por que mais buscar e partir para um lugar onde você é uma estranha, tolerada no melhor dos cenários, mas na maioria das vezes indesejada e insultada?

A vastidão do Atlântico tornou evidente a vida restrita e diminuta da qual Mattie fugia, uma vida em que suas únicas possibilidades eram as mesmas que foram impostas para sua avó e sua mãe. Ela também fora condenada ao trabalho servil sem ter sido treinada ou atraída por esse trabalho. A casa não era melhor que os campos; o trabalho doméstico era tão desumano e impiedoso quando tirar ostras da casca ou colher tabaco — o fedor de peixe ou as mãos grudentas e amarelas de nicotina, as dores de cabeça e a náusea; ou o toque indesejado, as palpadelas e apertadas e pegadas por baixo do vestido dela. Era se submeter ou se arriscar a levar uma surra. Bunda, mãos e habilidades eram propriedades da senhora e do senhor. Por que fingir que se podia encontrar uma oportunidade dentro da casa de gente branca ou mentir sobre os seus perigos? Quem não odiava o trabalho doméstico? Nenhuma mulher de cor jamais esqueceria que esse tipo de trabalho carregava a mácula da escravidão. Não precisamos mentir sobre seus perigos. Todo mundo conhece uma garota que foi demitida e mandada para longe antes de criar barriga. *A cozinha era o campo e o bordel.*[3] Não precisamos adornar o

fato: mulheres negras ainda se encontram no *lar da servidão*.[4] Nem Mattie nem sua mãe ou avó escolheram a cozinha ou a tina; elas foram conscritas a esses lugares. A bordo de um navio a vapor rasgando as águas da costa Leste, Mattie seguia firme na crença de que *seguir em frente* era a única forma de construir uma vida melhor, de que a fuga era a precursora da liberdade.

Junto com a maioria dos passageiros de cor, Mattie foi despachada para o convés inferior,[5] que eles dividiam com cachorros, cabras e galinhas. (Os poucos que podiam pagar ocupavam as cabines da popa designadas para pessoas negras.) Mas mesmo a humilhação dos animais, dos dois banheiros imundos reservados para eles e da corda que os separava do restante do convés podia ser suportada porque ela imaginava que a cidade de Nova York prometia a libertação da linha de cor e acreditava, com teimosia e às cegas, que tudo de terrível tinha ficado para trás, como acreditavam as centenas de pessoas negras amontoadas ao seu redor, ansiosas para desembarcar. Ela nada sabia sobre as revoltas que irromperam em

1900 e 1905, mas em 1915 ela experimentaria a ameaça e o perigo em primeira mão.

Sua cabeça estava cheia de sonhos. Era 1913 e tudo parecia possível. Ela fizera "a única coisa que parecia dar esperança",[6] tinha saído de casa. Era uma entre os milhares de jovens negros que debandavam da Virgínia e de outros lugares para Nova York. Só mais tarde esses atos de fuga seriam reconhecidos como uma *greve geral* contra a escravidão em sua nova roupagem, como um movimento fugitivo de uma vida sob o jugo dos homens brancos. Quando Mattie Nelson desembarcou no píer 26, estava toda sonhadora, pensando no que o futuro guardaria.[7] Entre o amontoado de gente no cais, ela respirou tranquila em sua própria pele, apreciando o autoesquecimento que imaginou ser possível em um território livre.

Se Mattie tivesse chegado em Nova York uma década depois, Victoria Earle Matthews estaria à espera dela no cais.[8] Imagino o encontro das duas naquela manhã no fim do outono quando Mattie desembarcou. Com sua mão enluvada estendida em uma saudação indiferente de boas-vindas, Matthews teria se apresentado e então perguntado a Mattie se algum amigo ou parente viria encontrá-la. O destino de garotas desacompanhadas e deixadas à própria sorte não era agradável. *Tráfico de almas*, um melodrama mudo, gravara permanentemente uma imagem trágica de garotas ingênuas em busca de acomodações ou trabalho que foram aliciadas para a prostituição. A moça sequestrada pelo traficante de pessoas não guardava nenhuma semelhança com Mattie, a não ser sob o olhar de Victoria Matthews. (A única mulher negra no filme é a empregada que limpa os quartos do bordel e se mostra ignorante ou indiferente ao que acontece por trás das portas fechadas.)

Victoria Matthews teria preferido não dar as boas-vindas a Mattie, de jeito nenhum; garotas desse tipo eram inadequadas para a vida no Norte e não tinham perspectivas certas de emprego; eram muito inclinadas à trapaça ou ao roubo; garotas cujos movimentos não podiam ser detidos e que ameaçavam causar ainda mais dano à repu-

tação das mulheres de cor. Se tivesse poder para tanto, essa mulher honrada e fundadora da White Rose Mission, um lar para jovens de cor respeitáveis recém-chegadas à cidade, ela teria impedido Mattie de desembarcar. Teria pegado Mattie, e todas as outras pobres garotas negras como ela, e as conduzido pela rampa de volta para o navio, condenando então as jovens para sempre às cidades sulistas poeirentas de onde elas haviam escapado.[9] A visão de Matthews não era desdenhosa, diferente da de Paul Laurence Dunbar, que, para ela, era muito pessimista sobre as condições do negro no Norte.[10] Ele livrou a cara dos brancos com relação às péssimas condições e à falta de oportunidade que os negros enfrentavam; mas Matthews também teria preferido que garotas como Mattie jamais chegassem à cidade. Era melhor para elas morrerem de fome no Sul e "cair nas graças de Deus com a moral purificada do que prolongar, sem amparo, uma vida miserável de remorso e sofrimento nos bairros mais perigosos do Norte".[11] Para garotas desse tipo, era melhor não ter nenhum desejo; era melhor que ficassem no seu lugar. Incapaz de detê-las ou de fazer com que voltassem, Matthews as encontrava no cais e nas estações de trem e as saudava com um relato sobre os riscos e perigos que aguardavam jovens desorientadas na cidade.

Mattie, notando a reserva e a prudência em suas boas-vindas, deve ter respondido com um sorriso tímido e uma sobrancelha levantada de dúvida. Os alertas teriam sido desperdiçados. Ela havia acabado de escapar da sombra do general Armstrong, o libertador de escravos, líder da educação industrial, punho de ferro da ascensão. No Hampton Institute, jovens negras e negros de talento eram treinados para a servidão. *Todas as garotas da escola recebiam lições de trabalho doméstico geral. A ideia de serviço era inculcada de todas as formas possíveis.*[12] Ela vira os folhetos que alertavam para os perigos da vida no Norte, ouvira distraidamente as histórias de migrantes que passavam frio e fome, e folheara os panfletos com imagens que ilustravam o antes e o depois de pessoas negras, cheias de vitalidade e prósperas no trabalho no campo, reduzidas a figuras trêmulas e empobrecidas, presas em cortiços, e nada disso fez qualquer diferença.

Duas mulheres negras — uma mal reconhecível como negra e a outra inconfundível, duas mulheres que, pela aparência, poderiam ser vistas como figuras opostas, mas que ainda assim cruzavam as linhas falhas da imoralidade e da decência, da violência e do desejo, de um passado indizível e um futuro vazio. A mais velha tinha nascido durante a Guerra Civil e fora marcada por uma história de humilhação sexual, pela experiência da violação íntima e pela abjeção rotineira da escravidão. Sua mãe fora uma mulher escravizada e seu pai, um senhor. Essa história de "intimidade monstruosa"[13] e suas linhas perversas de descendência eram inscritas no corpo, embora não fossem visíveis para um observador casual, que interpretaria erroneamente o cabelo longo e preto sem a menor insinuação de uma onda ou cacho e a pele clara, inserindo-os em uma categoria indefinida. Às vezes ela se permitia ser confundida com uma mulher branca,[14] mas apenas quando necessário, como quando viajava para o Sul para investigar os crimes selvagens cometidos rotineiramente contra pessoas negras. Salvo essas circunstâncias extremas, considerava-se orgulhosamente afro-americana, e rejeitava o termo *de cor* por acreditar que ele nada representava. Para ela, *de cor* era a negação de sua humanidade e uma injúria que vinha sendo infligida por séculos de escravidão. Agora o termo era imposto a ela como uma identidade para causar ainda mais danos.

Na primavera de 1898, o ano em que o levante racial em Wilmington, na Carolina do Norte, e a Guerra Hispano-Americana ecoaram a sentença de morte da Reconstrução[15] e da promessa da democracia abolicionista, dois anos depois de o caso Plessy versus Ferguson decidir que a segregação racial era legal e não um vestígio da escravidão, e também o ano em que Mattie Nelson nasceu, Victoria Matthews foi até o cais para receber uma jovem que migrava para a cidade vinda de Jacksonville, Flórida. A carta que ela havia recebido[16] da sra. Morehouse fornecia a hora exata da chegada do navio e observava que a garota, sua aluna, levaria uma fita vermelha presa a uma casa de botão de seu casaco. Matthews chegou na hora para receber o navio, mas tarde demais para salvar a jovem dos homens que estavam ali à espreita e a viram antes. Quando Matthews a encontrou muitos dias depois, após uma busca cuidadosa que demandou a ajuda de detetives policiais, uma garota entusiasmada e de olhar vivaz tinha sido transformada "em uma jovem criatura arruinada e desgraçada,[17] da qual a vida na cidade [havia tirado] qualquer vestígio de esperança, qualquer sinal de alegria inocente". A ruína dessa jovem levou Matthews a fundar a White Rose Mission. Qual símbolo de pureza e virtude sexuais seria melhor que uma rosa branca? Semana após semana, da primavera até o fim do outono, Matthews ia até o cais para receber jovens que chegavam pela Southern Steamship Line e as escoltava para um lugar seguro.

Os trapaceiros e vigaristas também ficavam à espera, ávidos por capturar uma das recém-chegadas — mulatas quase brancas, cor de caramelo (que poderiam se passar por cubanas ou sírias), crioulas deslumbrantes e garotas de cor comuns —, as jovens descritas como safras prontas para a colheita. Mattie Nelson faria Victoria Matthews se lembrar dessa primeira garota, aquela que ela havia perdido.

Quando chegou a Nova York, Victoria Matthews adentrou a cidade de mãos vazias e, como qualquer mulher negra, sem nenhum passado ao qual pudesse recorrer para o que quer que fosse.[18] A escravidão, ela acreditava, havia destruído tudo o que havia de digno; essa instituição havia tornado a honra e a virtude impossíveis. Tudo com que uma mulher negra podia contar era o futuro. Assim, ela trabalhou duro para se definir e se defender do que lhe foi infligido. Como qualquer garota do Sul que tentasse a sorte na cidade, ela foi tratada como uma prostituta (ou, nas palavras dela, como uma mulher da "classe depravada que podia ser comumente encontrada nas ruas").[19] Trabalhou como doméstica durante o dia e estudou à noite, determinada a ser *mais que nada*. Pouco importava que evitasse coisas sensuais e de má reputação, que jamais agisse conforme a sua cor e que lutasse arduamente para fortificar os graus de classificação e as castas que separavam os negros bons e decentes dos rebeldes e dos *não incondenáveis*. Dois séculos e meio sendo usadas, tomadas, arruinadas e amadas pelos brancos da forma como eles bem entendessem e por qualquer meio que realizasse suas fantasias, com golpes ou chicotadas, com presentes que eram os refugos da senhora ou promessas de alforria, com maldições e bajulações, com ameaças e sussurros amorosos à noite — essa história íntima da escravidão — haviam marcado permanentemente as mulheres negras, e ela também.

Ainda que ela estivesse determinada a virar essa vergonha do avesso e transformá-la em orgulho, o orgulho e a dignidade tinham em seu âmago algo podre, estragado.[20] Uma vida devotada a reparar a reputação manchada das mulheres de cor não livrou Matthews do estigma sexual da escravidão, apenas a transformou de uma pessoa corrompida por um passado vergonhoso em uma pessoa que conseguiu melhorar e superar esse passado, mas que ainda estava ligada a ele. A mancha se provou indelével, independentemente de quão tênue fosse. O estigma não é um atributo,[21] é uma relação; uma pessoa é normal em contraposição a uma outra pessoa que não é. As mulheres brancas eram respeitáveis em relação e em oposição à degradação das mulheres negras.[22] Victoria Matthews e Mattie Nelson foram as excluídas que definiram as normas de gênero e a definição de feminilidade. A sombra da escravidão, o parentesco ferido, o estupro e o concubinato as criaram e determinaram o caráter de sua luta para alcançar a virtude e a decência. Mas a promoção desses novos ideais, novos apenas porque impossíveis de serem alcançados ou mantidos no contexto da escravidão, produziu seu próprio tipo de indecoro e desvio. Sua decência também exigia que ela fosse respeitável em oposição a alguém.

Ainda era muito cedo para as prostitutas, bichas e valentões que faziam seus negócios no cais. Famílias se reuniam ali à espera de suas filhas, irmãos e primos; bandidos e gângsteres espreitavam nas cercanias da multidão, à procura de jovens inocentes que buscavam informações ou precisavam de ajuda com uma mala pesada. Quando Mattie Nelson chegou a Nova York, ela tinha apenas quinze anos. Era uma garota alta, magra e retinta, um tipo que apenas seu pai poderia descrever como

adorável, um tipo que as pessoas brancas taxavam como *crioula* para deixar aparentes seu desdém e repulsa.[23] Isso aconteceu uma década antes de seus cabelos grossos serem domados em tranças e presos em um coque no topo da cabeça, as maçãs do rosto proeminentes, os olhos amendoados e os lábios cheios e largos comparados à beleza de uma máscara africana. Mesmo quando vestida com sua melhor roupa de domingo, Mattie era decididamente desprovida de sofisticação. No entanto, apesar da imagem não muito polida que a jovem negra, porém graciosa, de uma cidade pequena representava, Mattie estava determinada a ser mais que nada.

Foi difícil para Mattie fazer uma distinção entre a cidade e a liberdade em si. Como aqueles provincianos e tolos que Paul Laurence Dunbar ridicularizou em *The Sport of the Gods* [O esporte dos deuses] como intoxicados pelo "vinho sutil e insidioso" das ruas, que traduziram a Bowery Street em um romance, que transformaram a Broadway em lírica[24] e o Central Park em uma pastoral, e assim falharam em ler a cidade como realmente era, ou em apreendê-la de um modo compatível com seus perigos, ou em se ajustar adequadamente aos seus ritmos e demandas; Mattie, ignorando os fatos e os riscos, confundiu a cidade com um lugar onde ela poderia prosperar. "A verdadeira febre do amor" tomaria conta dela, e as ruas e os salões de dança se tornariam seus melhores amigos. Todas as causas sentimentais para esse abalo, essa fuga — a autonomia de movimento, o desejo por liberdade, a fome por mais e melhor, a necessidade de espaço para respirar —,[25] explicavam sua presença em Nova York. Ela também se tornaria uma vítima dos prazeres e perigos da cidade enquanto tentava fazer um banquete com suas escassas oportunidades.[26]

Nenhuma fábrica, loja ou escritório contrataria jovens de cor, especialmente tão retintas quanto Mattie.[27] O trabalho doméstico e de lavanderia eram suas únicas opções. É difícil dizer se foi sua decepção com a falta de oportunidades ou o assalto do inverno mais frio que ela já havia experimentado que a mandou para a cama, fazendo-a ficar doente por mais de um mês apenas algumas semanas após sua chegada. Quando Mattie recobrou suas forças, encontrou um trabalho como doméstica em uma pensão com 23 quartos onde ela era a única empregada. Lavar, limpar os quartos, fazer as camas e se arrastar para cima e para baixo por cinco lances de escada na pensão a esgotaram. Ela odiava a labuta e o tédio. Mas sua mãe disse que se ela não ia estudar, então tinha de trabalhar. Na maioria das noites, ela caía exausta na cama, cansada demais para ir ao cinema ou ao salão de dança. Quando não estava cansada, estava sozinha. As noites eram longas e monótonas, nem um pouco como ela havia imaginado Nova

York. Depois de cinco semanas, demitiu-se da pensão e encontrou um novo trabalho em uma lavanderia chinesa em Bayonne, Nova Jersey, que era diferente, mas não melhor.

Os dias ainda eram longos e exaustivos, mas agora ela os passava dobrando e passando roupas. Poucas garotas brancas estavam dispostas a trabalhar para os chineses. O pânico sexual dos chineses alcançara um novo patamar depois que o corpo de uma jovem branca fora encontrado no baú de um homem solteiro em Chinatown. Os jornais alimentaram a histeria e incitaram a ideia do perigo amarelo ao reportar regularmente histórias de garotas inocentes levadas a frequentar antros de ópio e transformadas em amantes drogadas, ou então seduzidas por solteiros solitários em salões onde eram dançarinas de aluguel, ou assassinadas por seus amantes. Os estranhos arranjos de Chinatown,[28] os lares compostos apenas por homens, eram resultado dos estatutos de imigração que restringiam a entrada de chinesas, e, como consequência, o bordel ou os braços de outro homem eram as chances mais prováveis de intimidade, a menos que alguém procurasse um amor além da linha de cor. Para Mattie, a lavanderia chinesa era só mais um trabalho. Diferente das lavadeiras negras que se ressentiam dos *lava lava** que competiam com elas pelos mesmos clientes, ela não se importava. O trabalho era só uma fase até que algo melhor estivesse disponível.

Herman Hawkins foi seu primeiro amigo em Nova York. Ele trabalhava como garçom em uma pensão não muito longe de onde ela morava com a mãe. Aos 25 anos, ele parecia uma figura cosmopolita para Mattie, que ainda não havia completado dezesseis e que, ela própria admitia, não sabia nada, embora estivesse ansiosa para aprender. Herman se gabava, dizendo que mostraria tudo para ela — o Tenderloin, o Harlem, Coney Island. Ele era um migrante recente vindo da Geórgia, então com certeza se divertiu mostrando para Mattie a cidade *dele*.

---

* No original, *washee washee men*, forma antiga e pejorativa de se referir aos chineses que atuavam no ramo da lavanderia nos Estados Unidos.

Mattie aguardava ansiosa pelas noites na companhia de seu amigo gentil. Eles iam a salões de dança e a festas onde os casais dançavam o *slow drag*, o *funky butt*, e o *fish tail* ao som de *rags* tocados por pianolas e de cantigas e canções de amor e ódio que o mundo dos brancos chamava desdenhosamente de "músicas de preto". Certa noite, depois de uma festa dessas, eles caminhavam para casa pelo Allen Park quando Herman começou a falar sobre as coisas que queria fazer com ela. Mattie não sabia se ele começara a falar daquele jeito pela forma como eles haviam dançado quando as luzes baixaram (tão agarrados um ao outro que a fronteira entre seus corpos se resumia à pele), ou se a privacidade do parque nas primeiras horas da madrugada o encorajou a falar com ela como se fosse uma mulher, como se fosse mulher *dele*, como se fosse o tipo de mulher que gostaria de ouvir uma conversa daquelas. Excitado pela virginal-porém-curiosa Mattie, Herman descreveu em detalhes explícitos o que um corpo poderia fazer e como isso faria Mattie se sentir. Ela nunca tinha feito nenhuma daquelas coisas antes e tentou imaginar os atos íntimos que ele descrevia e as sensações causadas por tais atos, e se perguntou se ela sentiria vergonha com suas calçolas nos tornozelos, e como seria a sensação de ter o corpo dele em cima dela, e se os lençóis estariam limpos, ou se a cama estreita rangeria quando eles fizessem amor (como a cama de sua mãe quando ela estava com o sr. Smith). Não era certo Herman Hawkins dizer aquelas coisas. Nunca havia falado com ela daquele jeito, ninguém tinha falado assim com ela. Mattie pediu para ele parar, mas Herman continuou falando e ela continuou escutando. Sabia que aquilo que Herman dizia era ruim, mas também lhe parecia emocionante. Ele continuou falando como se Mattie não tivesse lhe pedido para parar, e, em vez de ficar brava ou chateada, ela apenas ouviu. Mattie não sabia que estava dando uma resposta à pergunta dele e que tinha dito sim.

Logo depois da caminhada pelo Allen Park, ele convenceu Mattie a tirar sua camisola e as calçolas. Não é difícil imaginar as coisas que Herman Hawkins ensinou para Mattie dentro do quarto alugado de uma pensão.

Havia tanto para ensinar a uma garota que não sabia nada, que tinha tanto por descobrir. O que fazer? Como tocá-lo? Como não se sentir acanhada com sua nudez ou envergonhada de seus cheiros e das coisas que ela queria fazer? Primeiro ela teve de respirar fundo e libertar o corpo previamente blindado contra insultos e ataques, render-se em nome do prazer, permitir que seu corpo sucumbisse a um outro, ser penetrada, incorporada e preenchida, arriscar todas as defesas e ainda assim não ser feita de mula do mundo.

Se fosse um amante gentil, talvez ele tivesse beijado demoradamente a boca dela, traçado a extensão de suas costas com a língua, descoberto as formas com que ela gostava de ser tocada e as melhores maneiras de fazê-la gozar. Se fosse um amante egoísta e exigente, talvez a treinasse para o seu próprio prazer, ensinando-a a forma certa de se mexer, o que dizer, quando ficar calada. Terá forçado Mattie a repetir palavras que a humilharam e a excitaram, ou suplicado que ela admitisse aquilo que mais desejava porém temia? Ou talvez eles não tenham proferido nenhuma palavra, apenas as mãos acariciando genitais, línguas penetrando orelhas, dedos explorando cada orifício? Eles foram barulhentos? Ao menos se preocuparam se os inquilinos ao lado ou os vizinhos bisbilhoteiros de baixo os ouviram? Será que se importariam se um solteiro solitário tivesse um vislumbre de pele ou se uma esposa abandonada saboreasse os gemidos que escaparam da janela aberta, transformando-os nos próprios? Ou foram silenciosos, determinados a negar aos outros os seus sons? Será que os homens reunidos na esquina piscaram para Mattie em sua volta para casa ou será que as mulheres trocaram olhares de reconhecimento e cobiça?

Mattie não tinha com quem compará-lo, nenhuma escala para medir seus méritos e fraquezas, talentos e áreas que precisavam de melhorias. Talvez as habilidades dele fossem pouco mais que os aprendizados acumulados com as mulheres com quem estivera, mulheres da mesma idade ou mais velhas, capazes de treiná-lo e conduzi-lo, mulheres que não tinham medo de mandar que ele se calasse e fosse em frente? Mulheres que não esperavam muito mais dele, pois também trabalhavam duro para receber salários baixos e sabiam que, embora aos 25, como a maioria dos homens de cor em Nova York, ele não poderia arcar com um casamento nem sustentar uma família, ainda que quisesse. Será que as ostentações de outros homens o incitaram a mentir, como faziam, sobre aquilo que ele poderia fazer ou fez e a ser tão inflexível com relação ao que nunca faria, ou seja, os tipos de hábito que as pessoas ocasionalmente satisfazem, mas nunca revelam?

Talvez o que mais importasse para Mattie fosse que ela havia encontrado o caminho para o próprio prazer, aprendera a apreciar o próprio cheiro nas mãos e no cabelo dele, encontrara uma forma de amainar o tédio e reduzir as horas de espera e de busca por uma saída. Se o seu amante a tomou como um prêmio ou se tirou vantagem de uma jovem inocente, para Mattie importa menos do que aquilo que ela descobriu naquele quarto — o que ela queria poderia realmente ser importante. *Ou que "Eu quero isso" é uma maneira de extinguir o cheiro de "não (tenho)", "não posso (ter), "não"*.[29]

É possível que Mattie tenha experimentado essa abertura de seu desejo como uma recusa de tudo aquilo que a mantinha no lugar, presa na lavanderia, acorrentada a uma tábua de passar, sem ar e sem nenhuma possibilidade de mudança. Um ato de coito comum, um feito insignificante, exceto para aqueles envolvidos, uma prática rotineira que não deve de forma alguma ser confundida com questões importantes, apenas o ato cotidiano de foder, um quase-evento, que não teria sido notado se não tivesse feito parte de um levante social maior. Atos íntimos compartilhados em quartos alugados de pensões e cortiços pela cidade alimentavam o pânico social acerca de jovens errantes e libertinas e o grande número de jovens negros em debandada para Nova York. A inquietação e o desejo de Mattie e o amor livre praticado em um quarto privativo alugado por semana faziam parte de um conjunto maior de atos íntimos que transformavam a vida social e inauguravam o moderno, que foi caracterizado pelo entrincheiramento e pela transformação do racismo, por formas emergentes de desapropriação, pela criação de novos cercos e por uma noção obstinada e expandida daquilo que poderia ser possível. Garotas no auge da feminilidade, jovens negras como Mattie, eram o centro dessa revolução em tom menor. Apesar dos esforços do Estado para reprimi-la como patologia e crime, essa revolução provou ser impossível conter a maré de desejos não sujeitos à lei, a cópula e a procriação fora do casamento, e o desejo ardente por viver como se bem entende.

Um quartinho alugado era um laboratório onde se tentava viver livre num mundo em que a liberdade era impedida, evasiva, adiada, antecipada, e não realizada. Mattie era uma artista faminta que definhava por falta de oportunidade diante dos olhos do mundo enquanto todos ao redor olhavam pasmos e assistiam. *E como qualquer artista sem nenhuma forma de arte, ela se tornou perigosa.*[30] Mattie estava desesperada para não ser uma serviçal ou escrava, mas não havia nenhum esquema pronto para outra vida que ela pudesse seguir além daquele que já havia elaborado, um plano incipiente e um pensamento radical em ação eram seus recursos. *Se pudesse sentir profundamente, ela poderia ser livre.*[31] Sabia que a beleza não era um luxo, mas algo como água e comida, uma necessidade básica. Amava suéteres de caxemira não por serem caros, mas porque o toque do tecido era tão agradável na pele, como mil dedos acariciando seus braços, e o frescor das peças íntimas de seda, macias, que liberavam todo aquele calor e o fogo, e a forma como um bracelete de ouro brilhava e cintilava na luz do sol, tornando o tom preto-azulado de sua pele tão exuberante, como se logo abaixo da pele houvesse camadas de índigo e ocre, um vórtice negro e profundo onde poderíamos nos perder. Beleza e desejo forneciam a arquitetura essencial de sua existência. Seu gênio estava exausto de tentar viver.

O que acontecia por trás das portas fechadas de um quarto alugado em uma pensão era um momento, *uma iteração da revolução da vida íntima negra* que acontecia em Nova York, Filadélfia e Chicago nas primeiras décadas do século 20. Era parte da agitação geral que veio a definir a época e o Novo Negro. O experimento estava em toda a parte. Era um termo ubíquo empregado para descrever uma variedade de projetos sociais — do abrigo social a um laboratório sociológico ou a um cortiço modelo, de inovações estéticas e científicas a configurações radicais de vida. Era um termo muito falado. Não havia nada de precioso ou incomum em pesquisar, se aventurar, testar, tentar, especular, descobrir, explorar novas avenidas, romper com tradições, desafiar a lei e criar, a não ser pelo fato de que quase ninguém imaginou que jovens negras também pudessem estar envolvidas nesse projeto. Poucos conjecturaram que Mattie estivesse tentando se inventar, por mais incerta que estivesse sobre *o que poderia ser* e por mais desesperada em se livrar das expectativas e demandas dos outros, que sempre se reduziam à labuta e à prostituição. Antes um caminho errante que o mundo conhecido. Melhor solta que presa.

Se é possível imaginar Mattie e outras jovens negras como inovadoras e pensadoras radicais, então as transformações na sexualidade, intimidade, afiliação e parentesco que tinham lugar no quarteirão negro das cidades do norte podem ser consideradas *uma revolução anterior a Gatsby*. Antes de os homens queer, as mulheres que amavam mulheres e as bichas se juntarem no Ubangi Club, no Garden of Joy ou no Clam House, antes do Renascimento do Harlem, antes de os brancos se aventurarem para o norte da cidade a fim de ter um gostinho do outro, antes de F. Scott Fitzgerald, Radclyffe Hall e Henry Miller, antes que comunistas e socialistas negros que discursavam nas esquinas do Harlem notassem garotas como Mattie, ansiosa como qualquer pessoa para ouvir notícias de um mundo futuro — começou essa reconstrução da vida íntima. Depois do navio negreiro e da plantation, a terceira revolução da vida íntima negra desabrochou na cidade.[32] O corredor, o quarto, os degraus da entrada, a laje, a saída de ar e a quitinete forneceram o espaço do experimento. O cortiço e a pensão mobiliaram o laboratório social da classe trabalhadora negra e dos pobres. O quarto era o domínio do pensamento em ação[33] e um lugar para encenar, desfazer e refazer relações de poder. Infelizmente, a polícia e os sociólogos também estavam lá, prontos e à espera por Mattie Nelson no limiar do desejo.

Dentro do quarto de Herman Hawkins, uma jovem lavadeira, uma serviçal exausta, uma musa entre as roupas estendidas no varal e uma sonhadora afoita tentou desfazer a garota de cor inscrita pelo mundo.

Dois amantes em um quarto alugado, envolvidos em atos fortuitos de intimidade que podem muito bem ser atribuídos à promiscuidade das ruas movimentadas da cidade e de mulheres jovens que andam pelo mundo à própria sorte. As coisas experimentadas e exploradas excederam os crimes de status —[34] a conduta desordeira, a depravação moral, a vadiagem e a prostituição — pelos quais meninas e jovens negras eram regularmente condenadas. A existência moderna forjada por garotas como ela era apreendida como crime e atribuída ao atraso dos "remanescentes da plantation". Mattie não recebeu nenhum crédito, foi considerada inapta para qualquer papel exceto a servidão, previamente condenada por qualquer delito e destinada a ser uma figura menor, mesmo em sua própria *história verificável*.[35] Estimar seus atos, reconhecer em vez de difamar o anseio irrequieto de Mattie, é abraçar a anarquia — *o programa completo da desordem*,[36] o desejo duradouro de mudar o mundo, o tumulto, a revolta, a franca rebelião — atribuída às garotas rebeldes. É considerar outras formas de vida social que não podem ser reduzidas à transgressão ou anuladas, e que emergem num mundo marcado pela negação, embora a superem.

Ceder, ser derrotada e destituída pela força de seu desejo, sem nenhum outro motivo além de *sua vontade*, fez Mattie se sentir viva, liberta. E essa liberdade era sensual e palpável — como o gosto de Herman Hawkins em sua boca, uma força impressionante a ponto de paralisá-la, de fazê-la se morder de expectativa por aquilo que poderia acontecer. Quando ele estava dentro dela, quando ela estava dentro dele, quando ele a beijava com tanta vontade que seus dentes machucavam seus lábios, ela deixava a outra Mattie para trás, aquela garota retinta comum que ninguém nunca havia considerado bonita. A doçura dos corpos era alimentada pelo autoesquecimento. Naquele quarto ela tentava escapar, se esquivar do apoderamento da plantation e da polícia e ampliar o tempo em uma extensão infinita de possibilidades.

Em outros momentos, era difícil discernir o doloroso do belo. *Me tome por inteira. Não minta pra mim. Me use. Vá embora. Não me machuque.* Havia uma linha tênue entre a perda e o gasto, entre a complacência e o abandono. Como era violento quando ele a forçava a fazer coisas que ela não queria. Como era capaz de puni-la. Como abusava dela. *Como ele a amava.* Ele a treinou para querer aquilo que ela não queria, como se a vida de toda mulher negra fosse destinada a ser um blues, uma crônica autobiográfica de amor e desastre, ou uma história secreta de dor e alegria. *Como ele a amava.* Uma mão bruta no cabelo de Mattie, que se soltou e se desenrolou em pequenos cachos nas palmas suadas, e a luz que brincava em corpos escuros no crepúsculo ditavam o que o mundo continha — beleza. Era a prática do cuidado e do oferecimento de si para o uso do outro nos limites de uma enorme brutalidade. A beleza das coisas tomadas e das coisas dadas por quem vive na derrota. Mattie queria tanto do mundo e a ela foi permitido tão pouco — a força de todo esse *querer* a levou até aquele quartinho alugado. Foi movida pela luxúria, que não era um exercício de sua vontade, mas *a mera força da existência*, um tipo de submissão insistente, um ato que confundia o agente e a ação. No envolvimento da carne, nesse ato mais baixo e exaltado de entradas e saídas, Mattie ameaçava desaparecer, a força daquilo tudo excedendo-a e apagando os limites do corpo discreto, tornando-a um pouco menos e algo mais do que ela era. Ser desfeita, contra a vontade e com seu consentimento. Um estado que não era nem autonomia nem captura. Isso a arruinou, a reduziu a nada, a abateu, transformou-a em qualquer outra coisa que ela desejasse ser: um pássaro que voa alto ou uma coisa vasta e sem limites, oceânica — não uma pessoa, longe disso. No fedor e na quentura de um quarto alugado, ela era toda carne e sensações; pairava no fim do mundo.[37] E apreciava isso.

Quando sua mãe, Caroline, perguntou "Quem é que anda mexendo com você?", ela lutou para tentar explicar. Para ela era impossível descrever o deslocamento do desejo e os acessos de luxúria, a não ser na linguagem fornecida pelos outros. *Eu pequei com Herman Hawkins. Eu gostei. Ele me forçou. Eu sei o que eu fiz. Eu queria.*[38] Como poderia comunicar o primor do não edificado ou o repouso adorável dos corpos exaustos após o ato? Ou a coragem implicada na recusa da vergonha[39] ou no risco de senti-la? A decência demandava omissão; de outra forma, ela seria forçada a mentir. Não se importava com decência ou respeitabilidade. Eram necessárias palavras melhores para expressar o que se revelava naquele quarto — as coisas tomadas e dadas. Então Mattie ofereceu apenas o nome dele: Herman Hawkins. É ele que anda mexendo comigo.

A bebê nasceu morta. Ele nunca chegou a ver a filha. Ele não queria ter nada a ver com a criança ou com a mãe. A bebê morta deveria ter sido o fim da relação com Herman Hawkins, mas, dado que Mattie tinha apenas quinze anos quando se tornaram amantes, a Sociedade para a Prevenção da Crueldade contra as Crianças se envolveu e a assistente social pressionou Mattie a acusá-lo de estupro estatutário. A sra. Burns disse a Mattie que, segundo a lei, uma garota na idade dela, mesmo uma *crioula*, era jovem demais para consentir em ter relações sexuais, jovem demais para saber o que queria. A história de Mattie desafiava a lógica do certo e errado, de querer e ser forçada. Ela queria algo pelo qual não havia consentido ou desejava coisas ruins para si mesma? Ceder a um amante foi o momento em que as coisas começaram a dar errado? Então a sra. Burns impôs uma linguagem. A clareza exigia culpa ou responsabilidade, dele ou dela, à espreita em cada frase e admissão. Para a assistente social, o consentimento era a maneira de transferir o fardo da criminalidade dos ombros dela para os dele. Era o fator que determinava a distribuição da punição e que enfatizava o perigo da intimidade e todas as formas pelas quais isso poderia colocar uma jovem em risco.

Depois de ouvir as evidências relacionadas ao estupro estatutário, o júri dispensou as acusações contra Herman Hawkins, que saiu do tribunal de justiça livre e limpo. (Mattie descobriu que, por ser negra, o júri não se importava. Acreditaram que ela havia pedido aquilo. Depois que ele a abandonou, ficou difícil saber o que acontecera de verdade. Era difícil acreditar que ela o tivesse desejado.) A única obrigação dele foi arcar com o funeral da filha.

Para outro tipo de garota, a decepção com Herman Hawkins poderia ter acabado com ela, ou tê-la induzido a fazer votos de nunca mais seguir por essa estrada, ou tê-la convencido de que havia uma lição moral a ser aprendida com a experiência ou tê-la feito renunciar a sua aventura sexual. No caso de Mattie, a experiência a libertou. Se ela pretendia construir uma nova vida depois de Herman Hawkins, claramente seria uma vida agitada e rebelde. Aos dezesseis, ela ainda antevia algo melhor do que a vida que levava. Como outras jovens negras, Mattie exercitou seus talentos e ambições nas ruas e nos cabarés. Dia a dia ela lutava para conquistar um pouco mais de espaço em um mundo que se tornava mais e mais restrito pela linha de cor, mais e mais definido pelas brutalidades rotineiras do racismo. Mattie nunca parou de tentar *agarrar um modo de vida*[40] melhor do que aquele que levava. Todo mundo tinha uma opinião sobre quem ela deveria ser e o que deveria fazer. Era claro que seus próprios desejos não importavam a ninguém além dela. Se não decidisse como queria viver, então o mundo o faria e sempre a destinaria à margem. Recusando-se a isso, Mattie seguiu adiante *como se fosse livre*, o que, aos olhos do mundo, equivalia a agir como uma bárbara.

Na época em que Mattie conheceu Carter Jackson, ela já tinha perdido a aparência de uma garota do interior. E todo o restante estava diferente também. Para começar, na primeira vez que fizeram sexo, Carter prometeu ser correto com ela, diferente de Herman Hawkins, que tinha preferido se arriscar a ir preso a se amarrar a uma esposa ou, pelo menos, a se comprometer com ela. Carter parecia ser o tipo de homem com quem ela poderia construir uma vida. Que tipo de vida era incerto. Quando falava, Carter fazia tudo parecer possível. Ele ansiava por viver de acordo com os próprios termos e estabelecer a medida de seus atos. Era difícil dizer se ele era sincero ou só melhor em falar bobagens do que Herman Hawkins e os homens que Mattie havia conhecido depois dele. Por hora, ela estava contente em dar a Carter o benefício da dúvida. Não importava que os contornos do que poderia ser fossem vagos, e que, quando ela se via pressionada com relação a como e onde, tudo ameaçava desaparecer.

Carter Jackson não tinha visto muito mais do mundo que Mattie, e conhecia menos porque não crescera com um pai dotado de uma educação esplêndida que enchera sua cabeça com histórias sobre as Filipinas, Cuba e o Haiti. A mãe dela havia viajado também, mas nas histórias de Caroline ela sempre soava como a mesma mulher, e o mundo diferia pouco daquele que Mattie conhecia, um mundo familiar em seus limites, um mundo que a deixava exausta. Caroline narrava suas jornadas como se viajar pelo mundo não a tivesse mudado em nada, como se Cuba e Jerusalém fossem iguais a Nova York, pois trabalho doméstico era trabalho doméstico. Se ela se recordava com afeto das noites em que dançou em bares ao ar livre, ou dos sentimentos de liberdade ou de possibilidade que acompanhavam o abandono de tudo o que ela conheceu, seguindo adiante como se nada a prendesse em um tempo ou lugar, se Caroline de alguma forma desfrutou dessa sensação da imensidão do mar, ela nunca compartilhou com Mattie, talvez por não querer encorajar a imprudência sonhadora da filha.

O pai dela havia esfregado, cozinhado e carregado em seu caminho pelo mundo, mas Earl Nelson fazia suas jornadas soarem como se navegasse os oceanos pela primeira vez. Ele queria que os filhos soubessem quão grande era o mundo, como se saber disso fosse o suficiente para combater tudo o que tentava confinar as pessoas negras* a uma existência de dois-por-três-metros. Mattie havia acreditado em cada uma das palavras do pai. Como ela costumava dizer, quando ele estava vivo, ela não queria mais nada da vida. Eles moravam em uma casa própria em Hampton com um grande quintal e um jardim. Seu pai tinha um negócio bem-sucedido na cidade, além da fazenda em Gloucester, então, quando faleceu, deixou para ela e para cada um dos irmãos várias centenas de dólares. Se Mattie tivesse feito alguma coisa errada enquanto Earl Nelson estava vivo, ele teria acabado com ela.

A filha conhece um homem e a esposa, outro. Depois da morte de Earl Nelson, Caroline prometeu que nunca mais se casaria. Quase uma década depois, ela permaneceu fiel a essa promessa. Seu marido a incumbira

---

* No original, *colored folks* faz referência à W. E. B. Du Bois, *As almas do povo negro*. São Paulo: Veneta, 2021.

de cinco crianças e então decidiu passar a maior parte do tempo no mar, navegando por períodos que, às vezes, duravam mais de um ano. Embora ganhasse um bom dinheiro, ele mandava uma quantia parca para casa, dez ou quinze dólares metidos em um bilhete descuidado. Alguns homens magoam uma mulher pelas coisas cruéis que fazem ou dizem; Earl magoou Caroline por todas as coisas que negou. Ele a tinha iludido. Ao longo de seu tempo de casados, ela se convenceu de que ele não a amava mais. *Parecia evidente que ele pouco se importava com a família.* Por que mais ele tinha decidido passar a maior parte de seus dias no mar? Caroline não podia nem dizer se ele amava os filhos. Ele mal mandava o suficiente para sustentá-los, forçando-a a lavar e limpar para gente branca.

A última carta veio da companhia de carga. O navio dele tinha naufragado. Ele já devia estar morto em seu coração quando ela leu as palavras *presumivelmente morto. Perdido no mar.* Desde aquela primeira travessia, a água nunca parou de punir a família de Caroline, infligindo novas perdas a cada geração. Quando sua avó era uma menina, "comerciantes" da Virgínia a raptaram junto com seus quatro irmãos enquanto eles brincavam numa praia nas Bermudas. Os homens brancos os atraíram a bordo, prometendo abrigo para uma tempestade que se aproximava e então os amarraram embaixo do convés até encher o porão e assegurar "um total complemento de carga". As cinco crianças roubadas foram vendidas como escravas na Virgínia. Elas nunca mais viram a mãe. Ser destituído da mãe definia o significado de ser uma pessoa escravizada. A natimorta morreu no mesmo ano que a tataravó de Mattie. Disso, Caroline estava certa. Ela podia sentir em seus ossos.

Carter Jackson não tinha um negócio próspero nem uma casa grande construída com as próprias mãos. Sem dúvida, ele conhecia melhor que ninguém a distância entre onde se encontrava e onde queria estar, o abismo entre o que tinha e o que Earl Nelson havia criado para sua família, segundo as histórias elaboradas de Mattie. Aos 26, Carter não havia realizado nenhuma das grandes coisas com as quais sonhava, mas quando Mattie o conheceu, ele não estava resignado a isso. Era jovem, então ainda não sabia das coisas maravilhosas e terríveis das quais era capaz. Ele ainda não sabia se era um homem bom ou mau porque ainda não tinha sido testado.

Mattie acreditava que Carter era um bom homem, mas ela não seria poupada de testemunhar o que o mundo pode fazer a um homem bom e o dano que ele causaria como sua única forma de defesa. Com esse amante, ela não consentiu sem se dar conta; Mattie queria Carter tanto quanto ele a queria. Ela acreditou na palavra dele. Carter não traria uma criança ao mundo para fugir depois. Durante seu sétimo mês, Mattie começou a se chamar de *sra. Jackson* e a apresentar Carter como seu marido. A *sra. Carter Jackson* — as palavras rolavam em sua língua tão doces como se fossem mel. Caroline não acreditou nisso por nada. Mattie esperava, como qualquer futura noiva, que esse *sra.* providenciasse uma base suficiente para assegurar o futuro, para manter seu homem e a criança unidos. Seria esse casamento de mentira uma tentativa de legitimar a criança ou um ensaio para a vida conjugal normalizada que eles falharam em conquistar, mas desejavam? Aquele *sra. Jackson* seria uma performance exagerada daquilo que era esperado ou imposto?[41] Havia outra sra. Jackson em algum lugar com um direito legal sobre o nome? Quem precisava da lei para decidir o que se dava entre eles ou para dotar *marido* e *esposa* de significado?

Mattie poderia ter suspeitado que as quatro semanas que eles passaram juntos em um quarto alugado numa pensão de Nova Jersey no oitavo mês de gravidez era o mais próximo que eles chegariam de um casamento. Ela voltou para a casa da mãe nas últimas semanas antes da data de nascimento esperada do bebê. Carter ficou em Nova Jersey, mas a visitava regularmente. Quando o bebê nasceu, Carter foi tão terno com ela que Mattie jamais suspeitou que algo pudesse dar errado, ou que houvesse qualquer razão para se preocupar. Na verdade, Carter estava se afogando, mas enchia a cabeça dela de promessas de tudo que ele faria e que teriam. Ainda que ele nunca tivesse pronunciado as palavras "Você pode contar comigo", cada gesto de amor parecia provar isso. Ainda que nunca tivesse dito "Querida, fique tranquila", Mattie confiava nele.

O bebê, Scott, tinha apenas um mês quando Carter desapareceu. Caroline ligou para a pensão em Bayonne, mas não havia rastro dele. Carter havia se mudado sem deixar outro endereço e não disse a nenhum dos seus amigos para onde ia. Ele pediu demissão e sumiu.

Mattie sofreu pelo marido desaparecido, sem saber se ele estava vivo ou morto. Não importa, ele está morto para você e para o seu filho, Caroline poderia ter aconselhado. Mas segurou a língua. Ela sabia que aquele mesmo homem, morto para Mattie, poderia agora ser o prêmio de outra mulher, um outro negro ressuscitado pela fuga e agraciado com um pseudônimo.

Provavelmente afogado foi a frase exata empregada na carta da companhia de carga endereçada à sra. Earl Nelson. Ele estava "presumivelmente morto". Um termo cruel para anunciar a perda, mas que deixava uma brecha para esperanças insensatas, expectativas tolas. No ano anterior, Caroline recebera uma carta de um amigo de Earl dizendo que ele tinha visto o marido morto dela caminhando pelas ruas de Nova York. Ela poderia ter contratado um detetive para encontrá-lo se acreditasse que Earl Nelson alguma vez a amara ou se houvesse alguma distinção entre estar morto e estar morto para ela. Qual seria o sentido de surpreendê-lo em sua última e maior mentira? Caroline preferia pensar nele como morto e continuar no conforto de sua condição de viúva. Era melhor para todo mundo, e ela nunca pensou em dizer outra coisa para Mattie.

Aurelia Bush reconheceu suas roupas íntimas. Seu novo conjunto de camisola e calçolas de seda que havia desaparecido após a segunda lavagem estava pendurado no varal daquela assanhada como se fosse seu por direito. Ela se enfureceu ao pensar naquela puta de baixa categoria usando suas peças íntimas. Aurelia nunca tinha gostado de Mattie Jackson e nunca se deixaria enganar pelo tipo de mulher que ela e sua mãe eram porque sabia da história toda. Ela sabia da bebê morta, do bastardo, de Herman Hawkins e dos dois maridos, além dos brancos que frequentavam a casa delas. Aurelia não era nenhuma boba. Mattie era amigada com *Chester* Jackson, um hóspede na casa de sua mãe, e ainda por cima se chamava de *sra. Jackson*, um nome que começou a usar quando engravidou do filho de *Carter* Jackson. Ela não era nem pior nem melhor que sua mãe, Caroline Nelson, que vivia com o hóspede Smith e se chamava de sra. Smith. Era tudo mentira. Aurelia Bush tinha certeza absoluta. O que mais a ofendia eram os italianos que apareciam à procura de Mattie. Ela observava enquanto subiam os degraus e entravam pela porta dos fundos. Que tipo de mulher de cor decente recebia a companhia de homens brancos? Isso explicava por que Mattie e sua mãe viviam melhor que qualquer um.

O varal era de Mattie, mas ela tinha permitido que Aurelia, que vivia no andar de baixo, pendurasse suas roupas nele também. As roupas íntimas perdidas poderiam ter sido um equívoco inocente, mas também era verdade que Mattie tinha pouca consideração pela propriedade privada. *É meu, isso me pertence* — eram termos que não tinham muito peso para ela. Ela tratava a posse como se fosse uma coisa condicional, e não uma noção absoluta, como se objetos belos servissem para ser compartilhados, como se as coisas mais adoráveis fossem justamente um luxo comunitário. Certa vez ela chegou em casa com um bracelete de ouro que pertencia a uma mulher cujas roupas ela lavava. Quando a mãe perguntou da joia, Mattie disse que tinha encontrado. Outra vez, chegou do trabalho vestindo um suéter de caxemira que era o preferido da filha de sua patroa. No dia seguinte, ela foi trabalhar usando o suéter. Como aconteceu com as roupas íntimas de Aurelia, Mattie não fez nenhuma tentativa de esconder os objetos. Sua patroa acreditava que Mattie era tão honesta quanto uma garota de cor comum, mas não tinha deixado de notar que ela era um tanto descuidada com as coisas dos outros. Não acusava Mattie de roubo porque ela não escondia os itens, usava-os abertamente. Até onde ela sabia, Mattie não pegava nada de propósito. Era o tipo de *socialismo barato* comum entre negros. Quando Mattie encontrou um medalhão e uma corrente que pertenciam a uma das crianças, pôs no pescoço, deixando-os bem à vista, como se indiferente ao direito de posse e inocente diante da noção de roubo. Objetos bonitos a chamavam e ela cedia a eles, sem se importar quem eram seus donos, sem acreditar que tivesse roubado alguma coisa.

Quando Aurelia a confrontou, Mattie se desculpou e lhe ofereceu os 3,97 dólares que tinha pagado pelas peças, mas Aurelia Bush queria mais que uma desculpa.[42] Foi ela quem contou ao detetive policial sobre Carter e Chester, as duas sras. Jacksons. Mattie Jackson era uma prostituta de baixa categoria. Aurelia tinha repetido essa acusação tantas vezes que passou a ter certeza de que era verdadeira. O investigador nunca encontrou nenhuma evidência para confirmar isso, mas a acusação causou seu dano.

A nota sociológica anexada aos autos declarava: *A casa materna é um ambiente pobre. A mãe não pareceu se sentir profundamente desonrada pelo comportamento da filha. Ela é negligente com a supervisão da filha. Sua conduta moral foi replicada pela filha. A oficial da condicional não julgou que sua casa poderia ser um bom lugar para mandar uma cliente. Ela considerou a condicional muito seriamente por ser este o primeiro delito da jovem, mas sentiu que a instituição seria melhor que a condicional nesse caso. A equipe está de acordo.*

Se a mãe dela fosse a sra. Smith por lei, se Mattie realmente fosse a sra. Jackson, se ela não tivesse dado à luz duas crianças fora do casamento, se o detetive estivesse disposto a retirar as queixas quando Aurelia Bush mudou de ideia, se a oficial da condicional não tivesse desaparecido no meio do julgamento de Mattie, se a Casa de Misericórdia ou o Asilo das Madalenas estivessem dispostos a aceitar jovens de cor, se a supervisora do reformatório não acreditasse que a prisão era um ambiente melhor e mais instrutivo que uma casa de gente negra comum, se os oficiais da corte não tivessem concluído que as vidas das duas sras. Jacksons configuravam depravação moral,[43] se Mattie Jackson fosse branca, é pouco provável que ela tivesse sido confinada no Reformatório Feminino do Estado de Nova York em Bedford Hills por quase três anos.

O caso contra Mattie era o caso contra sua mãe. Essa herança materna a colocou em risco de ser presa e confinada, a marcou como uma figura patológica e imoral, se não criminosa. Dada sua criação pobre e o lar destruído, não surpreendia que a garota tivesse dado errado. Era mais exemplo de negligência materna. Nas deliberações sobre o futuro de Mattie, essa herança materna era muito mais importante que as roupas íntimas desaparecidas de Aurelia Bush. A falta de vergonha de Caroline diante do comportamento sexual de Mattie e das crianças bastardas provou que a jovem precisava de uma supervisão melhor que aquela oferecida por uma mãe negra negligente. Apesar de frequentar a igreja, a sra. Caroline Nelson, também conhecida como sra. Smith, tinha padrões morais muito falhos e havia transmitido sua conduta ilegítima para a filha. Sem nem pestanejar, Caroline disse ao investigador que havia prometido nunca mais voltar a se casar, mas isso claramente não excluía relações extramatrimoniais.

As palavras de Mattie foram igualmente prejudiciais. No "Depoimento da garota", ela disse: *Eu gostei. Eu pequei. Ele me forçou. Eu sei o que eu fiz. Eu quis.* Seus comentários não demonstraram nenhuma noção clara de culpa ou arrependimento. Nem convenceram ninguém de que ela havia aprendido a lição depois de Herman ou Carter. Os italianos levantaram a questão da prostituição, embora não houvesse nenhuma evidência disso. A falta de remorso e a recusa em admitir qualquer delito pioraram sua situação. Nada do que ela fizera justificava que fosse presa, menos ainda encarcerada. Ao insistir que não tinha feito nada de errado, Mattie contribuiu para confirmar sua culpa aos olhos da assistente social e do psicólogo.

Ainda que Caroline Nelson não tivesse ouvido Mattie gritar[44] no segundo domingo de novembro em seu segundo ano de prisão, muito provavelmente ela teria lido nos olhos da filha que as coisas não iam bem. Quando ela visitava Mattie, havia sempre um guarda presente,[45] então a filha não podia dizer muito. Caroline esperava na sala de visitas quando a supervisora, a sra. Engle, lhe informou que Mattie não poderia receber visitas. Caroline podia ouvir Mattie gritar e continuou perguntando, *Sra. Engle, qual é o problema? Qual é o problema? Estou ouvindo minha filha.* Então ela começou a gritar o nome de Mattie, na esperança de que ela pudesse ouvi-la. A supervisora pediu que

Caroline parasse de gritar e insistiu que estava tudo bem. O tempo inteiro Mattie gritava ao fundo. A sra. Engle conduziu Caroline para fora da área de visitas e pelos portões principais. No trem de volta a Nova York, Caroline, aflita e temerosa, se perguntou: O que eles estão fazendo com a minha filha? Os gritos de Mattie ecoaram em sua cabeça durante toda a viagem.

Mattie escrevia para a mãe duas vezes por mês, mas as supervisoras liam todas as cartas, então ela não poderia ter dito: Mamãe, elas estão me machucando. Por favor, me tira daqui. Elas me algemaram nas grades da minha cela. Me trancaram na masmorra da ala disciplinar. Me negaram água e comida. Amarraram meus pulsos com uma corda e me deixaram pendurada no teto da minha cela. Me estrangularam e me espancaram. Estapearam minha cara. Me chamaram de crioula e de puta. Mãe, por favor, me tira daqui.

Se Mattie tivesse escrito qualquer dessas coisas em uma das duas cartas que podia enviar mensalmente, as correspondências teriam sido confiscadas e ela teria sido submetida a uma punição ainda mais severa. (Logo a tortura e os abusos viriam a público. Mas levaria décadas até alguém questionar se jovens deveriam ser encarceradas por ter filhos fora do casamento, passar a noite fora, ter vários amantes ou relações íntimas para além da linha de cor.)

Caroline desceu do trem no Harlem. Estava determinada a encontrar duas garotas que tinham sido amigas de Mattie em Bedford. O que as garotas contaram acabou com ela e fez Caroline querer machucar alguém. Coisas horríveis tinham sido feitas a sua filha, o sangue do seu sangue. Caroline deve ter se sentido como sua bisavó quando os filhos foram sequestrados nas Bermudas. O que ela poderia fazer? Absolutamente nada. Ela deve ter se lembrado de sua avó, roubada e destituída da mãe, ou ficado preocupada com o neto, também destituído da mãe. O parentesco ferido se repetia por gerações. Naquela tarde, Caroline, determinada a fazer algo, escreveu uma carta para a superintendente da prisão:

26 de novembro de 1919

Querida srta. Cobb,
Escrevo para te perguntar qual é o problema com Mattie que ela estava gritando? Vocês estão maltratando Mattie? Encontrei uma mulher e ela disse que vocês todos tratam minha filha como se ela fosse um cão. Por que vocês fazem [isso?] Ela não estava lá quando fui.
Me disseram duas vezes depois que eu saí de lá antes da chegada do trem eu mesma ouvi Mattie chorando [foi] por isso que eu estava de pé quando você entrou. Eu ouvi ela e quero saber vocês estão maltratando Mattie [?] Uma menina que esteve lá me disse que vocês duas pegam Mattie e batem nela e enforcam ela.
Se eu tivesse ouvido isso antes de ir no domingo teria contado para você, mas na volta para casa eu parei na parte alta da cidade e as meninas me contaram. Peço perdão por escrever, mas eu preciso porque quero que você saiba disso, pois me deixa doente saber que tem gente tão cruel lá. Não posso acreditar. [Você] vai entregar essa carta para Mattie. Você lê [para ver] se eu escrevi alguma coisa errada, pode riscar.

Por favor, eu vou contar o que as meninas me disseram para a senhora, srta. Cobb, se a senhora me permitir. É [tudo o que eu] pergunto para você: quando eu posso ver [Mattie] ou quando posso ver a senhora? Assinado respeitosamente,

Sra. Earl Nelson
Peço resposta.

As cartas de Mattie não constam nos autos, embora ela tenha se correspondido com a mãe e enviado bilhetes para as amigas. Em pelo menos uma ocasião, ela foi punida por passar bilhetes para uma garota de outro alojamento. Na primavera de 1918, ela foi mandada para a ala disciplinar por esconder artigos de papelaria e selos em seu quarto. Mas não existem cópias das cartas que ela escreveu na esperança de contrabandeá-las para fora da prisão nem dos bilhetes que enviou para uma namorada. Que histórias foram compartilhadas nas cartas perdidas e desaparecidas, as coisas sussurradas e nunca reveladas? É possível trazer à tona as frases, parágrafos e poemas contidos nesse arquivo perdido? Ou encontrar um caminho para a linguagem autoexpressiva de Mattie? Seu desejo de escrever era tão grande que ela estava disposta a arriscar uma punição. Um bilhete passado por baixo de uma porta ou uma mensagem amarrotada passada de cela em cela, de mão em mão, se chama pipa — as palavras viajam mesmo quando nós não podemos.[46]
Será que Mattie manteve um diário ou escreveu poemas de amor? Ela registrou seus sonhos? Escreveu histórias sobre natimortos ou crianças roubadas ou navios perdidos no mar ou pais desaparecidos? Em suas cartas para casa, será que lembrou sua mãe de cantar uma canção de ninar para Scotty cair fácil no sono? Pensou sobre sua tataravó exilada nas Bermudas e separada dos filhos? Ela se arrependeu do que havia acontecido com Herman Hawkins? Ou reconheceu quão difícil é dissociar as coisas que desejava das que a machucavam, ou separar a beleza daquilo que havia experimentado da violência aí contida? Em suas cartas para Caroline, teria ela perguntado sobre suas amigas no Harlem ou se a mãe tinha visto Chester ultimamente? Mattie não teria ousado perguntar sobre os levantes do Verão Vermelho.

Ela não teria sido capaz de dizer para a mãe se estivesse apaixonada por uma garota do alojamento vizinho ou se tivesse se juntado às amigas na rebelião no reformatório, virando camas, incendiando cortinas e destruindo tudo ao alcance; ou explicar que *se elas destruíram tanto é porque tinham sofrido muito.*[47] Se a mãe dela lesse nas entrelinhas, teria conseguido discernir o que a carta de Mattie insinuava: ela estava lutando para se libertar.

Manual do trabalho doméstico geral

Manual: próprio ou pertencente à mão ou às mãos, feito ou desempenhado com as mãos. Especialmente com relação ao trabalho (físico), uma ocupação etc., em oposição ao mental, ao teórico. Manual em distinção ao mental e ao intelectual. Manual: referente a uma arma, ferramenta, instrumento etc.; que é usado ou trabalhado com a mão ou as mãos. Na verdade, nas mãos de alguém, não apenas em potencial. (Manual: abreviação para exercícios manuais, isto é, trabalho físico, e não o exercício da razão ou da imaginação.) Uma ferramenta ou um objeto, sob o domínio de alguém, não especulativo, não uma proposição ao gênio feminino negro. O uso do corpo como ferramenta ou instrumento. Próprio de ocupação ou posse. Apto a se ter nas mãos de alguém, enquanto posse representa três quintos da lei, enquanto posse faz de você três quintos de um ser humano,* uma propriedade manuseada por outro. Também uma coisa a ser possuída. A ser manuseada como pertencente, anexada, marcada, invadida, ingerida, não autônoma. Manual: ser manejada por outro, ser manejada ao bel-prazer; ser manejada como um exercício da vontade do outro,

---

* Referência a um pacto firmado entre os estados do sul e do norte dos Estados Unidos em 1787, cujo objetivo foi resolver um impasse relativo ao poder de representação dessas regiões. Como uma maior densidade populacional significava maior representação, e como nos estados sulistas havia um contingente maior de pessoas escravizadas, para não haver disparidade em relação aos estados nortistas, foi estabelecido o Compromisso dos Três Quintos, que previa que cinco pessoas escravizadas contavam como três pessoas.

ser separada de sua própria vontade, motivações ou desejos. Manual: em oposição ao mental, um não exercício das faculdades racionais. Em oposição à formulação de reflexões críticas; em oposição à contemplação do eu ou do mundo. Um método de operar ou trabalhar. Uma função. Abreviação de exercício manual. Abreviação de ferramenta manual.

Manual: oposto de automático, oposto ao ato de agir ou funcionar por si ou para si, oposto à deliberação e ao julgamento, algo necessitado de direcionamento, sob a imposição da senhora ou do senhor.

Manual: pertencente à mão ou às mãos. As mãos a serem desatualizadas ou tornadas obsoletas pela máquina. Próprio ou pertencente à mula mais que à máquina. Trabalhado com as mãos, finalizado com as mãos. Não mais que um par de mãos. Mãos rachadas e inchadas pelo sabão cáustico e pela amônia. Mãos queimadas ao tirar tortas do forno. Mãos rígidas e desfiguradas de torcer os lençóis e toalhas gelados lá fora no inverno, antes de serem pendurados no varal para secar. Mãos, não mais suas, restringidas, possuídas e dirigidas por outro, como uma ferramenta ou um objeto. As mãos que manuseiam você. As mãos que levantam o vestido, as mãos na sua bunda, as mãos que despem suas roupas íntimas, as mãos que te prendem ao chão. As mãos que te pagam dois dólares pelo dia ou treze dólares por semana. Manual: algo sujeito ao uso, tornado ferramenta, manuseado, agarrado, espalmado, estapeado, acariciado, abraçado, atormentado, afagado; pertencente à mão.

Manual: oposto à contemplação ou à teoria. Oposto ao uso do intelecto. Oposto a olhar, visualizar, contemplar. Oposto ao ato de pensar, refletir, esquematizar, esboçar, planejar, pesar, ponderar. O uso das mãos em oposição a uma concepção, esquema mental ou paradigma. Manual: o concreto, o físico, o incorporado em oposição ao conhecimento abstrato e sua formulação. Em oposição à razão. Manual: pertencente à ignorância, obtusidade, estupidez e oposto à erudição.

Relacionado ao manuseio, a ser manuseada, a ser manuseada sem nenhuma consideração, a ser manuseada como uma ferramenta ou instrumento; a ser manuseada como uma escrava, como uma mocinha qualquer, como uma puta, como uma vadia, como uma crioula. Manuseada como se pertencente àquela parte da coisa que deve ser agarrada pela mão para ser usada ou movida. Ser agarrada pela mão ou às vezes pelo pescoço, a bunda, a garganta. Coloquial: perder as estribeiras; se enfurecer; acabar com tudo. Figurativo: aquilo pelo qual algo é ou pode ser tomado; uma, duas ou mais formas pelas quais uma coisa pode ser tomada ou apreendida. Manipular, administrar; sujeitar à ação das mãos, tocar ou sentir com as mãos. Oposto a: não me toque. Pertencente a: mãos para cima, não atire. Administrar, conduzir, dirigir, controlar. Ser manuseada por homens, ser maltratada, ser tomada por homens, ser usada por homens, ser consumida por homens. Manuseada, com relação ao uso da coisa, fazer algo com a ferramenta, em oposição a ser dirigida pela vontade e pelo desejo; oposto ao consentimento, oposto ao me deixa em paz, porra. Lidar com, tratar como bem queira, usar, acumular, gastar, exaurir.

Manual: com relação a um livro etc. — da natureza de um manual feito para ser mantido a mão para referência. Um tratado conciso, um compêndio, um guia.

Um atlas da rebeldia[1]

Na South Street, duas jovens andando de mãos dadas pela calçada chamaram a atenção do sociólogo. O olhar dele pousou nelas, mas as garotas o ignoraram. Uma cutucou a outra com o cotovelo, e elas pararam diante de uma das lojas e olharam a vitrine repleta de fileiras de sapatos. A grande vitrine permitia que elas adentrassem o mundo dos objetos brilhantes, e elas também se tornavam parte da bela exibição. Seus reflexos flutuavam na superfície do vidro, os rostos negros resplandecendo enquanto elas pairavam sobre o mar de objetos, embaladas pela abundância de produtos. A vitrine fascinou as jovens e por um momento interrompeu a caminhada delas enquanto a olhavam como se assistissem a um filme. Ela oferecia uma confirmação: Garota, você está joia; repreendia: Esse casaco puído não engana ninguém; instruía: Cubra mais seu olho direito com esse chapéu, crie o mistério que você quer ser.

Com os olhos cheios de cobiça, uma delas estendeu o braço, apontando para um par de sapatos masculinos.

Está vendo aquele par?

Qual?

Era uma variedade de calçados: brogues pretos conservadores, botas de cano alto com ilhós prateados, botas lustrosas com ganchos complicados, sapatos simples e comuns e botas de trabalho pesadas. Os sapatos que chamaram a atenção dela cairiam bem em um homem que ousasse exceder o eufemismo, não se importasse em ser respeitável e se deliciasse em fazer todas as cabeças virarem ao andar pelo quarteirão. Quem poderia resistir a um homem num par de botas bicolores, vermelho-escuro e marfim, e com botões na lateral?

Com o dedo apontado, ela direcionou o olhar da companheira.

Aquele?

Esse é o tipo de sapato que eu compraria pro meu homem.

As duas caíram na risada. Cada uma delas imaginou o tipo de homem que usaria aqueles sapatos e o tipo de mulher que era preciso ser ou se tornar para andar ao lado dele. Não seria uma garota tímida ou caseira, mas uma mulher tão esperta e perigosa quanto ele. O tipo de homem que a levaria a fazer as coisas que você nunca fazia, mesmo se quisesse, e isso sem que ele fosse uma desculpa, estabelecesse as regras ou bancasse o mestre, aquele tipo que se prestaria a ficar de joelhos e implorar para que você abrisse mão dos limites do seu desejo: *Posso te beijar lá?* Seus irmãos o odiariam, convencidos com razão de que ele seria a sua ruína, mas o tipo de homem que suas amigas desejariam e invejariam. *Ela nem é tão bonita assim.* Amar esse tipo de homem faria *sua mãe chamar você de imprudente e seu pai, de louca.*

Ele era o homem para quem a multidão se abria, dando passagem para a mulher apoiada em seu braço, que seguiria ao lado ou atrás dele sem ter de tirar pessoas enciumadas do caminho. A garota de braço dado com ele não era mais apenas um rosto na multidão, mas o rosto pelo qual as outras mulheres buscavam, fuzilavam com os olhos e desfiguravam com sua inveja.

Os sapatos incitavam a fantasia do homem. Pois caíam bem apenas no tipo de homem que poderia elevar sua temperatura com um gesto: o movimento da língua sobre um lábio inferior escuro, cor de ameixa, ou a forma como ele empoleirava a perna nos degraus da frente e puxava as calças, de modo que seus sapatos esplêndidos ficassem bem à mostra, ou o jeito como ele inclinava a cabeça e posicionava os lábios enquanto lançava um olhar de soslaio. Um desses malandros do tipo *Nem vem que não tem*, que assumem com arrogância saber o que você quer, e se você tiver feito a escolha certa, eles sabem mesmo. Ele era o tipo de homem bonito e perigoso que arriscava tudo para manter a cabeça erguida, que amaria e abandonaria você, o tipo de homem que tinha uma fala *doce*, que tripudiava com o seu coração e deixava um rastro de amantes angustiadas em seu encalço. O tipo de homem capaz de fazer muito pior do que fez com você, de forma que, quando ele parte se achando decente, você se considera sortuda por ter sobrevivido ao amor com apenas uns arranhões e um punhado de palavras indelicadas que ainda a encantam. A simples ideia desse amor louco e devastador excitava as jovens porque elas o imaginavam como *algo semelhante à liberdade*, a submissão desfrutada *por escolha*, um ato imprudente de autossacrifício.

Duas garotas de cor, não ainda sem futuro, desejavam um belo par de sapatos que as atraía para um mundo muito melhor, muito maior que cortiços feios e o aperto da pobreza. Elas olharam por um bom tempo e com atenção todos os objetos expostos na vitrine da loja, cheias de expectativa e sonhando com uma saída.

O sociólogo se demorou na esquina da Seventh com a Lombard, um espectador determinado a não deixar escapar um detalhe sequer da vida fervilhante das ruas. O cruzamento era o centro do cinturão negro da Filadélfia, e ali da esquina ele tinha uma vista do pior gueto da cidade. Vestido em um terno de três peças cinza e bem cortado, com um relógio de ouro aninhado no bolso do colete e uma bengala elegante descansando sob as mãos bem cuidadas, ele se parecia em tudo com um dândi. Por baixo da aparência refinada, batia o coração de um vitoriano e um libertino. A bengala e as luvas, um hábito adquirido quando estudou na Alemanha, eram um escudo e uma segunda pele que o dr. W. E. B. Du Bois, então com 28 anos, esperava serem capazes de proteger a primeira. Ele procurava desesperadamente acreditar que um estilo refinado poderia tornar evidente aquilo que escapava ao olhar dos brancos — que os negros não eram iguais. Todos o notavam ali na esquina, mas ninguém o encarou nem jogou uma pedra nele.[2]

Dia e noite, as ruas ferviam. A esquina oferecia um refúgio para vagabundos, apostadores, ladrões e prostitutas, bem como para estivadores, carregadores, diaristas e lavadeiras. As risadas e a gritaria estridentes que se passavam por conversa e os ritmos acelerados e irregulares da vida cotidiana soavam dissonantes aos ouvidos do pesquisador, e a cabeça dele latejava sob o seu ataque. Se não vigiasse, seria engolido por inteiro pela urgência furiosa, pela fome incessante do gueto. Mesmo a beleza era uma afronta nessas circunstâncias — os garotos vestidos com elegância e as garotas atrevidas e adoráveis, imprudentes a ponto de investir cada centavo em uma roupa.

Ele temia ser tragado pela multidão e cultivava o distanciamento como defesa. A aversão era nítida e visceral. Se houvesse alguma esperança a ser encontrada no tumulto e na revolta do gueto, nas ondas de negros rústicos vindos do Sul, no excesso rural, no desejo por mais e melhor, nos sons transgressores do bairro, ele procurava por ela. Quem são essas pessoas?, perguntava-se. *Só porque sou negro não significa que compreenda o que esses negros pensam, sentem ou querem.*

O calor de agosto era opressor, sufocante. O fedor dos banheiros e das ruas cheias de lixo compeliam inspirações curtas. O clima do verão, como o Sétimo Distrito, era intemperado e volátil, claro e limpo num momento e tempestuoso no próximo. Em um instante, um olhar distraído, uma piada inoportuna ou uma imitação mordaz poderia transformar risadas em ameaças e maldições. Uma interação alta e raivosa irrompeu na quadra, atraindo a atenção dele e a da multidão. Dois jovens estavam atracados em uma briga. Os pugilistas se abraçavam para evitar o dano dos golpes trocados. Uma jovem gritava enquanto eles oscilavam e investiam. Espectadores imploravam para que os jovens parassem com aquilo; outros os incitavam a acabarem um com o outro. Um chapéu foi derrubado no chão e um colarinho se rasgou. Com o brilho de uma lâmina, a multidão se espalhou. Os ambulantes italianos e judeus se puseram em movimento, recuaram do perigo e conduziram ligeiros seus carrinhos bambos de frutas, grãos e farinha para longe dos negros briguentos. As senhoras brancas do College Settlement não ousaram entrar na briga e foram atender com diligência aqueles que esperavam pelo almoço. O clamor da rua abafou suas boas-vindas e derrotou os clichês, mas sopa era sopa e a promessa de uma refeição gratuita atraía até os mais relutantes. Quando a polícia chegou, a vítima sangrava sozinha na calçada. Ninguém tinha visto nada.

Quarteirões e quarteirões de feiura e de disformidade era o melhor que a liberdade podia proporcionar. Três décadas após a emancipação e as pessoas negras não tinham nada. Não importa. O fluxo de migrantes não cessava, e a pressa de viver não conteve os sonhos do Norte, a cidade e a boa vida. Tudo o que eles ouviam em casa, nas cidades poeirentas do Sul, eram mentiras e promessas — as coisas eram mais fáceis lá em cima e os brancos não eram tão ruins. Bastava uma semana para se descobrir que nada disso era verdade. Ainda assim, era melhor que a Virgínia ou a Carolina do Norte. Para os recém-chegados na cidade, as únicas evidências duradouras daquilo que a Guerra Civil havia lhes conquistado era a possibilidade de embarcar num navio a vapor para o Norte e vagar pelas ruas em busca de oportunidades que lhes escapavam.

O Sétimo Distrito era um lugar maravilhoso e arruinado, o coração de uma metrópole negra diversa, o embrião de um gueto emergente. A Filadélfia abrigou a maior população negra da região nordeste até 1900, quando o cinturão negro de Nova York superou a região, e Chicago tomou o seu lugar como a segunda maior cidade da nação. Mas, em 1896, o lugar ainda era impressionante. Desde 1780, a Filadélfia tinha sido um laboratório para o experimento da democracia racial da nação e o palco principal em que se encenava *o futuro pós-escravidão*. A cidade se vangloriava de uma história dourada de triunfos e realizações. A primeira lei de emancipação gradual da escravidão foi aprovada em 1780. A Sociedade Africana Livre foi estabelecida em 1787, e as portas da Igreja Metodista Episcopal Africana Bethel[3] se abriram em 1794. A Sociedade Antiescravagista Americana foi fundada em 1833. Antes da Guerra Civil, a cidade era lar da maior comunidade negra livre do país, e ostentava uma pequena e próspera elite negra. Mas havia outro lado: um surto de febre amarela em 1793 havia delimitado fronteiras raciais na cidade. Os moradores negros foram culpados pela propagação da epidemia, recrutados para cuidar dos doentes e transportar os mortos, e em seguida incriminados por atos de roubo e extorsão que supostamente aconteceram durante a crise. A Penitenciária Estadual do Leste abriu em 1829 e inaugurou a prática do confinamento solitário. Seu primeiro prisioneiro foi Charles

Williams, um negro. Em 1838, os negros perderam o direito de voto depois que o Legislativo decidiu que cidadãos negros e brancos não eram iguais perante os olhos da lei e modificaram as qualificações para o sufrágio, antes previsto para todo homem livre e agora para todo homem *branco*, livre, de 21 anos ou mais, e que pagasse impostos. Os levantes raciais de 1839, 1842, 1849 e 1871 agitaram a cidade e atestaram o significado de escravidão e liberdade, de cidadão e estrangeiro em solo nortista. Os homens negros não recuperaram o direito de voto até 1870, quando a décima quarta e a décima quinta emendas foram ratificadas. Octavius Catto, um jovem professor e ativista pelos direitos civis, desempenhou um papel central na campanha de ratificação da décima quinta emenda na Pensilvânia. Nas eleições de 1871, ele e outros homens negros exercitaram esse direito conquistado a duras penas com um voto para o Partido Republicano. Depois de depositar sua cédula na Filadélfia, ele foi assassinado por uma turba irlandesa liderada pela polícia. Após o compromisso de 1876 que deu um fim à Reconstrução e restituiu a escravidão no Sul sob os disfarces de escravidão por dívida, parceria rural, servidão doméstica e o sistema de arrendamento de condenados, ondas de migrantes negros começaram a chegar na cidade. Eles fugiam da plantation e se juntavam nas ruas.

Meninos ligeiros e insolentes, meninas graciosas e robustas, coletores de apostas, vagabundos, gângsteres ordinários, domésticas, estivadores e prostitutas — as jovens e as batalhadoras, as velhas e as libertinas — se reuniam na esquina da Seventh com a Lombard. O ar se adensava com as risadas, exaltações de conquistas, mentiras maiores que os homens que as contavam. Desocupados falavam alto uns com os outros em uma batalha de palavras orquestrada. Cafetões sussurravam "Ei, garota, manda ver" para qualquer mulher abaixo dos trinta que passava. Sapatões despiam as que eram bonitas com o olhar. Transeuntes podiam entreouvir histórias sonhadoras sobre as coisas boas que ainda estavam por vir. Trabalhadores e hedonistas esmorecidos contavam piadas, desesperançosos — este é o futuro que esperávamos?

A bela anarquia da esquina não recusava ninguém. Era o único lugar onde podiam parar de procurar, descansar um pouco e ainda acreditar que estavam em movimento e a caminho de algum lugar melhor que aquele. A livre associação era a única regra, e a vida social promíscua, seu caráter definidor. Todos eram autorizados a permanecer brevemente, tomar fôlego, resistir ao impulso de perambular, ao impulso da agitação e da busca. Toda hora alguém comentava Tenho que ir, mas acabava ficando. Recém-chegados refrescavam a multidão; estranhos se tornavam íntimos. O fluxo de chegadas e partidas conservava a vivacidade. As pessoas ali eram sempre as mesmas, mas ainda assim o lugar sempre parecia diferente.

Todas as classificações e tonalidades da vida negra podiam ser vistas no Sétimo Distrito. Um quarto dos negros da cidade vivia ali. Os aristocratas e os pobres se esbarravam, não íntimos (na verdade, era raro que conversassem), mas forçados pela linha de cor a compartilhar as ruas, bem como o mais baixo degrau da vida social. O gueto havia se espalhado do Quinto Distrito para o Sétimo, expandindo-se para o Oeste. Gente de cor ocupava as ruas da Seventh até a 18th e da South Street até a Spruce. Remapearam o distrito, bagunçando a organização da cidade pela forma como habitavam e usavam o espaço público. Seus clubes políticos, igrejas, pensões, barbearias, estabelecimentos até que razoáveis que serviam peixe frito e biscoitos, e bares renomados por seus recitais de piano, festas, mulheres fáceis, homens perigosos, bichas e tríbades haviam criado o cinturão negro em uma cidade do Norte. Agora os brancos queriam o lugar de volta.

Cortiços caindo aos pedaços e moradias em vielas germinaram nas sombras das melhores casas da Filadélfia. Negros ignorantes e irlandeses bêbados dispostos a trocar um voto por alguns dólares ou um frango no jantar haviam decidido a última eleição para prefeito e derrotado o candidato reformista. As elites reclamavam que associações políticas apenas acobertavam a jogatina e a prostituição. Bárbaros do Sul haviam transformado a cidade e ameaçavam causar mais danos se as coisas não mudassem. Os jornais diários depreciavam os migrantes recém-chegados: eram um povo interiorano e iletrado, inadequado para a vida moderna e intoxicado pelos sonhos de liberdade.

Cidadãos preocupados, assustados com a corrupção política e o crime em sua cidade, responsabilizavam a crescente população de imigrantes negros, então o contrataram — um doutor por Harvard e negro — para conduzir uma pesquisa sobre o Sétimo Distrito, onde eles acreditavam que o câncer residia.[4] Susan Wharton, a diretora da College Settlement Association, e o dr. Charles Harrison, reitor da Universidade da Pensilvânia, convidaram o jovem cientista social para ir à Filadélfia e escrever um estudo abrangente sobre o problema do negro. As razões por trás do convite não lhe escaparam. *Havia um sentimento generalizado de que algo estava errado com uma raça culpada por tanto crime.*[5] Estava claro que queriam a confirmação do que já sabiam: a cidade estava indo para o buraco e os negros eram os culpados.

Por um ano, ele e sua jovem esposa, Nina, foram obrigados a chamar de casa um apartamento de um cômodo parcamente mobiliado na pior parte do Sétimo Distrito. Eles ainda eram amantes tímidos praticando os papéis de marido e esposa. Ele agia de modo paterno, como um tirano cordial, da forma como imaginava que um marido e chefe do lar deveria agir. Nina, uma bela jovem miúda e de olhos escuros, atendia às instruções dele, seguindo sua liderança como se ainda fosse sua aluna. Quando ele dava aulas em Wilberforce, Nina cursava sua disciplina de clássicos. No início do semestre, ele notou aquela beleza delicada. Completamente apaixonado pelos cabelos pretos e lustrosos dela, as curvas bem definidas, os olhos grandes e sinceros, a cor de canela, Du Bois a pediu em casamento, e no fim do ano letivo estavam casados. O refinamento dela e seus sólidos alicerces familiares asseguraram a união. O pai de Nina era um chefe respeitado, e sua mãe, de origem alsaciana, uma dona de casa atenta e amorosa que cultivara a graciosidade e as excelentes maneiras da filha. Du Bois a idolatrava, mimando-a com presentinhos e surpresas. Ávida por agradar, Nina era uma dona de casa meticulosa e esposa devotada. Ela aprendeu rápido a colocar em primeiro lugar o trabalho dele e sua vida pública.

O número 700 da Lombard Street — a College Settlement House — ficava no coração do gueto. Ali eles viviam ao lado daqueles que ele tinha ido estudar, residindo em uma atmosfera de imundície, bebedeira, pobreza e crime.[6] O abrigo fora construído nas ruínas da notória Saint Mary Street, outro projeto frustrado de limpeza do gueto e renovação urbana. "Cortiços modelo" um dia ladearam a rua, oferecendo aos pobres dignos um exemplo de como deveriam viver, com senhoras caridosas, enfermeiras e visitantes simpáticos, além da polícia, que oferecia as instruções necessárias para a ascensão e melhorias. (Dessa vez Susan Wharton pretendia fazer um trabalho melhor, e não *trabalhar às cegas*.)[7] Quando os antigos cortiços foram demolidos, os moradores foram espalhados em outras partes, mas pouca coisa mudou. As ruas ao redor estavam abarrotadas de negros indolentes, com uma pitada de judeus russos e alemães e um punhado de italianos. A College Settlement House replicou esse esforço anteriormente frustrado em melhorar o gueto e ascender o negro. Mas a limpeza do gueto apenas exacerbou a linha de cor, desalojando pessoas negras e pobres que tinham ocupado as piores quadras e alocando-as nas áreas para as quais as pessoas da classe mais alta tinham fugido, esperando escapar das condições dos negros menos afortunados. *Melhor não limpar uma fossa até que se saiba onde o refugo pode ser descartado*.[8] Um gueto desapareceu e outro emergiu. Os funcionários do abrigo e os reformadores habitacionais falharam em perceber que o gueto não era um simples fato; era um sintoma de problemas sociais e históricos maiores. Nas próximas duas décadas, o quarteirão negro se tornaria *o gueto* — um cerco racial, uma prisão a céu aberto.[9]

Após uma semana de residência no distrito, Du Bois aprendeu que assassinato era um lugar-comum e que a polícia representava o único governo. No fim de agosto, ele sabia que não devia se levantar e ir olhar pela janela quando ouvia pistolas dispararem. Duas quadras adiante, a polícia uma vez deteve 48 prostitutas em uma operação matinal. O *Inquirer* reportou que a batida na "Pequena África rendeu um tribunal cheio de mulheres de todos os tons, do preto retinto ao dourado, todas jovens, todas duronas e todas muito dadas à arrogância e às blasfêmias vis".[10]

Pobreza, crime, desemprego, superlotação, falta de habitação digna e acessível e famílias destruídas infestavam o Sétimo Distrito. Tudo isso exemplificava os problemas do emergente gueto negro. Du Bois culpava a moral lassa, a promiscuidade, as crianças nascidas fora do casamento e o desprezo da união conjugal pela crise social ou revolução da vida íntima negra que ocorria no gueto. O lar, que tinha sido destruído pela escravidão, lutava para emergir após a Emancipação, mas se encontrava novamente em risco. Ele culpava a plantation e a cidade pelo estado lamentável da vida doméstica. As relações casuais, os casamentos transitórios e famílias que falhavam em se conformar ao padrão papai-mamãe-filhinhos o perturbavam: mães solteiras; uniões do mesmo sexo; mulheres chefes de família; famílias compostas de irmãos, tias e crianças; famílias que misturavam parentes e estranhos; casamentos em série; "viúvas" desprovidas de apoio legal; jovens vivendo com amantes sem laços matrimoniais; inquilinos e hóspedes agindo como maridos temporários; um homem que desaparece de uma casa e surge em outra para criar o filho de um estranho como se fosse dele. *A coabitação descendia diretamente da plantation e era praticada de forma considerável.* Dez a 25 por cento das uniões do gueto eram uniões estáveis, coabitações temporárias e relações que duravam de dois a dez anos. Tais ligações eram tidas como ruins e imorais, e o ambiente doméstico era considerado insalubre e um perigo para a sociedade. As mulheres assumiam os deveres dos homens, e os homens dependiam dos ganhos de suas irmãs, mães e esposas para sustentar a família. Homens à procura de trabalho deixavam companheiras e filhos para trás, começavam novas famílias em outro lugar e agiam como substitutos de outros que haviam desaparecido. Talvez uma tia, amante ou inquilina fizesse o mesmo por ele, assumindo dependentes e obrigações que outros haviam abandonado ou que não podiam cumprir, porém tais práticas permitiam a sobrevivência. O parentesco flexível e elástico não era um "reminiscente da plantation", mas um recurso da sobrevivência negra, uma prática que documentava a generosidade e a reciprocidade dos pobres.

Para o jovem sociólogo, o tom da vida social negra era promíscuo. Ele culpava essa condição pelo número desproporcional de jovens e o excedente de mulheres novas que haviam migrado para a cidade — o que encorajava o amor livre e os excessos sexuais. Nesse excedente, previa *uma tragédia tão profunda e sombria quanto qualquer outra na história da lida humana.*[11] A fuga para a cidade e o vagar de um lugar para o outro em busca de uma vida melhor haviam produzido um levante social. Sessenta por cento da população negra tinha menos de trinta anos de idade. A tendência a se casar mais tarde, as dificuldades econômicas, a alta taxa de mortalidade entre os homens negros e as práticas sexuais instáveis revolucionavam a vida íntima negra. As mulheres excediam os homens. Charlotte Perkins Gilman, escritora e feminista, identificou pela primeira vez o perigo das "mulheres fáceis" na cidade. Essas mulheres excedentes eram incapazes de assegurar um casamento ou gerar famílias adequadas porque o número de mulheres solteiras ultrapassava o de homens disponíveis. Elas atrapalhavam a trama conjugal e geravam crianças sem nome.

O drama por trás das estatísticas e das proporções de gênero distorcidas se dava mais ou menos assim: dois jovens sem condições financeiras para casar ou sustentar uma família ingressam em um casamento impensado. O marido, incapaz de manter a esposa, e agora uma criança, com seus ganhos, precisa que ela trabalhe também; esse era um estado daquilo que os sociólogos descreviam como homens pela metade. O casal lutava para sobreviver e enfrentava conflitos conjugais, e então a esposa se tornava uma lavadeira, o marido desertava ou o casal escolhia se separar. Outros cenários incluíam promiscuidade sexual e homens sustentados por mulheres. Du Bois temia que "exércitos de prostitutas negras" e "prostitutas indetectáveis" se passando por mulheres comuns sobrepujassem a raça. Tais mulheres figuravam de forma proeminente nas ansiedades dele com relação ao futuro.

Os altos índices de solteiras diminuíam os padrões de vida e promoviam relações casuais, coabitação, a aceitação e a rejeição de amantes à vontade. Os hábitos morais lassos do regime escravocrata ficavam aparentes em relacionamentos arruinados por caprichos e desejos. O sexo casual era um lugar-comum. Abandono, separação voluntária e morte explicavam o grande número de lares sem maridos e pais. Mais da metade das mulheres do distrito eram solteiras, viúvas ou separadas, e isso punha em perigo a recém-formada família negra. Tais eram os frutos de uma revolução social repentina.

Os homens, incapazes de sustentar a família com ganhos tão baixos, arruinavam garotas, abandonavam mães e deixavam esposas. *Uma mudança tão repentina nos hábitos conjugais representava graves perigos. A devassidão sexual surgia como uma consequência secundária, trazendo o adultério e a prostituição em seu encalço.* A imoralidade sexual era uma mácula no caráter das pessoas negras. A escravidão e a *total desconsideração pela virtude e respeito próprio da mulher negra, tanto nos tribunais como nas tradições,*[12] eram responsáveis por essa vergonha, essa desgraça.

As considerações de Du Bois vacilavam, à medida que a *qualidade emocional da justiça* e a mágoa do sentimento compartilhado soprepujavam a frieza estatística. Uma jovem mãe traída pelo amante pode incorporar toda a ruína e a vergonha da escravidão e também

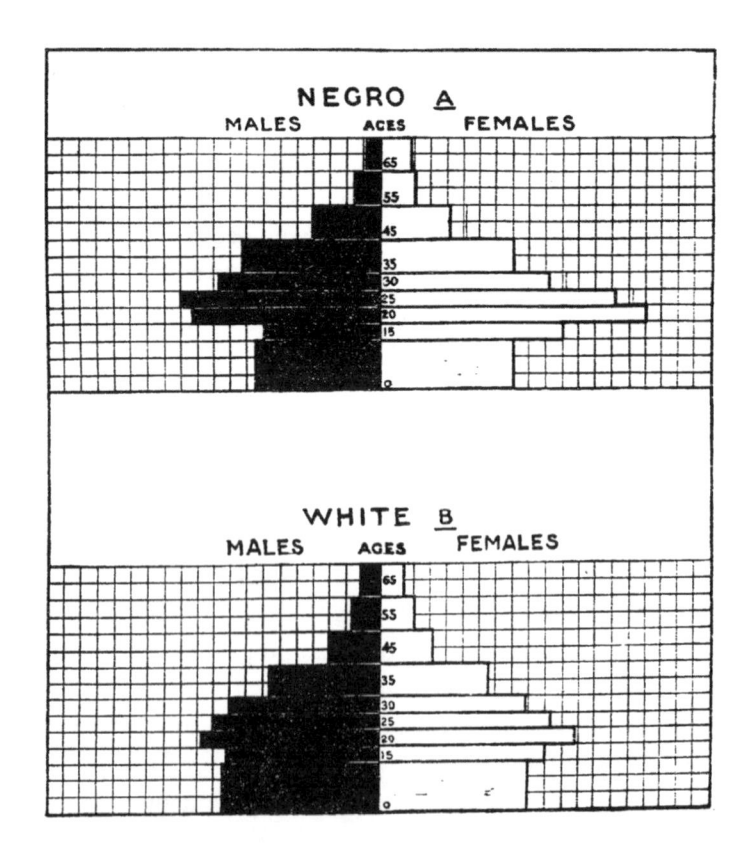

representar tudo o que era bom e natural na feminilidade. Du Bois se equivocou com relação à liberdade sexual e, décadas depois, chegou perto de endossar o amor livre quando este coincidia com o desejo materno. Para ele, a maternidade era sempre nobre e virtuosa porque se definia fundamentalmente pela devoção, pelo sacrifício, o heroísmo e a fortuna da afeição natural, o que se distinguia do egoísmo e dos prazeres carnais. Ele viria a acolher *jovens mães traídas* e perceber *a constituição de novos ideais revolucionários* nas escolhas que elas fizeram e na forma como viviam. Forçado pelas circunstâncias, foi levado a reconhecer que a vida das mulheres negras não era ditada pela maternidade conjugal, e a aceitar que o franco desejo sexual era um sinal de saúde em uma cultura que venerava virgens e insultava prostitutas. Em um romance,[13] ele teve a habilidade de transformar em heroína uma garota arruinada que cresceu em um bordel, mas alcançar o mesmo feito em um estudo sociológico se provou quase impossível. A literatura era mais capaz de lidar com o papel do acaso[14] nas ações humanas e de iluminar a possibilidade e a promessa do caminho errante.

Nenhum muro cercava o gueto negro,[15] separando-o do resto do mundo. Os vizinhos judeus e italianos nos cortiços adjacentes ainda não eram brancos.[16] O conforto e a identidade deles ainda não dependiam de pactos restritivos que proibiam pessoas negras de morar na mesma quadra; ainda não haviam saboreado a palavra *crioulo*, nem a tinham pronunciado com um orgulho e patriotismo como se balançassem a bandeira, com a certeza de que o epíteto, tanto quanto as estrelas e as faixas do estandarte, estabelecia sua posição e segurança na república. O quarteirão negro ainda não era o gueto negro, mas a cada dia uma nova pedra era colocada em seu lugar. Ainda não era uma zona de cerco racial caracterizada por extrema privação e violência frequente. Ainda não era uma reserva para os despossuídos e para aqueles relegados como fungíveis, descartáveis, excedentes e não totalmente humanos. O gueto ainda não era uma conclusão antecipada. Em duas décadas, isso deixaria de ser verdade.

A cada ano mais e mais negros inundavam o distrito, o que concentrava as mortes e a pobreza da cidade no quarteirão negro e tornava mais difícil enxergar além do gueto ou sonhar em escapar dele algum dia. As ruas sujas e as parcas condições habitacionais não eram o centro da questão. O gueto era o sintoma de um problema que evoluía havia 250 anos, mas ninguém recebia bem as explicações que começavam com a chegada de vinte e tantos africanos em Jamestown, Virgínia, e prosseguia enumerando crimes que jamais poderiam ser perdoados. Três décadas após a Emancipação, a liberdade era um experimento aberto.[17] Para a maioria das pessoas brancas, a liberdade ainda era impensável e, pior, era um crime.

De sua janela, um andar acima da rua, Du Bois observava os vizinhos. Os bons elementos se misturavam com os maus e viviam lado a lado em aparente harmonia.[18] Ao olhar indiferente dos brancos, eles eram apenas negros, nada mais. Os mais pobres faziam fila para pegar sopa e pão na cozinha do abrigo. De sua posição elevada, ele podia sentir o cheiro da pobreza deles tão bem quanto o aroma de suas refeições. Diante dele havia um mar de rostos negros. Alguns eram oprimidos pela pobreza, outros, ainda livres de seu jugo, eram questionadores e inteligentes. Diaristas, amuadas e exaustas, se arrastavam para casa, passando por migrantes esquálidos impressionados com a diversão e a miséria do distrito. Seus olhos vagavam do grupo de desocupados reunidos na esquina para as jovens imprudentes e as mais velhas amarguradas. Na Lombard, na Kater, na Middle Alley, as pessoas se reuniam nos degraus de entrada dos cortiços, aproveitando o indulto da cozinha, do chefe, da patroa e da labuta, pelo menos por algumas horas.

Fora da vista de sua janela, havia as mulheres reunidas no pátio, que bebiam cerveja e jogavam cartas. Aos olhos uma da outra, elas eram espertas, loucas, indomáveis, mulheres com quem não se podia brincar. Fofocavam sobre aquelas que tinham se mudado para Nova York esperando encontrar uma vida melhor do que aquela que a Filadélfia tinha para oferecer, ir para o palco ou deixar os problemas para trás. As mulheres trocavam causos sobre os vigaristas na esquina, xingavam os vagabundos pelos quais não valia a pena lutar, gabavam-se de ter ralado a noite toda, mentiam sobre serem casadas e nunca deixavam escapar que a irmã delas era, na verdade, namorada. *All pimps look alike to me*,*[19] uma exclamou, cantarolando a melodia popular. Ainda assim, as afirmações estridentes — *Não quero ele; pode ficar* — e as risadas altas e desinibidas que irrompiam após cada anedota compartilhada sobre um homem bonito e sem nenhum valor não disfarçavam o silêncio delicado que se seguia quando aquela que falava da forma mais furiosa confessava: *Tudo o que eu sempre quis foi um preto sincero.*[20] Ainda assim, as confidências compartilhadas no pátio e o conhecimento coletivo das condições lamentáveis de uma delas não evitaria que amigas saíssem no tapa por causa de um mulherengo ou que se metesse com o marido de outra. Elas se deliciavam com boatos e criavam escândalos ao embelezar o *disse me disse* até que a verdade não fosse mais possível de discernir, mas ficavam sérias ao compartilhar as notícias do dia: os três policiais de cor contratados pelo prefeito, e a história no jornal sobre o leiteiro de cor linchado em Ohio.

Se Du Bois tivesse visto as mulheres de sua janela, elas poderiam ter lhe parecido exaustas e disformes depois do longo dia de trabalho limpando a sujeira dos brancos, ao se arrastar para casa, para os cortiços sujos e vielas. A visão de uma lavadeira, sob o fardo de um cesto de roupas sujas, caminhando com dificuldade pela imundície da viela, poderia ter encorajado o desespero dele. O galope das botas pretas puídas dela era acompanhado por pragas e blasfêmias resmungadas, direcionadas àquela maldita cidade. Alguns homens se sentavam diante de portas abertas, forçados a sair de casa para escapar de cômodos sufocantes e abafados. Mulheres jovens perambulavam pelas ruas, à deriva e rumo à encrenca. Onde estavam os pais delas, seus tios, seus irmãos?, ele se perguntava. Não aqueles desocupados à toa na rua em cadeiras com encosto de palha, nem aqueles bandidos reunidos na esquina. Onde estavam os trabalhadores decentes? Nesse grande centro industrial, as portas da siderúrgica e da ferrovia eram fechadas na cara dos homens negros, eles eram barrados em fábricas e apartados das profissões especializadas. *Eram desocupados às margens da indústria.*[21] As mulheres excediam os homens em número. Isso

---

* Em inglês no original: "Para mim, todos os cafetões são iguais".

produzia uma condição insalubre, encorajava-as a copular casualmente, e aos homens a se relacionar e trocar de mulheres como lhes convinha. Estatísticas e proporções não eram exangues e abstratas, mas antagonistas na trágica história da feminilidade negra.

Nos gráficos que documentam as uniões conjugais de pessoas negras, as barras horizontais são bem evidentes; tudo o que faltou no gráfico de barras em preto e amarelo "Mortality of American Negroes" [Mortalidade dos negros estadunidenses] foi o vermelho indicando a morte e o sofrimento que haviam produzido esse estado de coisas. Um diagrama colorido à mão forneceu um quadro completo da crise, um documento visual de um futuro em perigo. Nada nas tabelas estatísticas pôde *me* garantir alguma coisa, nem correu o risco de ser confundido com um exemplo autobiográfico, tampouco exigiu que o sociólogo cedesse aos desgostos dos fatos frios, embora quadros e gráficos pudessem nos alfinetar tão prontamente quanto qualquer fotografia. Um mundo inteiro poderia ser feito e desfeito por uma série de figuras, e o futuro poderia ser eclipsado por proporções ou linhas de um fluxograma. A tabela de uniões criada, separada e frustrada representou uma épica histórica de amor e problemas, uma longa crônica da violação e do toque indesejado. As vidas acabadas e destruídas aparecem exangues nos diagramas; os quadros morais eram frios, objetivos, independentemente de quão devastadoras eram as imagens sociais que pintavam.

As mulheres atraídas para a prostituição e forçadas a se vender para ganhar dinheiro rápido desapareceram nas colunas identificadas como *lares irregulares e indecentes*. O trabalho sexual era um crime disfarçado em outras categorias, como furto, assalto e agressão. Durante a escravidão, a lei de propriedade ordenava que as mulheres negras se submetessem a qualquer homem branco que as quisesse; hoje, a pobreza ditava o curso delas. As mulheres negras, uma vez vendidas, agora eram coagidas a vender o corpo para ganhar dinheiro rápido. Esse novo tráfico de mulheres trazia a marca do antigo comércio de mercadorias humanas. Em meio ao pânico moral que marcou as primeiras décadas do século 20, reformadores e jornalistas denunciavam a prostituição como a "escravidão branca", e assim também o faziam os legisladores e promotores, embora não

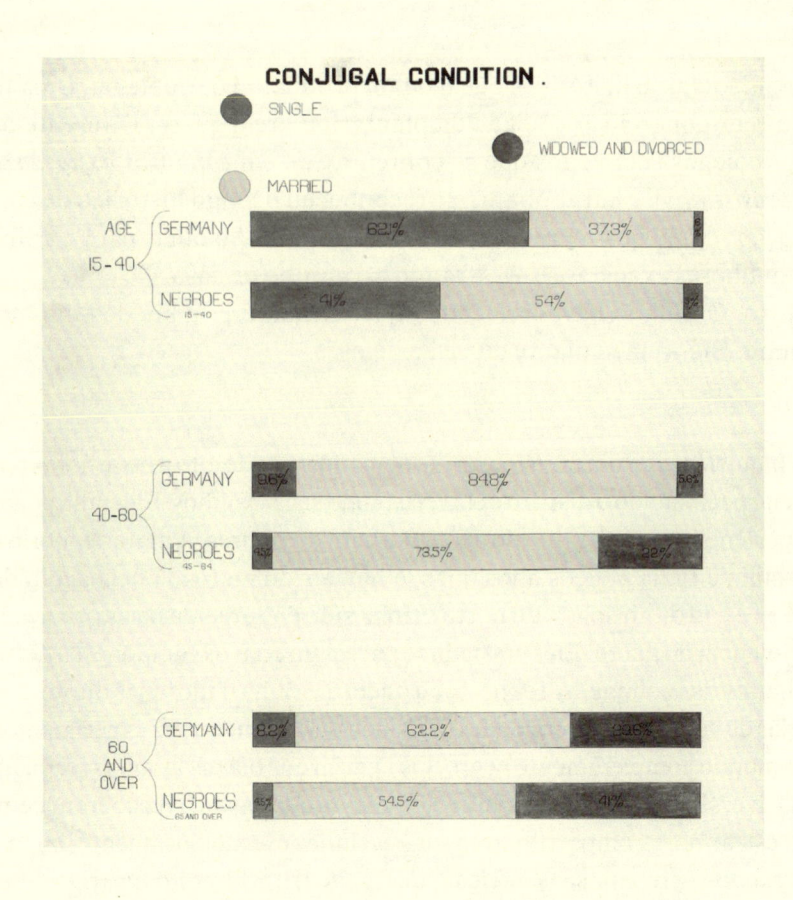

houvesse nada de branco nisso, pelo menos não no que dizia respeito às mulheres negras do distrito, cujos corpos violados e as capacidades exploradas eram a norma, não a exceção. Cada mulher de um dólar e cada prostituta de cinquenta centavos que trabalhava na Ratcliffe Street ou na Middle Alley representava mais um nome inscrito no livro-razão.

O peso esmagador da escravidão recaiu sobre as mulheres negras. Fora isso, que tipo de mulher poderia nascer no mundo de hoje? O adultério e a degradação são sua herança e condição atuais. O que de bom poderia vir dessas mulheres?[22] Levaria décadas até que Du Bois pudesse encontrar uma resposta que não as condenasse nem lhes apontasse um destino terrível. Por enquanto, ele se concentrava em elaborar as forças sociais e históricas que haviam produzido o problema. Uma linha reta poderia ser traçada da plantation até o gueto. Diferente de seus colegas sociólogos que se contentavam em *contar os bastardos e as prostitutas*[23] e parar por aí, ele reconheceu o longo histórico de corrupção sexual que marcava a face do presente. Ao olhar para a trilha de mulheres exaustas se arrastando a caminho de casa, ele temeu pelo futuro. O mundo havia relegado aquelas mulheres a um destino medonho. Ele tremeu diante da visão delas.[24]

As inquirições de porta em porta lhe demandavam de oito a nove horas por dia inspecionando o distrito e entrevistando seus vizinhos. Ele tinha pouca experiência com esse tipo de negros urbanos e pobres. A maioria morava na cidade fazia poucos anos, mas já havia sido marcada pela acolhida hostil e fria da antipatia do norte e tinha sido endurecida pelas privações e violência do gueto. Eles em nada se pareciam com os camponeses fiéis e solícitos das colinas do Tennessee a quem ele tinha dado aulas durante as férias de verão da Universidade Fisk, onde pela primeira vez experimentou um mundo completamente negro. Os Dowell e as outras famílias se uniam na adversidade comum da pobreza,[25] mas ainda assim o receberam bem, um estranho, e compartilharam suas casinhas escrupulosamente limpas, forçando-o a repetir suas refeições de frango frito, biscoitos de trigo, broa de milho, vagens e frutos silvestres. No distrito, esse tipo de boas-vindas era raro. Quando batia nas portas do Sétimo Distrito, ele geralmente encontrava rostos contrariados e olhos desconfiados, duvidosos. Olhares duros o fitavam longamente. A maioria dos moradores do distrito sabia que deviam ter cuidado com aqueles que os estudavam.

Como ele poderia explicar o propósito de seu estudo: educar o mundo sobre a vida do negro e as razões que nos forçavam a viver como vivemos? Quem ele era? Ninguém. Era só um estranho se intrometendo em suas vidas com perguntas invasivas. O mundo dos brancos, ele queria lhes dizer, ignora nossas circunstâncias. Se nós os educarmos, podemos mudar nossa condição.

Nas 835 horas[26] de conversa com 5 mil pessoas do distrito, elas perguntaram, *Por que você está estudando a gente?* Não seria melhor estudar os brancos, já que eles é que precisam mudar? Perguntavam-se que negro seria tão franco ou ingênuo a ponto de acreditar que a simples verdade poderia mudar as pessoas brancas. Como se elas fossem cegas para o mundo que elas mesmas tinham criado. Ou não sabiam tratar os negros de outro jeito que não feito cães?

Nós não somos cobaias!

A visão de um homem de cor trajado impecavelmente adentrando porões, cortiços e casas de viela não passou despercebida. Sem dúvida, a aparência do cavalheiro afetado que caminhava pelas vielas imundas do distrito divertia algumas pessoas. Outros desconfiavam de seus modos arrogantes e da forma reservada com que se comportava na companhia deles. Alguns fechavam a porta em sua cara; aqueles menos hostis participavam com relutância, fornecendo respostas sucintas às perguntas, de forma que as entrevistas não duravam mais que quinze minutos. Os bordéis e os antros de jogatina negavam sua entrada, assim como os lares impecáveis da elite negra, embora por razões diferentes. Esse pequeno alto escalão evitava as piores quadras quando passeava em suas carruagens elegantes; eles preferiam manter distância das classes mais baixas, na medida do possível. Mantinham distância dele, mas deixavam o jovem sociólogo ao alcance. Estranhos raramente conseguiam entrar no círculo deles. Muitos nessa camada mal pareciam negros e poderiam ser mais bem descritos como brancos com uma pequena porcentagem de sangue negro.

Qualquer orgulho racial despertado pelo sucesso deles vinha misturado à decepção. A sua obsessão pela autopromoção e a busca obstinada por riqueza e conforto os cegava para as condições das classes mais baixas, exceto quando incomodados ou envergonhados por alguma nova crise ou escândalo causado por elementos criminosos, mas pelos quais eles também seriam forçados a pagar.

"Acha que somos animais pra sermos dissecados por um negro estranho?"[27]

"Agradeço o seu tempo, senhora." Ele escrevia *relutante em responder* na agenda de perguntas.

*

"Qual é o objetivo dessa pesquisa?", a mulher perguntou, olhando desconfiada para ele.

"Apenas chegar na verdade", ele respondeu.

"Você pretende fazer alguma coisa depois que conseguir os fatos?", ela inquiriu.

"Nós apenas coletamos os fatos", ele replicou. "Outros podem usá-los como queiram."

"Então você só está tentando juntar os fatos, e não melhorar as coisas", ela disse.

"Sim", ele respondeu.

"Humpf", a mulher replicou e então se negou a lhe dizer qualquer coisa.[28]

"Por que os negros estão se saindo mal, é esse o mistério que você está tentando resolver?"

Quando as risadas se acalmaram, Du Bois seguiu para a próxima pergunta.

Com eles, Du Bois aprendeu muito mais sobre o problema do negro do que imaginou que seria possível.[29] Ter nascido de uma raça não o dotou de uma mina de conhecimento. Sua experiência de ser negro era tardia. Ele começou a pesquisar sem nenhum método, apenas fazendo visitas e conversando. Entrevista após entrevista, as pessoas negras deixavam claro que queriam mais, e que mereciam algo melhor do que o que recebiam. Enquanto a maioria duvidava de que a pesquisa fosse fazer alguma diferença, as pessoas dividiam detalhes de sua vida com ele. Ninguém nunca tinha perguntado como elas conseguiam ganhar a vida juntas, ou o que desejavam para os filhos, ou quais eram suas experiências com o mundo dos brancos, ou quais dificuldades enfrentavam ao tentar encontrar um lugar para morar, ou por que tanta gente morava em tão poucos cômodos. Du Bois os ouvia falar das remunerações baixas, do fato de serem excluídos das profissões que costumavam ser deles — mordomos, motoristas, barbeiros e maîtres — e barrados nos novos empregos nas siderúrgicas. Apesar da ausência de placas informando com clareza, "Negros não devem se candidatar", ninguém queria contratá-los. Os homens não conseguiam encontrar trabalho e as mulheres ficavam encurraladas no serviço doméstico. Mão de obra não qualificada e salários baixos eram as únicas oportunidades que os aguardavam na cidade. Um terço dos negros na cidade eram empregados.[30] Nove em cada dez mulheres eram domésticas. Muitas, quase vinte por cento, moravam na casa dos brancos,[31] onde se viam sozinhas e isoladas. *Não, elas nunca se sentiam parte da família.* Aquelas que não moravam no trabalho gastavam quase todo o salário com o aluguel. Tinha semanas em que seus filhos só comiam aquilo que elas podiam levar para casa da cozinha das mulheres brancas.[32] Os brancos consideravam isso roubo. Mas como podia ser errado levar para casa as sobras das refeições que elas mesmas haviam cozinhado? Deveriam negar seu trabalho e seu cuidado para a própria família? As horas que passavam preparando biscoitos e carne assada não deveriam beneficiar seus próprios lares? Como alimentar seus filhos podia ser crime?

Cada dia era um teste da afirmação: *Eu não sou uma escrava.* As coisas pareciam estar piorando. *Profissão?* Ele nem precisava perguntar.

Muitas perguntas eram questões de conhecimento público — Nome e endereço? Sexo? Idade? Local de nascimento? Tempo de residência? Outras eram mais invasivas: Sabe ler? Sabe escrever? Estado civil? Relação com o chefe da família? Membros da família que moram na residência?

Du Bois fora tolo o suficiente para esperar respostas inequívocas a perguntas como: Você é casada ou viúva? Mas tais questionamentos sobre os assuntos íntimos e privados estavam no centro do desvio que ele havia presumido e buscava documentar. Os experimentos conjugais deles excediam as leis e as desafiavam. Os rostos inexpressivos, as evasivas, explicações distorcidas e mentiras o surpreenderam. Ou você era casada ou não era. Ou foi assim que pareceu. O chefe da família é o pai dos seus filhos ou um amante que ajuda no sustento deles? Se ela trabalha regularmente, então ela é a chefe da família? E no que diz respeito às crianças cujo pai desapareceu antes que a mãe se tornasse uma senhora casada? Chamar a si mesma de viúva não era a coisa certa a se fazer para o filho dela? Como a sra. Washington poderia admitir que era prostituta ou explicar que uma vez fora uma estivadora com um nome diferente? Não é melhor não explicar? *Quando não fornecidas as informações, acrescentar "desconhecido" ou "sem resposta".*

Uma mulher em circunstâncias discutíveis poderia responder a indagação dele com uma própria. Talvez elas tenham discernido os pensamentos dele: *Lares degradados como estes [são] uma mera continuidade do passado. O grupo familiar luta para se recuperar da devassidão da escravidão.*[33] O desgosto e o julgamento estariam presentes no olhar do sociólogo ou no tom de sua voz? Histórias elaboradas eram inventadas para esconder a verdade de circunstâncias embaraçosas ou disfarçar as complexidades de arranjos íntimos. O silêncio contido e inflexível muitas vezes contornava as réplicas das perguntas. Se as entrevistas tivessem sido gravadas, nós poderíamos esperar ouvir evasivas do tipo:

"Marido? Qual deles?"

"E o que importa o que a lei diz, não é como vivemos que conta?"

"Ele era meu marido, mas não no papel. Temos moral como todo mundo."

"Ele cuidou de mim e dos meus filhos, então eu tenho todo o direito de usar o nome dele."

"Viúva. Eu não sei quando foi, mas tenho certeza de que ele está morto."

"Não, eu não conheço o meu pai. Foi minha mãe que colocou comida no meu prato."

Seu pai era uma vaga lembrança. Os únicos detalhes dos quais se lembrava eram aqueles que tinha conseguido salvar das histórias contadas pela mãe. Alfred Du Bois abandonou a família um ano antes do nascimento de seu filho William. Como muitos daqueles que entrevistou, Du Bois cresceu sem saber se o pai estava vivo ou morto. Metade das mães no distrito se declarava viúva.[34] Ele se confortava com o fato de que ao menos seus pais tinham sido casados. Fora poupado da vergonha de ser um filho sem nome, o que teria aumentado a ferida de ter sido abandonado e nunca ter conhecido o pai. Seu irmão mais velho, Adelbert, nasceu bastardo (de um pai diferente). A rede de mentiras fabricadas por seus tios e tias sobre um romance frustrado, ou um noivado rompido, entre sua mãe e o primo para o qual ela estivera prometida pouco fez para ocultar a dura verdade ou torná-la menos dolorosa.

A verdade simples do parentesco ferido* soava como um blues: *É aquela velha história, sempre a desgraça de um homem. Querido, volte pra casa. O que importa se ele não me ama mais? Papai, o que você tem agora que não tinha antes? Aquele homem me maltrata. Você não ganha nada sendo um anjo. Melhor mudar de rumo a perder o prumo. Você não quer mulher nenhuma, só faz ficar vagando pelas ruas. Eu segui meu pai até o túmulo.* ** Outras histórias, sóbrias e lamuriosas, como o sermão de um pastor, alertavam para os perigos que aguardavam logo além da porta, quando se era repreendida ou desprezada, quando se ousava questionar Deus sobre quanto um negro deveria suportar.

Se viviam em um ou cinco cômodos, as pessoas negras dividiam as mesmas esperanças. Desejavam e rogavam que as coisas terríveis que tinham acontecido a elas, a suas mães e pais, não acontecessem com seus filhos. Amaldiçoavam os homens brancos e o mundo. Quarenta anos no deserto não tinham sido suficientes? O que mais teriam de aguentar?

"Quero coisa melhor pra minha filha do que limpar casas."

"Eu sei que não sou o que deveria ser, mas não quero que ela seja como eu."[35]

---

* O parentesco ferido, aqui tratado como a elaboração da experiência de ausência paterna pelas famílias afro-americanas, já foi mencionado por Saidiya em um artigo sobre o processo de construção coletiva das identidades negras no âmbito da sociedade norte-americana. Ver Saidiya Hartman, *Tempo da escravidão*. Contemporânea: revista de sociologia da Ufscar, São Carlos, v. 10, n. 3, pp. 927-48, set.-dez. 2020.

** Os trechos destacados em itálico remetem aos versos de canções de blues. Confira "Dyin' by the Hour", por Bessie Smith; "Wild Women Don't Have the Blues", por Ida Cox; "Long Tall Mama", por Bernice Edwards; "Death Letter Blues", por Ida Cox.

Os olhos delas fitavam os de Du Bois como se lhe implorassem uma solução. Havia alguma resposta ou remédio que poderia ter lhes escapado? O sociólogo ficava em silêncio.

As conversas o humilhavam. Por fora, ele permanecia um observador imparcial. Seu comportamento cavalheiresco e as maneiras reservadas da Nova Inglaterra — mesmo seus amigos o chamavam de *querido Du Bois* — não agradavam e aumentavam o abismo entre ele e as pessoas negras comuns. A distância era um requisito da pesquisa e uma atuação estudada. Ficava dilacerado pelas histórias que coletava dia a dia em suas entrevistas. Foram 835 horas de esperança e desespero — e ele era o Atlas obrigado a carregá-las nos ombros. Era o repositório de toda aquela luta e decepção, o colecionador de anedotas e histórias, alguém que se apegava a todas aquelas vidas machucadas. O que poderia organizar em uma sequência ordenada nos planejamentos, quando tanta coisa excedia esse trabalho? Essas outras informações ele guardou na memória. Lamentou pela habilidade e inteligência desperdiçadas porque o mundo falhou em reconhecer os talentos e notou apenas os problemas, como se a pobreza e a fealdade não fossem os resultados de uma contínua relação entre senhores e escravos, que era agora conduzida pelos filhos e filhas deles, circunscrevendo todas as pessoas em um mundo dividido pela linha de cor. Era esse o significado do progresso. No entanto, a inocência e a indiferença evitaram que o resto do mundo fosse responsabilizado, que reconhecesse sua dívida e assumisse seus crimes.

O talento e a ambição negros não tinham outro meio que não a rua. Sob outras condições, o que poderiam ter realizado? Em cada engraxate espreitava um físico, um engenheiro e um artista; e nas garotas ligeiras, presas fáceis para as aflições do desejo, ele via professoras, assistentes sociais e matronas íntegras, se ao menos as coisas tivessem se dado de outra forma. Du Bois ficava magoado com a visão de todos aqueles jovens impedidos de avançar mais que suas mães e seus pais, forçados a realizar atividades subalternas para ganhar o pão de cada dia. Eram amargurados, descontentes e se recusavam a trabalhar porque foram impedidos de exercer suas vocações.[36] Quem poderia culpá-los por rejeitarem a servidão, por sua relutância em fingir que ser circunscritos ao trabalho manual era uma oportunidade? Quem poderia culpá-los por se recusarem a ser treinados para servir?

Testemunhar tais inteligências e ambições frustradas o afetou profundamente. Mudou a forma como via as pessoas negras e, em seu tempo, transformaria radicalmente sua compreensão dos problemas que elas enfrentavam. Quando chegou lá, Du Bois as via como *recrutas brutos* e *bárbaros*, e as culpava pelo crime e pela sordidez do distrito. A *debandada irrefletida de negros atrasados* para a cidade alimentou a antipatia dos brancos e precipitou o declínio das melhores vizinhanças negras. Densos bolsões de pobreza e de vício se concentravam no distrito. Ele entendia que os recém-chegados eram impelidos pelo desejo universal de *subir na vida* e de escapar da limitação sufocante da plantation e da repressão ilegal do Sul. Ainda assim, a menos que o movimento deles em direção à cidade fosse inspecionado e que fossem criadas oportunidades reais, como eles poderiam evitar se tornar pobretões, vadios, prostitutas e criminosos? As classes mais baixas lutavam pela mera existência física.[37] Como poderiam deixar de prejudicar ou ameaçar a tênue posição da melhor classe de pessoas negras?

Du Bois sempre havia imaginado que pessoas como aquela gente pobre e sem educação esperavam que alguém como ele aparecesse para melhorar sua condição. Enquanto permanecia apegado à ideia de que os *homens* mais bem equipados da raça seriam aqueles que conduziriam o restante e direcionariam *a massa para longe da contaminação e da morte da ralé*, ele descobriu que os estratos mais baixos não esperavam que ele ou nenhuma outra pessoa os resgatasse. O conhecimento que essas pessoas compartilhavam excedia muito o escopo da pesquisa dele. A agenda de perguntas abordava as circunstâncias e condições materiais, mas a existência daquelas pessoas não podia ser reduzida aos empregos que tinham, ao tempo de estudo, aos membros da família que residiam no apartamento. Muito do que elas queriam dizer não tinha a ver com as perguntas dele. O anseio e a raiva impregnavam as entrevistas, e apesar da armadura do sociólogo, esses sentimentos também o tocavam. Ele entendia por que aquelas pessoas sentiam o que sentiam, e ele se sentia assim também.

— A cada dia uma porta se fecha. Antigamente, você podia encontrar trabalho de mordomo ou garçom, agora os brancos não querem nem olhar na sua cara. Eles preferem contratar um irlandês ou um alemão em vez de um negro. São estrangeiros, mas são brancos.

— Eles não enxergam um ser humano.

— Minha filha tira boas notas na escola, e a professora dela disse que um dia daria uma excelente empregada. Uma professora tinha que moldar o que a pessoa pode ser, não dizer pra uma criança que ela não pode esperar nada da vida.

— Nunca fui insultada na rua, mas minha filha já. Uns meninos brancos chamaram ela e os amigos de tudo quanto é nome. Ela chegou em casa chorando. Minha mãe se lembra de quando um negro não podia andar de bonde nem andar em paz na via pública.

— Todo mundo sabe que numa cidade como a Filadélfia um negro não tem a mesma chance que um homem branco.

— Como você explica para os seus filhos que o homem branco está metido entre eles e o futuro?

Seria melhor omitir as histórias e não dizer nada sobre aquilo que o mundo poderia fazer com você? A forma como o mundo tentaria reduzir você para caber no espaço limitado reservado aos negros? Uma caixa não muito maior que um caixão, uma cela ou uma quitinete? Não, não era bom dizer tanto para as crianças; elas descobriam o mundo muito cedo, experimentavam o beco sem saída da oportunidade, eram cercadas pelos cantos obtusos do mundo tão, tão pequeno ao qual elas foram confinadas. Então mães e tias omitiam as piores histórias e sussurravam as atrocidades, mas as crianças já sabiam. Não era difícil imaginar. Elas sabiam como viviam, e sabiam como as pessoas brancas viviam. Mesmo antes de aprenderem a falar, elas sentiam o mundo contra elas. Sabiam que tinham sido condenadas. Por amor, poupavam os pais desse conhecimento, protegendo-os do fato de sua impotência.

Os jovens eram raivosos, decepcionados e se encontravam em *franca rebelião*.[38] Sessenta por cento da população tinha menos de trinta anos. O desejo ávido por algo melhor se chocava com a total falta de oportunidade; tais circunstâncias criavam raiva e desespero, encorajavam tumultos e levantes. Os jovens estavam aptos a ser perigosos. Essa ambição insatisfeita, o mérito não reconhecido e as péssimas perspectivas os colocavam em guerra com aquilo que era dado. Eram inconsequentes. O que tinham a perder? O que era crime, a não ser *a franca rebelião de um indivíduo contra o seu ambiente social? Havia um sentimento generalizado de que algo estava errado com uma raça culpada por tanto crime,*[39] *e que medidas duras eram necessárias.* Ainda assim, como poderiam não se rebelar contra as circunstâncias que tornavam sua vida impossível?

Por quanto tempo uma cidade poderia ensinar para suas crianças negras que o sucesso exigia um rosto branco? Por quanto tempo poderia excluir as pessoas negras de todas as oportunidades que oferecia e esperar que elas aceitassem isso, que permanecessem pacientemente à margem, gratas? Em 1896, uma em cada dez pessoas presas no país era negra. Isso representava sete vezes mais que sua parcela da população total.[40] Dadas as circunstâncias, a incidência criminal crescente não era nenhuma surpresa. Era de se esperar, uma vez que a criminalidade era antecipada. Du Bois acreditava que o crime era o resultado de uma inteligência mal orientada sob uma severa tensão econômica e moral; ele falhava em ver que era o resultado óbvio do policiamento racial[41] e algo essencial para a manutenção de uma ordem social branco-sobre-negro.

O longo e contínuo movimento dos negros em direção às cidades do Norte deixou claro as implicações políticas da fuga, embora a ideia de que essa recusa da plantation fosse uma greve geral ainda não tivesse lhe ocorrido. Ele observava as milhares de pessoas *debandando para a cidade,*[42] oriundas da Virgínia e de Maryland, e *se espalhando pelo gueto vil.* Incapazes de moldar o mundo segundo os próprios termos, ao menos elas podiam resistir ao mundo que lhes era imposto. O movimento coletivo contra a servidão e a dívida, a fuga coreografada do estupro, do terror e do linchamento era uma reiteração, uma segunda onda de um êxodo anterior das pessoas escravizadas que deixaram a plantation durante a Guerra Civil. Décadas mais tarde, ele descreveria a greve geral[43] em termos muito semelhantes *à marcha de escravos* que buscavam liberdade atrás das linhas do exército da União. Relacionou esse movimento a *uma grandiosa e contínua ondulação do oceano*. As pessoas escravizadas que haviam escapado da plantation não queriam simplesmente parar de trabalhar. *Era uma greve fundada em uma base ampla contra as condições de trabalho. Uma greve geral que, no fim, envolveu diretamente meio milhão de pessoas, talvez. Elas queriam parar a economia do sistema da plantation, e para tanto a deixaram.*

Na aurora do século 20, era mais uma vez uma forma de dizer "não" para o mundo conhecido e para os vestígios da escravidão. *O negro estava em greve.*[44] Em 1920, isso era inegável. O pequeno movimento das pessoas negras oriundas do Sul, iniciado já na década de 1880, havia se tornado um movimento de massa. E não foi nada menos que uma recusa do regime da plantation. A greve geral era *um grande experimento humano.*[45] As pessoas negras "buscavam asilo político dentro das fronteiras de seu próprio país".[46] Ano após ano, década após década, elas fugiam do Sul e ingressavam na Filadélfia e em Nova York (além de Chicago e Detroit). Depois que ele saiu da Filadélfia e foi para Atlanta, depois que Sam Hose fora mutilado e linchado e teve suas juntas postas em exibição[47] em uma mercearia na Mitchell Street, depois da morte do primogênito de Du Bois, depois de uma epidemia de estupros e linchamentos, depois de ele ter se sentado nos degraus da frente de sua casa em Atlanta com uma Winchester aninhada nos braços à espera da turba branca, depois do Verão Vermelho de revoltas raciais, Du Bois seria capaz de reconhecer esses tumultos e levantes, essa debandada para a cidade, como uma forma de contestar a *escravidão não declarada*. Avaliaria essa fuga como uma recusa às condições de trabalho[48] e como uma tentativa desesperada de criar um outro tipo de vida.

Em 1897, o que sentiu superou seu vasto conhecimento. Foi capaz de discernir entre a fome e a vontade de comer. Os verbos contam a história: rebelar, debandar, vacilar, fugir e paralisar. No Sétimo Distrito, "tudo é bom e humano e belo e feio e mau, ainda que a Vida esteja em outro lugar".[49]

✳

À noite ele voltava exausto para o assentamento. Os recém-casados geralmente jantavam sozinhos. Era raro que ele e Nina convidassem pessoas para o modesto apartamento deles. Katherine Davis, a diretora do assentamento, e Isabel Eaton, que o ajudava com a pesquisa, tinham aparecido para um chá em algumas poucas ocasiões, um convite que a maioria das mulheres brancas recusaria por medo dos danos que seriam causados à sua reputação por se encontrarem na companhia de negros. Ambos eram de uma boa linhagem abolicionista da Nova Inglaterra e se opunham à segregação, ao contrário de outros funcionários do assentamento. Aqueles anos solitários em Harvard o haviam ensinado a avidez com que o Norte liberal policiava as linhas de cor. Seus colegas estudantes se apressavam pelo Harvard Yard e desviavam o olhar na Brattle Street para não dizer olá ou bom-dia para um negro. Harriet Beecher Stowe capturou isso na antipatia benevolente e na aversão sentimental que a srta. Ophelia dedicava a Topsy.* Ideais elevados e aversão racista andavam de mãos dadas. Seus colegas de classe eram esclarecidos o suficiente para se sentar no mesmo auditório que ele, mas isso definia o limite de sua hospitalidade e envolvimento. Quando a circunstância ou a proximidade tornavam a conversa inevitável, o assunto seguia um curso previsível. Ele queria dizer, não gritar: *Ninguém é obrigado a discutir a questão do negro com qualquer negro que encontrar nem contar a ele sobre um pai que esteve ligado à Underground Railroad;** ninguém é obrigado a encarar o rosto negro solitário na plateia como se esse rosto não fosse humano; não é necessário escarnecer, ser indelicado ou grosseiro se os negros num mesmo ambiente ou na rua não se comportam da melhor forma ou não possuem as maneiras mais elegantes; não é necessário eliminar da lista cada vez menor de conhecidos da infância e*

---

* Referência ao livro *A cabana do pai Tomás*, de Harriet Beecher Stowe, de 1852. O enredo do livro tornou-se popular no Brasil após a adaptação para novela da Globo, em 1969.

** Nome dado a uma rede secreta de rotas e abrigos subterrâneos estabelecida nos Estados Unidos no século 19, utilizada por pessoas negras escravizadas em fuga para os estados livres.

da adolescência ou de amigos dos tempos da escola todos aqueles que por um acaso tenham sangue negro, simplesmente por não se ter coragem de cumprimentá-los na rua.[50]

Depois do jantar, ele voltava ao trabalho. Seus livros e suas anotações cobriam a mesa. Debruçava-se sobre histórias da Filadélfia, revisava três séculos de leis estaduais, consultava pesquisas de Londres, Nova York e Chicago e compilava estatísticas de taxas de nascimento, idade de casamento, filhos fora do casamento, crime, divórcio e morte. Ele traçava gráficos e tabelas estatísticas, consultando o estudo em nove volumes de Charles Booth, *Life and Labour of the People in London* [Vida e trabalho das pessoas em Londres]. Os mapas coloridos à mão refletiam a expansão e a densidade do quarteirão negro, tornavam visíveis as diferentes classes que constituíam a raça e documentavam a segregação do negro do restante da cidade. Ele traduzia as histórias do distrito em estatísticas e gráficos, silenciando as vozes e reunindo as vidas daqueles que entrevistara em um grande padrão sociológico, além de transformar as condições extremas da existência cotidiana em tabelas numéricas. A sociedade representava as regularidades da ação humana. Os números, quadros e gráficos aspiravam a ser um filme da vida negra que documentasse a modernidade e deixasse claro que a raça tinha um futuro. Um filme era uma imagem viva, uma história em movimento.[51] O negro não era algo fixo, mas uma entidade cambiante e variável. Os diagramas buscavam traduzir as grandes vicissitudes da vida negra e representar o desenvolvimento histórico ao longo de um século.

Enquanto as melhores mentes da Universidade de Chicago e de Columbia talvez acreditassem que as pessoas negras estavam desaparecendo e que um dia seriam extintas,[52] Du Bois tentava provar o contrário. As imagens gráficas contestavam as estatísticas de Hoffman[53] que apontavam taxas de mortalidade crescentes entre os negros urbanos e projeções a respeito de seu eventual desaparecimento.

Ao contrário das fotografias, que prendiam o movimento e fixavam o tempo, criando o contingente e desdobrando o presente na eternidade, seus quadros e gráficos representavam a mudança ao

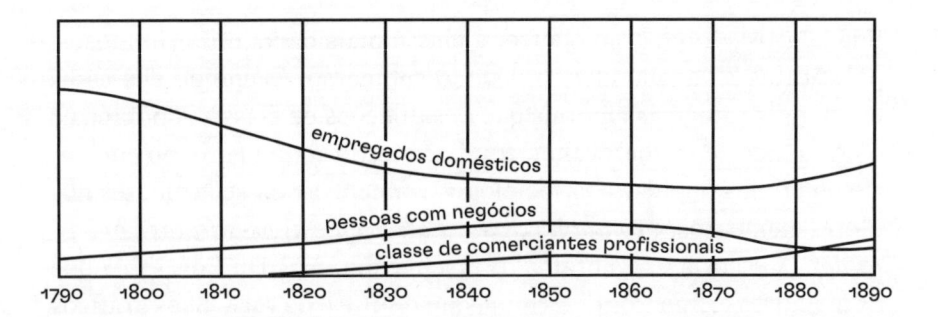

empregados domésticos

pessoas com negócios

classe de comerciantes profissionais

1790 1800 1810 1820 1830 1840 1850 1860 1870 1880 1890

longo do tempo, e detalhavam os avanços e as regressões, as pausas e inícios da história, oferecendo um relato visual do movimento negro — debandada, greve e ocupação. Os diagramas capturavam os ritmos primários e secundários da vida negra; o léxico visual antecipou o cinema, formou sua pré-história, registrando o movimento do negro de pequenos vilarejos para a cidade grande e o movimento contínuo e adiante ao longo do tempo. Os gráficos verticais estabeleciam a escala de medida e permitiram que o negro fosse visto em relação aos brancos e ao mundo como um todo. Os gráficos de barras horizontais revelaram a flutuação das taxas criminais e a similaridade entre os padrões de união conjugal das pessoas negras e brancas. A história se escrevia em números e gráficos, e as estatísticas transpunham vidas em barras e curvas, em densidades de tinta e cor. As tabelas comparavam as taxas de pobreza entre negros e brancos, detalhavam a frequência de separação e viuvez, mostravam as incidências de doenças e distinguiam a raça em classes distintas. Os mapas coloridos traçavam a difusão de residências, moralidade, aspirações e necessidades.

As 40 mil pessoas negras na Filadélfia, incluindo as 9675 que viviam no Sétimo Distrito, podiam ser divididas em classes ou graus, ascendendo do último degrau até a aristocracia. Grau um: famílias de respeitabilidade indubitável com uma renda suficiente para viver bem; grau dois: a classe trabalhadora respeitável que habitava moradias dignas e tinha estabilidade profissional; grau três: os pobres, nem sempre ativos ou prósperos, mas sem nenhum traço de imoralidade grosseira; e grau quatro: a classe mais baixa dos criminosos, prostitutas e vagabundos, o décimo submerso.* Segundo ele, essas eram mais categorias morais que designações de classe. A pobreza e o crime não representavam a condição natural do negro, ao contrário da crença popular. Os sociólogos concentravam seus olhares nos piores elementos, e *contabilizavam alegremente as prostitutas e os bastardos*. A escória e a gentalha os fascinavam, mas Du Bois sabia que os melhores elementos determinavam o futuro da raça. Seus gráficos visuais ofereciam um retrato realista das pessoas negras como indivíduos cambiantes e variáveis, e não como párias da evolução.

Não existia um negro médio, nenhum *crioulo* padrão, mas classes e modos de vida distintos que mereciam uma representação precisa e acurada. Não havia maneira mais certa de interpretar mal o problema do negro do que ignorando distinções evidentes e gritantes de caráter e de condições entre as pessoas negras na Filadélfia. *Apenas a linha de cor os amarrava todos juntos.*

Quando ele ia para a cama, as ruas ainda estavam agitadas. Festeiros cambaleavam para casa depois de uma noite de dança. *Rags*, tocados em um velho piano no bar vizinho, soavam depois da meia-noite. Nas primeiras horas da manhã, apostadores retornavam ao mundo, alegres e exaustos após dias enfiados em antros escuros e enfumaçados. Gritos e risadas penetravam no ar da noite como se desafiassem o distrito a dormir.

"Esse é o tipo de sapato que eu compraria pro meu homem." Foi a única parte da conversa delas que o sociólogo ouviu, mas a expressão no olhar da garota a traiu. A lâmina afiada da luxúria o cortou como uma faca. Olhou desgostoso para os sapatos espalhafatosos e se voltou para as duas jovens, procurando em seus perfis características que revelassem uma prostituta, evidenciadas pela indecência de suas palavras. *O comen-*

---

* Em 1914, Harry H. Laughlin propôs um plano eugenista de esterilização de um décimo da população estadunidense — aproximadamente 14 milhões de pessoas — que eram por ele consideradas inferiores por serem pobres, judeus, negros, imigrantes e todos aqueles que não fossem brancos de fenótipo "nórdico". Essa parcela foi chamada de "décimo submerso".

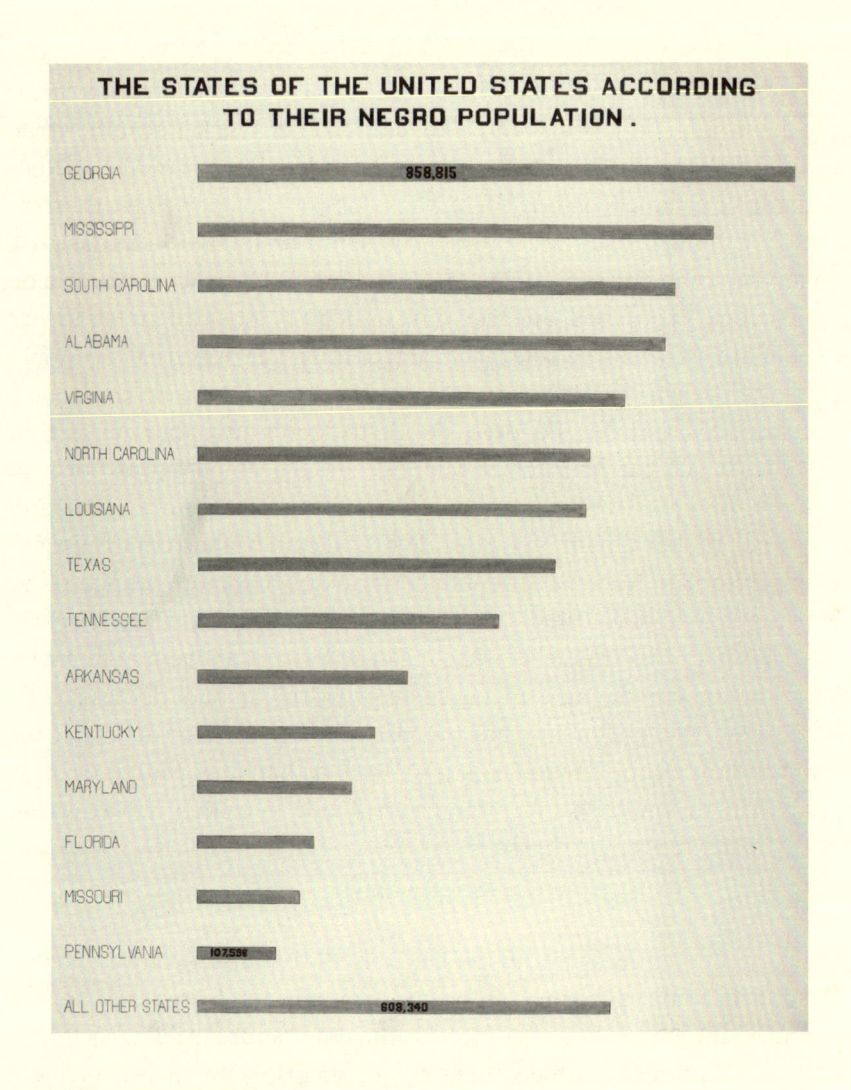

THE STATES OF THE UNITED STATES ACCORDING TO THEIR NEGRO POPULATION.

GEORGIA	858,815
MISSISSIPPI	
SOUTH CAROLINA	
ALABAMA	
VIRGINIA	
NORTH CAROLINA	
LOUISIANA	
TEXAS	
TENNESSEE	
ARKANSAS	
KENTUCKY	
MARYLAND	
FLORIDA	
MISSOURI	
PENNSYLVANIA	107,596
ALL OTHER STATES	608,340

tário determinou a história de vida delas; elas viviam entre as prostitutas da Middle Alley ou da Ratcliffe Street ou alguma estância similar, onde cada mulher sustenta algum homem com seus ganhos. Elas não eram mais prostitutas *indetectáveis.* [54]

Já podia ver o rosto delas na ficha policial e, por mais que tentasse, não conseguia identificar qualquer beleza naquelas faces escuras. Um retrato distinto da vida delas se desdobrou. Ainda muito novas, já tinham sido arruinadas; se por uma circunstância em particular ou pelo ambiente no geral importava menos que a indecência da exposição descarada. Os jornais ofereciam uma crônica diária de mulheres de cor que eram presas por roubo, briga e desordem. Jovens mulheres apunhaladas e espancadas nos corredores dos cortiços por causa de rixas antigas e ciúmes insignificantes; garotas impressionáveis levadas para o mau caminho por seus amantes. No *Ledger*, Du Bois leu a história de uma jovem, Etta Jones, que fora uma criada responsável até conhecer um mulato estrábico de pele macia, um crápula que pegou cada centavo do dinheiro dela e penhorou todas as suas roupas. Então ela começou a roubar de seus patrões. Foi presa por furto depois de roubar um vestido de seda de sua patroa e tentar vendê-lo na loja de penhores por sete dólares. Algumas semanas antes, uma jovem de Baltimore tinha sido presa por roubar uma nota de dez dólares de um branco em um esquema de extorsão. Não era difícil imaginar o que o homem branco tinha em mente ao abordar uma crioula na rua e acompanhá-la até em casa. Havia as histórias trágicas[55] de sedução e suicídio: a jovem ingênua da Virgínia era atraída para uma casa de prostituição ou a doméstica de coração partido era encontrada inconsciente em um beco depois de ter tentado tirar a própria vida com um frasco de benzina. Mulheres crescidas exibiam sinais de uma infância arruinada — o olhar frio e duro de quem *amadureceu cedo demais*.[56]

O sexo ilícito tinha introduzido Du Bois à atividade sexual e quase o arruinara. Nunca superou a culpa que acompanhou o prazer de perder a virgindade em um ato de adultério com uma esposa infeliz. Na época em que foi para as colinas do Tennessee, Du Bois, professor jovem e solitário, era tão ignorante sobre sexo que não conhecia nem mesmo a diferença anatômica básica entre homens e mulheres. Nenhum de seus colegas acreditava que alguém podia ser tão inocente e estúpido até descobrirem que ele dizia a verdade. Os garotos do campo perturbaram o menino de dezessete anos sem perdão, o apresentaram para mulheres indecentes e fofocaram sobre as mulheres da cidade dispostas e experientes. Sua mãe era a única mulher que ele já havia abraçado. Ele a adorava, e sua virgindade era prova de sua devoção.

Quando chegou em Wilson County, Tennessee, Josie Dowell o ajudou a encontrar sua escola. *Era uma garota magra e simples de vinte anos, com um rosto marrom-escuro e um cabelo grosso e muito crespo, o tipo comum de garota, de bom coração, e falava rápido e alto.*[57] Du Bois se referiu a ela como uma menina-mulher, mas aos vinte, Josie era mais velha que ele. "Precisamos de um professor na escola lá na colina", ela disse. "Você pode ficar com a minha família." O lar dos Dowell era uma casa de campo simples com quatro cômodos, empoleirada logo abaixo do topo da colina, entre pessegueiros. Josie era a filha mais velha e o centro da vida familiar. O sr. Dowell, pai dela, era um homem analfabeto e leal, sem *nenhum traço de vulgaridade ou imoralidade.*[58] A sra. Dowell era exatamente o oposto. Uma mulher atraente e vibrante, com uma língua ligeira e implacável, e *uma ambição de viver como gente.*

Diferente da filha, a sra. Dowell não era decente ou humilde; era uma mulher sonhadora e imprudente. Tinha defeitos, era vulgar e se sentiu atraída pelo jovem professor. Ele alimentou o desejo que ela tinha por uma vida diferente da que compartilhava com o marido. Ela talvez tenha confiado[59] "as coisas que tinha e não tinha feito e as coisas que queria". Naquele verão, ela ensinou o professor a segurar uma mulher, onde pôr as mãos, o que fazer com a boca. Ele mal podia acreditar no que acontecera; que fosse seu o corpo que roçava o dela, que se emaranhava a ela, seu suor e sua vergonha.

Ao longo da vida, ele escreveria sobre aqueles dois verões nas colinas do Tennessee. Nunca descreveu o período como um divisor de águas sexual.[60] A cada vez narrava uma versão um pouco diferente. Nunca escreveu o nome dela, talvez com medo de que, caso a identificassem, o resultado seria óbvio, e a culpa restaria tão palpável na página como se ele pronunciasse o nome dela, de novo e de novo, um nome reprimido, e não clamado na paixão e exuberância de um amante noviço. Ele a culpou pelo que aconteceu: *Fui literalmente violentado pela esposa infeliz que era minha senhoria.*[61] Ele a responsabilizou pelo apetite que foi desencadeado e pela *luta desesperada e contínua para manter o instinto sexual sob controle.* Para ele, controlar sua luxúria e reprimir os impulsos mais sórdidos significava tudo, não apenas por causa dos próprios padrões morais, mas também por sua ambição de conduzir seu povo e servir de modelo para aquilo que eles deveriam lutar para alcançar. Afinal, ele era *o exemplo vivo das possibilidades da raça negra*.[62] Nada era mais crítico para a raça do que refrear seus apetites, a fim de melhor administrar a vida carnal.

Em seu ensaio "A Negro Schoolmaster in the New South" [Um professor negro no Novo Sul], Du Bois imortalizou Josie em seu lugar, transformando o trágico heroísmo moral da filha em um ideal feminino. Diferente da mãe, que ansiava por algo melhor, estava insatisfeita com o marido e cobiçava homens mais jovens, Josie se sacrificou para preservar a família. Exaurida e leal, labutou até ser vencida pela infidelidade de um amante, que se casou com outra. Du Bois lamentou a morte de Josie, que o fez questionar o significado de progresso, se não duvidar dele em um mundo que tinha garotas de pele escura em tão baixa conta. O destino dela pode tê-lo lembrado de sua sofrida mãe. Ela havia sido uma jovem arruinada pelo trabalho duro e pela pobreza, e fatalmente enfraquecida pela traição e pelo abandono. Josie era uma figura trágica, mas ela não o fez temer pelo futuro da forma como a mãe dela fez. As necessidades e os desejos da sra. Dowell eram imorais, excessivos. A lembrança da intimidade deles ainda causava um estremecimento.[63] Ao olhar para o par de sapatos espalhafatosos, ele foi atravessado por uma onda de vergonha.

Esse é o tipo de sapato que eu compraria pro meu homem! Algo de criminal e promíscuo espreitava o desejo das garotas. Um amor tão grande pela beleza geralmente era o sinal de anseios ingovernáveis e modos errantes. *Crime e ornamento*[64] eram companheiros. Seu mentor, o reverendo Alexander Crummell, já afirmara isso, condenando o *caráter estético* dos jovens negros, suspeitando de algo pródigo, sensual e ímpio no *desejo de adornar*.[65] Os "dândis" e os "amantes de roupas"[66] eram "cheios de vaidade e pretensão, envenenados pela luxúria e pelo uísque, orgulhosos e preguiçosos demais para trabalhar". Falsas noções de estilo e elegância arruinavam as garotas de cor "enlouquecidas pelo deleite, varridas pelos desejos animais, alheias aos deveres domésticos e devotadas ao prazer". As lições severas do pastor eram inequívocas: "Ninguém vive de flores, nem ganha força e solidez com a devoção pela beleza. Ninguém ganha a vida e se edifica com o estilo refinado e a moda deslumbrante, nem com o vício pelas harmonias, cores e delícias que agradam aos sentidos".

Du Bois também se queixava dessa tendência ao excesso, ao além da conta, o amor barroco;[67] o descritivo duplo: bem-educado, negro-claro, mais e melhor; o frenesi e a paixão; o brilho e a maravilha das garotas do gueto. Negros ignorantes e mulheres imprudentes que tentavam subsistir à base de beleza. Os prazeres vulgares, o resplendor e o brilho oferecidos nas ruas da cidade haviam degradado o desejo humano pela beleza, assim afirmou Jane Addams. Os "sentidos recém-despertos" da *juventude urbana* eram atraídos por "tudo o que é espalhafatoso e sensual,[68] pela música de rua irreverente, pelos cartazes coloridos do cinema, pelas histórias de amor ordinárias, pelos chapéus emplumados, o heroísmo barato dos revólveres dispostos nas vitrines das lojas de penhores". O desejo inculto pela beleza era perigoso porque não possuía "um estímulo correspondente da imaginação superior". O despertar dos sentidos não contido pela faculdade de julgamento criava uma "insensibilidade estética" que resultava numa sensualidade destrutiva e encorajava o apetite por experiências sensoriais maiores e mais intensas, guiadas apenas pelo "instinto embrutecido e poderoso" e "sem o despertar da imaginação ou do coração".

O desejo pela beleza expresso em "roupas disparatadas" ou num "chapéu enorme com sua selvageria de penas esfarrapadas" era a forma pela qual a jovem pobre anunciava para o mundo: *Eu estou aqui.* Ela "demandava atenção ao fato da sua existência;[69] estava pronta para viver, para tomar seu lugar no mundo". Duas jovens de cor desejando um par de sapatos masculinos eram imbuídas da mesma culpa — o ardente desejo de viver, o anseio por encontrar um lugar no mundo onde não seriam relegadas à margem.

Por mais que soubesse que as garotas não eram culpadas, Du Bois as culpava mesmo assim. *Desprezo* era uma palavra forte para definir os sentimentos dele — *decepção* capturaria melhor o turbilhão de emoções que o tomou. Sob o seu olhar, elas não eram mais duas garotas que passeavam na South Street, transportadas para fantasias amorosas por todos aqueles artigos sedutores; em vez disso, eram figuras padrão, representantes das piores tendências da raça, produtos de muitas gerações de hábitos imorais e corpos enfermos.[70]

Todos seus argumentos sobre propagar a causa da ciência e demonstrar o progresso da raça se detinham ou desabavam diante delas. Que plano reformista poderia mudar a vida delas? Que mundo futuro estaria à espera de uma raça de homens decepcionados e mulheres degradadas? Que tipo de mães aquelas duas seriam? Aos seus olhos, as duas jovens negras arrebatadas por um par de sapatos incorporavam e tornavam palpável a ameaça de declínio. A pura expressão de desejo o ofendeu profundamente. Garotas como aquelas enchiam os olhos do público e empurravam mulheres honradas e decentes para as sombras.

Esse sentimento de algo manifestadamente sexual e a vergonha que vinha em seguida como um golpe poderoso quase acabaram com ele. Para a sua consternação, ele pensou em Nina, sua esposa resolutamente virginal, amante relutante,[71] e se encolheu diante da comparação. Ele havia casado com Nina bem a tempo; de outra forma, poderia ter se acomodado com as esposas de outros homens ou pior. Apressou-se em se casar numa tentativa desesperada de deixar tudo aquilo para trás — os riscos e perigos de relações adúlteras, concubinas e amantes fora da lei. Nina era uma boa esposa e tinha sido preparada para o papel desde criança. Sua educação de virgem ao longo da vida, a proteção dedicada à sua castidade como uma propriedade do pai, que seria então transferida para o marido, eram a lei de ferro do lar negro respeitável e a primeira linha de defesa contra a duradoura mácula sexual da escravidão. Tudo isso fez com que lhe fosse quase impossível não considerar a relação sexual como fundamentalmente indecente. Nina queria agradá-lo, então tentou atender com menos relutância seu apetite sexual. Era a grande dificuldade de sua vida de casados. A atividade sexual demandava muita bajulação da parte dele e causava grande vergonha nela, ainda que se mostrasse passiva e pouco estimulante. Não havia pressa para despir as roupas íntimas, penetrar furtivamente e tirar o máximo de prazer possível num curto intervalo antes que o marido dela e as crianças voltassem para casa, como ele fizera com a sra. Dowell. Sem quadris ativos e ávidos para encontrar os dele como as putas de Paris, nem uma palavra estimulante sussurrada nos ouvidos como fizera sua amante em Berlim, nem abraços fervorosos e instrutivos como lhe dera a requintada esposa de um colega seu no Wilberforce College. O ato do coito pedia uma contenção cuidadosa da parte dele para não deixar sua *querida esposa* infeliz.[72] *Tarefa nada fácil para um jovem normal e vigoroso.*[73]

Quem mais além das prostitutas da Middle Alley ou da Ratcliffe Street ousavam proferir tais palavras? A história delas estava aparente na franca expressão do desejo. Ele sabia exatamente o tipo de homem que imaginaram naqueles sapatos. Desocupados e libertinos acostumados a viver dos ganhos de prostitutas. Disso ele tinha certeza, e isso porque era incapaz de imaginar o que mais poderia explicar tal desejo em uma mulher. Olhando para os reflexos das garotas na vitrine, ele se perguntou: *Quem são elas?* Ele não era capaz de enxergar realmente o rosto delas, só tudo aquilo que temia. Elas devolveram seu olhar com uma mirada penetrante que perguntava: "Tá olhando o quê?". Antes que pudesse arriscar uma resposta, as jovens deram os braços, viraram as costas e continuaram seu passeio.

Em sua caminhada para casa, ele manteve distância dos homens astutos e impiedosos que se alinhavam no meio-fio e saíam de pensões decadentes, apressando o passo para evitar qualquer perigo. O número do dia reverberava pela quadra enquanto era transmitido de casa em casa, como um código que desvendaria o segredo do gueto: a esperança furiosa e o presente do acaso. Toda garota suspeita que cruzava seu caminho o fazia se lembrar das risadas indecentes das jovens meretrizes. Vitoriano culpado, ele não poderia ver nas jovens rebeldes de cor nada além de vítimas de um longo histórico de violação, destinadas ao comércio. Vendidas no leilão, manchadas, forçadas a copular com os senhores, trancadas em quartos de porão, molestadas em estúdios no sótão, vendendo o corpo na Middle Alley — essa não era a única história. As garotas de cor também ansiavam pelo mundo carnal conduzidas pela presença feroz e insistente do próprio desejo, desgovernadas e imprudentes. A maioria estava determinada a não vender nada, contentavam-se em dar de graça.

Uma crônica de necessidade e desejo

O prédio se encontrava num tremendo alvoroço. Maldições e queixas escapavam das janelas do número 635 da Saint Mary Street. Duas mulheres estavam em guerra declarada. Fanny Fisher afrontava Helen Parrish, a cobradora de aluguéis, de uma forma tão escandalosa que todas as pessoas na rua haviam parado para ouvir a torrente de abusos. "Vai pro inferno!", Fanny gritou. Mary Riley fechou a porta para que as crianças não ouvissem o palavreado de Fanny. Katy Clayton não entrou na briga, mas se deleitou com a humilhação de Helen e encorajou Fanny com suas risadas. "Que o diabo te carregue!" A vizinhança toda ouviu o esporro de Fanny sobre o aluguel: "Eu não ligo pro que o livro diz. Não estamos devendo nada!". Fanny estava bélica e embriagada. A cobradora de aluguéis não sabia ao certo quanto Fanny devia, pois os livros estavam uma bagunça só. Ela havia mostrado ao sr. Fisher o confuso livro de recibos. Ele não sabia ler e ela passou uma hora tentando pacientemente calcular as somas e lhe explicar o que constava ali, ainda assim, sem ousar deixá-lo perceber que estava tudo uma bagunça. Helen Parrish não permitiria que Fanny Fisher ou o marido duvidassem de sua autoridade ou retidão de jeito nenhum. "Sra. Fisher, ou você paga o que é devido ou vai parar no olho da rua!" "Danem-se você e o aluguel!", Fanny respondeu. Um apartamento minúsculo não era o mundo. Erguendo a voz acima dos impropérios estrondosos, Helen mandou Fanny Fisher se calar.[1] "Você não se atreva a voltar a falar comigo desse jeito! Sra. Fisher, se controle." A ordem apenas incitou outra rodada de xingamentos e abusos. Vaca! Katy Clayton se dobrou de tanto rir. Mais uma vez elas tinham conseguido vencer a Madame Benfeitora, fazendo-a descer ao nível delas.[2]

Por sorte a polícia não foi chamada. Não havia nada que o tenente Mitchell apreciasse mais do que arrastar uma mulher de cor para a cadeia. Vinte e quatro horas trancada por rebeldia e desordem, alguns dias a mais se soubesse o nome dela, e o tenente conhecia todo mundo na Saint Mary Street.

Fanny, consumida e exausta, voltou para o seu quarto. Os vizinhos ouviram os palavrões; mas no lugar deles, Fanny poderia facilmente ter dito: estou tão cansada. Estou acabada. Sem dúvida, seus sonhos eram maiores que dois cômodos minúsculos em uma quadra que fedia a esgoto e lixo. A feiura era tão brutal que poderia levar você às lágrimas. Ela nunca esqueceu nem por um momento a violência necessária para tornar a vida tão feia, ou o ódio necessário para manter as pessoas negras encurraladas nos piores quarteirões da cidade. A injustiça de não se ter nada e dever tudo foi o que a fez gritar com a srta. Parrish, além da vergonha de se ver reduzida a isso. Fanny se opôs ao aluguel e ao livro que transformava a vida deles em colunas de crédito e débito. O que você devia era só uma forma de dizer que estava em dívida com eles, ainda uma escrava. As coisas não eram diferentes no Norte. Os brancos adoravam dizer o que os negros lhes deviam, o que deviam ao país, o que deviam a si mesmos. Era uma dívida que jamais poderia ser paga.[3] O aluguel era apenas mais um fardo cuja intenção era acabar com você; e a prisão ou o hospício eram as ameaças cuja intenção era manter seu traseiro preto na linha. Um simples ato de caridade não era capaz de reparar todo esse dano, e as boas intenções da srta. Parrish e da srta. Fox não faziam a menor diferença. Fanny jamais se sujeitaria a mendigar e implorar como a Velha Clayton, que se rebaixava a ponto de se dispor a vender as roupas do corpo para pagar o aluguel, para que a srta. Parrish, que claramente não passava nenhuma necessidade, pudesse rabiscar uns números e anotações num livro, escrevendo furiosamente o tempo todo, como se ela os estudasse, como se a vida deles fosse apenas matéria-prima para algum experimento.

Fanny já não se perguntava mais que tipo de vida era possível na Saint Mary Street. Não havia promessa alguma ali, só muita lida e esforço para sobreviver. Não havia jeito de vencer, era sentir raiva ou se submeter, apenas um dia após o outro. Até o momento, Fanny só tinha sido jogada de um lugar ruim para outro, mas esse era o caso da maioria das pessoas negras. Quando chegou à Filadélfia, estava começando a se tornar a jovem mulher que gostaria de ser, mas nunca chegou lá, havia tão pouco para ela, apenas a maldade da cidade. O que podia fazer? A Saint Mary Street não era tão ruim quanto os outros lugares, mas ainda estava à margem.

Era um quarteirão que tinha má reputação pela jogatina, pelas brigas e prostituição. A Saint Mary Street ficava no distrito[4] da cidade com a maior taxa de mortalidade e abrigava os habitantes mais pobres da Filadélfia. A rua tinha apenas duas quadras abarrotadas de casinhas de madeira a ponto de desabar e de pátios escuros, com casas mais feias ainda, que se ramificavam a partir da rua principal. *Hebreias de pele escura, negros pacientes e alemães corpulentos viviam suas histórias dia a dia diante dos olhares da rua.*[5] Forasteiros, foras da lei e gente de mau caráter consideravam a rua um lar. Pessoas decentes sofriam muito. Migrantes negros, de olhos arregalados e ignorantes, afetavam uma pose de sofisticação que não era própria deles; outros ficavam à toa nos degraus da frente, pensando no número da sorte do dia e compartilhando os nomes das poucas empresas dispostas a contratar pessoas negras. Os homens, aparentemente descompromissados, pois suas esposas ainda se encontravam à sua espera na Virgínia ou trabalhando como domésticas em Chester ou Camden, onde também moravam, andavam com garotas imprudentes e estrangeiras desocupadas, fazendo amor em praça pública.

Mãe Hewitt, uma irlandesa imoral tão devassa quanto seus inquilinos, casada com um homem de cor, administrara os cortiços dos números 635 e 637 antes de Hannah Fox comprá-los.[6] Hannah Fox e Helen Parrish pretendiam estabelecer um clima bem diferente.[7]

Elas eram filhas da elite da Filadélfia. O pai de Helen tinha sido um cirurgião do Pennsylvania Alms Hospital, um homem contrário à pena de morte, membro dos Amigos do Comitê Anual para Assuntos Indígenas e presidente da Sociedade para a Promoção da Abolição da Escravidão da Pensilvânia. Ela e sua prima Susan Wharton tinham crescido brincando de esconde-esconde no porão de seu pai, onde havia funcionado uma estação da *Underground Railroad*. Susan era sobrinha-neta do magnata do aço Joseph Wharton e membra fundadora da College Settlement Association, da Saint Mary Street Library e do assentamento Starr Center. Já a riqueza recém-adquirida de Hannah Fox ainda não havia sido purificada por um histórico familiar de filantropia e reforma social. Seu pai fizera fortuna por meio de especulações em empreendimentos petrolíferos no oeste da Pensilvânia, mas ela compensou essa herança ao comprar dois cortiços na quadra de pior reputação do gueto. Lá, ela e Helen começaram para valer sua carreira de reformadoras urbanas[8] e uma relação que duraria a vida toda.

Uma necessidade subjetiva —[9] o desejo delas de experimentar uma vida cheia de propósito e significado — explicava a presença de duas mulheres brancas ricas no coração do quarteirão negro. Para Helen e Hannah, a reforma do gueto fornecia um remédio para a ociosidade dos privilegiados, um canal para a inteligência e a ambição de mulheres estudadas e uma saída para a questão do casamento e a casa do pai. Não sendo mais garotas de trinta anos, elas haviam fugido da conscrição de esposa. Sem um senhor para protegê-las dos perigos da vida ou proibi-las de se associar a maus elementos, traçaram um caminho pelas ruas povoadas de negros, judeus russos, italianos, ladrões, prostitutas, sodomitas, bandidos e anarquistas. No gueto, evitavam as acusações: solteirona, mulher excedente,* invertida, e procuravam ouvir seus nomes — srta. Parrish e srta. Fox — vinculados a boas ações, e não a fofocas maliciosas.

* Conceito cunhado durante a Revolução Industrial na Inglaterra, utilizado em referência à mulher solteira, num contexto de desequilíbrio populacional entre homens e mulheres, acentuado pela Primeira Guerra Mundial.

✳

Na fortaleza de seu escritório, Helen registrava todos os detalhes de sua batalha terrível contra os Fisher. A dúvida e o desespero enchiam duas páginas de um caderno de exercícios de uma colegial. Apenas um mês atrás, ela fora tola a ponto de acreditar que aquelas mulheres negras mal-humoradas um dia poderiam confiar nela e até chamá-la de amiga. Fazia um dia lindo de verão. Todos os inquilinos da Saint Mary Street tinham sido convidados para ir à biblioteca pública reservada às pessoas de cor para comer biscoitos e beber limonada. Um punhado de mulheres apareceu, mas nenhum homem. Ela gostaria que os homens tivessem comparecido. Era mais fácil com eles do que com as mulheres. A maioria preferiria morder a língua a dizer a coisa errada para uma mulher branca. Ela pensava que podia confiar nos homens, mas não nas mulheres. Eram diferentes. *Era necessário ser tão astuta quanto uma cobra, com certeza, para lidar com as mulheres.* Tinha de se lembrar de nunca falar nada sobre uma para a outra. Até as mais casuais certamente causariam problemas. Elas passavam muito tempo juntas, muito tempo dentro de casa, e amavam conversar e fofocar. Encontrava grupos de mulheres no pátio, e o que quer que ela fizesse viraria assunto— sozinhas eram receptivas, mas em grupo passavam longe disso.[10]

Naquela tarde radiante de julho, Helen não ofereceu nenhum conselho nem fez demandas, apenas aproveitou a festa. Ela finalmente considerou o conselho da tia sobre o dano causado por aqueles que se esforçam demais para controlar as coisas, então não ralhou com a Pobre Mary Riley por causa do penico que mantinha embaixo da cama para as crianças e que deixava a casa inteira fedorenta e insuportável no calor do verão; nem se queixou do marido desocupado de Mary, Charles, que estava desempregado há semanas e que perdia no jogo o dinheiro do leite e do pão. Mais de uma vez Helen havia censurado o marido de Mary por falhar em cumprir com seus deveres. Charles Riley era um homem que se deixava derrotar facilmente, então Helen o conquistou com gentileza, dizendo o que ele deveria fazer sem nunca lhe dar uma chance de falar. Será que não tinha brio suficiente, ou era cortês demais para se defender do ataque? A Pobre Mary, uma garota simples e apática, apenas ficava ali, mansa e intimidada.

Durante a festa, até a Pobre Mary conseguiu abrir um sorriso. A Ligeira Katy Clayton era muito charmosa quando não estava preocupada em se opor firmemente a qualquer boa ação apenas para provar que ela não servia para obedecer a ninguém. *Elas sentiam, as pobrezinhas! Sua ignorância e impotência*, e mesmo assim aquelas meio loucas como Fanny Fisher se revoltavam com isso, cuidando de qualquer pequeno equívoco para contornar seus deveres. O que deveria ser feito de uma jovem como Katy, que dormia no saguão para escapar do calor do verão, que ficava nos degraus da frente, seminua, flertando com os homens à vista de todos? Helen segurou a língua. Não alertou Katy sobre o dano causado à reputação de uma jovem que tinha muitos amigos homens, nem repreendeu Rebecca Clark por ficar bebendo cerveja no pátio. Ela não impediu que a Velha Clayton, avó de Katy, fizesse uma refeição inteira de biscoitos amanteigados, nem que bebesse limonada além da conta. Bella Denby disse que se pudesse beber uma limonada daquelas todos os dias, pararia de beber uísque. "Oh, se tivesse um bar onde a gente pudesse beber uma coisa dessas, nunca tinha bebido nada tão gostoso na vida." Com o cabelo bem preso no topo da cabeça, Bella quase poderia se passar por uma mulher decente. Mesmo com o olho roxo e os trapos imundos, ela ainda era bonita. *Parecia penitente & rebelde e gentil & rude ao mesmo tempo*. Seu marido, Ike, havia penteado e trançado o cabelo dela, dividido em duas tranças, como se ainda fosse uma jovem do campo. Um ato de devoção realizado pelas mesmas mãos que haviam lhe dado um olho roxo e um corte no lábio.

Na biblioteca, Helen e as mulheres falavam livremente, como se fossem iguais. Conversaram sobre amenidades — o clima, o aumento do leite e do pão, a vitrine nova da John Wanamaker, uma excursão da igreja para Cape May. Katy Clayton tinha ido até Chester para um encontro de cristãos no campo e a noite das mulheres foi linda. Tiraram uma ferrotipia dela, mas não fazia jus à sua beleza. Por algumas horas, a srta. Parrish não ameaçou despejar ninguém, nem ensinou as mulheres negras a viver. Em uma adorável tarde de julho, com o sol entrando pelas janelas, Helen se sentia satisfeita por serem amigas.

Toda segunda-feira, Helen fazia as rondas e batia em cada uma das portas do 635 e do 637, determinada a fazer o impossível — cobrar o aluguel. Dirigia-se aos inquilinos pelo sobrenome, quase sempre precedidos por senhorita, senhora ou senhor. Era o único sinal de igualdade formal com que podiam contar. Para ela, era um gesto de trégua. Semana após semana, Bella e Ike Denby nem sequer abriam a porta, fingindo que não estavam em casa, sem enganar ninguém. Ela havia conversado com Joe Robinson e disse que, se ele se casasse com a sua garota branca, não poderia mais ficar ali no prédio. Uma pena, ela confiava nele, *ainda que o homem fosse um crioulo*. Fanny Fisher, em vez de pagar o aluguel, se ofereceu para varrer as escadas. A Velha Clayton implorou por um tempinho a mais para planejar como conseguir o que ela não tinha. Prometeu penhorar os sapatos para conseguir um pouco do que devia, se a srta. Parrish lhe desse mais uma semana. Seus filhos não podiam ajudá-la e Katy estava desempregada, mas à procura de trabalho. Assim que Katy encontrar alguma coisa, nos acertamos. Katy é trabalhadora, só precisa de uma chance. Mary Riley se desculpou, como vinha fazendo nas últimas cinco semanas. A Pobre Mary parecia se contentar[11] em ficar o dia todo em casa, sentada na beirada da cama cuidando das crianças. Era difícil pensar nela como uma dona de casa, e não como uma negra preguiçosa. Helen a repreendeu sobre a necessidade de cumprir com suas obrigações enquanto lágrimas transbordavam dos olhos de Mary. *O aluguel era apenas uma dívida*. Mary não tinha o direito de esperar mais do que cômodos limpos dela e da srta. Fox. Ao sair, Helen ofereceu à Pobre Mary cinquenta centavos para uma sopa de carne para as crianças e prometeu que lhe traria um par de sapatos na semana seguinte.

A Velha Clayton e Mary Riley nunca conseguiam cumprir com o aluguel; estavam sempre em dívida. Varriam os corredores, esfregavam os banheiros, limpavam cômodos desocupados e recebiam com passividade os abusos de Helen. Penhoravam suas roupas e itens domésticos e arranjavam bicos — como tirar ostras da concha, lavar e costurar roupas. De vez em quando, Helen estendia o empréstimo, apesar de sua crença de que isso encorajaria a preguiça e uma noção de direito. Esses atos de bondade calculados não eram suficientes para diminuir o abismo entre a pobreza e os requisitos mínimos necessários para a sobrevivência. Nenhuma dessas medidas paliativas oferecia uma maneira de contornar a verdade: mais de sessenta por cento das pessoas negras na cidade se encontravam num estado de pobreza.[12]

Nas tardes de segunda-feira, Gallen, o zelador, ia até o escritório de Helen para reportar os eventos da semana. Seus próprios esforços de espionagem haviam se provado infrutíferos e rendiam pouco além de um maço de cartas de baralho, três vasos de flores no quarto de Ida Haines e uma garrafa de gim pela metade no armário de Bella Denby, então ela dependia do zelador. Gallen parecia desapontado quando nada de sensacional acontecia, e saboreava os detalhes sórdidos: Bella Denby causou tumulto no sábado à noite. Ida Haines foi detida num bordel na Hirst Street e passou um dia presa por ter dado chilique. Fanny Fisher passou o fim de semana bebendo depois que o médico lhe dissera que não havia esperanças. Agora ela disse que poderia beber o quanto quisesse. Gallen guardou o pior para o final, exibindo o traço negro do drama. No sábado à noite, ele tinha surpreendido Katy Clayton fazendo amor com um dos garotos Gallagher no saguão. Quando destrancou a porta, encontrou Jim Gallagher, mas não Katy. Eles devem ter ouvido o barulho das chaves quando abriu a porta da frente. Gallen mandou que ele saísse e, ao encontrar Katy na torneira do quintal, ela tentou fingir que nada tinha acontecido, mas ele não era tolo. Ele os ouviu no ato. Sabia o que a garota fizera com Gallagher. Com toda aquela comoção, eles não poderiam estar só de mãos dadas. Não tinha acreditado nas fofocas sobre Katy, mas agora ele sabia que os rumores eram verdadeiros.

Depois de conversar com Gallen, Helen foi direto para a delegacia.[13] Buscava a ajuda do tenente Mitchell sempre que os problemas da Saint Mary Street eram grandes demais para ela. Hannah estava em Londres e, sem sua companheira, Helen titubeava. À noite, ela entretinha Hannah com os detalhes cotidianos da rua: "Outro dia um crioulo muito bonito me abordou pedindo um quarto para ele mais uma pessoa. Então você é casado? Ah, sim, ele respondeu. Então o quarto é para você e sua esposa? Não, é pra mim e uma amiga!".

Helen empalideceu diante da palavra *prostituta*, mas não havia maneira de contorná-la. O tenente Mitchell prometeu que Katy seria presa se fosse pega no flagra. Ela poderia ser mandada para longe por uns bons três anos pelo que tinha feito. Caminhando da delegacia para casa, Helen se perguntou se tinha tomado o caminho certo. O conforto que sentira quando o tenente lhe assegurara que cuidaria do problema havia desaparecido. Era tarde demais para deter o que ela pusera em movimento. Agora Katy Clayton estava em perigo. Se o tenente conseguisse, ela logo seria mandada para o Asilo das Madalenas ou para a Penitenciária Estadual do Leste. Helen esperava que ninguém a tivesse visto na delegacia. Seja lá o que ela tivesse feito, certamente geraria alguma discussão. Era difícil cometer um deslize daqueles. Ela esperou até que as circunstâncias pedissem alguma ação, então fez aquilo que achava que era correto, mas ainda assim não tinha certeza se estava certa. Não sabia o que era melhor.

Às vezes as coisas se mostravam certas logo depois de feitas, mas Helen queria ter a consciência limpa antes disso. Tia Sue dizia que os *sentimentos de rebeldia* deles direcionados a Helen quando ela lhes dava ordens sobre suas casas ou tentava impor coisas deviam ser respeitados. Helen nunca deveria olhar dentro dos guarda-roupas nem entrar na casa deles, sua tia aconselhava, mas ela falhou em seguir esse conselho. Sempre que tentava ditar algo, eles insistiam que tinham pagado pelo lugar e que ela não tinha nenhum direito de interferir.

Helen falhou em atingir as mulheres. Cada sarcasmo ou expressão hostil a lembravam disso. As mulheres poderiam tanto mandá-la para o inferno quanto desejar bom-dia. Observando-as reunidas no pátio, ela se enchia de inveja, acreditando que a intimidade delas era uma forma de rejeição. As mulheres eram iluminadas pela luz do fim da tarde, as formas pretas como silhuetas contra o flanco dos lençóis pendurados atrás delas. Cada olhar indiferente, cada uma daquelas costas viradas para ela era uma barricada que a mantinha fora do círculo. Quando negavam reconhecimento e deixavam claro que não precisavam de Helen para nada, quando ela era incapaz de encontrar seu melhor reflexo nos olhos delas, quando a hostilidade era tão intensa que ameaçava esmagá-la e destruí-la, então o grupo de mulheres reunido no pátio em uma tarde no fim de agosto, envolvidas nas tarefas mundanas de pendurar roupas, quebrar pecãs e pregar botões se decompunha em um *outro* sem rosto, uma multidão ameaçadora, uma raça sem feições ou características distintas. Nesses momentos, Helen conseguia enxergar apenas uma *traição em massa*, as linhas da batalha estavam traçadas; ela pensava: *Estão todas contra mim*.[14] Duvidava de que algum dia poderia alcançá-las. Quem poderia imaginar que a batalha a travar seria tanto contra elas quanto contra o gueto?

Quando estava cara a cara com Katy, Fanny ou Bella, Helen se forçava a lembrar que elas não eram o inimigo. Se possível, teria entrado na pele delas apenas para saber o que sabiam e sentir o que sentiam; e as mulheres, como se sentissem esse desejo dela de ocupar sua vida íntima e reivindicá-la, a repeliam, negavam-lhe o direito de entrar em sua cabeça e em seu coração; elas não lhe confidenciavam nada.

Duas mulheres de cor em vestidos bem cortados, chapéus de bom gosto e luvas impecáveis entraram no escritório. Helen não ficou surpresa em vê-las, pois poucos senhorios alugavam para negros, e aqueles que se dispunham cobravam os aluguéis mais altos pelos piores cortiços do distrito. Uma entrevista com as duas senhoras não se faria necessária. Helen rejeitava os melhores tipos. Elas claramente não precisavam de ajuda e não eram adequadas para a vizinhança. Antes que Mamie Shepherd e sua mãe, a sra. Eunice Berry, tivessem tido chance de cumprimentar ou se apresentar, Helen já as tinha dispensado. Seus olhos não puderam captar nenhuma necessidade de melhoria. A filha, cuja semelhança com a mulher mais velha era inegável, era uma figura muito notável. Era uma jovem adorável e desarmou Helen com seus modos respeitáveis e seus olhos grandes e inocentes. Do tipo que se desvia facilmente, Helen pensou, armando um caso contra ela. Uma garota tão dócil e gentil não duraria uma semana sem que Katy Clayton a metesse em problemas, ou que algum bandido bem-apessoado a seduzisse.

Senhoras, para o bem de vocês, é melhor evitarem a vizinhança, aconselhou. A mãe de Mamie concordou que seria melhor para a filha procurar outro lugar. Eunice Berry não deixou de notar o lixo espalhado na frente dos outros prédios e os olhares atrevidos e insistentes dos homens que vadiavam na esquina. Mamie ficaria mais segura com ela até encontrar acomodações adequadas. Helen podia ver que a jovem era refinada demais para a Saint Mary Street e que era acostumada com coisa melhor. Mas Mamie insistia que não podia morar na casa da mãe para sempre; uma mulher casada precisava de sua própria casa. Eram apenas Mamie e o marido e ela prometeu se manter firme. Era impossível encontrar um quarto em outro lugar. Ela estava disposta a tentar a Saint Mary Street, mesmo que temporariamente. O apelo daquele rosto adorável voltado para cima e os olhos castanho-escuros penetrantes mexeram com Helen. *Que coisinha mais linda*. Mamie Shepherd ficou com o apartamento número 5.

James Shepherd chegou na noite de quinta. Nada na aparência dele deu a Helen razão para duvidar de sua capacidade de conduzir Mamie na direção certa. Os cômodos já estavam muito bem arrumados. Na primeira oportunidade, Helen planejava falar em particular com ele sobre Katy Clayton e as outras; seria melhor que Mamie evitasse aquelas jovens. No sábado, voltou a visitá-los. Era aniversário de Mamie. Ela estava fazendo dezenove anos e era uma garota radiante e atraente. Com o apoio necessário, o jovem casal poderia criar uma vida digna. Por ora, Helen pretendia fazer o que estivesse em seu poder para proteger Mamie das outras. Não iria perder a garota como perdera Ida Haines e Katy Clayton. Tentaria ao máximo influenciá-la e mantê-la fora de perigo, e jurou que protegeria Mamie de seus arredores, especialmente quando seu marido passava a semana fora. Ele não conseguira emprego na Filadélfia, então, como a maioria dos homens de cor, trabalhava fora da cidade. Helen redobraria seus esforços em nome daquela garota.

Sentada à janela, Mamie ouvia o clamor da Saint Mary Street. A quadra pulsava com uma fome tão intensa que ela podia senti-la só de ouvir. Toda a violência, a beleza e a miséria reverberavam pelo gueto, se insinuavam pelas ruas e vielas e ecoavam nos cortiços. Toda noite, Mamie podia ouvir os *rags* tocados no piano pairando pela viela, vindos do botequim da Seventh Street; os golpes firmes de gângsteres irlandeses que espancavam um menino negro por esporte; a Velha Clayton, cantarolando distraidamente "My Way's Cloudy"* empoleirada na janela do andar de baixo; a sra. Washington barganhando o preço daquilo que já tinha sido feito com um freguês caloteiro ainda agarrado aos seus quadris; os irmãos Gallagher plantados nos degraus da entrada enchendo a cabeça de Katy Clayton de adulações e seduzindo-a com promessas; um homem branco do Pat O'Brien's lá no pátio, flertando com Rebecca Clark e suas amigas, dando o máximo de si sem conseguir nada, mas a cada rodada de cerveja as mulheres ficavam mais flexíveis, e ele, mais atraente. Mamie conheceu seus vizinhos por conviver com os sons deles. Pessoas estranhas em todos os outros sentidos se tornavam íntimas. Ela reconhecia os soluços, podia ouvir os arrependimentos sussurrados e a torrente de desculpas que se seguiam às violências de Ike. Mesmo com as bochechas machucadas, muito roxas, Bella ainda era bonita, mas todo o resto estava arruinado. Charles Riley gritava com Mary e as crianças, acreditando que estariam melhor sem ele. Ele sabia o que era esperado de um homem e Mary implorava para que parasse de falar daquele jeito. O repicar das gargalhadas de William Sutton, agudas e estridentes, penetrando o ar enquanto ele rendia suas companhias, homens ou mulheres, com seu charme. O alerta barítono de Fisher: "Chega, Fanny. Você está tentando se matar, por acaso?".

Quando se cansava de ouvir a vida dos vizinhos, Mamie se vestia e vagava pelas ruas, espiava vitrines de lojas e inventava histórias sobre o que faria com aquele vestido de veludo preto ou como seria sua vida se morasse em uma imponente casa geminada feita de pedra na Spruce Street como a srta. Parrish. Nessas jornadas errantes pela cidade, Mamie se movimentava tão livremente quanto queria. Sua mãe a alertara muitas vezes, dizendo que não era seguro que andasse sem rumo por aí, ou que ficasse na companhia de estranhos.

---

* *Spiritual* também citado por Du Bois no capítulo "As canções do sofrimento" de *Almas do povo negro*, op. cit.

As pessoas teriam a pior das impressões de uma mulher de cor vagando sozinha pelas ruas, especialmente à noite. Qualquer coisa poderia lhe acontecer. Até agora, ela tinha dado sorte. Nenhum homem branco a insultara, então ela ainda se sentia confortável de andar sozinha. Passeando pela teia de ruas que ordenava a cidade, ela entrava e saía de dúzias de conversas. Errar por aí libertava um algo selvagem que a fazia se sentir viva, uma pontada aguda de desejo que a fazia tremer. A cidade negra à noite pulsava de possibilidades.

Em algumas noites ela ia até o Gil Ball's na Seventh para beber uma cerveja e escutar um *rag* favorito. Ou ia para a Academia de Música se houvesse algum número de vaudeville ou um espetáculo de menestréis em cartaz. Ela gostava de ir ao teatro e de se divertir, e ninguém nunca a havia insultado lá. Sentada no auditório escuro, ela experimentava o transporte que permitia às garotas pobres sonhar. Era por isso que Mamie amava o palco. Ela se sentava maravilhada na plateia, vendo as "mulheres vestidas alegremente" que "pareciam para ela criaturas de um reino encantado". Centenas de outras garotas haviam experimentado isto: a sensação de estar "perdida" e "fascinada" com sua alma "flutuando num mar de sentidos".[15] Era grandioso. Ao ver os atores no palco, ela se perguntava como seria ser uma atriz e estar lá em cima. O brilho dos holofotes poderia convencer qualquer um que uma vida maravilhosa estava à sua espera em algum lugar. Absorta nos magníficos números musicais, perdida nas sedas e rendas,[16] ela preferia não pensar em sua vida, e sim reivindicar o glamour e o prazer do palco para si. Era o antídoto para as visões estereotipadas dos pobres que viviam em lares arruinados e dos melodramas miseráveis narrados pela srta. Parrish.

O mundo era tão vasto e ela vira tão pouco dele: leopardos em montanhas cobertas de neve, paisagens do polo Norte e do Japão, vistas panorâmicas de Paris, filmes, uma edição ilustrada d'*O corvo*. Com dez centavos ela podia pagar por uma excursão para os belos lugares que nunca visitaria, experimentar vidas que nunca habitaria, a não ser em um auditório escuro; mas ainda assim tudo isso lhe parecia mais real que aquele apartamento de três cômodos no qual vivia. Conforme uma imagem se dissolvia e outra aparecia, seu coração acelerava. As ima-

gens piscando na tela a transportavam para longe de um cortiço decente em um quarteirão horrível, a conduziam para enormes palácios e conjuravam a promessa de uma vida diferente. Era o oposto a ficar em casa, trancada dentro dos cômodos minúsculos da Saint Mary Street, fingindo que estava contente e se vendo obrigada a ser grata. Ela se tornava outra pessoa em outro lugar, como num sonho, em que o que você é não se parece em nada consigo, mas ao mesmo tempo é tão claramente você. Os slides que passavam pela tela transformavam o mundo num piscar de olhos; cada imagem carregava a promessa de que a distância entre o agora e aquilo que o futuro guardava podia ser facilmente vencida; era como se aquela sua gloriosa versão de si encoberta pela escuridão do cinema fosse a única que jamais existira.

O desejo encantava e embelezava a cidade aos seus olhos. De outra forma, seria um lugar feio e hostil, ela se sentiria da mesma forma que se sentia quando estava presa em seu apartamento deprimente, entediada e sem nenhuma perspectiva a não ser aquilo que James ou algum outro homem poderiam oferecer. Quando a cidade não era nada mais que a dura realidade da pobreza — prédios abarrotados em ruas muito estreitas, barris de cinzas e lixeiras apinhadas na calçada, o fedor dos coletores puxando suas carroças de excremento pelas ruas depois da meia-noite, as roupas tristes de domésticas e caminhoneiros lavadas e penduradas pela viela, o cheiro fraco e doce de pão barato vindo de uma padaria do cortiço — então ela era menos do que imaginava, com certeza não uma mulher independente, apenas uma garota de cor sem rumo, uma coisa triste e solitária.

Como qualquer outra pessoa na quadra, Mamie queria algo melhor do que tinha, melhor que a privação e a feiura do quarteirão negro. As horas em que passava desperta eram dedicadas a imaginar como seria. No fim do século 19, ainda era possível acreditar que não ficaria presa em um cortiço, mesmo que digno, para sempre. Ainda era possível supor que uma sala toda pintada de branco, cheia de móveis de segunda mão, em uma quadra arruinada, era apenas uma parada a caminho de um lugar melhor. O quarteirão negro ainda não era um lugar "cercado pelo desastre",[17] então não parecia tolo acreditar que outro tipo de vida estava ao alcance.

Mamie Sharp foi o nome que ela fornecera em seu endereço anterior. Srta. Parrish, a senhora disse que só alugava pra gente decente. Se você alugou pra Mamie Sharp, está claro que aceita qualquer um. Logo esse lugar vai ficar tão ruim como quando Mãe Hewitt era a encarregada. A intrometida sra. Joyce continuou divagando, mas Helen tinha parado de ouvir.

Ela não esperava boas notícias quando a vizinha apareceu de repente em seu escritório. Ela ouviu, mas não conseguiu encaixar a história com aquela adorável jovem de dezenove anos que residia no apartamento número 5. Muitos pensamentos percorreram sua cabeça; mas para fingir que estava no controle da situação, respondeu secamente: Mamie está em período probatório — se não se comportasse bem, teria de ir embora. Helen evitou perguntar qualquer coisa que pudesse dar à sra. Joyce a impressão de que sabia mais sobre os inquilinos que a própria Helen. Levantando-se de sua cadeira, Helen agradeceu a informação e fez com que a conversa terminasse antes do que a sra. Joyce havia esperado, para sua clara insatisfação, mas Helen estava muito agitada para continuar ali sentada. Saiu às pressas, deixando a sra. Joyce em sua mesa.

Será que havia se enganado terrivelmente em sua avaliação de Mamie? Como se enganara com Ida, embora ela tivesse suspeitado de que Ida bebia desde a primeira vez que se encontraram. Como se enganara com a sra. Henderson, achando que ela era respeitável e próspera com seu excelente conjunto de dentes falsos, até a mulher ameaçar espancá-la. Mas Mamie era diferente. Helen ainda não tivera a chance de trabalhar com uma garota daquela qualidade, e muito poderia ser realizado com um material tão fino. Mas e se as coisas terríveis que a sra. Joyce alegara fossem verdade?

Quando Helen bateu na porta, Mamie a convidou para entrar. Foi recebida com um alegre olá, e não o "Que é?" emburrado que com frequência acompanhava a chegada da cobradora de aluguéis, a porta ligeiramente aberta, apenas o suficiente para a cabeça protuberante dizer "Não tenho hoje" ou "Não é certo bater aqui no sábado pra fazer negócio", e então fechada com tudo após a última palavra, sem nem mesmo a cortesia de um "Boa tarde" ou "Boa noite".

Não havia uma maneira fácil de entrar no assunto do adultério, então Helen abordou a questão diretamente. "Mamie, você está andando por aí com outros homens? Está?" A pergunta era mais uma acusação que uma consulta. A resposta de Mamie não foi menos direta: "Sim, eu gosto de fazer o que tenho vontade". Mamie não pediu perdão ou ofereceu desculpas por não ser capaz de se comportar; ela não tentou moderar o julgamento de Helen admitindo que se sentia sozinha. A solidão podia provocar atos imprudentes dos quais as pessoas viriam a se arrepender. Helen compreendia isso muito bem, trabalhando às cegas como fazia na ausência de Hannah.

Mamie não ofereceu nenhuma desculpa. Recusou-se a pedir perdão ou a se explicar.

"Mamie, você não tem noção do que é certo e errado?", Helen perguntou.

Certo e errado não tinham nada a ver com a situação. "Não sou o tipo de mulher que fica sozinha. Gosto de sair com os meus amigos."

"Mamie, você não pode andar por aí com um homem que não é seu marido. Estou certa de que você sabe disso, sim?"

"Não sou pior que os outros", Mamie respondeu. "Não sou pior que a maioria aqui. Sim, eu tenho me comportado mal. Mas nas últimas duas semanas, James tem trabalhado de dia e chegado em casa à noite, e eu não tenho ido pro teatro nem nada."

Mamie não acusou a srta. Parrish de interferir, nem a chamou de vadia intrometida como Bella Denby ou Fanny Fisher teriam feito. "Depois que James falou com você, ele me proibiu de sair com Maizie Gibbs", Mamie disse. Quando Ida Haines foi fazer uma visita, ele não a deixou entrar. Mamie não via necessidade de explicar o que havia feito. James era a única pessoa a quem ela devia satisfações. Sem culpa ou remorso, disse: "Talvez tenha me comportado mal, mas você não entende o que eu preciso".

No sábado à noite de sua terceira semana na Saint Mary Street, James Shepherd chutou a porta do apartamento. Ele estivera fora a semana toda, e o homem que vinha fazendo companhia para Mamie saiu correndo de camisa e sapatos na mão. Não é difícil imaginar James consumido pela raiva arrombando a porta; o resto é incerto e os detalhes são imprecisos, embora cenas de amor e traição se desenrolem em um curso familiar, repetido ao infinito e com tanta frequência quanto as juras de fidelidade:

James não pretendia desmantelar os cômodos que haviam levado duas semanas para ficar menos inóspitos, mas destruir uma das cadeiras o impediu de colocar as mãos em Mamie. Ele poderia ter perguntado por que, mas não o fez, pois não fazia sentido. Nada do que ela dissesse poderia suavizar o golpe, ou fazê-lo doer menos. Ele a empurrou para o quartinho ao lado da entrada, seu santuário. Era mais um armário que um quarto, mobiliado apenas com uma mesinha dobrável, uma caixa de charutos e uma Bíblia com o nome dos pais e avós dele, o nome e a data de nascimento dos irmãos, e o nome dos outros parentes dos quais eles ainda se lembravam escritos na primeira página. James socou a parede acima da cabeça de Mamie para evitar olhar nos olhos dela e para arrancar aquele olhar de quem diz *Eu não tenho do que me envergonhar* da cara dela. Seus olhos não tinham sequer um brilho de consciência para o qual ele pudesse apelar. O olhar vazio quase o destruiu. Deixava claro que ele nunca seria suficiente e que no mundo nunca haveria nada suficiente para ela. Desesperado para fazer aquele olhar desaparecer, destruiu o quarto, mas o vazio persistiu. Ele a empurrou contra a parede, pressionou o corpo contra o dela, devorou sua boca e abriu caminho pelo obstáculo de suas anáguas. Mamie, Mamie, ele chamou, até o vazio naqueles olhos desaparecer.

A cena é dolorosa e tocante, um jovem bonito, traído, avaliando aquilo que não pode possuir, uma mulher que o ama, mas que não lhe pertence. Essa cena não foi descrita em nenhum lugar do caderno de Helen. Mamie a mencionou brevemente para Gallen. Talvez tenha confidenciado mais para Maizie Gibbs ou Katy Clayton. Então só podemos especular sobre a briga e as súplicas incitadas por sua infidelidade ou a força do amor que permitiu que Mamie e James sobrevivessem a ela. A relação vulnerável e frágil de um casal tão jovem e recém-casado tentando construir uma vida juntos sem que tivessem nada para apoiá-los ou para impedir que afundassem provavelmente não terminaria bem. E a situação era igualmente dolorosa quando vista pelos olhos dela ou dele.

James Shepherd era um homem atencioso, talvez um pouco taciturno ou melancólico. Já tinha perdido muitas pessoas que amava para ser descuidado com suas relações. A perda ameaçava enfraquecê-lo; era como se aqueles que iam embora levassem junto uma parte sua específica que haviam tornado especial. Muitas peças se perderam na jornada da Flórida para a Filadélfia. Ele perdera dois irmãos pelos quais teria dado a vida e ainda não tinha ouvido notícias deles. Ele e Mamie formavam a única sociedade da qual ele precisava. Contentava-se com isso. Tinham tão pouco tempo juntos com ele trabalhando fora da cidade, que era um alívio ter um lugar só deles, não a casa da mãe dela, isolados do mundo.

James viajara o suficiente para saber que o mesmo tipo de gente era encontrado em todos os lugares. O quarteirão negro, a Pequena África, o Tenderloin, a periferia — todos tinham a mesma aparência, o mesmo cheiro, não importava onde você estivesse, Richmond ou Filadélfia, Nova York ou Washington, Chicago ou Pittsburgh. Nunca havia ar suficiente para respirar, espaço para crescer, nenhum pedaço de terra suficiente onde criar raízes. Negros eram andarilhos, nômades, fugitivos, não colonizadores. A eles não eram permitidas as palavras "eu" e "meu". Mesmo se você tivesse a pretensão de acreditar que havia estabelecido um direito duradouro, construindo um lar com espaço suficiente para os seus filhos e para os filhos do seu irmão, onde um dia seus tataranetos se sentariam na varanda e perguntariam: "Papai, como foi que chegamos aqui?" e você responderia algo como: Construí essa casa com as minhas próprias mãos, e ela é de vocês, e dentro dos nossos portões nenhum homem branco manda ou faz outras coisas que passam uma sensação de segurança pra eles, mas ainda assim você os prepararia para a vida, para que, quando eles descobrissem que não existe proteção nenhuma contra gente branca, eles conseguissem guardar esse conhecimento e renunciar a um mundo hostil. Mesmo com tudo isso, um dia um homem branco pode subir na sua varanda com um pedaço de papel na mão e dizer que nada daquilo pertence a você; não é seu e nunca foi, e aquilo que uma escritura fraudulenta falha em realizar, uma tocha e um rifle com certeza conseguem. Quando esse dia chegar, você não tem outra escolha senão lutar e morrer ou pegar suas coisas e ir embora. E enquanto for assim, os negros têm de estar prontos para fugir num piscar de olhos, como ele e seus irmãos tinham feito.

Essa primeira geração pós-escravidão era tão apaixonada pela liberdade que poucos notaram ou se preocuparam com o fato de que eles não tinham sido libertos de forma nenhuma. Ainda não sabiam que o preço da guerra seria descontado de sua própria carne. As pessoas estavam muito ocupadas sonhando com aquilo que desejavam ser, pensando em como queriam viver, nos acres que iriam cultivar, em busca da mãe que jamais encontrariam, perguntando-se o que acontecera com o tio, se a irmã estava morta, e será que era verdade que tinham visto dois dos seus irmãos bem longe no Norte, na Filadélfia? A liberdade era a promessa de uma vida que a maioria nunca teria, e que poucos tinham vivido. Mas quem podia suportar isso? Então as pessoas de cor seguiam em busca, recolhendo suas coisas e indo embora, de novo e de novo.

Na ausência dos dois irmãos, James não tinha ninguém a não ser Mamie. Passara-se tempo demais sem nenhuma notícia, de forma que era impossível não imaginá-los mortos, presos ou foragidos. James estava exausto, à espera de uma resposta que nunca chegaria. Tudo o que ele tinha era Mamie. Houve mulheres mais bonitas, mulheres dispostas a lhe comprar sapatos, relógios de bolso e coletes de seda, mulheres que beijariam o chão onde pisava. Algumas o haviam deixado antes de ele ter chance de dizer adeus, mas não importava. Para ele não havia nada mais que confusão e vida fácil. Até que seus irmãos sumiram, e ele soube que não tinha nada. Mamie o encontrara quando restava muito pouco dele mesmo. James se agarrou a ela, sentindo que, de outra forma, desapareceria. Não me solte. Ela o segurou enquanto ele aprendia a não esperar mais o som do seu nome pronunciado pelos irmãos, o rugido da Costa do Golfo contido nele.

Estava tudo calmo no número 635, a não ser por Mamie. Helen perguntou sobre James e ela para Gallen. A fofoca havia se espalhado, então outros também começaram a reclamar de Mamie. Contrariando aquilo em que Helen queria acreditar, ao que parecia, Mamie era muito desprovida de princípios. Helen nem sabia se ela alguma vez fora fiel a James. Gallen repetiu o que Mamie havia lhe contado: enquanto Shepherd estivera fora, ela havia ficado na companhia de outro homem, e quando seu marido chegou em casa, ele arrombou a porta. Gallen não tinha visto nem ouvido nada. Se ela não tivesse contado para ele, outros poderiam ter feito isso.

Os acordos íntimos na Saint Mary Street, como Helen descobriu, nunca eram o que pareciam ser. No fim das contas, um marido era um marido ou uma esposa era uma esposa? Os termos da intimidade eram tão flexíveis no caso das pessoas negras que era difícil precisar o que significavam — aquela era sua esposa desde jovem ou só a mulher com quem ele vivia agora? O chefe da família era o pai das crianças ou o homem que as sustentava? Era impossível saber se um jovem casal havia sido separado em nome do trabalho, como eles alegavam, ou se a união deles era de um tipo livre e não reconhecida por lei. Era difícil decidir se a família negra era realmente uma família. Uma criança chegava na companhia de uma mãe e então, meses depois, era reclamada como o filho de outra. Os homens eram pais, mas viviam separados dos filhos; ou um marido poderia ter duas famílias. Mulheres desimpedidas eram incapazes de construir um lar, ou não queriam fazê-lo, ou moravam no trabalho, na casa de famílias brancas, abandonando os próprios filhos. Helen sabia de tudo isso, mas ainda assim não estava preparada para Mamie. Nem o nome dela estava certo. Mamie Sharp. Ela se casara com quinze anos, e o marido abusava dela e a maltratava. Mamie o havia deixado uns dois anos atrás. Desde então, ele se "casara" de novo e ela se "casara" com James Shepherd.

Para piorar as coisas, agora Mamie e James estavam com o aluguel atrasado. Helen foi ver Eunice Berry sob o pretexto de cobrar o aluguel vencido, mas queria informações. A mãe de Mamie confidenciou que não podia manter a filha em sua casa porque ela apreciava companhias masculinas. Eunice temia por ela.

A sala estava abafada. Mamie conversara com James sobre a separação, mas ele não queria ouvir. Helen Parrish tremia sentada na cadeira, esperando James surgir do quartinho contíguo à sala de estar. Ele se portou de forma calma e educada, e não com violência, como ela temia. Helen esperou que James Shepherd falasse. Mamie permaneceu em silêncio e distante, como uma espectadora da cena que acontecia na sala de estar. Helen sabia de tudo agora, e pediria que eles desocupassem o apartamento, concedendo-lhes o aviso prévio de uma semana, conforme sua prática usual. Se James soubesse que eram permitidos três meses por lei, poderia ter insistido em ter esse tempo. Helen contava com a ignorância de James sobre o assunto e também com que ele não desconfiasse dos limites de sua autoridade. James Shepherd não disse nada, então ela iniciou a conversa.

"Sr. Shepherd, essa situação não pode fazer bem algum a Mamie", a voz de Helen vacilou. "Quando se candidataram para o apartamento, vocês fingiram que eram casados. Se eu soubesse a verdade, nunca teria alugado para vocês. Vocês não podem mais ficar aqui."

"Srta. Parrish, pretendemos sair assim que encontrarmos outro lugar."

Helen, surpresa por ouvir isso, olhou para Mamie em busca de confirmação, mas Mamie a ignorou. "Com essa relação ilícita, você não pode fazer nenhum bem a ela, nem protegê-la. Ela está numa situação de perigo e tentação constantes. Não consegue entender que ela estaria melhor sem você?"

James pareceu surpreso. "Srta. Parrish, eu me preocupo com ela. Você não acha que me casaria com ela se pudesse?"

"De quem é a culpa?", Helen perguntou bruscamente. "Mamie se casou às pressas e agora tem que pagar por isso." O jovem casal havia pagado e estavam pagando agora, mas Helen continuou falando sobre lei e moralidade, cega a esse fato essencial.

"Não se pode deixar um marido por capricho e se envolver com outro homem. Você se comprometeu quando fez aqueles votos. Não se pode simplesmente ir embora e começar uma relação com outra pessoa." Helen olhava para James enquanto falava, mas suas palavras eram direcionadas para Mamie. "Existem leis civis e religiosas que condenam a forma como vocês vivem."

"Eu a amo", disse James. "Não tem nada de precipitado nisso."

"Mas você tem condições de protegê-la?"

Ele a havia protegido. James colocara um teto sobre a cabeça dela e roupas em seu corpo.

"Você não representa proteção alguma com Mamie saindo por aí em perigo constante. Sr. Shepherd, você não tem nada a oferecer para ela."

James ficou em silêncio.

"O que você fez além de rebaixar Mamie a ponto de ela não saber diferenciar certo e errado? Não há nenhuma proteção nesse arranjo de vocês."

James permitiu que Helen prosseguisse com o sermão quase sem interrompê-la. Ouviu tudo de cabeça baixa e esperou sua vez de falar. Quando Helen fez uma pausa, James levantou a cabeça e perguntou: "Srta. Parrish, a senhora já amou alguém? Já foi casada?".

Helen estremeceu. A arrogância dos questionamentos dele a encheram de raiva. Naquele momento, decidiu não poupar James Shepherd, aquele homem que pleiteava sobre o amor e tentava se salvar com palavras tão bonitas que poderiam ter sido tiradas de um soneto.

Helen não respondeu.

"Então a senhora não sabe o que está pedindo. Eu amo essa mulher como amo a mim mesmo."

Este era o problema dos negros — a lei não determinava o que era certo e errado aos olhos deles, como se pudessem viver fora da lei ou em oposição a ela. Além dos Fisher, Helen já tinha ouvido outros insistirem que nenhum papel podia decidir se uma coisa era certa ou errada, nenhum papel podia determinar a verdade. Sem possuir nada e subsistindo com tão pouco, eles deixavam o coração decidir tudo. O amor era sua âncora. Era claro para Helen que a única coisa que importava para James Shepherd era: Eu quero Mamie? Mamie me quer? A lei e a srta. Parrish que vão pro inferno.

"Você não acha que eu me casaria com ela se pudesse?", ele repetiu.

Helen avaliou o jovem alto e notável e decidiu acabar com ele.

"Mamie quer que você vá embora. Ela me disse que está disposta a deixar o apartamento e o 'amigo' dela e encontrar outro lugar. Ela quer que você vá embora. Ela está disposta a acatar o meu desejo."

James não chamou a srta. Parrish de mentirosa, mas relutava em acreditar no que ela dizia. "Mamie?" James esperou que ela respondesse, que negasse, mas ela ficou calada. "Mamie, você disse pra srta. Parrish que quer me deixar?"

"Eu disse pra srta. Parrish que conseguiria outro lugar."

"Sr. Shepherd, Mamie me disse que não se importaria muito em deixar ninguém."

"Sim", Mamie disse, "só pra conseguir outro lugar."

"Você está fugindo da minha pergunta", James disse.

"Eu disse que iria embora e encontraria outro lugar", Mamie admitiu.

O ar estava carregado de tudo aquilo que se recusavam a dizer diante de Helen Parrish. Eu te perdoo por tudo, James poderia ter dito. Você sabe o tipo de mulher que eu sou, Mamie poderia ter arriscado responder. Nada disso foi dito, mas pairava entre eles.

"Você sabe o que eu perguntei", James implorou.

"Sim", Mamie disse. "Eu disse pra ela que deixaria você desde que conseguisse um lugar pra morar. Mas nunca tive essa intenção."

"Não foi o que eu entendi. Ela me disse que deixaria você", Helen repetiu. "Mamie, você disse, 'Oh, não, eu não me importaria'."

James olhou para Mamie, desejando que os dois estivessem sozinhos naquela sala.

"Se você tem amor por Mamie, poderia fazer mais por ela deixando-a ir. Você não faz bem nenhum a ela."

"Mamie, você quer que eu vá embora?", James perguntou, descrente. Seus olhos fizeram um apelo.

"Sim", Helen insistiu. "Não tem nada que você possa fazer por ela."

"Eu não tenho pra onde ir", James disse em voz baixa. "Não tenho casa. Não tenho ninguém. Tenho irmãos, mas não sei onde eles estão. Só tenho um amigo em Nova York."

"Você pode conseguir trabalho e uma casa", Helen replicou secamente.

"Um trabalho e uma casa? Paz de espírito é a única coisa que procuro", ele respondeu.

"Você precisa ir embora", Helen insistiu.

"Me dê mais um tempo", James implorou.

"Volto amanhã", Helen disse.

"Já tentei ir embora antes, deixar Mamie, mas eu não consegui ficar mais do que dois ou três dias longe. Me dê mais um tempo. Por favor."

Naquela noite, em casa, Helen tentou recontar tudo em seu diário, mas escrever a conversa se provou uma tarefa complicada. *Era difícil saber o que pensar — quão profundamente compreender o significado de tudo aquilo.* Helen transcreveu a conversa, tentando se lembrar de cada palavra dita, de forma que pudesse entender melhor a estranha experiência do triângulo.

A repetição de "ele disse" e "ela disse" rendeu um estranho drama de salão. Apesar de sua cuidadosa transcrição, a verdade do que acontecera lhe escapava. Em outras circunstâncias, ela poderia ter escrito: *Dominei a situação muito bem.* Isso a faria admitir aquela necessidade de machucar e possuir. E reconhecer que James, um negro alto e bonito, seu adversário, era o único sacrificado pelo ciúme.

Nos conflitos com os outros inquilinos, as linhas de batalha eram inconfundíveis. Todos viviam cientes do estado de *guerra declarada*

him all I thought — that I had not known they were unmarried when they came — that it was unlawful, that it was Mamie's punishment for her hasty marriage before, that they could not live together — that it could bring her, and does bring her no good — She is in constant danger, and temptation and living with him is no protection for her, that there is both a civil & religious law to condemn such unions — etc. etc. — He let me talk most but he said several things — Early in the time he said he cared for her, then later he looked up and said "Have you ever been married?" — "then you do not know what you ask — I love that woman as I love myself." — Again he said to me "don't you suppose I would marry her if I could" — Again that it was no sudden thing, that they have been together for nearly four years — (it is only four since Mamie told me she married her husband! She is 19 now.)

no qual estavam envolvidos. Com os Fisher e os Denby, as fronteiras eram bem estabelecidas, o antagonismo evidente e inevitável. Quando ela deu para a sra. Henderson um aviso prévio, a mulher ameaçou bater nela. Quando chegou no número 5, Helen receou que James Shepherd pudesse ameaçá-la e dizer impropérios, como os outros. Na semana anterior, quando ela chamou a polícia para Ike e Bella Denby, o policial comentou que era muito corajosa por viver entre aquele tipo de gente e que certa vez um homem tinha sido jogado de uma janela daquele prédio. O que levaria um homem a jogar outro homem de uma janela? Teria sido uma briga por mulher?, ela se perguntou. Que tipo de pessoa era capaz de um ato desses? Que tipo de pessoa estaria tão determinada a acabar com um homem? Foi um ato premeditado com a cabeça fria e mãos embrutecidas ou terá sido um crime passional?

Helen entendia a crueldade desencadeada pelo desejo. Ela e James haviam brigado por Mamie. Ela pretendia resgatar a garota, educá-la e supervisioná-la, moldar a vida de Mamie conforme os seus desígnios. O melhor seria mandá-la para o campo. A cidade lhe prometia apenas problemas. Helen não se envergonhava em admitir que se preocupava profundamente com a garota. O sucesso de seu trabalho dependia dessa afeição mútua. Quando James Shepherd pisou na sala de estar de sua casa, ele não estava preparado para lutar pela vida; nunca chegou a suspeitar que Mamie seria a arma usada contra ele. Foi uma derrota — Helen tinha acabado com ele enquanto sua amada Mamie assistia tudo de fora, passivamente. Em questão de dias ele deixaria a cidade. Helen encontraria um lugar seguro para Mamie no campo, onde a garota ficaria longe de tentações e nas mãos dela.

Se James amasse Mamie verdadeiramente, ele poderia fazer mais por ela indo embora. Helen se asseguraria de que Mamie estivesse guardada e protegida, algo que o consorte dela não podia fazer. Helen nunca estivera tão confiante com relação àquilo que o amor exigia ou sobre a forma como uma mulher deveria ser amada. *Srta. Parrish, a senhora já foi casada?* Helen evitara a pergunta dele. Seus sentimentos não estavam abertos para discussão. Ela se perguntou o que Hannah acharia daquilo — um negro tentando lhe ensinar sobre amor e devoção.

*

A manchete do *Philadelphia Inquirer* o identificou como Joseph Spanks, mas Helen sabia que era James Shepherd. A primeira coisa que pensou foi em Mamie e em como ela poderia estar envolvida. Ela pegou uma tesoura na gaveta de sua escrivaninha, recortou o artigo do jornal cuidadosamente e o colou em seu diário:

TIRO NO PESCOÇO[18]
O misterioso tumulto que alarmou a Lisbon Street
VÁRIAS VERSÕES CONFLITANTES
George Grant, por razões desconhecidas, sacou uma pistola e atirou deliberadamente em Joseph Spanks.

Joseph Spanks, negro, 23 anos, residente no nº 635 da Saint Mary Street, se encontra no Philadelphia Hospital em condição agonizante em virtude de um ferimento à bala infligido por George Grant, também negro, residente no nº 610 da Barclay Street. São tantas as versões conflitantes relatadas que é difícil determinar a causa da contenda. A polícia está inclinada a acreditar que os tiros foram resultado de uma briga de bêbados.

Alguns minutos após as cinco horas da tarde de ontem, os transeuntes nas proximidades da Fifth e da Hirst Streets

SHOT IN THE NECK.

The Mysterious Affray That Startled Lisbon Street.

SEVERAL CONFLICTING STORIES.

George Grant, for Some Unknown Reason, Pulls Out a Pistol and Deliberately Shoots Joseph Spanks.

Joseph Spanks, colored, aged 23, of No. 635 St. Mary street, lies in the Pennsylvania Hospital in a dying condition from the effects of a pistol wound inflicted by George Grant, also colored, of No. 610 Barclay street. So many conflicting stories are told that it is difficult to determine the cause of the affair. The police are inclined to believe that the shooting was the result of a drunken quarrel.

A few minutes after 5 o'clock yesterday afternoon passers-by in the vicinity of Fifth and Hurst streets were attracted by a commotion in Lisbon street, a thoroughfare running off Hurst, between Fifth and Sixth streets. The noise proceeded from a shanty on the east side, near Sixth street. When the door was broken open Grant had fled and Spanks was standing in the centre of the room, bleeding profusely from a bullet wound in the neck.

A bystander who was in the apartment at the time said that Spanks was wrestling with another colored man when Grant said that if Spanks would move to one side he would shoot him. Spanks did so, and according to the bystander, he was shot on the spot. Another person, who claimed to be a witness, but who could not be found afterwards, said that it was an accident.

Officer Hazzard and his partner who were on the beat started after Grant. He was seen to go down South street, and it is believed succeeded in getting into New Jersey. Before leaving the Lisbon street house he said the shooting was accidental, and announced his intention of surrendering to the police. Spanks at the time had no idea he was seriously injured. Stopping the flow of blood with a handkerchief, he staggered out of the house. He got along all right until he reached Sixth and Lombard streets, when he sank down exhausted from the loss of blood.

A patrol wagon was summoned and the wounded man taken to the Pennsylvania Hospital, where his wounds were pronounced to be a serious character. At first he refused to give the name of his assailant, but when he realized his critical condition he consented to do so. He added that the shot was fired intentionally and without provocation.

Late last night Grant was arrested near South street ferry and locked up to await the result of Spark's injuries. Detectives Geyer and Crawford were detailed by Chief Wood to investigate the case.

foram atraídos por uma comoção na Lisbon Street, uma via que cruza com a Hirst, entre a Fifth e a Sixth Streets. O barulho veio de um barraco em East Side, nas proximidades da Sixth Street. Quando a porta foi aberta, Grant fugiu e Spanks permaneceu no meio da sala, com um ferimento à bala no pescoço sangrando profusamente.

Um espectador que se encontrava no apartamento nessa hora informou que Spanks brigava com outro homem de cor quando Grant disse que se Spanks se movesse, daria um tiro nele. Spanks se afastou e, de acordo com o transeunte, foi atingido na hora. Outra pessoa, que se identificou como uma testemunha, mas que não pôde ser encontrada posteriormente, disse que foi um acidente.

Naquele momento, Spanks não fazia ideia de que estava gravemente ferido. Estancando o sangue com um lenço, saiu cambaleando da casa. Seguiu bem até alcançar a altura da Sixth com a Lombard Street, quando desabou, exaurido pela perda de sangue.

James Shepherd estava no leito de morte. Mamie estivera no hospital todos os dias nas últimas duas semanas. O casal ainda estava unido e Mamie ainda morava no número 5 — para a tristeza de Helen. Mamie continuava a posar como esposa de James, mas agora ia e vinha às pressas do hospital, com medo de se tornar viúva. Não houvera nenhum desentendimento entre os dois homens e, de acordo com Mamie, eles eram amigos. Agora estava claro que Mamie *a* enganara tão bem quanto enganara James. A garota não tinha nenhuma intenção de deixá-lo, nem de ir para o campo, como havia concordado. Até Eunice Berry parecia dançar em outro compasso agora, dizendo que era correto e apropriado que Mamie fosse cuidar do *marido* moribundo.

Era difícil acreditar que fazia apenas um mês desde que Mamie se mudara para lá. Helen folheou as páginas de seu diário. No dia 5 de setembro, Mamie se candidatou para o apartamento. No dia 6 de setembro, James Shepherd chegou, embora parecesse que semanas haviam se passado até a chegada dele. Na semana seguinte, a sra. Joyce apareceu no escritório de Helen com seus fuxicos. Na segunda semana, Mamie estava com o aluguel atrasado como todo mundo. Na terceira,

Helen já sabia o suficiente para escrever A História Secreta de Mamie Sharp. E então, mentiras, mentiras, mentiras.

Depois que foi liberado do hospital, James e Mamie desapareceram. Gallen ouviu um boato de que tinham ido para Nova York. A sra. Joyce disse que estavam morando em uma casa de péssima reputação no Sétimo Distrito. Helen planejara perguntar ao tenente Mitchell se os dois ainda estavam na Filadélfia e para quando o julgamento de George Grant estava agendado, mas decidiu não fazer isso.

Mamie havia desapontado Helen muito mais que as outras. E ela era a culpada, por ter tentado resgatar uma garota que não queria ser salva. Se Helen tivesse notado o desejo feroz naquele rosto ingênuo, ou se tivesse realmente fitado aqueles olhos suplicantes, teria percebido que Mamie Sharp não era destinada a uma vida protegida no campo nem a uma pobreza respeitável e redutora, que era tudo o que Helen tinha a oferecer. No fim, Mamie se mostrou igual a Katy e às outras. Ela também se recusava a ser governada.

Em um momento de ternura o futuro parece possível

O casal certo existe em um estado de perigo. O futuro prometido pela trama conjugal sai dos trilhos quando a mãe pergunta: "E o que aquele preto tem pra casar com você?".[1] Essa é a questão sobre a qual se funda o casamento negro. Os números condenam o amor. A tabela de mortes, a taxa de desemprego, as proporções desiguais de gênero, as abstrações assassinas. Os números garantem a lei e determinam o terrível resultado. Que tipo de âncora é o amor contra tudo isso? O felizes-para-sempre lhes escapará. A bela vida que poderia ter sido é capturada em um momento de ternura que de jeito nenhum trai o que está por vir: a mãe cobrindo a filha com um manto funerário. Todo o trabalho e sacrifício materno falham em assegurar perspectivas melhores para a filha ou fornecer um meio de fuga do indizível. Também por isso a mãe negra carregará a culpa. Ela deu tudo o que tinha, tudo o que lhe importava, mas sem sucesso. Um sentimento vago e inquietante paira no ar. Isso vai custar tudo para ela e para sua filha.

A narrativa é desconjuntada. A história é fragmentada. A cadeia de causa e efeito não funciona. É impossível ter certeza do que aconteceu ou do que foi imaginado. A história toda é inacreditável, então é difícil reconstruir a série de eventos. Sonhos e vislumbres frustram a tentativa de ordenar o tempo em categorias precisas de passado, presente e futuro. A história avança e tropeça na incerteza. Então o relato do romance é necessariamente especulativo.

A ameaça de ruína paira acima da cabeça do casal certo. Seria tudo isso apenas um pesadelo na vigília? Haveria um cenário alternativo, uma trilha paralela onde pudessem viver felizes para sempre? Onde a invenção seria capaz de sustentar o amor?

Cai uma tempestade. E ela não vem do paraíso, mas é do tipo que os lembra que há cães do inferno em seu encalço. O clima[2] os faz perder o rumo. Ameaça devorá-los. Engolidos pela tempestade, eles não conseguem encontrar um meio de fuga, uma rota para um lugar seguro; continuam andando em círculos. Será que vão conseguir? Buscam abrigo e encontram uma velha casa, mas a doméstica não lhes oferece nenhum refúgio. As portas fechadas escondem a dor, fazem da brutalidade uma história secreta. Em outra narrativa, o estupro nunca acontece e uma vida perfeita espera por eles. Em outra narrativa, o pesadelo acaba e o amor triunfa.

LIVRO 2

A geografia sexual do cinturão negro

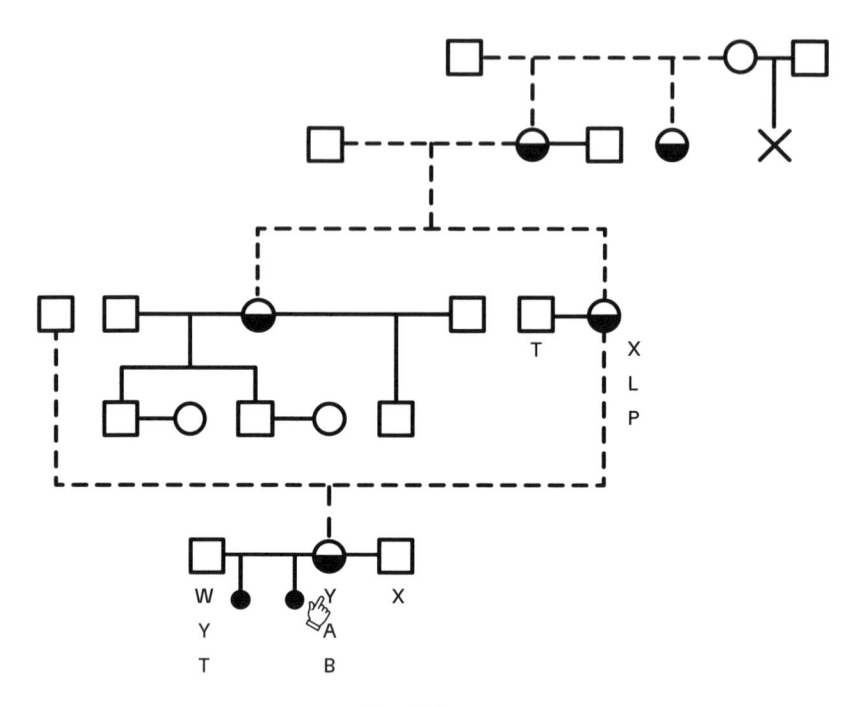

Pearl M.

A – Artístico T – Tuberculoso
B – Bissexual W – Alcoólatra
L – Sifilítico X – Promíscuo
P – Psicótico Y – Separado

1900. O Tenderloin. 41st Street West, 241

Eram duas da manhã. O calor de agosto era brutal e ninguém conseguia dormir. Cabeças despontavam das janelas de cômodos alugados, sonolentas e irritáveis; os desesperados se deitavam em camas improvisadas; colchões e lençóis dobrados se espalhavam por saídas de incêndio e telhados. Corpos seminus em camisolas descansavam em público. A temperatura alcançava quase 37 graus, colocando gente decente e trabalhadora na companhia de prostitutas, bandidos, coletores de apostas e apostadores, o pessoal que dominava as ruas depois da meia-noite. Mães acampavam nos degraus da entrada com seus filhos, pequenos grupos de homens se reuniam nas esquinas, aqueles com algum trocado sobrando se acotovelavam em botequins lotados por uma jarra de cerveja gelada. Em uma noite como essa, todos conspiravam para escapar do sufoco dos cortiços, quartos de fundos abafados e prédios asfixiantes, para fugir do assalto de corpos malcheirosos, crianças choronas, brigas de casais, para se livrar da miséria generalizada.

May Enoch também não conseguia dormir. O quarto alugado no último andar do prédio de Annie Jones era insuportável. A cada lance de escada, a temperatura se aproximava do ponto de ebulição, de forma que os cômodos mais altos eram como o inferno. O calor subia dos apartamentos embaixo, e o sol que batia na cobertura de piche do edifício quase os cozinhava vivos. Estava quente demais para cozinhar, então ela e Kid decidiram sair para comer alguma coisa. Estavam a caminho do Dobbins's, mas antes ele precisava de um charuto. Ele provavelmente esperava que ela pagasse. "Minha mulher vai pagar" era uma frase que passava pelos lábios dele com mais frequência agora que estavam em Nova York. Ele não pediu nenhum dinheiro para ela, mas desapareceu no McBride's para comprar um charuto.

No bar com os amigos e uma bebida gelada na mão, Kid perdeu a noção do tempo, enquanto May o esperava lá fora na esquina, tentando não suar no vestido. Ele fumou um charuto, bebeu um copo de *ginger ale* com seus amigos Kid Black, Sam Palmetto e George Bartell, e ficou ali no balcão. Aquele homem adorava matar o tempo. May não entrou no McBride's, mas, impaciente, gritou da porta, "Kid, vamos pra casa", e esperou. Estava ali esperando por quase uma hora, não apenas por ele, mas por algo que não podia nomear e que fazia seu coração acelerar sempre que soltava frases como *Eu quero* e *Se ao menos*. O que achariam dela ali à espera de um homem na esquina e com todo aquele calor? Que era tola? Baleia encalhada?[1] Uma mulher que só podia contar com o próprio dinheiro e de ninguém mais? As pessoas andando pela 41st Street ou subindo a Eighth Avenue se arrastavam lentamente, como se suas pernas fossem pesadas demais para ser erguidas. Elas se moviam com indiferença, considerando se deviam se render à letargia ou antecipando algo ou alguém que pudesse animá-las. Fazia calor demais para se mexer. Maldito Kid. Ela estava cansada.

Esperar inutilmente por seu homem na esquina, vagar pelas largas avenidas da cidade, cavalgar Kid em um quarto alugado no último andar de uma pensão no Tenderloin, amar e machucar, como o olho roxo evidenciava — tudo isso definia a coreografia de sua vida, tanto quanto esfregar, limpar e servir. O envolvimento sexual de um jovem casal num quarto de cortiço — que era só deles pela semana e custava o dobro do que era cobrado dos brancos — era tão doce quanto a liberdade podia ser. Ela era da Filadélfia e ele, da Virgínia; os dois haviam se conhecido em Nova Jersey e esperavam conquistar o mundo em Nova York. O que encontraram foi um pequeno poleiro no quarteirão negro. Ela se demorava na esquina da 41st Street, sem saber que no dia seguinte ansiaria desesperadamente por isso, pela liberdade de passar um tempo perdida em pensamentos. Ela se lembraria vividamente dessa noite.

Era a segunda semana deles em Nova York, então ela não sabia o que a cidade poderia guardar. Será que o lugar tinha algo a lhe oferecer, algo melhor que a Filadélfia, Newark ou D.C., ou apenas a mesma coisa por um preço mais elevado? Ela havia deixado um homem pelo caminho, um marido propriamente dito, após quatro anos de casamento. Ela se perguntou o que John Enoch estaria fazendo. Estaria morto? Também haveria se casado de novo? Por sorte não tiveram filhos. Se tivesse tido uma criança, poderia nunca ter saído de casa, nem conhecido Kid ou se mudado para Nova York. Se tivesse tido um filho, ela teria ousado ir embora? Era difícil se mudar e sair por aí com um bebê. Uma criança poderia ter selado seu destino.

No mês seguinte, no dia 4 de setembro, seria o primeiro aniversário deles. As coisas com Kid estavam boas o suficiente para irem tentar a sorte em Nova York. Se havia um lugar onde a sorte podia ser encontrada por uma pessoa negra, esse lugar era ali. Nova York era a maior cidade negra do Norte. Era mais viva, mais perigosa que a Filadélfia. Era um ano auspicioso e ela, como qualquer outra pessoa negra, esperava que 1900 representasse um presságio de mudança. Sim, de fato, Nova York era a cidade certa para uma nova vida, para um novo século. Pessoas negras ansiavam desesperadamente por uma quebra do passado, uma ruptura com os dias obscuros, então elas se recriaram como os Novos Negros[2] e falavam sem descanso sobre regeneração e sobre despertar na esperança de que o mundo pudesse seguir seu exemplo e criar arranjos melhores.

A mão apertou com força seu braço esquerdo antes que ela se virasse e visse o rosto dele. O homem já a arrastava pela rua antes que ela pudesse dizer qualquer coisa. Mas que diabos esse branco está fazendo? As pessoas observavam, mas ninguém fez nada, ninguém disse nada. Uma mulher de cor podia ser agarrada na rua e ninguém diria uma maldita palavra nem daria um pio. Não importava aonde você fosse, sempre precisaria dizer para algum homem branco tirar a mão de você. Quando você menos esperava, quando estava perdida em devaneios sobre a boa vida na cidade, essas mãos apareciam de repente, como se estivessem sempre à espera de agarrá-la. No momento em que você baixava a guarda, elas faziam exatamente isso. O que você está fazendo? Ele continuou a arrastá-la. Sendo nova na vizinhança, May não o reconheceu, não sabia que o homem tinha como prática regular ficar ali na esquina e "abusar de homens e mulheres negras ao bel-prazer". Ele era um terror e se orgulhava em ser o pesadelo de qualquer pessoa negra. A gente de cor o odiava,[3] mas ele não se importava. Isso só alimentava seu apetite por violência; o medo e o ódio o inspiravam. Enquanto arrastava May pela quadra, Thorpe não disse palavra. Muitas vezes a ameaça era suficiente para colocá-los de joelhos, outras vezes tinham de ser maltratados para ceder. Não importava o quanto implorassem, não importava o que tivessem sido forçados a fazer, ele os fichava sem falha. (A corrupção e o assédio no Tenderloin eram lendários. Suborno, propina e extorsão faziam dos policiais homens ricos. Essa enorme receita — a parte mais suculenta do lombo* — batizou a região.)

Quando Kid saiu pela porta lateral do McBride's, viu um homem branco com as mãos em May, empurrando-a e arrastando-a. Ele saiu correndo pela quadra atrás deles. "Ei, deixe minha mulher." No tribunal, quando recontou tudo o que havia acontecido, falou num linguajar padrão para provar que não era nenhum crioulo ignorante. No local, ele teria dito: "Qual é o problema? Por que está agredindo ela?".

"Não é da sua conta. Não gostou?", disse Thorpe.

"Não mesmo."

Kid mandou que May desse o fora dali e ela obedeceu. Então o homem branco agarrou a gola dele. Os primeiros golpes acertaram o rosto e a cabeça de Kid, derrubando-o na calçada. Ele estava prostrado na rua, e o homem branco o espancava com um cassetete, provocando-o, desafiando Kid a se levantar. "Levanta daí, seu preto filho da puta." Kid pegou seu canivete no bolso. Golpeou duas ou três vezes, e então o homem branco caiu na sarjeta. O sangue, escorrendo brilhante, cobria a

---

* Como a autora explica em nota, Tenderloin é a alcunha dada a uma área conhecida por ser reduto do crime e do vício. Em inglês, *tenderloin* significa "filé", um corte nobre de carne retirado do lombo do boi ou do porco.

frente da camisa dele. Kid ficou ali, paralisado, olhando feio para o homem branco que gemia e praguejava na rua. E então ele fugiu.

Um homem branco que fumava na viela perto do teatro viu uma mulher negra de pele clara com um olho roxo correr pela rua. Foi ele quem disse à polícia[4] onde poderiam encontrar May. Ela não sabia para onde ir, então foi correndo para casa.

Quando o policial bateu em sua porta, May contou que o homem nunca disse que era da polícia. Estava à paisana. Ele nunca disse que era da polícia. Como ela poderia saber? Deveria tratar todo homem branco como se ele fosse a lei? Nada do que May disse fez diferença. Ela tentou explicar. Kid, seu marido — o nome verdadeiro dele era Arthur Harris — só estava tentando defendê-la. Eles perguntaram quem havia dado as facadas. May disse que não tinha visto a briga, mas sabia que tinha sido Kid. Ele era o único que se preocupava com ela; o único que se importava se um homem branco tentasse arrastá-la pela rua ou prendê-la porque toda mulher negra era uma prostituta aos olhos da lei. Ela não tinha nenhum direito? "Quando você perde o controle do seu corpo,[5] você perde quase tudo o que tem neste mundo."

Ela não sabia onde Arthur Harris estava escondido. Quando o oficial Thorpe foi esfaqueado, por que você ficou olhando e não fez nada? Os policiais a arrastaram de volta para a esquina. Thorpe estava sangrando na rua. Os outros guardas chamaram o nome dele. Thorpe, é essa aqui? Ele ergueu o olhar para May e disse: É ela. May foi detida por prostituição e levada para as Catacumbas.* No dia seguinte, quando os jornais informaram que um negro, Arthur Harris, havia assassinado um policial no Tenderloin, May foi identificada pelo nome, que veio acompanhado por acusações e classificações como "suposta esposa", "namorada", "esposa amancebada", "crioula" e "meretriz".[6] Sua culpa foi estabelecida com os termos "vadiagem" e "prostituição". As descrições a condenavam: libertina, criminosa e promíscua.

---

* Catacumbas, em inglês *the Tombs*, é o nome popular dado ao Complexo Prisional de Manhattan, construído em 1838 e localizado na 125 White Street.

May Enoch *se finge de esposa*, mas não dizem o que ela era, como se não fosse nada. Estava no *New York Tribune* para todo mundo ver. Fingir-se de esposa ou agir como uma não era o mesmo que ser casada. O amor não atrelado à lei e não sancionado pelo selo de um funcionário municipal não era legitimado. O procurador do distrito nunca hesitou em descrevê-la como uma prostituta e a Arthur Harris como um estuprador. Não importava que não houvesse nenhuma evidência sobre ambas as acusações. Os brancos tinham criado as regras que determinavam a forma correta de ser um homem, de ser uma mulher, de viver em intimidade, e May e Kid viviam fora dessas regras. Todo mundo se perguntava as mesmas coisas: por que ela estava sozinha na rua depois da meia-noite? Por que continuou esperando ali na esquina depois de ter falado com o marido? O que exatamente o policial disse a ela e o que ela respondeu? Por que ela não fez nada para impedir seu *consorte*, para deter Arthur Harris, uma vez que Thorpe estava ali prostrado na rua?

Ficou claro que ela também era culpada. Seu crime foi se movimentar pela cidade e ocupar o espaço público; o crime dele foi acreditar que tinha o direito de defendê-la da violência de um homem branco. Outras pessoas negras concordaram. Se essa recusa a se submeter e o enfrentamento da lei foram celebrados ou exaltados na *Balada de Arthur Harris* ou no *Rag de May Enoch*,[7] essas músicas foram esquecidas.

> Vocês viram ele com a minha mulher.
> Eu dei um jeito no filho da puta, não dei?
> O camarada que me cascou.
> Ele tentou prender minha mulher.[8]
> Eu dei um jeito no filho da puta.[9]

"Ele não me disse nada, ele me agarrou — esse policial. Arthur avançou antes que ele tivesse chance. Eu tinha acabado de falar com Arthur quando o oficial pôs as mãos em mim. Arthur disse: 'Por que você está fazendo isso? Ela não fez nada'. O policial me soltou e agarrou ele.

Então um homem chamado George me disse para ir pra casa [...]. Vinte minutos depois, dois policiais vieram me procurar."

Sam Palmetto disse: "Um homem pegou sua mulher".
    Kid disse: "O que você está fazendo com ela?".
    Kid empurrou as mãos de Thorpe; então Thorpe o agarrou.
    "Vou te pegar", Thorpe disse, agarrando Kid pela gola do casaco.

Então Thorpe acertou Kid com o cassetete.
    Daí os golpes acertaram o rosto de Kid.
    Aí houve uma luta.
    Daí Thorpe o acertou pela terceira vez com o cassetete.
    Aí Kid pegou um canivete.
    Então o homem branco caiu na sarjeta.

Vocês viram ele com a minha mulher. Eu dei um jeito no filho da puta, não dei?

Nos degraus da casa onde o corpo de Thorpe foi velado, uma das enlutadas, uma mulher branca tomada pelo pesar, gritou: "Peguem todos esses crioulos bastardos". A multidão de policiais, os amigos e parentes de Thorpe agarraram o primeiro negro que viram pela frente — um rapaz de dezessete anos a caminho de casa, voltando do trabalho. Outros brancos que não davam a mínima para Thorpe e tinham pouca consideração pela polícia se juntaram à turba determinada a bater, mutilar e matar. Mulheres brancas gritavam e praguejavam, incitando a vingança, alimentando a fúria de seus homens. "Esses pretos mandaram na rua por tempo demais." "Linchem os crioulos!"[10] "Matem esses crioulos filhos da puta!" "Tragam um preto aqui, que vamos linchar ele!" O *New York Herald* relatou: "Homens brancos se reuniram em cada esquina, e o assunto geral era que os negros tinham privilégios demais na cidade, que abusaram deles, e que havia chegado a hora de lhes ensinar uma lição [...]. Por todos os lados foi afirmado que [os negros] haviam sido encorajados demais e assumido uma influência indevida na Sixth, Seventh e Eighth Avenues e que os brancos deveriam se afirmar". Homens brancos espancaram negros na rua, os arrancaram dos bondes e invadiram suas casas, determinados a suprimir e anular essa influência indevida, essa presunção negra que insinuava uma noção de que eles eram no mínimo tão bons quanto qualquer homem branco. Talvez Kid quisesse ser "o monstro mais frio da esquina".[11]

Três dias de atos violentos por parte dos brancos tomaram a cidade. Depois que o tumulto diminuiu, o reverendo William Brooks condenou a polícia que incitara a turba branca, que orquestrara e direcionara a violência, encorajando a brutalidade como um dever cívico. Brooks garantiu que os negros não sofreriam tais injustiças passivamente e em silêncio. Em seus comentários para a imprensa, ele não citou o nome de May Enoch, mas mencionou pessoas decentes e íntegras. Eram cidadãos e não tolerariam esse flagrante desrespeito à lei; não sucumbiriam à turba branca e à força da lei do linchamento. As pessoas negras contariam sua história e o mundo inteiro saberia; e ainda que a polícia não se desse ao trabalho de coletar seus testemunhos, eles os registrariam. Quando o reverendo Brooks e a Liga Protetora dos Cidadãos organizaram o panfleto *Story of the Riot* [História do levante], a história de May Enoch não estava em nenhum lugar. Ela foi mencionada de passagem como a esposa de Arthur Harris e não recebeu nenhuma atenção para além disso. Kid era o único que se importava com ela. A Liga temia tipos libertinos como May e Kid. Mulheres barulhentas demais que perambulavam pelas esquinas e homens arrogantes demais confundiriam a questão, desarmariam a raiva justa direcionada àquilo que vinha sendo feito com pessoas negras decentes, inocentes, obedientes à lei e respeitáveis. May e Kid estavam do outro lado dessa linha.

Era como se o que acontecera com May pertencesse a uma classe diferente daquelas coisas terríveis que a polícia fizera com os outros negros, como se gente decente tivesse sofrido por culpa *deles*, por culpa dela. Foi Arthur Harris que incitou a turba? Foi ela a responsável, no fim das contas, já que Arthur tentou protegê-la? O sangue derramado de cada negro espancado e violentado pela polícia e pela turba branca deveria ser atribuído a ela? May era tão ruim quanto Kid, e todo mundo concordou que o que ele fizera foi horrível. Ele havia tentado defender sua esposa; se recusara a apanhar como um cachorro. Na esquina, May esperava Kid apreciar uma bebida e terminar um cigarro. Isso era crime? A faca também estava na mão dela? Arthur fez o que fez para protegê-la. Teria May ficado feliz que ele tenha dado um jeito naquele filho da puta? Teria ficado feliz por ele ter se recusado a ficar ali parado enquanto um homem branco a agarrava? Sentiu-se orgulhosa por ele ter resistido e resolvido "vender a vida ao preço mais alto possível", como Robert Charles, que enfrentara a polícia e a turba branca algumas semanas antes? Se a coragem fez dele um fora da lei,[12] então que seja.

A cidade estava tomada pela violência enquanto May Enoch aguardava em uma pequena cela nas Catacumbas. Cada golpe que a polícia destinava a mães negras acompanhadas pelos filhos, cada mulher e jovem de cor xingada de puta preta e de meretriz, cada filha e irmã e avó maltratada e obrigada a desfilar pelas ruas em suas camisolas e roupas de baixo, cada indignidade lançada contra elas — era uma forma de fazê-las pagar por aquilo que Kid tinha feito e pelo perigoso pensamento incitado por um homem negro que levantou a mão e ousou revidar. Todos eles, os recém-chegados e os nativos, os negros desordeiros e aqueles estabelecidos, pagariam pelo feito de Arthur Harris.

Por quatro dias, todas as pessoas de cor da cidade foram obrigadas a responder por May Enoch e Kid. Ele ainda era um fugitivo. Até sua captura, todos os negros sofreriam a violência destinada a ele. Quando Annie Hamer saltou do bonde na Seventh Avenue, a turba a cercou. Na hora, ela foi atingida na boca com um tijolo. Enquanto os policiais a cercavam, foi separada do marido, e não soube o que tinha sido feito dele até as três horas da manhã seguinte, quando ele chegou em casa coberto de sangue.[13] Na mesma noite, dois policiais à paisana invadiram a casa de Elizabeth Mitchell às onze e meia. Quando Kate Jackson

ouviu as batidas na porta, ela temeu que a turba branca fosse fazer mal a ela e às crianças, talvez assassiná-las. "Pegou a criança mais nova (de três anos) no colo e, cheia de frenesi e medo, pulou da janela,[14] indo cair num galpão [...] a criança ainda nos braços." Kate ficou ferida, incapaz de andar, mas pelo menos ela e a criança sobreviveram. Rosa Lewis estava sentada nos degraus da frente de seu prédio com o marido e alguns vizinhos quando um policial se aproximou e ordenou que entrassem, ameaçando bater em qualquer um que não se mexesse. Ela obedeceu, por preferir não arriscar um maxilar quebrado ou uma cabeça machucada. "Eu já tinha chegado no pé da escada que levava ao meu apartamento quando o policial, que tinha vindo correndo pelo saguão, bateu nas minhas costas com o cassetete dele."

Irene Wells estava sentada nos degraus da frente com os três filhos, como também estavam os seus vizinhos brancos. Nas noites quentes, as pessoas relaxavam nos degraus, esperando uma brisa passar. Às onze e meia, a polícia começou a rondar a quadra. Um policial foi em direção a ela e disse: "Entra lá, sua preta filha da puta" e a atingiu no quadril direito. Ao entrar correndo no prédio com as crianças, o policial a seguiu, "batendo nela até ela alcançar o último degrau". Ele ameaçou espancá-la de novo se saísse de casa. Às 2h55 da manhã, os policiais voltaram a rondar a quadra, batendo nas pessoas negras.[15] Não fazia a menor diferença se você era homem ou mulher.[16]

Aqueles que eram inocentes o suficiente para solicitar a proteção da polícia eram agredidos e espancados pelos oficiais, e então presos. Uma vez na delegacia, eram espancados novamente e trancados em celas.[17] A turba e a polícia estavam unidas no esforço de "tratar os negros como fazem lá no Sul".[18] Era impossível distinguir a turba da lei. As ameaças e xingamentos eram compartilhados: "Vamos esquentar as coisas pra vocês, seus crioulos!",[19] "Matem todos os malditos crioulos!",[20] "Botem fogo no prédio!".[21] Quando a polícia entrou à força no prédio de Lucy Jones, no número 341 da 36th Street West, eles gritavam: "Seu maldito preto filho da puta, você sabe muito bem o motivo desse maldito tiroteio. Se não me disser nada, vou explodir seus miolos". Ela viu a polícia espancar e arrastar seu vizinho, William Seymour, que morava no apartamento ao lado. Quando o levaram para fora, ele estava apenas de camiseta. A humilhação adicional de sua nudez provocou um estado coletivo de vergonha. Um dos seus vizinhos brancos viu Lucy espiar da janela. Ele gritou: "Olhem a meretriz preta, aquela desgraçada olhando pela janela. Atirem nela! Atirem nela!". A cena da turba arrancando Lavinie Johnson do bonde na Eighth Avenue foi ilustrada no *New York World*, mas o rosto dela apareceu como uma máscara preta, indistinto e desprovido de feições; as dobras e os vincos das calças do homem que chuta as costas dela foram reproduzidas com mais precisão que a expressão dela. O excesso de pigmento preto a manchou, transformando-a em uma sombra.

Quando arrancaram Nettie Threewitts de sua casa, ela protestou: "Vocês não vão me levar sem roupas, ou vão?". "Você não precisa de roupa", o policial respondeu, empurrando-a pelas escadas até os degraus da frente, onde ela se viu em plena exibição pública. Quando a viatura chegou, os policiais a xingaram por esporte. Eles a chamaram de puta preta, rindo e desfrutando de sua humilhação. "Um deles deu

The mob dragging Lavinia Johnson, a colored woman, from an Eighth Avenue car at Forty-third street. The rioters pelted her with stones and clubs until passengers on the car and the police rescued her.

um soco na minha cabeça, outro cuspiu de propósito na minha cara e outro pegou o capacete dele e acertou o meu olho." Alguém sugeriu: "Queimem todas essas meretrizes crioulas". Outro gritou: "Cala a boca, você é uma puta como todo o resto".[22] As mulheres do Tenderloin eram vistas perante a lei como May fora, futuras criminosas, prostitutas, como se não fossem gente.

Pessoas gritavam: "Oh, Deus! Oh, Deus! Não me bata! Não me bata!".[23] *Deus, me ajude!*[24] *Faça ele dar um jeito. Que ele consiga fazer saírem.* Mulheres rezavam por seus pais, maridos e amigos[25] apenas para serem espancadas e xingadas ao lado deles. A polícia causou mais dano que a turba. *Vejam, um crioulo! Linchem o crioulo! Matem o crioulo!* Tais eram as manifestações dos vizinhos e cidadãos. Menos de três semanas após a brutalidade em Nova Orleans e um ano depois de Sam Hose ter sido linchado na Georgia, queimado e mutilado diante de uma multidão de mais de 2 mil pessoas, homens brancos se reuniram nas ruas de Nova York, determinados a ensinar aos negros sobre os limites da liberdade para acabar com a arrogância e a presunção que evidenciavam uma crença equivocada na igualdade. As leis da turba no Tenderloin eram igualmente cruéis e indiscriminadas. O Norte e o Sul eram apenas direções num mapa, e não espaços que garantiam liberdade ou segurança frente à polícia e à turba branca.

O reverendo Brooks defendeu Arthur Harris, mas ele não o chamaria de herói como Ida Wells fizera ao defender Robert Charles depois de ele ter matado sete homens brancos, incluindo quatro policiais, em Nova Orleans, em legítima defesa. Ele também não reivindicou seu direito de legítima defesa. O reverendo Brooks e os autodeclarados líderes da raça esperavam que a bandeira da inocência pudesse protegê-los da brutalidade orquestrada e aleatória. A Liga Protetora dos Cidadãos repetia sem nenhuma utilidade: "Somos cidadãos, ainda que negros, e deve haver alguma reparação nos tribunais por tudo o que sofremos. A cidade deve se responsabilizar pela brutalidade que vem sendo praticada contra pessoas inocentes [...]. Se não conseguirmos [reparação] agora, quando conseguiremos? Quando conseguiremos?".[26] Essa pergunta se repetiria infinitamente ao longo do século.

O terror desencadeado no coração do distrito mais negro e populoso da cidade trouxe à memória as Draft Riots de 1863,* tão escancarado era o ódio, tão vorazes a violência e a fúria. Entre 1890 e 1900, a população negra de Nova York dobrou, e as pessoas brancas que viviam nas proximidades dessa população se ressentiam gravemente de sua presença. Os mais de 40 mil negros[27] eram menos que dois por cento da população, mas a ameaça que sua presença representava foi mil vezes amplificada. Os efeitos do levante no Tenderloin foram de longo alcance e aceleraram a segregação racial que cada vez mais definia a cidade. A violência foi uma grande catalisadora na construção

* Durante a Guerra Civil, um profundo descontentamento da classe trabalhadora branca com relação às injustiças no sistema de recrutamento levou a revoltas. Essa classe temia que homens negros livres competissem no mercado de trabalho e os brancos mais ricos pudessem pagar por sua liberação do Exército.

do Harlem. Depois de serem atacados por seus vizinhos brancos, os nova-iorquinos negros buscaram proteção juntando-se aos seus. Os ataques e conflitos raciais diários no centro, somados à disponibilidade de moradia no Harlem, estimularam essa migração dentro da cidade. Em 1915, pelo menos oitenta por cento dos nova-iorquinos negros morava no Harlem. Os números aumentavam constantemente apesar dos esforços do "Comitê de Salvação do Harlem", organizado pela Anglo Saxon Realty com o fim de estancar o fluxo de pessoas negras.[28] O que o levante deixou claro foi que a linha de cor estava se fortalecendo, e que a segregação e o racismo antinegro não eram apenas aumentados pelas políticas estaduais e federais, mas também alimentados pela antipatia e pelo investimento psíquico até dos brancos mais pobres na subordinação e servidão negra. Os ancestrais deles nunca tiveram escravos, mas ainda assim consideravam as pessoas negras como "escravas da sociedade". Que interesses tinham alguns sobreviventes da fome e da miséria na recriação da plantation na cidade, na violência gratuita direcionada a qualquer rosto negro, na defesa da linha de cor como se sua vida dependesse disso, como se a sua noção de sujeito estivesse ancorada nessa capacidade de ferir outras pessoas? Que interesses tinham os sobreviventes de progroms ao excluírem os negros do chão de fábrica e se recusarem a contratá-los?[29] Como os quatro dias de agosto evidenciaram, pretendia-se que as cercanias do cinturão negro fossem tão bem definidas nas cidades nortistas como haviam sido no Sul; pobreza, violência estatal, terror extralegal e o racismo antinegro eram essenciais na manutenção de uma nova ordem racial.

Como se antecipassem aquilo que o futuro guardava, como se o Verão Vermelho de 1919 e as revoltas no Harlem em 1915, 1935 e 1943, e em Watts no ano de 1965 ou em Detroit em 1967, já estivessem na sua mira, Paul Laurence Dunbar aconselhou os negros do Tenderloin[30] a não fazerem nada que causasse problemas e incitasse a ira dos brancos.[31] Em um tour pelas casas de pessoas negras no distrito, ele as aconselhou a "ficar em casa e se abster de fazer qualquer coisa que possa provocar novamente a erupção do elemento da revolta", como se a ira branca fosse uma tempestade que caía no Tenderloin, ou uma frente de tempo ruim que podiam pacientemente esperar passar. Exausto após o encontro com todas aquelas vidas machucadas e agredidas em que estivera balbuciando o que era esperado que ele dissesse, embora lhe custasse acreditar, Dunbar foi matar a sede em um bar na 32nd Street com a Sixth Avenue. O bardo negro desmaiou, uma condição com a qual estava familiarizado, exceto pelo fato de ter afirmado que o apagão não fora consequência de uma bebedeira, mas de ter sido drogado no bar. Quando acordou no dia seguinte, seu relógio havia sumido, bem como um anel de diamantes de 150 dólares, mais quarenta dólares em dinheiro. Seu histórico pessoal de libertinagem e esbanjamento falhou em moderar as lições severas que ele oferecia para os escalões mais baixos da raça, cujas vidas havia transformado na lírica que garantira sua fama. Sua canção para o levante chegou tarde, sendo escrita quando até mesmo um tolo era capaz de interpretar os sinais, ouvindo *o choro profundo e ardoroso*.[32]

1909. 61ˢᵗ Street West, 601. Uma nova colônia para pessoas de cor, ou Malindy* na Pequena África

Meio homem — soava menos grosseiro que terceiro sexo ou queer ou invertida e tinha a vantagem de endossar a aspiração de ser um homem de verdade e por inteiro. Igualmente crítica era a questão relacionada, que obscurecia essa ambição ainda não realizada: quando a mulher de cor alcançaria seu status completo de mulher? Em seu papel oficial como amiga da raça, Mary White Ovington buscava melhorar a sorte do negro, e não ser mais uma estatística fria que registra os crimes e calcula as taxas de natalidade ilegítima. Embora não se pudesse negar que aquilo que significava ser um homem ou uma mulher no mundo dos negros divergia amplamente do que era esperado no mundo em geral, ainda era possível para o negro entrar na linha. Apesar das coisas que ela presenciava diariamente — homens que dependiam das esposas e amantes, além de uma ampla evidência de vidas depravadas e de infidelidade — ela era otimista com relação ao futuro da raça.[1] Era difícil escapar de assuntos tão indelicados conforme a noite avançava; e embora ela tentasse não se intrometer, tais questões eram da sua conta. A vida íntima era exibida nas ruas e nos corredores. A saída de ar tornava públicas as coisas que aconteciam atrás de portas fechadas.

---

* Referência ao poema-título "When Malindy Sings" [Quando Malindy canta], de Paul Laurence Dunbar, que nomeia uma coletânea do autor publicada em 1903. Entretanto, aqui a personagem descreve perfis gerais de jovens negros.

Por quase um ano, ela tinha observado em primeira mão aquele mundo anômalo, mas belo, ao habitar os densos recintos da vida negra. Homens desocupados e mulheres provedoras borravam as linhas entre homem e mulher, marido e dona de casa, cônjuge e amante. "Homens afetados e desempregados pregavam sua doutrina de vida fácil e feliz ao lado de uma jovem trabalhadora." Homens de cor impunham sua marca e havia várias garotas para garantir suas "botas engraxadas, casacos elegantes e calças bem vincadas".[2]

Por nove meses ela morou em um apartamento no terceiro andar de um cortiço modelo em San Juan Hill, a única mulher branca entre seus vizinhos negros. No gueto negro, ninguém nunca a incomodou nem molestou, um fato que ela sempre repetia para os amigos e colegas brancos, "uma vez que o negro havia adquirido uma reputação de brutalidade". Nunca se vira "tão livre de insultos[3] ou danos quanto naquela área de Nova York". Nenhum homem estranho jamais falou ou se aproximou da mulher visivelmente loira e de olhos azuis; ela ia e vinha sem medo a qualquer hora do dia. A noção de que ela ficaria bem onde quer que chegasse nasceu da riqueza e do conforto, da educação e da oportunidade, uma noção fundamental de pertencimento ao mundo, onde fosse. O conforto que sentia entre as pessoas negras era sustentado por suas convicções políticas. Ela achava fácil se relacionar com suas vizinhas negras e pobres, mais fácil que com aquelas outras propriamente descritas como seus pares, que julgava difíceis e encrenqueiras. Uma mulher branca que vivia entre negros, mesmo uma mulher nos seus quarenta — bem, a imaginação corria solta. Os segredos e as indiscrições dela não os envolviam, apesar das coisas horríveis escritas a seu respeito no jornal, onde era pintada como uma suma sacerdotisa da igualdade social, que encorajava o casamento inter-racial, comia e socializava com negros e organizava uma "festa do amor pela igualdade" e um "banquete da miscigenação". Era bem ruim que uma mulher culta e de posses se submetesse a uma "fraternidade de pervertidos",[4] mas atrair jovens brancas para a companhia de homens negros era algo indizível. Era uma traidora da raça,[5] é claro.

Só de bater o olho, seus vizinhos podiam dizer que ela não era uma daquelas irlandesas ordinárias da Tenth e da Eleventh Avenues, não era uma judia nem uma italiana que se passava por negra para poder viver em paz com o marido e os filhos ou o amante, sem atrair o desprezo e a violência, e ela também não era uma daquelas negras brancas que se deixavam discernir apenas enquanto parte de um grupo.

A bondade exagerada em seu olhar e a *noblesse oblige* que coloria os mais simples atos de cuidado e decência resolveram a questão. Quando ela entrava nas pequenas casas deles, parecia grande demais e avaliava muito abertamente a vida deles. Ela não revelava que estava fazendo uma pesquisa social, nem que vivia entre eles para coletar um "material sobre o negro",[6] embora isso fosse óbvio. Não menos aparentes eram os prazeres que ela sentia na companhia dos negros.

Mary White Ovington se deleitava ao se perder no mar da negritude. A aglomeração e a tensão dos quarteirões densamente abarrotados de San Juan Hill, a intimidade tão intensa que despertaria repulsa em grande parte das pessoas brancas, lhe davam alegria e vitalidade, que ela perversamente comparou a "uma massa humana[7] próxima àquela do navio negreiro". Os apartamentos eram "colmeias humanas,[8] alveolados com cômodos minúsculos repletos de seres humanos".

San Juan Hill era uma "vizinhança pobre, que se estende da West 60th Street até a 64th Street, entre a Tenth e a Eleventh Avenues. Os brancos habitam as avenidas, as pessoas de cor, as ruas, e as brigas entre os dois grupos batizaram a região;[9] homens negros são obrigados a lutar tão ferozmente aqui quanto lutaram em San Juan Hill durante a Guerra Hispano-Americana." Quinze mil habitantes se espremiam numa área composta de cinco quadras. A 61st, a 62nd e a 63rd Streets são quarteirões completamente negros.[10] San Juan Hill era um pedaço da "África, tão negroide em seu aspecto quanto qualquer distrito sulista que você venha a visitar."[11] Toda vez que saía da Eleventh Avenue e entrava na 61st Street, ela se sentia feliz por entrar no mundo dos negros novamente.

A afluência de migrantes negros estava mudando San Juan Hill e o Upper West Side bem ao norte, até a 99th Street, na fronteira com o Central Park. Como o *The New York Times* observou: "Um fluxo constante de caminhões de mudança carregados com os bens domésticos de uma nova colônia de pessoas de cor, invasoras da localidade escolhida, se derrama na rua. Algumas são grotescamente picarescas [...]. Os prédios ficam *abarrotados*[12] tão logo suas portas se abrem. Outra procissão igualmente longa se move no sentido oposto e leva embora os bens das pessoas brancas que ali viveram por anos". O cinturão negro havia estendido o seu alcance. Um passeio por Manhattan tornava claro que a segregação tinha se estabelecido na cidade. Os negros eram isolados em ruas e vizinhanças exclusivamente negras,[13] e os bons e maus elementos se misturavam. Como uma assistente social escreveu: "Foi uma surpresa descobrir que endereços de garotas delinquentes levavam aos mesmos prédios onde pessoas respeitáveis, conhecidas minhas, moravam, e em apartamentos muito próximos".

A segregação nivelou as distinções[14] de posição ao obrigar todas as pessoas negras a se amontoar num mesmo lugar.

Todo o vício e desejos inapropriados dos brancos eram canalizados no quarteirão negro da cidade. Era uma zona intermediária onde mundos díspares se encontravam e tudo poderia acontecer, onde garotas viciadas em ópio[15] se prostituíam em corredores escuros, poetas suicidas saltavam para a morte e mulheres que amavam mulheres e travestis buscavam refúgio. Os sinais reveladores dos negrófilos que buscavam aventuras na Pequena África eram aparentes nos olhares arregalados e famintos, na sensualidade radiante, na sensação palpável de que os desejos mais básicos poderiam ser tolerados ali. Em 1910, John Rockefeller Jr. encomendou uma pesquisa de porta em porta sobre prostitutas frequentadoras dos piores antros da cidade. Mulheres irlandesas, francesas, alemãs e italianas que ofereciam serviços de mão e boca viviam muito próximo a jovens de cor trabalhadoras. Se tivessem dito bom-dia, se estivessem dispostas a cruzar a linha de cor, se imaginassem os negros como vizinhos, elas poderiam ter entoado uma espécie de *Internacional* das putas.[16] E era exatamente isso o que Rockefeller e outros reformistas progressistas temiam — a promiscuidade social entre os baixos escalões, amor e amizade para além da linha de cor. A lei e a ordem dependiam da linha de cor para segregar o vício e isolá-lo dentro do gueto negro. A classe trabalhadora branca entrou na linha e apoiou o projeto.

Para Ovington, mais impressionante que o crime e a degradação era a beleza das pessoas negras. Fosse em San Juan Hill ou no bairro Jamaica, ela achava os rostos escuros e bronzeados, os lábios roxos e cor de ameixa, os olhos brilhantes, as figuras belas e suas posturas régias adoráveis. Seu cunhado, que compartilhava dessa admiração pela beleza da raça escura, a provocava: "Ela aborda a igualdade do negro da maneira errada. Basta aprovar uma lei segundo a qual todos devem ficar nus. Então você conseguiria não a igualdade, mas a superioridade negra".[17] Aos olhos dela, o quarteirão negro era a Pequena África. Um lugar caracterizado pelo torpor e pelo prazer da colônia libertina,[18] pela licença que tornava os corpos escuros disponíveis para a venda e para o uso. No interior dessa geografia distintiva,[19] as normas de gênero e as morais sexuais eram "invertidas, ridicularizadas e completamente ignoradas"; o abismo entre a vida dela e a dos seus vizinhos negros era nitidamente aparente.

A linha de cor na cidade era profunda e ampla como o oceano. Ela a atravessava, preferindo o mundo dos negros e voltando a respirar tranquila quando tragada pelo mar de rostos negros, quando se demorava no "corredor frio de um cortiço" na companhia de "mulheres de cor robustas e amáveis", relutantes em entrar em seus apartamentos e "girando lentamente as travas da porta". Os "sons incessantes da humanidade[20] enchiam o ar". Os quartos se abriam em saídas de ar, que eram condutoras de sons, passagens para a vida coletiva do edifício. Todos esses barulhos, se não um tipo de música, eram ao menos uma inspiração musical. Ethel Waters fez músicas a partir deles, de todos os sons da vida, do amor e das brigas, das risadas e do sofrimento, e descreveu as privações e a vitalidade de se viver no aperto a partir de dentro: "Eu ouvia um casal discutindo em outro apartamento, por exemplo. Suas vozes subiam pela saída de ar,[21] eu ouvia e inventava histórias sobre suas discussões e sobre sua vida amorosa.

Podia ouvir uma discussão dessas à tarde e naquela noite mesmo cantar uma canção inteira sobre ela. Cantava suas desgraças ao som do meu blues". Ellington também estimava a saída de ar e os sons da vida que ela transmitia: "Você escuta brigas, sente o cheiro de um jantar, ouve pessoas fazendo amor. Você ouve fofocas íntimas flutuarem [...]. A saída de ar é um grande alto-falante. Você vê as roupas sujas dos vizinhos. Escuta os cachorros do zelador [...]. A saída de ar contém todos os contrastes [...]. Você ouve pessoas rezarem, brigarem, roncarem". Você pode ouvir uma mulher num cortiço de fundos "chamando pelo marido dela lá no cortiço da frente e ameaçando de morte a maldita criatura[22] que o atraiu pra lá".

A beleza do cinturão negro, fosse em Lowndes County, Alabama, no bairro Jamaica ou nos cortiços de Nova York, era indiscutível, e à noite, apesar do assalto das luzes elétricas que embaçavam as estrelas, havia "as risadas de homens e mulheres voltando do teatro, ou de algum baile que dura [durava] até o amanhecer. A luz e os barulhos intermitentes, o calor do longo dia subindo do asfalto, assim [era] a noite em San Juan Hill. As músicas da plantation soam [soavam] à noite, melodiosas, trêmulas: *All the people talking about heaven ain't going there*.* Apenas os mais velhos cantavam essas músicas nobres, preenchidos como eram pelo pensamento de uma bem-aventurança futura. O hoje *não carrega nenhuma aquiescência ao status da escravidão*,[23] mas uma batalha duradoura e árdua por mais céu na terra".

A BELEZA DO MARIDO

"É estranho, mas às vezes eu penso que quanto mais leviano o homem, mais protegido e cuidado ele é,[24] e esse mesmo amor é dado a mulheres egoístas", uma vizinha confidenciou. *O querido Du Bois*, um amigo próximo de Mary, explicou os arranjos íntimos e as estranhas relações

---

* Em inglês no original, *Quem tanto fala no céu não acaba lá*. Letra consagrada em um *spiritual*, ou hino religioso, que leva o título: "Everybody Talking 'Bout Heaven Ain't Going There".

— o tipo de homem que vivia à custa de uma mulher e a mulher disposta a sustentar esse homem — como reminiscências da plantation e como um tipo de prostituição. Embora ela visse isso mais como uma expressão de amor pobre e um ato de autodispêndio que lhe era insondável, Mary conseguia discernir as nuances entre entregar tudo e se prostituir. Essa generosidade excessiva era um traço racial. Mesmo quando eram usadas e abandonadas, as mulheres negras perdoavam facilmente quem as havia enganado ou desapontado; mesmo as mais rudes eram generosas. Essa capacidade de compartilhar tudo o que tinham sem esperar nada em troca transformava casas particulares em refúgios que acolhiam a todos, independentemente de julgamentos sobre quem era digno e quem não prestava. "Abrigar quem merece e quem não merece", uma mulher lamentou, "se escravizar por um negro qualquer, que nem na plantação de algodão, tem muito disso entre as mulheres atrás dessas portas aqui". Nos corredores dos cortiços, mulheres negras confessavam suas mágoas, expressavam sua derrota e se orgulhavam daquilo que podiam dar umas às outras, como se o ato de dar algo satisfizesse as necessidades e transformasse em abundância tudo aquilo que lhes faltava.

Era óbvio que o gênero como categoria não era elástico o suficiente para abarcar todas as diferenças radicais nas experiências vividas por homens e mulheres negras. Na escravidão, o trabalho roubado, a carne violada e a maternidade negada (mulheres negras eram legalmente proibidas de exercer a maternidade e não tinham nenhum direito de escolha reprodutiva) definiam essa diferença. No século 20, o trabalho remunerado, a servidão, a tutela imprópria, a maternidade falha, as relações casuais, os casamentos em série e a viuvez marcavam a diferença. A *meia mulher* anunciava o fracasso da mulher negra em realizar as aspirações de feminilidade ou alcançar o marco da humanidade. Grandes perigos aguardavam aquelas que viviam dentro do hiato lexical existente entre a negra e a mulher.[25] Essa crise de categoria definiu a sobrevida da escravidão. "O negro vem para o Norte e se vê como um meio homem. E a mulher? Também, vem até aqui para ser nada além de uma meia mulher? Qual é o seu status na cidade para a qual ela se volta em busca de oportunidades e de mais liberdade?"[26]

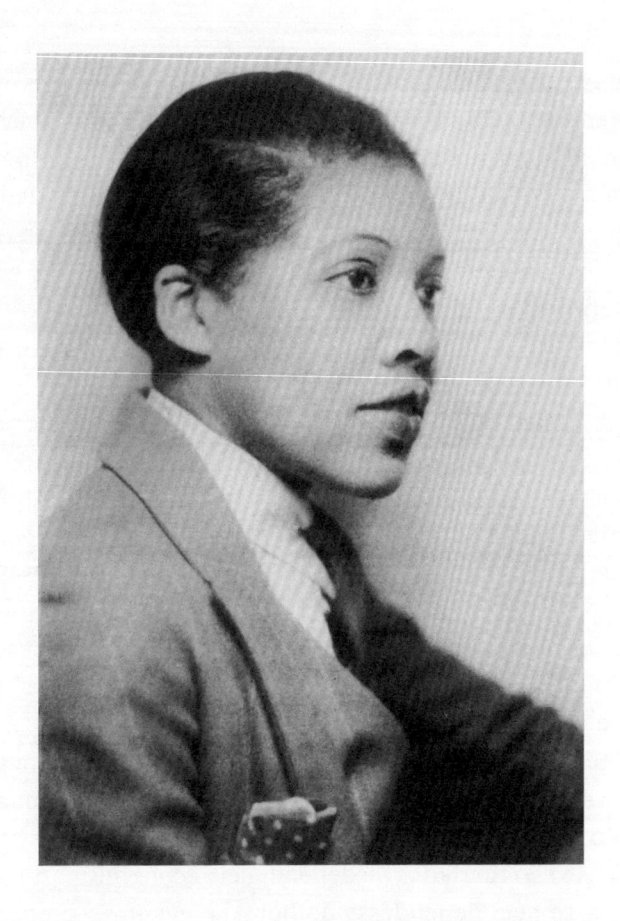

A mulher negra era uma provedora — esse era o problema mais gritante. Em suma, ela ameaçava assumir e ofuscar o papel do marido. Desde 1643, o trabalho das mulheres negras[27] vinha sendo classificado da mesma maneira que o dos homens negros. A Assembleia Geral da Virgínia estabeleceu um imposto sobre o trabalho de mulheres africanas. Dízimos ou contribuições geralmente eram estabelecidos sobre o trabalho agrícola dos homens e chefes de família. Nenhum imposto era cobrado pelo trabalho de esposas e filhas brancas que viviam na casa dos pais e maridos. Ao contrário do trabalho das mulheres brancas, a força de trabalho das mulheres negras era tratada como se elas fossem homens, o que inaugurava uma crise de séculos com relação ao status do trabalho da mulher negra e seus desvios das normas de gênero. O imposto introduziu essa disparidade de gênero, que se tornaria absoluta duas décadas depois, quando a capacidade reprodutiva e a maternidade também passaram a ser visadas e consideradas propriedade dos senhores de escravos; o útero foi transformado numa fábrica e as crianças, em produtos mercantilizados. O fracasso em cumprir ou alcançar as normas de gênero definiria a vida negra; e essa "não generificação"[28] marcou inevitavelmente as mulheres negras (e os homens negros) como algo menos que humano.

Essa conformação — mulheres negras como provedoras, chefes de família e trabalhadoras remuneradas — transgredia aquilo considerado normal e adequado: "Para ela, o trabalho como autossustento geralmente começa aos quinze, e de forma alguma cessa com o casamento, que apenas envolve novos encargos financeiros. Os ganhos do marido [...] são quase sempre insuficientes para sustentar uma família, a não ser na penúria extrema, e a esposa aceita a necessidade de complementar a renda dele. E assim ela passa a lavar ou vai trabalhar na casa de uma família, onde faz o trabalho doméstico [...]. Ela tem apenas algumas horas para dedicar aos filhos. Está disposta a apoiar o marido e a ser uma amiga para ele, mas se ele se revelar um mau negócio, ela não terá nenhum receio de deixá-lo, uma vez que suas relações conjugais não são fundadas na dependência econômica". A mulher que não precisasse nem dependesse do homem levantava preocupações e instigava dúvidas sobre seu status — era mesmo uma mulher? Essa pergunta inoportuna e insistente colocava as negras num limiar entre o perigoso e o desconhecido.[29]

Apesar das cordialidades trocadas no corredor, das visitas aos doentes e aos necessitados, dos livros e biscoitos oferecidos para as crianças, Mary Ovington considerava seus vizinhos pessoas sexualmente imorais. De um lado, isso era uma questão histórica e um hábito. De outro, um problema numérico. Havia muitas mulheres de cor na cidade. O que significava ser uma mulher excedente? Seriam elas desnecessárias, dispensáveis ou sem valor? Ao se sopesar o perigo que representavam e o valor de suas vidas, tratava-se de quem elas amavam multiplicado por quantas vezes haviam amado dividido pelas perdas por morte e separação? Produzia a mulher excedente um déficit social, ou drenava os recursos públicos? Seria a relação entre excedente, débito e perigo algo específico do quarteirão negro? Que medida era usada para calcular o custo do amor e da sobrevivência, e por que as mulheres negras sempre se encontravam em falta? "Nos momentos de lazer, as mulheres excedentes são conhecidas por causarem estragos com os filhos das vizinhas, e mesmo com os maridos delas, pois, uma vez que a falta de homens impossibilita o casamento para cerca de um quinto das jovens de cor em Nova York, disso resulta uma desordem social. Mulheres negras, capazes de garantir trabalho, sustentam homens negros ociosos e saudáveis. A vadiagem na esquina, o dândi tocando seu banjo na sala de estar, significa que há uma *Malindy da vez*[30] na cozinha, em cima de uma tábua de lavar."

Mary Ovington não era estranha à prática de causar estragos com o marido de outra mulher, de amar o homem de outra. Enquanto seus casos se limitavam a cercanias mais luxuosas que um cortiço modelo, numa vizinhança mais abastada da cidade, ela também era sujeita às *tentações degradantes*, culpada pelas relações extraconjugais desaprovadas pela decência geral, mas nesse caso a intimidade fora da lei não poderia ser atribuída a uma educação em um ambiente pobre ou ao histórico da escravidão. Quase ninguém sabia de seu caso com John Milholland, o industrial abastado. Talvez o querido Du Bois, seu amigo e colega, possa ter suspeitado. Ele tinha experiência nessa área, com um histórico de vários casos extraconjugais,[31] embora todos muito discretos e sem causar escândalo. Toda a sua formalidade e indiferença forneciam a máscara perfeita para o adúltero. Enquanto as relações sociais dela com os negros eram a causa do alvoroço público que alimentava rumores ultrajantes, e os almoços e jantares na companhia de Du Bois no Marshall Hotel eram rastreados por investigadores particulares, seus segredos permaneciam seguros em outro lugar. Os únicos rastros do caso podiam ser encontrados no diário de seu amante, entre as orações de um homem casado que rogavam pela "subjugação da carne" e pela "purificação de sua imaginação imunda".[32]

Quando descrevia suas vizinhas negras como mulheres imorais, se ela sentia uma pontada de hipocrisia ou a dor de um tal julgamento que redundava em sua própria vida, ela nunca deixou escapar. Era fácil fingir ser aquilo que o mundo reconhecia nela: uma mulher respeitável de posses. As próprias paixões e indiscrições não mitigaram nunca seus julgamentos direcionados à jovem negra de Nova York. Sem hesitar, ela procurou por uma longa história de degradação e por uma "fraqueza" maternal "nos contornos e na cor[33] do rosto dela", expressando sérias dúvidas com relação ao seu futuro. Teria um "ambiente vicioso [...] fortalecido suas paixões[34] e a degradado desde a mais tenra infância?". O fato de enfrentarem um preconceito racial mais severo que os homens tornava as mulheres negras menos propensas ao sucesso ou a se libertar do passado? "Proibida a entrada de crioulos" bloqueava a entrada delas em escritórios ou lojas. A jovem de cor em Nova York "pega o trabalho que a jovem branca não quer". O que a jovem branca "deseja a si mesma, ela nega para a sua vizinha de cor".[35] Para as mulheres negras, não havia rotas na cidade onde pudessem evitar insultos e propostas obscenas. Após ter sido insultada em um parque público, uma jovem declarou: "Eu queria que o mar se erguesse[36] e afogasse cada uma das pessoas brancas na face da terra".

O que poderia levar a "uma diminuição da imoralidade sexual"? Seria um gesto tão simples quanto "tirar o chapéu para cumprimentar as mulheres de cor"? Ou oferecer ajuda com uma carga muito pesada?[37] Muitas vezes "o homem branco mais patente contra os 'crioulos'" era "o mais propenso a entrar em um relacionamento ilícito com a mulher que ele diz desprezar". Teriam a história e os costumes sociais ditado um curso irrevogável? A mulher de cor algum dia alcançaria *sua condição total de mulher*? "A escravidão a privou de uma vida em família, colocou-a para trabalhar diariamente no campo, ou apropriou os instintos de sua mãe para a criança branca. Hoje, ela tem a difícil tarefa de manter a integridade e a pureza do lar. Muitas vezes ela teve sucesso, com frequência ela falhou, e por vezes nem tentou."[38]

*

Ela subiu os quatro lances de escada até o último andar do cortiço escuro para visitar a mãe de Annabel, uma mulher delicada e arruinada pelo esforço físico empreendido na lavanderia e nos trabalhos domésticos. Inevitavelmente, parecia que fosse quem precisasse visitar, essa pessoa morava no andar mais alto do cortiço. A mãe da garota estava com tuberculose e vendera todos os móveis da família para pagar o aluguel de dez dólares, e então perdera a nota a caminho de casa. Eles tinham vendido tudo, mas ainda assim seriam despejados. "Acabou", a mãe disse em voz baixa, "não sobrou nada". "Não temos um centavo, mas o que temos vai para o aluguel [...] Annabel não tem o que comer direito, e veja os sapatos dela." Seu filho bonito e alto estava desempregado e não podia fazer nada pela mãe. Ele se afastou em silêncio. "Havia uma expressão de vergonha no rosto da mãe, embora ela não tenha dito nada, apenas pegou o prato que ele havia deixado na cadeira e lhe desejou boa-noite."[39]

Annabel varria o chão e lavava a louça. Ela era a ajudante perfeita para a mãe. Que futuro aguardava Annabel?, ela se perguntava.

"O que você vai fazer quando crescer?", Mary perguntou para a criança.

Annabel respondeu imediatamente: "Vou trabalhar no teatro. Dá pra ganhar um monte de dinheiro assim. Quero dançar e cantar. Posso dançar[40] agora", completou.

E de fato ela podia. Os quinze ou dezoito dólares ganhos semanalmente[41] por uma corista negra podiam ser conseguidos por jovens brancas de diversas outras maneiras. Ela vira Annabel coqueteando no parquinho. "Você não pode fazer algo melhor que isso?"

Annabel conhecia muito melhor o lado material da vida de uma pessoa negra do que a srta. Mary jamais conheceria. "Eu quero uma casa", respondeu com alguma emoção. "Quero minha mãe num lugar onde ela pode ter as coisas dela." Annabel deu uma olhada no cômodo vazio[42] e desmantelado.

Sim, ela poderia dançar no palco, talvez no Lincoln Theatre ou na Broadway. Mesmo que fosse num bar com chão de terra e uma pista de dança pequena, suficiente apenas para ela dançar, não importava, pois todos iriam até lá só para vê-la, não para beber gim e cerveja. A plateia espremida nas mesinhas amontoadas em volta da pista de dança jamais tiraria os olhos dela, todos a adorariam, e ela nunca teria que esfregar até seus joelhos ficarem em carne viva e suas mãos inchadas. Nunca teria de ser uma criada como a mãe dela, que trabalhava tanto, mas não tinha nada. Sim, rebolaria os quadris e usaria ruge e pó e sorriria muito, e chutaria as pernas no ar mais alto que qualquer outra dançarina. Seria arrebatadora e os negros mentiriam, dizendo que a conheciam há muito tempo; fingiriam que já esperaram grandes feitos dela e que ela tinha sido uma amiga próxima. Contariam a história de como ela escapou de um cortiço escuro na 62nd Street, como ela nunca se prostituiu nem se jogou de três lances de escada porque estava tão infeliz que não suportava viver, nem usou ópio porque essa era a única saída que podia enxergar. Diriam que desde que era uma garotinha queria dançar e a história de "quando eu a conheci" e "o que aconteceu foi" terminaria em uma nota agradável. Annabel jamais teria de andar pela 62nd Street chorando e berrando porque havia perdido sua última nota de dez dólares e seria despejada dos dois cômodos alugados, as lágrimas caindo pelo rosto enquanto as pessoas observavam, balançavam a cabeça com pena ou sussurravam "vadia burra".

Não, ela teria uma mão cheia de notas de dez dólares, tantas que, se perdesse uma, nem notaria. Tantas que as daria para as crianças brincando na rua e então ela colocaria o braço ao redor de seus ombros e os olhos dela diriam "Um dia as coisas vão melhorar", e todos eles se esforçariam muito para acreditar que isso era verdade.

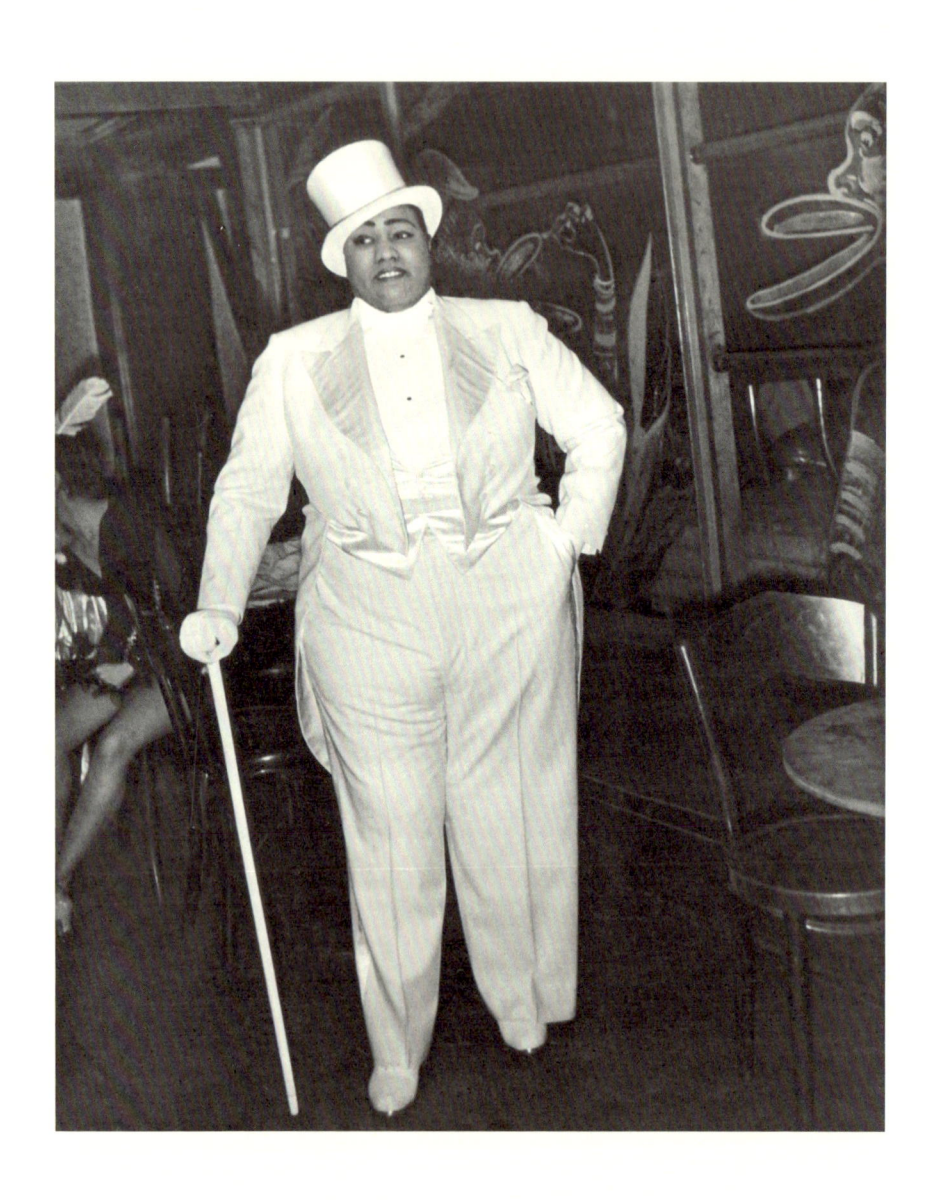

Mistah Beauty,* a autobiografia de uma mulher ex-de cor. Cenas selecionadas de um filme nunca lançado de Oscar Micheaux, Harlem, anos 1920

Se a vida de Gladys Bentley estivesse em um filme de Oscar Micheaux,[1] esse filme abriria com a tomada de um cortiço de três andares na Filadélfia, onde a artista cresceu. Quatro meninos brincando na viela atrás do prédio. A câmera focaria no mais velho, distinguindo-o dos demais como o protagonista do filme, mas sem exagerar qualquer diferença entre ele[2] e os outros. Nada na forma como ele salta do alto da escada ou empurra o irmão, o que o faz cair e gritar pela mãe, estabelece ou fixa as categorias "menino" ou "menina", "irmão" ou "irmã". Ou a história pode começar mais cedo, com um par de mãos vazias preenchendo a cena, mas separadas do corpo e suspensas no ar, expectantes. Então uma tomada da jovem mãe olhando com indiferença para uma criança que ela não pode amar e se recusa a abraçar, numa cena em que a rejeição seria pontuada ou ressaltada por uma música dramática, que anunciaria que esse abraço fracassado se trata de um evento, um momento significativo, um ponto nodal da história que se desdobrará. Um gesto melodramático, como o olhar abatido da mãe, um olhar desviado, ou a testa apoiada nas palmas das mãos enquanto ela soluça transmitiriam sua angústia. Ou uma longa tomada da mãe se afastando do bebê aninhado nos braços estendidos do seu marido. A autoaversão ficaria

* Personagem do conto "The Adventures of Kit Skyhead and Mistah Beauty" [As aventuras de Kit Skyhead e Mistah Beauty], de Eric D. Walrond, publicado na revista *Vanity Fair* em 1925.

aparente em seu rosto conforme ela dá as costas para a criança, sua primogênita, que jamais seria capaz de amar. Aquela que sempre lhe lembraria de que ela não era uma mãe boa-o-suficiente. Doeria demais dizer as palavras *mãe ruim*, mesmo quando o fato não podia ser evitado. A próxima cena poderia ser filmada nas sombras, e nós nos esforçaríamos muito para discernir a figura escura no quarto mais escuro ainda, até a porta ser escancarada e a luz inclemente do corredor inundar o quarto sem janelas; então veríamos um andrógino de catorze anos deitado na cama estreita, vestido com o terno de domingo do irmão e perdido em um sonho desperto sobre a professora do terceiro ano que ele ainda amava loucamente. Antes que pudesse abrir os olhos e se arrancar da fantasia dos braços, dos beijos dela, e voltar para o quarto escuro e abafado, ele seria exposto e censurado. Próxima cena, close fechado na carta escrita pelo adolescente aflito de dezesseis anos nas primeiras horas da manhã, endereçada ao pai e à mãe, explicando que ele estava a caminho de Nova York, que não podia mais morar em casa; não podia fingir que era a filha que sua mãe nunca amaria, ela só podia amar um filho, e ele tinha se tornado um. Mas ainda assim ela fracassou em amá-lo. O longo e objetivo olhar da câmera enquanto ele atravessa o corredor, deixa furtivamente o prédio com tudo o que possuía guardado numa mochila, o que não era muito, e então fecha a porta sem fazer nenhum barulho. Ou a história pode começar num cabaré, com um close em Bentley como o Negro Mau, como um cavalheiro vistoso (a fisionomia ou um gesto sinalizariam para a plateia sua falha trágica, seu defeito moral).

No filme, os gestos reveladores, tiques e maneiras estranhas denunciariam Bentley: sua tendência à presunção, o corpo grande demais, a voz alta demais, a montanha de carne, a entonação vocal, a distribuição capilar, a distribuição de peso masculina, seu desprezo descarado pela lei, pelos costumes e pela civilização, seu desafiar arrogante e a aberta demonstração de prazer.[3] Sentado na melhor mesa do clube, ele estaria cercado por um bando de beldades.

A câmera se demora nas cinco garrafas de champanhe acumuladas na mesa, de forma que o público não deixa passar a pista nem a condenação: ele enchia as jovens coristas de álcool, estavam intoxicadas, e todas

aquelas garrafas deixam claro que o trapaceiro tem dinheiro para gastar. Os olhos transbordam de luxúria. O sorriso de canto e a boca convidativa certamente poderiam ser a causa da ruína de uma jovem corista.

Corta para o número de dança na pista do clube, que é crucial, obrigatório e nunca desnecessário em um filme de Micheaux. Tudo o que há de terrível sobre o clube — o álcool, a depravação, a infidelidade encorajada pelo ambiente, as mulheres soltas e cansadas — seria equilibrado por essa cena, que condenaria e ao mesmo tempo exaltaria o cabaré. Nessa cena é exibida a virtuosidade negra. Então vem o coro, e os corpos dançantes são arranjados em belas fileiras que se movem e mudam de lugar enquanto os floreios e excessos das dançarinas se desdobram em possibilidades revoltosas, traduzindo em arte o tumulto e o levante do cinturão negro. Os longos números musicais podem à primeira vista parecer digressões, porém estabelecem o horizonte no qual tudo o mais transparece e colocam em primeiro plano a realidade adorável da negritude.[4] A cena da dança é crucial, o movimento dos corpos, o coro, assim como as pessoas comuns que apinham a pista de dança, revelam as outras linhagens do cinema negro, compreendido amplamente como uma tradução da vida negra em movimento, em contraste com as imagens aprisionadas e fixas que produzem e documentam a vida negra como um problema. A cena do cabaré ilumina a dívida do cinema com a dança do limbo (que, praticada no navio negreiro, representou "a porta de entrada ou o limiar para um novo mundo e o deslocamento de uma cadeia de milhas") e com o *ring shout* dançado no meio da roda.[5] As longas pernas das jovens coristas se erguem no ar, e seu movimento coletivo cria uma série de lindas linhas que elas formam e rompem. A beldade *café-au-lait* ginga enquanto canta uma cantiga popular e gira os quadris, os braços cortando o ar, e o fluxo desse segmento corta e desarranja as unidades regimentadas na narrativa do melodrama, e, diante de toda essa beleza, nos esquecemos de que as coisas vão acabar mal para o xeique sentado à mesa. O coro conjura a promessa de que essa noite nunca vai terminar, de que não existe outro mundo além desse, de que tudo é possível, que a reserva de vida é ilimitada. O traseiro hiperestendido, a silhueta contraída, a pélvis em rotação, os braços bem abertos, erguidos para o céu e pondo abaixo a casa, o movimento dos corpos — eles reduzem a distância entre a plantation e a cidade, os quarteirões e os cortiços, e produzem a "aniquilação do tempo e do espaço", característica da modernidade e definitiva para o cinema.[6] O *shimmy*, o *turkey trot*, o *funky butt*, o *black bottom*, o ritmo sincronizado do coro, tudo atesta o fluxo e a frequência[7] da locomoção negra, a propulsão e a detenção da história. A vida de Bentley refletida no cinema de Micheaux é o movimento selvagem e desregulado que nega a linha de cor e foge da clausura do gueto. Os corpos em movimento, os corpos íntimos e próximos, afirmam com imprudência aquilo que pode ser, a forma como as pessoas negras *deveriam poder* viver. O navio negreiro é tão central quanto a ferrovia no colapso do tempo e do espaço que produz a modernidade e o cinema negro. A cena gira em torno da violação e da ferida e se empenha no impossível, na reparação. A beleza reside tanto em sua tentativa quanto em seu fracasso. O que se antevê: a vida reconstruída em linhas radicalmente diferentes.[8] O coro elabora e reconstrói a passagem, conjura a morte nos campos e a morte no asfalto da cidade, e reanima a vida; faz os corpos caídos se levantarem, encena

em tempos múltiplos e convida a entrar na roda, a se juntar à linha, a regozijar e *celebrar com grande solenidade*.[9]

Tais cenas poderiam ser testemunhadas toda noite nas dezenas de clubes noturnos e cabarés onde Bentley se apresentava. La Bentley era uma estrela na Jungle Alley do Harlem, um dos seus sumos sacerdotes. Bentley era carne em abundância, arte em movimento.

Enorme, voluptuoso e cor de chocolate, Bentley sempre trabalhava de smoking e cartola ou num traje masculino chamativo. O cabelo levava um corte curto, domesticado e ondulado com um punhado de pomada que o empastava na cabeça. Em qualquer dia da semana, Bentley podia ser visto marchar pela Seventh Avenue trajado com os panos chiques de um xeique do Harlem, geralmente com uma bela corista pendurada nos braços. Ele prosperava com o fato de seus "hábitos estranhos" serem "assunto de muito falação",[10] por viver e amar como um homem. Não era radical, mas um artista brilhante, esperto o suficiente para transformar a maldição corporal da figura negra e masculina em um tipo de fantasia que encantava, estimulava e atraía as pessoas.

Riscos ou recompensas acompanhavam a oferta do corpo grande e escuro como um objeto de veneração e ridicularização, condenação e prazer. A apreciação e as risadas dos espectadores aglomerados no cabaré domesticavam o perigo de La Bentley, mas ele não cedia terreno, de jeito nenhum. Não havia nada feminino nele; era mais que glamour drag, mais que uma mulher vestida de homem, como várias de suas esposas, brancas e negras, poderiam atestar. Plateias brancas e negras amavam as letras picantes, a voz intensa e sonora, o flerte descarado com as mulheres mais atraentes da plateia, as piadas sobre as bichas e sapatões. As pessoas choravam de rir; elas se dobravam com a força de tudo isso, coravam e se alimentavam da beleza anômala de Bentley. "A figura enorme, escura e masculina", segundo Langston Hughes, era "uma escultura africana animada pelo ritmo".[11] Um plano moderno. Uma arquitetura exemplar da possibilidade negra.

Em um filme de Micheaux, toda essa virtuosidade apareceria como um aparte, uma quebra na narrativa, uma digressão no enredo de sedução ou traição, mas, na verdade, tudo mais que acontecesse no filme seria um mero adendo. Quando a câmera por fim se voltasse para Bentley ou para o sombrio antagonista e sua luta com o bom homem, aquele que trabalhava duro, devotado às melhorias da raça, trabalhando sem descanso para levantar fundos para uma escola de negros, disposto a se casar com uma garota pra salvá-la da sarjeta ou de um pai abusador, ou honrado demais para abandonar uma mulher de moral questionável, permanecendo fiel, ainda que uma mulher melhor o esperasse nos bastidores —,[12] nada disso importaria realmente; era difícil recobrar o enredo ou registrar qual era a mulher boa e qual era a má, separar a realidade da sequência sonhada. O espectador assiste e aguarda — prendendo a respiração — pela próxima interrupção da cena do cabaré e a traição do enredo. O duelo ou a competição entre os dois homens que definiriam tanto o destino de nossa heroína quanto o futuro da raça seriam tediosos, desinteressantes e frustrantes. Em um filme de Micheaux, o luxurioso e pródigo Bentley, afiado e durão como qualquer homem querido do Harlem e com um *gingado igual a qualquer homem natural,*[*13] só poderia ser elencado como vilão. O jogador passava de uma mulher para outra; sempre insaciável, no melhor dos casos, ele poderia amá-las e deixá-las. Não havia mulheres suficientes no mundo para fazê-lo se sentir amado. Então ele percorria as coristas, arruinava as mulheres, acabava com elas, usava e abusava delas. "Suas cabeças são como a de um anjo meigo e [elas] caminham como um homem natural".**

Um conquistador como Bentley, mulherengo, farrista e libertino, teria um destino ruim. A história puniu aqueles que se desviavam da trama conjugal, do roteiro da ascensão racial, do dever e daquilo que se esperava que uma mulher fosse. Como que em arrependimento pelas cenas extravagantes do clube, pelos corpos seminus, pela vida promíscua e pelas transgressões íntimas permitidas pela noite,[14] o desfecho do filme restauraria os ideais calcados e as normas ameaçadas de temperança, monogamia e heterossexualidade. A masculinidade queer de

---

* Como a autora menciona em nota, aqui se trata de uma referência a "B. D. Woman's Blues" (1935), composta por Lucille Bogan (que também usava o pseudônimo de Bessie Jackson). O *B. D.* no título da música significa *bull dyke, bull dagger* ou, em português, "sapatão".

** Letra de "B. D. Woman's Blues". No original, "They got a head like a sweet angel and they walk just like a natural man".

Bentley atropelou a disseminação da honra[15] que residia no coração de todo melodrama racial. Bentley destruiu as normas de gênero e os ideais de família centrais ao projeto de ascensão racial — autocontrole, monogamia, fidelidade, matrimônio e reprodução — e zombou do moralismo dos vitorianos modernos, os aristocratas da ascensão. Infelizmente, o vilão não pode escapar do desfecho que o aguarda. Enquanto *Fim* rola pela tela, o antagonista da virtude já se foi há muito tempo. Um acidente de carro, uma bala na cabeça ou no coração, ou a penitenciária resolveram o drama. (Para o nosso protagonista, o clima político conduziria a história para um fim trágico. Na década de 1930, era exigido por lei que mulheres artistas solicitassem uma licença para usar roupas masculinas em suas apresentações. O *cross-dressing* foi então rotulado como uma prática subversiva. Queers foram colocados na mira do senador McCarthy e do Comitê de Atividades Antiamericanas da Câmara [HUAC]. O tão falado casamento de Bentley com uma mulher branca[16] em uma cerimônia civil tornou o artista vulnerável.)

Um acidente de carro ou uma bala não matariam o celebrado vigarista e amante de mulheres, o marido de tantas beldades, negras e brancas.

Uma reviravolta brutal na trama do filme que Micheaux nunca dirigiu leva à morte do nosso protagonista. Um ato de autoimolação, motivado pela pressão estatal e declarado em uma confissão coagida, obriga o marido bonito a assumir o papel de esposa, assinalando sua derrota. É um último ato de autorrenúncia devastador. As falas do leito de morte: *Eu habitei aquela meia sombra,*[17] *a terra de ninguém que existe entre as fronteiras dos dois sexos. No mundo inteiro há milhares de nós, humanos furtivos, que criamos para nós mesmos uma fantasia tão antiga quanto a própria civilização; uma fantasia que nos permite, ainda que temporariamente, virar as costas para o duro reino da vida. Nosso número é legião e nossas mágoas são inconcebíveis.*

O homem indiferente e sem valor, vigarista, xeique, querido, camarada queer e sedutor deve ser controlado ou despachado para que o casal direito possa emergir — o verdadeiro marido e mulher. Assim, a garota arruinada pela promessa de um papel no show, a garota disposta a encontrar o jogador, o cafetão ou o produtor suspeito depois do expe-

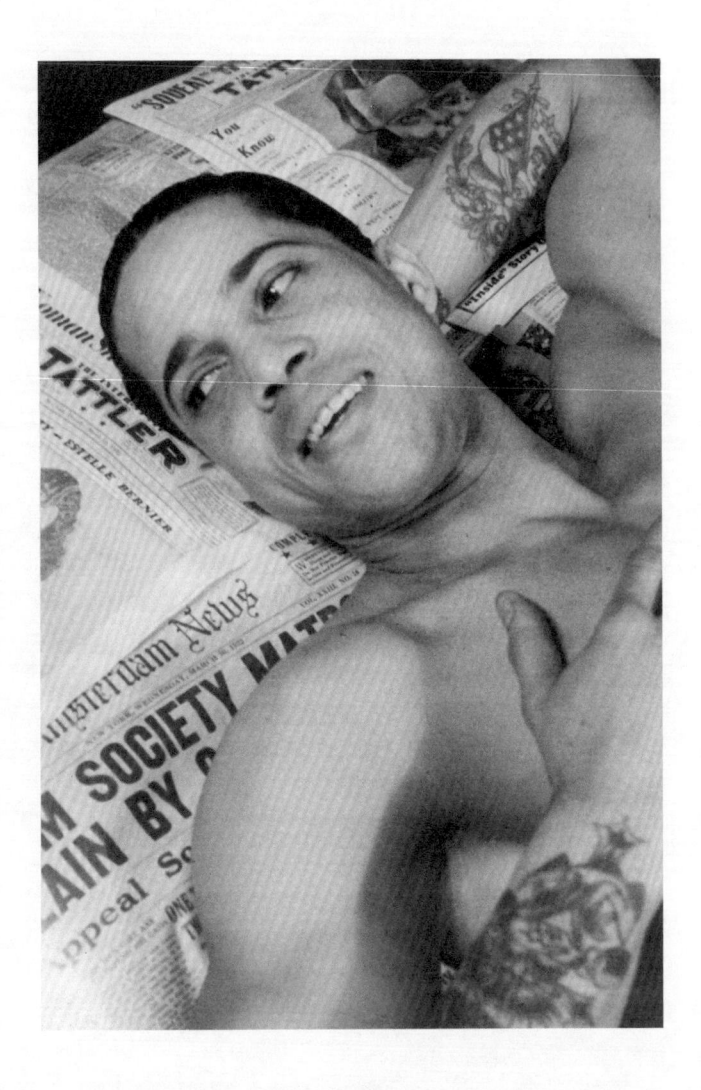

diente, a garota disposta a fazer qualquer coisa para conseguir o papel, pode ser resgatada, de forma que ninguém mais poderá saborear as palavras ou cantarolar a melodia: *Women ain't gonna need no men. They got a head like a sweet angel and walk just like a natural man.*[*18]

Álbuns de família, futuros abortados: uma esposa desiludida se torna artista, Seventh Avenue, 1890[1]

Havia poucas memórias de infância das quais ela podia se lembrar com prazer. Não seria errado dizer que nunca foi uma criança, ou pelo menos, que nunca foi uma criança feliz. Crianças precoces alguma vez foram felizes? Aprender sobre o mundo ou desabrochar muito cedo era perigoso. Não estava claro se o seu *pai*, o homem que estuprou sua mãe quando ela tinha doze anos, era o filho da família que possuiu o povo de sua avó; tudo o que sabia era que *ele era o tipo de cavalheiro sulista que não tinha nenhum escrúpulo em transformar suas empregadas em concubinas.*[2] Embora um termo como *concubina* descreva de forma inadequada a violência experimentada por sua mãe, avó e bisavó, três gerações de mulheres que, nas palavras dela, se tornaram bem experientes em submissão. Sua bisavó fora escrava; a avó e a mãe eram teoricamente livres. A *intimidade monstruosa*[3] da escravidão por propriedade, o acasalamento violento e a reprodução compulsória marcaram cada uma das gerações de sua família. A criança herda a condição da mãe — *partus sequitur ventrem* —* de *forma que as filhas ainda agora têm de lidar com as consequências.*[4] O que aconteceu com a mãe, a avó e a bisavó de Edna não foi uma coisa única nem excepcional. Era algo a se esperar quando você era a empregada de uma casa. O trabalho doméstico, escreveu Du Bois,

* Princípio vigente em grande parte das sociedades escravagistas da América, segundo o qual a criança deveria herdar a condição de escravizada da mãe.

preservou "os últimos vestígios da escravidão e do medievalismo". A "degradação pessoal do trabalho" era tão grande que "qualquer homem branco decente preferiria cortar a garganta da filha em lugar de deixá-la seguir tal destino". No mundo inteiro, não havia "nenhuma fonte maior de prostituição do que esse tipo de serviço doméstico". Du Bois ecoou Frederick Douglass, que um século antes havia descrito a cozinha como um bordel. A cozinha continha "todo um histórico social",[5] não apenas de racismo e servidão, mas de abuso e violação sexual.

Sua avó se juntou à "debandada desenfreada do serviço doméstico, por parte de quem [podia] lutar ou fugir",[6] e se mudou com a família para Boston, para que Edna pudesse se esquivar desse destino. As coisas horríveis das quais elas escaparam eram descritas apenas por meio de eufemismos como *criadas leais*, *concubinas* e *pais*, mas sua avó era honesta demais para disfarçar como amor ou consentimento a brutalidade que fazia parte do trabalho íntimo. A dissimulação foi a forma[7] como elas administraram e conviveram com essa violência. O que Edna sabia era: *Todas as mulheres da família eram bonitas* e *Elas provavelmente se submeteram a homens brancos com frequência*. Também sabia que nunca deveria falar o nome do seu pai, do pai da sua mãe ou do pai da sua avó. Os segredos, as mentiras e as linhas de descendência perversas compreendiam a escravidão e sua sobrevida.[8] Apenas quando se tornou adulta foi que sua mãe compartilhou com ela o relato gráfico de seu estupro. Uma família branca contratara sua mãe como babá. A família dela era tão pobre que acabou permitindo. Quando ela estava dormindo ao lado de sua incumbência de três anos de idade, seu empregador, um refinado cavalheiro da Virgínia, se juntou a ela na cama e a estuprou. Aos doze anos, ela nem se deu conta de que estava grávida, era muito jovem para saber sobre sexo ou bebês, e assim pensavam os mais velhos quando disseram que *havia cobras na barriga dela*.[9]

Minha irmã, minha mãe. Até os seis anos, Edna achava que a avó era sua mãe. Ela e a mãe moravam com sua avó e com o negro com o qual ela havia se casado depois de ter dado à luz duas crianças de um homem branco. Eles eram pobres, mas viviam nas cercanias de uma vizinhança de cor muito boa[10] e se esforçavam para assumir seu lugar entre pessoas negras decentes e respeitáveis. O fato de serem quase brancas lhes conferia status; ser quase branca também levantava questionamentos sobre as circunstâncias que geraram a compleição clara de Edna, o cabelo ondulado e dourado, os olhos azuis. A ausência do pai expunha a mentira de qualquer respeitabilidade presumida. Uma vez que se tornou aparente que Edna não tinha pai nem sobrenome, as outras crianças da quadra passaram a zombar dela e a chamar por nomes terríveis, transformando em uma brincadeira cruel as coisas que seus pais cochichavam por trás de portas fechadas. Elas a adoravam e a insultavam, invejavam sua beleza quase branca e a desprezavam como a filha da meretriz de um homem branco. *Uma bastarda mestiça*. Seu destino estava selado. Até sua tia Nancy acreditava que Edna nunca daria em nada e que ela seria uma *mulher ruim* como a mãe.

Quando, em um ataque de ciúmes, seu avô matou o noivo da enteada, então com dezesseis anos, e foi condenado à prisão perpétua, Edna também foi condenada como a neta de um assassino. Todas as esperanças de se misturar e de se tornar invisível entre as classes mais altas foram frustradas. O escândalo do assassinato e a inveja que o padrasto sentia do amante de sua enteada lançaram mais uma camada de vergonha sobre a casa deles.

Sua mãe era *livre demais*. Ela fazia o que queria. Suas relações sexuais eram casuais. Ninguém conseguia segurá-la. Esse excesso — a imprudência de se deitar com vários homens, de cor e brancos — não poderia ser, e nem seria, perdoado. Sua mãe era bonita, solta e impenitente em sua sexualidade. Ela se atraía por homens gentis e por homens que abusavam dela. Sobrecarregada pelo peso do histórico da mãe, Edna se sentia culpada e condenada. Não era um peso que ela deveria carregar, mas o mundo a punia assim mesmo. O nó de vergonha que se formou dentro dela tinha tanto a ver com os nomes pelos quais os vizinhos a chamavam quanto com aquilo em que ela agora acreditava. Era difícil olhar para a mãe e não julgá-la como uma mulher ruim.

Como eles viviam em três cômodos pequenos, era impossível para Edna evitar a visão de sua mãe na cama com homens negros e brancos. Meretriz de homem branco, os vizinhos cuspiam. As palavras *promíscua* e *dissoluta* não estavam no vocabulário da Edna de seis anos. *Negligente com questões sexuais, imoral, sôfrega, de comportamento incontido, incontrolável, extravagante, melancólica.* Quando tinha idade suficiente para entender o significado de tais palavras, preferiu descrever a mãe como alguém *livre demais*. Uma torrente de lágrimas acompanhava a convicção de que aquilo que os vizinhos diziam sobre sua mãe era verdade. Não era a imagem de sua mãe enroscada nos braços de um amigo casual ou estranho que a fazia soluçar inconsolavelmente, mas a visão de sua mãe aplicando ruge nas bochechas. A cor vermelho-sangue era a mesma da rosa artificial que ela embebia em água para liberar o pigmento, com o qual então pintava o rosto. Sua mãe era bonita, ordinária e profundamente escarlate. *Só mulheres ruins faziam aquilo.*

DESVENDANDO O MUNDO

Por trás do comportamento discreto, das boas maneiras, da aparência honesta e de toda a beleza, havia uma turbulência contida. Edna demorou para perceber que isso não se devia apenas às circunstâncias instáveis de sua vida; antes, havia algo decidamente instável nela. Uma *revolta interna* se mostrava palpável, mas Edna não podia discernir sua fonte. Talvez fosse apenas tristeza, a solidão brutal típica de um casamento fracassado e infeliz. Talvez fossem as três gerações de sofrimento transmitido pela linhagem materna. Havia o medo furtivo e o risco de que sua passividade resoluta pudesse ceder a algo perigoso e inesperado. Talvez fosse uma busca cega por algo que ela não podia nomear.

Lloyd Thomas não tentou seduzi-la como tantos fizeram. A adorável Edna de vinte e nove anos frequentava os melhores círculos. Como secretária de Madame C. J. Walker, a primeira mulher negra milionária, ela rapidamente foi admitida nos universos das pessoas ricas e elegantes. A aspirante a atriz era cortejada por admiradores, brancos e negros, e se movimentava facilmente entres os universos de Greenwich Village e do Harlem, desfrutando das oportunidades e do glamour que a cidade oferecia, ao menos para as mais belas e talentosas, e ela era as duas coisas. Edna ficou fascinada com a indiferença de Lloyd. Aquele homem austero e taciturno, que gerenciava aspirantes a cantores e atores, além de diversos clubes noturnos no Harlem, não parecia querê-la ou desejá-la, e isso a fez desejá-lo ferozmente. Ela iniciou a corte, e eles se casaram pouco tempo depois. Ele era atraente, cortês, cosmopolita; e o mais importante, era um mestre do autocontrole. Mesmo quando se via em uma sala cheia de belas coristas, seus olhos nunca vagavam. Ele permanecia alheio, frio, inalcançável. Isso a maravilhava e a excitava, encorajava sua determinação em fazer com que ele a desejasse fervorosamente. Ele a amava à distância, se é que de fato a amava. Lloyd nunca lhe dissera isso e se recusava a pronunciar aquelas três palavras — Eu te amo — apesar dos tormentos dela, como se dizê-las fosse uma coisa ultrajante ou irracional a se esperar de um homem. Embora ele nunca tivesse expressado ardor ou ternura antes do casamento, aquilo a surpreendeu, pois ela assumira erroneamente que ele cederia e amoleceria. Por certo, ele não era um homem convencional; Lloyd apreciava a companhia de artistas e escritores cujos desejos não eram fixados por coordenadas identitárias, daqueles que desafiavam afrontosamente as expectativas sobre aquilo que deveriam ser e quem deveriam amar. (Como Edna, Lloyd talvez apreciasse a experiência de ser desejado por quem ele não desejava; mais provável, ele se atraía pelos homens queers que se encontravam regularmente em sua companhia, os poetas, cantores e donos de clubes que embelezavam o Harlem; ou talvez ele os desejasse com uma intensidade que Edna jamais poderia ter imaginado. Circulavam rumores de que a união deles era um casamento de conveniência.)

Apesar de sua indiferença, Lloyd se provou um amante apaixonado; ele a satisfazia fisicamente e era fiel, já que parecia completamente impassível diante de outras mulheres, mas ainda assim o coração dele pertencia apenas a si. As mesmas qualidades que inicialmente o tornaram tão atraente — a reticência sexual, a reserva olímpica e a notável impassividade — causaram bastante dor.

O que estava em jogo ao tentar transformar a indiferença em amor e adoração? Ela deveria se satisfazer com a constância fria dele e com a fidelidade assegurada pelo tédio diante de outras mulheres? Seria o esforço impossível de transformar o desinteresse em devoção mais uma tentativa de escapar da vida de sua mãe? Ou de compensar aquilo que a mãe havia falhado em oferecer? Edna escapara do destino da mãe e tivera sorte em comparação às outras mulheres da família. Não houve estupradores, assassinos nem homens voláteis e violentos. Nada de amor selvagem nem carnalidade indomável. Aos dezesseis, ela se apressou em casar-se ainda virgem, determinada a escapar da pobreza e do escândalo. Tudo o que ela e a mãe notaram foi o verniz de respeitabilidade e o sobrenome abastado. Seu marido, filho de um self-made man, desfrutava de um lugar seguro em uma "sociedade clara". O que poderia ser mais atraente para uma criança bastarda do que uma posição social, do que a proteção de pais e maridos? Apenas depois de se tornar uma senhora casada foi que ela descobriu que Lloyd era mimado e irresponsável; ele nunca trabalhava; bebia e apostava todo o dinheiro que tinha. Tinha cometido um erro colossal. Discretamente, ela planejou uma rota de fuga e jurou nunca ser mãe. O primeiro aborto foi difícil, mas ela foi igualmente determinada na segunda vez.

No primeiro casamento, ela calculou mal, confundiu aparências com substância, buscando segurança contra a turbulência que fora sua infância no meio pretensioso e puritano da classe alta negra, mas errou ao acreditar que, ao preferir a constância à paixão, e uma vida estável à incerteza, ela poderia evitar ser prejudicada pelo mundo. Apenas a riqueza de seu sogro protegia a ela e ao marido das ruas. Na segunda vez, não havia ninguém a quem ela pudesse recorrer. E para protegê-la de quê? De um casamento tépido, de uma relação morna, de uma afeição decadente, do tédio? Todos os segredos guardados no interior de um casamento: a distância do marido, a rotina desgastante da vida cotidiana, a monotonia da domesticidade, as mil oportunidades perdidas de um ato de ternura ou uma pequena prova de amor. A solidão do leito conjugal ameaçava acabar com ela.

No palco, Edna encontrava um propósito. Ali ela não era mais uma esposa decepcionada; estava viva, resplandecente. Não importava que esse sentimento fosse transitório e efêmero. A liberdade de ser menos como Edna e mais como outras era vibrante. Perder-se do mundo[11] do casamento, do dever, da decepção e do tédio ao adentrar o espaço da assembleia e a intensidade de criar e habitar um mundo com outros, um domínio de corpos coletivos, da experiência cinestésica e da linguagem gestual. Todos os outros papéis tinham de ser abdicados. O palco permitia que ela escapasse de sua vida irrisória e individual para se inserir na existência de uma outra qualquer — prostituta, rainha, trabalhadora, heroína falha — e se livrar de toda preocupação mesquinha. Quando entrava em uma personagem e emprestava seu corpo ao gesto, ela era ninguém e todo mundo ao mesmo tempo, não estava mais presa à sua história pessoal e ainda assim era capaz de expressar toda a dor e fracasso e desejo, compartilhando-as com o mundo, mas sem se envergonhar de nada.

Edna desaparecia dentro de outras vidas; tornava-se outros eus. Era lindo. E era a alegria mais duradoura que ela jamais experimentara. No mundo dos atores, diretores, cantores, dramaturgos e assistentes de palco, ela encontrava um veículo, uma válvula de escape para sua paixão retraída; ela abandonava o impulso de ir em busca de segurança no confinamento da moderação e de se contentar com uma existência desapaixonada.

Conforme a carreira dela alavancava, Lloyd foi ficando ciumento e ressentido. O nome dela aparecia regularmente nas críticas teatrais, primeiro em produções amadoras, em seguida como integrante da Lafayette Players, e finalmente como protagonista. Cada sucesso de que ela desfrutava o fazia sentir-se menor, como se não houvesse ar suficiente no mesmo cômodo para os dois; como se ela estivesse tentando se tornar a figura dominante, como se eles estivessem em uma competição, e ele não seria coadjuvante de ninguém. Lloyd se opusera de maneira inflexível à carreira de atriz de Edna e agora ela pretendia sair numa turnê. Depois de seis meses na estrada com *Lulu Belle*, Edna voltou para casa e descobriu que o marido andava saindo com mulheres mais jovens, frequentando cabarés e clubes de teatro sem ela, passando a noite em outros apartamentos no Harlem. As coisas se desenredaram, mas foi tudo muito civilizado: sem xingamentos, brigas e roupas rasgadas, nada de jogar os pertences dele na rua. Eles eram modernos. Eram boêmios. Mais uma vez ela estava sozinha e desiludida com o casamento; Edna estava acostumada a ser decepcionada, habituada a sofrer por amor.

Se foi Evelyn Preer ou Fredi Washington ou Rose McClendon — ela nunca confidenciou. Tudo o que revelou foi que um encontro romântico com uma protagonista negra mudou sua vida. Uma dança fez Edna se precipitar por um caminho radicalmente diferente. Envolvida nos braços dessa adorável mulher, Edna sentiu algo elétrico, sentiu-se viva; soube que era alguém diferente de quem imaginava ser. Essa foi a sua primeira experiência com uma mulher. Elas dançaram juntas e algo espetacular aconteceu, algo vibrante. *E assim ela soube.*[12] Os rumores circularam. Era o mundo do teatro, logo, ninguém ficou chocado. Então veio a fofoca sobre sua relação com A'lelia Walker. Edna pertencia ao círculo[13] de belas mulheres que ficavam ao redor da herdeira do Harlem. Elas eram amigas íntimas. Edna deixou o assunto por aí.

Ela conheceu Olivia em uma festa na casa de A'lelia. Por seis meses, Lady Olivia Wyndham perseguiu Edna sem descanso, alegando que estava perdidamente apaixonada depois do primeiro encontro entre as duas, e sem dar a mínima para Lloyd. A aristocrata inglesa era masculina, elegante, viciada em ópio e imprudente. Uma vez ela talhou a cabeça com uma faca e se jogou de um lance de escada para ser hospitalizada e cuidada por uma enfermeira que ela amava. A intensidade e a força de seu desejo fizeram Edna recuar. Tudo isso a assustou. Era o oposto do que ela buscava num marido. Por seis meses, Olivia, perseverante, apareceu com frequência no apartamento de Edna e Lloyd na Seventh Avenue vestida com a elegância de um cavaleiro de posses. O pessoal do Harlem aceitava isso como um costume inglês, no estilo de Radclyffe Hall, Sackville-West e Nancy Cunard. Afinal de contas, ela era prima distante de Oscar Wilde.[14] Wyndham era a tempestade que ameaçava destruir o que sobrara do casamento sóbrio e sem amor de Edna. Após meses de uma perseguição incansável, Olivia aceitou a derrota e decidiu voltar para a Inglaterra. Na noite de sua partida, ela fez uma última visita a Edna, provavelmente para dizer adeus, mas não sem esperanças. Edna fizera todo o possível para acabar com as expectativas de Olivia, sem nunca retribuir a afeição nem encorajar o desejo dela. Mas de alguma forma, após meses em posição de guerra, rejeitando Olivia em qualquer ocasião e determinada a não sustentar nenhum tipo de sentimento por Lady Wyndham, Edna sucumbiu aos seus encantos. Teria a determinação dela simplesmente se desgastado? Ou teria sido algo mais como a chuva após uma longa estação de seca, inesperada, surpreendente e necessária? Se fosse pressionada, ela não teria escolha a não ser admitir que nutria sentimentos por Olivia. Agora que a partida dela era iminente, era mais fácil admitir. Quando Olivia chegou naquela noite, Edna a convidou para entrar e se recusou a deixá-la ir. Elas viveram juntas por décadas.

O romance entre a aristocrata inglesa e a protagonista negra cativou a imprensa. Os artigos contornavam cautelosamente o óbvio — nunca mencionavam os termos amantes de mulheres, homossexuais ou lésbicas — e não lançavam calúnias. As pessoas assumiram erroneamente um *ménage à trois*; Edna e Olivia formavam o casal, mas um casal abrangente o suficiente para incluir Lloyd como um companheiro de casa. Lloyd não parecia se importar em abrir mão de Edna e apreciava a atenção que recebiam na imprensa: *Rica britânica abandonou seu próprio povo para morar no Harlem* ou *Ela renunciou às tradições britânicas por seus amigos negros*. Lloyd e Edna haviam se deixado cair nos braços de outros amantes, criando vidas paralelas, mas os três viviam juntos no apartamento da Seventh Avenue, davam jantares para amigos em comum e figuravam regularmente nas colunas sociais como o sr. e a sra. Lloyd Thomas e amiga, quando compareciam aos bailes de A'lelia Walker, a eventos beneficentes, estreias teatrais ou no Hamilton Lodge Ball. Wallace Thurman, Dorothy West e Jimmy Daniels alugaram um quarto na casa deles e a jovem e bela amante de Lloyd, a garota mais *descolada* do Harlem, Blanche Dunn, fez do apartamento sua segunda casa até abandonar Lloyd por um magnata inglês do petróleo. A fortu-

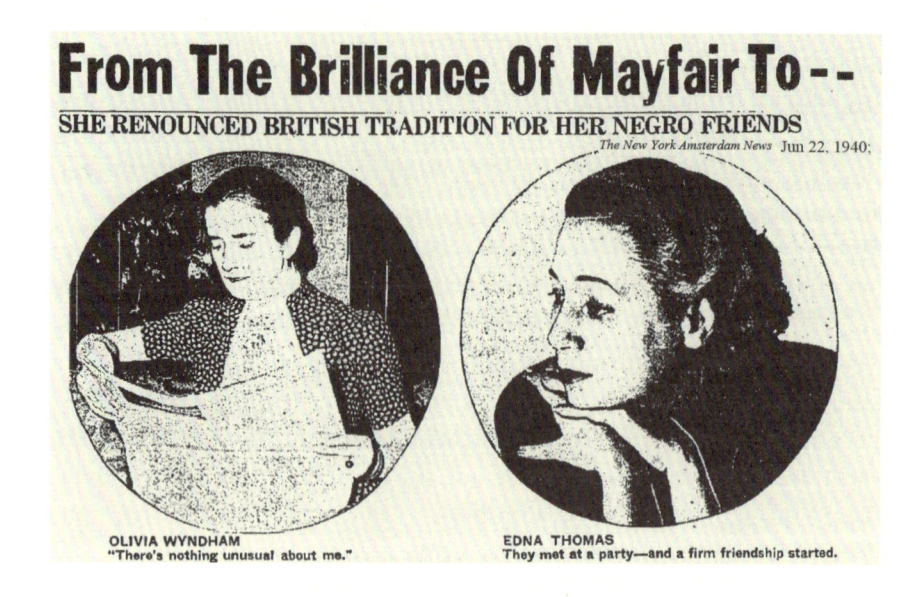

From The Brilliance Of Mayfair To --

SHE RENOUNCED BRITISH TRADITION FOR HER NEGRO FRIENDS

The New York Amsterdam News Jun 22, 1940;

OLIVIA WYNDHAM
"There's nothing unusual about me."

EDNA THOMAS
They met at a party—and a firm friendship started.

na de Olivia proporcionava uma vida confortável para eles. Depois que seu clube noturno no Harlem fechou, Lloyd nunca mais voltou a trabalhar. O casamento era o disfarce que lhes permitia viver como bem entendessem e evitar a censura pública.

Foi tudo muito inesperado — um amor tardio e uma carreira de sucesso, uma fazenda em Connecticut e férias na Europa em castelos ingleses e châteaux franceses. Para uma garota pobre, criada em um apartamento de três cômodos nas margens da respeitabilidade, era tudo assombroso e inacreditável — a não ser que você fosse uma protagonista, uma artista brilhante ou parte do mais cobiçado dos elencos. Ela estava entre as mais sortudas: "os resquícios daquela habilidade e gênio [...] a quem as casualidades da educação e da oportunidade elevaram nas grandes ondas do acaso",[15] uma ave rara, uma artista negra.

O mundo continuava fazendo Edna imaginar[16] o que ela poderia fazer e quem poderia se tornar. Ela *tinha feito todas as coisas chocantes imagináveis* e o único motivo que podia alegar era seu anseio pela expressividade, um anseio que ninguém experimentou mais intensamente que as mulheres negras e pelo qual ninguém pagou tão caro quando essa necessidade não era atendida, quando se era *uma artista sem uma forma de arte*. Para onde quer que se olhasse, era possível ver isso. *Nenhuma pessoa moderna e inteligente se contentava em apenas existir. Às vezes era bom arriscar.*

LIVRO 3

Belos experimentos

Revolução em tom menor

Já passava da meia-noite e Harriet Powell ainda estava na pista de dança. Primeiro, ela não conseguiu entender o que o policial disse. Ela estava presa? Pelo quê? A música ensurdecedora ao fundo e os casais que dançavam ao redor dela não ofereciam nenhuma dica de que ela passaria os próximos anos entrando e saindo da prisão, e de que levaria uma década para que conseguisse receber o presente de seus documentos de liberdade. Quem poderia esperar que a servidão involuntária fosse o preço por duas noites de amor no quarto alugado de um cortiço no Harlem? Ou que esse tipo de movimentação negra não regulamentada ainda fosse um risco, uma ameaça e um crime? Ou que a "chama rebelde"[1] de suas "perambulações noturnas" e o desvio sexual fizessem dela uma prostituta em potencial, adepta da vadiagem? Como é que o Estado foi mirar em uma garota negra de dezessete anos para torná-la alvo de sua violência? Mesmo depois que o policial disse as palavras: *Você está presa*, ela protestou, insistindo que não tinha feito nada de errado. Como é que viver havia se tornado um crime?

Todo mundo falava em liberdade e democracia. Um ano, seis meses e doze dias de guerra não haviam produzido nenhum acordo sobre o que a guerra significava e que efeitos traria.[2] A polícia não dava a mínima se um negro estava fardado. *Anda, crioulo*. Mas mesmo os dissidentes, os negros radicais que se opunham em transformar jovens em bucha de canhão do capitalismo e que condenavam a guerra como um crime e uma extensão da linha de cor em escala global, esperavam algo decisivo no resultado do conflito. Estariam as pessoas de cor do mundo inteiro unidas na luta contra o imperialismo? A esperança de mudanças revolucionárias inflamadas por 1917 tocaram fundo no coração do Cinturão Negro. *O novo negro não tem medo* — era o manifesto que ecoava na multidão. O espírito do bolchevismo[3] era palpável nas ruas do Harlem. Um mundo melhor se revelaria em seu rastro? Nos editoriais do *New York Age*, do *Amsterdam News*, do *Chicago Defender* e do *Afro-American*, todos perguntavam quando, se é que isto aconteceria, o negro seria livre. Mas ninguém tinha Harriet Powell em mente, nem a guerra travada contra ela. Caminhar com um "balanço tão conscientemente convidativo",[4] se reunir no cabaré e se envolver na prática cotidiana muito comum da rebeldia era desproporcional com o idioma político do ajuste, da melhoria e da recompensa, o Santo Graal dos líderes autodeclarados da raça e dos amigos do negro. Era também algo que se encontrava sob o escrutínio de negros socialistas e radicais de esquina. A bela falta de comedimento de Harriet, sua recusa espetacular em almejar um trabalho melhor ou uma vida decente e sua luxúria radiante chamavam apenas a atenção da polícia e dos sociólogos.

Charlie Hudson não era um soldado, diferentemente de muitos dos jovens conhecidos de Harriet, que viviam aflitos no Sul, desesperados para chegar na França. O romance deles não era alimentado pelas paixões da guerra ou pela ameaça iminente de separação. Se eles se envolveram muito rápido e passaram da pista de dança para a cama em uma semana, a única desculpa era o prazer. Na terça à noite, quando saiu de casa para encontrá-lo, Harriet disse aos pais que logo estaria de volta. Seu pai não acreditou. Ele reclamava que a garota *nem fingia escutar*. Ela estava sempre passeando pela rua. Depois do trabalho, ia para casa e ficava lá pelo tempo necessário para trocar de roupa antes de sair às pressas para dançar ou ir ao cinema e não voltava até bem depois da meia-noite. *Se eu trabalho, por que não posso sair de vez em quando?*,[5] questionava. Ele disse que não toleraria isso em sua casa. Não era justo, Harriet replicava; ela trabalhava que nem uma mulher adulta, por que não podia ser tratada como uma?

O quarto alugado ficava a algumas quadras do Palace Casino,[6] onde ela conhecera Charlie. Era a parte mais imoral do Harlem, cheia de pensões, cabarés, clubes e bares, e era onde a polícia concentrava suas batidas. Harriet havia tido intimidades com outros, a maioria jovens de sua idade, com quem ficava aos beijos e às apalpadelas em corredores escuros e telhados. A primeira vez que ela fez isso foi com um italiano que conhecera no parque. Ele a levou para casa e a estuprou. Poucas eram as garotas que consentiam na primeira vez. Com Charlie Hudson foi diferente. Ele não foi violento. Não a forçou, nem queria que ela se apressasse. Por dois dias e duas noites, eles ficaram à toa na cama de um quarto mobiliado indistinguível de centenas de outros, que tinham sido recortados de adoráveis casas geminadas, agora amputadas e transformadas nos cortiços e pensões que ladeavam a 134th Street. No minúsculo, mas glorioso mundo do quarto alugado, ela fazia o que bem entendesse, não aquilo que os outros esperavam dela, e isso a fazia se sentir crescida. Quando ela e Charlie finalmente se aventuraram numa saída, eles voltaram para o salão de dança.

Na pista de dança do Palace Casino, Harriet saboreou a alegria de se perder na multidão. Ela absorvia as ondas de calor emanando de todos os corpos que se remexiam, balançavam e se agitavam, o que adoçou mais ainda o prazer das últimas quarenta e oito horas. E foi só quando o oficial Johnson agarrou seu braço enquanto ela dançava na pista que esse prazer chegou ao fim.

Causes Sister's Arrest in Dance Hall as Incorrigible

Helen Peters, 17, a waitress, of 229 E. 75th St., was arrested early Thursday morning in the Palace Casino, 135th St. and Madison Ave., on complaint of her sister, Mrs. Mildred Wellington, of the same address, who charged her with being incorrigible.

The girl disappeared from her home on Oct. 18th. On Thursday night Mrs. Wellington traced her sister to the Palace Casino, where nightly dances are held.

Policeman Johnson, of the E. 126th St. station, arrested Helen in the dance hall. The girl told the policeman that she had been living in a furnished room house on W. 42d St.

When arraigned before Magistrate Healy, in the Washington Heights Court, the matter was referred to the Yorkville Court.

A crescente presença negra em Nova York ampliou a ameaça das mulheres de cor e os perigos sexuais representados pelos jovens negros que debandavam para a cidade. A cada década, a população dobrava. Era impossível caminhar pelas ruas do Tenderloin, de San Juan Hill ou do Harlem sem encontrar garotas tempestuosas, crianças de rua e prostitutas muito jovens. Eram as filhas das diaristas, dos migrantes sulistas e dos imigrantes antilhanos que inundavam a cidade. Os boêmios as chamavam de mocinhas, anarquistas, amantes de mulheres, cocotes, sapatões e jovens indomáveis.

Os reformadores sociais e a imprensa marrom soaram o alarme: a sedução de garotas "desprotegidas" alcançara proporções epidêmicas, medidas extremas se faziam necessárias. A escravidão branca incitou o pânico moral e um movimento nacional de proteção às jovens contra predadores sexuais. Circulavam rumores sobre conspirações de escravidão branca, redes judaicas de tráfico humano, predadores negros, antros de ópio em Chinatown. A total falta de evidências pouco fez para diminuir o medo e a histeria. O senso comum afirmava que as jovens negras eram as mais vulneráveis, por causa das agências de emprego corruptas que as recrutavam do Sul, da falta de oportunidades de trabalho decentes, e o mais importante, por causa do hábito secular de se relacionar com homens brancos, uma parte integrante de seu *treinamento*[7] na escravidão. "As mulheres negras cediam mais facilmente às tentações da cidade que as outras jovens", explicou Jane Addams, porque as pessoas negras, como um grupo, como "uma colônia de pessoas de cor", não tinham sido postas sob controle social. Os formuladores de políticas e os reformadores insistiam que elas se encontravam "várias gerações atrás da raça anglo-saxã com relação a agências e processos civilizatórios".[8] Por isso se fazia necessária uma regulamentação mais ampla. A escravidão era a fonte da imoralidade das mulheres negras, observou a criminologista Frances Kellor, pois "as mulheres negras [eram] supostamente imorais e [tinham] poucos estímulos para agir de outra forma". Mesmo W. E. B. Du Bois lamentou: "Sem dúvida, o ponto em que o negro [ou a negra] estadunidense está mais atrasado [ou atrasada] na civilização moderna diz respeito aos seus costumes sexuais".[9]

Ao se movimentar pela cidade como bem entendiam e se associar livremente com estranhos, as jovens corriam o risco de ser assediadas, presas e confinadas. As leis aplicadas às menores infratoras as tornavam passíveis de prisão e transformavam atos sexuais, ainda que consensuais e sem o envolvimento de dinheiro,[10] em delitos criminais. Definições como "prostituta em potencial", "desajustada" e "sob risco de se tornar moralmente depravada" davam licença para as diligências policiais. Encontros sexuais casuais e relacionamentos em série eram estigmatizados como "depravação moral", um delito punível com sentença de prisão. Todas as mulheres de cor eram vulneráveis a uma apreensão aleatória pela polícia; aquelas que trabalhavam até tarde, ou que voltavam para casa após o bar fechar ou depois de apagadas as luzes do salão de dança, podiam ser presas e acusadas de prostituição. Se ela tinha alguma doença sexualmente transmissível, ou filhos fora do casamento, ou filhos mestiços, sua condenação era quase garantida. Jovens entre catorze e 21 anos, mas às vezes até mesmo meninas muito novas de doze anos, eram mandadas para reformatórios por visitar uma casa de má reputação ou residir nela, por suspeita de prostituição, por associar-se com pessoas imorais e criminosas, por promiscuidade ou por não trabalhar. Aquelas que ousavam recusar as normas de gênero e as convenções sociais de propriedade sexual — monogamia, heterossexualidade e casamento — ou que falhavam em cumprir as normas de respeitabilidade feminina, eram visadas como prostitutas em potencial, praticantes da vadiagem, desviantes e crianças incorrigíveis. Imoralidade, desordem, promiscuidade, inversão e patologia eram os termos impostos para visar e erradicar tais práticas de intimidade e afiliação.[11]

Era o status de alguém que determinava se um ato de intimidade, uma noite ao lado de um estranho ou uma tendência a perambular pelas ruas seria um delito punível. O delito de status era uma forma de comportamento considerada ilegal apenas para um grupo específico de pessoas. Esses delitos iam parar na jurisdição dos tribunais de magistrados, e os juízes tinham uma ampla liberdade para decidir sobre o destino de uma jovem. Avaliações subjetivas de "comportamento e conduta" produziam péssimos resultados. O Tribunal de Mulheres foi criado para tratar de casos de delinquência sexual e apresentou a maior taxa de condenação entre todos os tribunais da cidade de Nova York. E, não é de surpreender, as mulheres negras constituíram uma porcentagem significativa entre aquelas que foram condenadas.

O sexo não era crime, mas algumas formas de intimidade eram ilícitas e imorais — sexo antes do casamento, sexo com meninas ou meninos abaixo da idade de consentimento, sodomia, sexo em troca de presentes ou dinheiro em lugar de um pedido de casamento. Um menor delinquente, conforme definido pelo Código de Processo Penal, era: "Qualquer pessoa entre os dezesseis e 21 anos de idade que (1) 'tem por hábito associar-se com pessoas dissolutas', ou (2) 'se encontra por sua própria vontade e razão em uma casa de prostituição ou de má reputação, ou tem por hábito associar-se com bandidos, prostitutas, cafetões, alcoviteiros ou pessoas desajustadas', ou (3) 'desobedece deliberadamente aos comandos razoáveis e lícitos dos pais, tutores ou outros cuidadores e é moralmente depravada ou corre o risco de se tornar moralmente depravada', ou (4) '[...] sem causa e sem o consentimento dos pais, tutores ou outros cuidadores, abandona sua casa ou local de residência e é moralmente depravada ou corre o risco de se tornar moralmente depravada', ou (5) '[...] se comporta de maneira deliberada em prejuízo ou comprometimento da moral própria e de outrem'".

Apenas mulheres jovens foram julgadas como delinquentes sob esses estatutos (entre 1882 e 1925).[12] A intenção da legislação era policiar e regular os delitos sexuais sem o "estigma da condenação criminal". A atividade sexual de jovens mulheres, acreditava-se, conduzia "diretamente ao ingresso da menor em uma carreira de prostituição".[13] Ainda assim, tais "medidas protetivas" serviam apenas para criminalizar jovens negras e torná-las ainda mais vulneráveis à violência estatal.

Ter sucessivos amantes ou um determinado estilo comportamental, um lapso de julgamento, uma falha de controle, um excesso de desejo — esses não eram crimes em si, mas indicações de desajuste e de *crime futuro*. Aquelas que sofriam acusações não eram tecnicamente culpadas de infringir a lei ou de ter cometido algum crime, então, como resultado disso, não eram protegidas por formas regulares do devido processo legal, mas se encontravam sujeitas ao poder de decisão do magistrado quanto à suspensão da sentença, à oferta de liberdade condicional ou ao internamento em um reformatório ou em outra instituição apropriada. Como consequência desse poder de decisão, muitas jovens negras que eram rés primárias, ou, para ser mais exata, jovens negras que tiveram seu primeiro encontro com a polícia, tinham grande probabilidade de ser condenadas ao reformatório por três anos.

A rebelde era culpada por um modo de viver e existir considerado perigoso, e representava um risco ao bem público. Formalmente, ela não podia ser considerada menor infratora, pois a "infração compreende o cometimento de um ato que, se cometido por um adulto, seria julgado como um crime e punido como tal". Em contraste, as disposições da Wayward Minors Act [Lei de Menores Infratores][14] consideravam que "a definição de um menor delinquente compreende apenas *atos não criminais, mas que indicam a iminência de criminalidade futura*".

O paradoxo era que pequenos delitos e infrações estatutárias eram sujeitos a formas de punição mais severas do que crimes propriamente ditos. Uma jovem condenada como menor delinquente poderia receber uma sentença indeterminada de três anos, enquanto uma mulher julgada por prostituição poderia cumprir sessenta dias de trabalho em um asilo. Quando a jovem Billie Holiday se apresentou diante do Tribunal de Mulheres depois de ter sido presa em uma casa de tolerância,[15] Elinora Harris, então com catorze anos, se apresentou como Eleanora Fagan, o sobrenome de sua avó, e fingiu que tinha 21 anos

para evitar uma sentença de três anos no reformatório em favor de uma curta temporada no asilo. Como ela esperava, a juíza (Jean Norris) a sentenciou a quatro meses no asilo de Blackwell's Island. Essa sentença compreendia um mês a mais que a sentença recebida pelo vizinho que a estuprou quando ela tinha onze anos.

As leis aplicadas às menores infratoras colocaram sob controle policial e judicial condutas como beber, dançar, namorar (especialmente no caso de relações inter-raciais), fazer sexo, frequentar festas e cabarés, convidar homens para o próprio quarto e vagar pelas ruas. Essas contracondutas (diferentes formas de conduzir o eu[16] e de desafiar a hierarquia da vida produzida pela linha de cor e reforçada pelo Estado) ou modos errantes de vida eram capturados pelo Estado conforme o cálculo de riscos e perigos sociais que representavam.

O risco era a métrica utilizada para tabular crimes futuros, e esse prenúncio determinava o destino de jovens negras já visadas e suscetíveis a uma miríade de formas de violência estatal. A lógica atuarial posta em ação previa o tipo de pessoas e o tipo de atos provavelmente propensos ao crime e à desordem social. O racismo do governo exacerbava o alcance das leis aplicadas às menores infratoras, marcando a negritude com a desordem e o crime.

Harriet Powell não foi creditada com nada: ela permanece como uma mulher excedente e insignificante, uma ninguém considerada imprópria para a história e destinada a ser uma figura menor. Que pensamentos errantes e ideias loucas a encorajaram a desprezar as normas sociais e a viver fora da lei, e contrariamente a ela, buscando o prazer e a beleza? Ou a nunca se estabelecer e a seguir em suas andanças pelas ruas? Seria uma forma de experimentar algo semelhante à liberdade ou de desfrutar do êxtase efêmero da autonomia? Será que a doçura de frases como *Te quero*, *Eu vou onde bem entendo*, *Não sou de ninguém* passeavam por sua boca?

Rebeldia: uma breve introdução ao possível

Rebelde se relaciona à família de palavras: errante, fugitiva, obstinada, anárquica, teimosa, irresponsável, encrenqueira, desordeira, tumultuosa, revoltada e indomável. Habitar o mundo de forma nociva àquelas consideradas apropriadas e respeitáveis, ser profundamente consciente do abismo entre o lugar onde você se encontra e como poderia viver. Rebeldia: o desejo ávido por um mundo não governado pelo senhor, pelo homem ou pela polícia. O caminho errante tomado pelo enxame sem líder em busca de um lugar melhor que aqui. A poesia social que sustenta os despossuídos. Rebelde: o movimento desregulado da deriva e da errância; permanências sem um destino fixo, possibilidades ambulantes, migrações intermináveis, debandada e fuga, locomoção negra; a luta diária para viver livre. A tentativa de escapar à captura pela não acomodação. Não as ferramentas do senhor, mas os gestos fugitivos da ex-escravizada, seus sapatos de viagem. A rebeldia articula o paradoxo da criação restrita, do emaranhado do escape e do confinamento, da fuga e do cativeiro. Rebelar-se: vagar, não ter amarras, ficar à deriva, vadiar, errar, navegar, deambular e buscar. Reivindicar o direito à opacidade. Atacar, se revoltar, recusar. Amar o que não é amado. Perder-se para o mundo. É a prática do contrário social, o solo insurgente que permite novas possibilidades e novos vocabulários; é a experiência vivida da clausura e da segregação, da assembleia e do encontro. É a busca desorientada por um território livre; é uma prática de fazer e de se relacionar que se insere dentro dos limites policiados do gueto negro; é a ajuda mútua ofertada na prisão a céu aberto. É um recurso queer da sobrevivência negra.[1] Um *belo experimento* de modos de vida.

A rebeldia é uma prática da possibilidade em um tempo no qual todas as estradas, a não ser aquelas criadas pela *destruição*, se encontram bloqueadas. Não obedece a nenhuma regra e não tolera nenhuma autoridade. É impenitente. Transita nas visões ocultas de outros mundos e em sonhos de uma vida diferente. A rebeldia é uma contínua exploração *daquilo que poderia ser*; uma improvisação com os termos da existência social, quando esses já foram ditados, quando há pouco espaço para respirar, quando você se vê condenada a uma vida de servidão, quando o lar da servidão assoma em qualquer sentido que você vá. É a infatigável prática de tentar viver quando você nunca foi destinada a sobreviver.[2]

A anarquia das garotas de cor reunidas na desordem

Esther Brown não escreveu um tratado político sobre a recusa de ser governada, não traçou um plano de ajuda mútua, nem esboçou uma memória de suas aventuras sexuais. Um manifesto da rebeldia — *Não possua nada. Recuse o que é dado. Viva com aquilo de que você precisa e nada mais. Esteja pronta para ser livre* — não foi encontrado entre os itens de seus autos. Ela não compôs nenhum verso musical: *Mamãe diz que sou irresponsável, papai diz que sou louca, eu não sou bonita, mas sou o anjinho de alguém.*[*1] Ela não pôs no papel suas ruminações sobre liberdade: *Com a natureza humana enjaulada em um espaço estreito, açoitada diariamente até a submissão, como podemos falar de potencialidades?*[2] Os cartazes de papelão do tumulto e do levante que ela incitou poderiam ter dito: "Não brinca comigo. Eu não tenho medo de acabar com tudo". Mas em sua luta não houve declarações políticas formais, slogans nem crenças. Sua luta não demandou nenhuma plataforma partidária nem um programa de dez pontos.[**] Caminhando pelas ruas de Nova York, ela e Emma Goldman se cruzaram, mas não se reconheceram. Quando Hubert Harrison a encontrou no saguão do

* No original, *My mama says I'm reckless, My daddy says I'm wild, I ain't good looking, but I'm somebody's angel child.* Conforme a autora aponta em nota, letra de "Reckless Blues", performada por Bessie Smith.

** Referência ao "Programa dos dez pontos", divulgado em meados de 1967, que contém as articulações e os objetivos do então recém-formado Partido dos Panteras Negras pela Autodefesa.

Renaissance Casino[3] depois de ter pronunciado seu discurso "Marriage Versus Free Love" [Casamento *versus* amor livre] para o Clube Socialista, ele notou apenas que ela tinha um rosto bonito e uma bunda grande. Esther nunca subiu em um caixote na esquina da 135th Street com a Lenox Avenue para fazer um discurso sobre autonomia, o alcance global da linha de cor, a servidão involuntária, maternidade livre ou sobre a promessa de um mundo futuro, mas ela bem sabia que o desejo de se movimentar como bem entendia não era nada menos que traição. Ela sabia, em primeira mão, que o crime mais punido pelo estado era a tentativa de viver livre. Vagar pelas ruas do Harlem, querer algo melhor do que aquilo que tinha e ser movida pelos seus caprichos e desejos significava ser ingovernável. Seu modo de vida não ficava devendo em nada para a anarquia.

Se tivessem encontrado as notas grosseiras rabiscadas nas margens de sua lista de compras, ou correlacionado os números tantas vezes circulados em seu livro de sonhos amarrotado e com rotas de fuga que não podiam ser encontradas no atlas da McNally, ou se tivessem lido as cartas de amor escritas para a namorada dela que contavam como as duas viveriam no fim do mundo, os mestres filósofos e os radicais de carteirinha, com toda a certeza, teriam dito que as análises dela eram insuficientes, a desprezariam por ter falhado em entender aquelas passagens tão importantes de *Grundrisse* sobre a recusa do ex-escravizado ao trabalho[4] e por ter enfatizado os limites da política feminista negra. *Eles deixaram de ser escravos, mas não para se tornarem trabalhadores assalariados*, ela concordava com entusiasmo sobre todos os pontos equivocados, *satisfeitos em produzir apenas o estritamente necessário para consumo próprio* e abraçando sinceramente *a indulgência e a ociosidade como o verdadeiro bem de luxo*.[5]

O que os militantes não experimentados e os ideólogos presunçosos sabiam de Truth e Tubman? Diferentemente das mulheres de cor desobedientes, eles fracassaram em reconhecer que *a experiência era algo capaz de abrir novos caminhos, de render mil novas formas e improvisações*.[6] Eles seriam algum dia capazes de entender os sonhos de outro mundo que não perturbassem a distinção entre Estado, lei, colonizador e senhor? Ou narrar a luta contra a servidão, o cativeiro, a propriedade

e a clausura que tiveram início no barracão e continuaram no navio, de onde alguns pularam, alguns lutaram e alguns se recusaram a comer? Outros ainda incendiaram a plantation e os campos, envenenaram o senhor. Eles nunca tinham ouvido Lucy Parsons; nunca tinham lido Ida B. Wells. Nem imaginaram a revolta como um grito de guerra e recusa de uma vida fungível.

Apenas uma interpretação equivocada dos principais textos anarquistas poderia imaginar um lugar para as garotas de cor rebeldes. Não, Kropotkin nunca descreveu sociedades de ajuda mútua de mulheres negras, nem o coro, em seu livro *Ajuda mútua*, embora ele tenha imaginado a sociabilidade animal em sua rica diversidade e as formas de cooperação e mutualidade encontradas entre formigas, macacos e ruminantes.[7] Domésticas impossíveis e obstinadas ainda não estavam no campo de visão dele e nem de mais ninguém. Assim, o diminuto histórico de insurreição de Esther Brown permaneceu despercebido até ela ser capturada pela polícia. (Isso aconteceria uma década antes de Ella Baker e Marvel Cooke escreverem seu ensaio, "The Bronx Slave Market" [Mercado de escravas do Bronx], e mais de duas décadas antes da publicação do ensaio de Claudia Jones, "An End to the Neglect of the Problems of the Negro Woman" [Um fim à negligência dos problemas da mulher negra].)[8] A revolta das mulheres negras contra "a degradação pessoal de seu trabalho" e as "condições de trabalho injustas"[9] se expressava em recusas militantes: "'enrolação', mau humor, pequenos furtos, instabilidade e mudanças rápidas e infrutíferas de senhores". Mas ainda assim nada disso encontrou nenhum cronista. Ninguém respondeu ao chamado para escrever o grande romance sobre a jovem empregada.

Não surpreende que uma *crioula* seria a culpada de confundir ociosidade com resistência, de exaltar a luta pela mera sobrevivência, de confundir atos mesquinhos com insurreição, de imaginar que uma figura menor poderia ser capaz de fazer qualquer merda dotada de significado, de tomar a preguiça e a ineficiência por uma greve geral, de reformular o roubo como uma espécie de *socialismo barato* praticado por jovens soltas demais e mulheres questionáveis ou de considerar ideias loucas como pensamentos radicais. No mínimo, o caso de Esther

Brown fornece outro exemplo da tendência ao exagero e ao excesso comum à raça (e mais uma prova do pensamento fantasioso que confunde vadiagem e fuga do trabalho com um exemplo de protesto e que considera um bando de jovens negras descansando como uma assembleia radical). Ninguém se lembra da noite em que ela e as amigas se divertiram maravilhosamente na 132nd Street, viraram o Edmond's Cellar de cabeça para baixo e fizeram um barulho tão bonito durante o levante que seus gritos soaram como uma música improvisada, de forma que mesmo os jornalistas desafinados do *New York Times* descreveram os clamores negros de mulheres desordeiras como um coro de jazz.[10]

Esther Brown odiava trabalhar, odiava as condições de trabalho tanto quanto a própria ideia de trabalho.[11] Seus motivos para se demitir afirmavam isso. Trabalho doméstico: pouco dinheiro. Lavar roupas: pesado demais, não. Trabalho doméstico geral: cansada do trabalho. Pregar botões em camisas: cansada do trabalho. Lavar louça: cansada do trabalho. Trabalho doméstico: homem muito mal-humorado. Morar no serviço: eu seria como uma escrava.

Aos quinze, quando Esther deixou a escola, ela experimentou a violência endêmica do trabalho doméstico e se cansou rápido da demanda de cuidar de outros que não se importavam com ela. Esther vagava pelas ruas porque em nenhum outro lugar do mundo havia algo para ela. Ficava pelas ruas para tentar escapar do sufoco do apartamento pequeno de sua mãe, que era lotado de inquilinos, homens que ocupavam espaço demais e que eram ligeiros com as mãos, homens que podiam molestar uma menina e então pedi-la em casamento.[12] Ela andou por aí e se divertiu por alguns anos, mas só porque gostava de fazer isso. Esther nunca se deitava com um homem apenas por dinheiro. Ela não era nenhuma prostituta. Depois da decepção de um casamento breve com um homem que não era o pai de seu menino (ele tinha se oferecido para se casar com ela, mas ela recusou a proposta), foi morar com a irmã e a avó, que a ajudaram a criar seu filho. Ela tinha vários amantes, aos quais era ligada pela necessidade e pelo desejo,[13] e não pela lei.

O único luxo de Esther era a ociosidade, e ela gostava de dizer para as amigas: "Se você levanta cansada de manhã, volta pra cama e vai pro teatro de noite". Com o apoio da irmã e da avó e com a ajuda de amigos, amantes, namorados e consortes, Esther não precisava trabalhar regularmente. Ela pegava uma diária quando estava no aperto e aguentava seis semanas de "Sim, senhora, pode deixar" quando coagida pela necessidade. Ela de fato estava indo bem e quase aperfeiçoando a arte de sobreviver sem ter de esfregar e se curvar. Odiava ser empregada, como qualquer trabalhadora doméstica. O serviço carregava o estigma da escravidão;[14] jovens brancas procuravam evitá-lo pela mesma razão — era trabalho de preto, o tipo de trabalho pesado e não especializado que ninguém mais queria, o tipo de trabalho que tomava a pessoa por inteiro, não apenas seu tempo de trabalho, mas seu tempo de vida. A empregada da casa — a figura onipresente da mãe cativa —[15] era compelida a ser a amiga, a enfermeira, a confidente, a babá e aquela que esquentava a cama. O insulto era que se esperava que ela fosse grata, como se cozinhar e esfregar fossem a rotina de tocar piano da mulher de cor,[16] como se seus únicos talentos fossem a habilidade de "lavar e passar até os dedos sangrarem e arderem" e a devoção sacrificatória.[17] Se os seus patrões suspeitassem de que quanto melhor a empregada, mais severo era seu ódio da patroa, Esther não teria sido "encarregada de cuidar de seus preciosos queridinhos".[18]

Por que ela deveria trabalhar em uma cozinha ou na lavanderia para sobreviver? Por que deveria se matar de trabalhar? Ela preferia andar pelas largas avenidas do Harlem a ficar em casa encarando aquelas quatro paredes, gostava de se perder nos cabarés e nos cinemas. As ruas ofereciam uma exibição de talentos e ambições. *Uma coreografia cotidiana do possível* se desdobrava no movimento coletivo, que não tinha controle e se espalhava por todos os lados, andarilhos à deriva em massa, como um enxame ou a ondulação de um oceano;[19] era um longo poema sobre a fome e a luta negras.[20] Era *a debandada desenfreada do serviço doméstico por parte de quem [podia] lutar ou fugir.*[21] Era uma forma de andar que ameaçava desestruturar a cidade, reaver o corpo, quebrar todas as janelas. As pessoas que caminhavam lentas pelo quarteirão, davam um tempo nas esquinas e se reuniam nos degraus de entrada dos prédios representavam uma assembleia dos miseráveis e visionários, dos indolentes e dos perigosos. *Todas as modalidades cantam uma parte nesse coro*,[22] e os refrões eram infinitamente variáveis. O ritmo e as passadas anunciavam as possibilidades, ainda que muitas fossem passageiras e várias vezes não realizadas. O mapa daquilo que poderia ser[23] não se restringia literalmente ao rastro das pegadas de Esther nem de mais ninguém, e esse movimento desregulado encorajava a crença de que algo grandioso poderia acontecer apesar de tudo o que se sabia, apesar da ruína e dos obstáculos. Aquilo que poderia ser era imprevisto, e a improvisação era a arte de lidar com o acaso e com o acidente. O caminho dela era errante pelo coração do Harlem em busca de uma cidade aberta, *l'ouverture*,[24] dentro do gueto. Vagar à deriva era a forma como Esther se engajava com o mundo, a forma como ela o compreendia; esse repertório de práticas compunha seu conhecimento. Seus pensamentos eram indistinguíveis da fuga e do tráfego transitórios das pessoas negras nessa cidade-dentro-da-cidade. Tal fluxo a todos conduzia, impulsionando e encorajando-os a seguir adiante.

Enquanto Esther perambulava pelas ruas, milhares de ideias de quem ela poderia ser e do que poderia fazer passavam por sua cabeça, mas ela não sabia ao certo o que fazer com elas. Seus pensamentos eram incompletos, fragmentados, loucos. Como poderiam se tornar um esquema para algo melhor era incerto. Esther era tremendamente inteligente. Ela tinha um rosto alegre e alerta e olhos penetrantes que anunciavam seu interesse pelo mundo. Isso, somado a um orgulho notável, fazia a jovem de dezessete anos parecer substancial, dotada de uma força toda dela. Mesmo as professoras brancas na escola de treinamento, que desgostavam dela e se mostravam relutantes em conceder a uma jovem de cor qualquer tipo de elogio imerecido, reconheciam que ela era muito esperta, embora irritável, por ser orgulhosa demais. Esther insistia em não ser tratada de forma diferente das jovens brancas, então diziam que ela se comportava mal. O problema não era sua capacidade; era sua atitude. A violência que ela experimentou na Hudson Training School for Girls a ensinou a revidar, a atacar.[25] As professoras disseram às autoridades que Esther tinha liberdade demais. Isso a teria arruinado, transformara Esther no tipo de jovem que não hesitaria em *acabar com tudo*.[26] A liberdade em suas mãos, se não um crime, era uma ofensa e ameaçava a ordem pública e a decência moral. A liberdade em excesso estragara Esther. E a assistência social concordou: "Na ausência de considerações sociais para restringi-la, ela era ingovernável".

Esther Brown desejava um outro mundo. Ela ansiava por mais, por algo diferente, algo melhor. Ela tinha fome de beleza. Em seu caso, a estética não era um reino separado e distinto dos desafios cotidianos de sobrevivência; pelo contrário, a ideia era fazer da subsistência uma arte. Ela não tentou criar um poema, uma canção ou uma pintura. O que ela criou foi Esther Brown. *Essa era a oferta, um pouco de arte que não podia partir de ninguém mais. Ela iria lapidar e aperfeiçoar essa arte. Ela celebraria o fato de que todos os dias algo tentava matá-la e falhava*.[27] Ela construiria uma vida bela. E o que é a beleza senão "a intensa sensação de sermos atraídos pela animadora força da vida?". Ou o desejo de "relacionar as coisas [...] com uma urgência tal, como se a vida de alguém dependesse disso"?[28] Ou o amor das pessoas negras comuns? Ou a capacidade de transformar *o que fazemos* e *como fazemos* em sustento e escudo? Que pessoa negra não sabe que alguns versos de uma canção podem ser capazes de alimentar a fome de viver, podem ser o conhecimento libertário que nos conduz para fora da clausura? Que nos ressuscita ou nos mata pela segunda vez. Quem poderia não compreender a busca por uma saída, o habitar a brecha do refúgio* e o escapar de uma vida imposta como qualquer outra coisa, qualquer outra coisa *senão beleza*?

Aos olhos do mundo, os pensamentos loucos de Esther, seus sonhos por algo diferente, um outro lugar, seu desejo de fugir da labuta, muito provavelmente levariam ao tumulto e ao levante, à franca rebelião. Esther não precisava de um marido, de um pai ou de um

---

* Referência à obra *Incidentes na vida de uma menina escrava* (1861), por Harriet Ann Jacobs.

patrão para lhe dizer o que fazer. Mas uma jovem que pulava de emprego em emprego e de amante em amante era considerada imoral e passível de se tornar uma ameaça à ordem social, um perigo para a sociedade. Foi o que o detetive da polícia alegou quando prendeu Esther e suas amigas.

O que a lei apontava como crime eram os modos de vida elaborados pelas jovens negras na cidade. Os modos de intimidade e afiliação criados, a recusa ao trabalho, as formas cotidianas de se reunir e de estar junto, as práticas de subsistência e de se virar como podiam se encontravam sob vigilância e eram visadas não apenas pela polícia, mas também pelos sociólogos e reformadores, que reuniam informações e montavam um caso contra elas, forjando suas vidas como biografias trágicas de crime e patologia. A subsistência — [29] a arte de sobreviver e superar — exigia o esforço contínuo de viver em um contexto no qual a privação era garantida e o trabalho doméstico ou o serviço geral definiam as únicas oportunidades disponíveis para jovens e mulheres negras. Os atos da rebeldia — os pensamentos loucos, os sonhos imprudentes, os protestos intermináveis, as greves espontâneas, o comportamento indisciplinado, a não participação, a teimosia e a recusa audaciosa — redistribuíam o peso da necessidade e do desejo e buscavam uma linha de fuga da dívida e do dever na tentativa de criar um caminho em outro lugar.

A mera sobrevivência era uma façanha[30] em um contexto tão brutal. Como uma pessoa poderia melhorar de vida ou falar de suas potencialidades quando se encontrava confinada no gueto, quando era sujeitada diariamente a agressões e insultos racistas, quando era conscrita à servidão? *Como posso viver?* — Era uma pergunta com a qual Esther lidava dia após dia. A sobrevivência demandava atos de colaboração e habilidade, a antecipação do imprevisto. A imaginação de Esther se voltava à direção do esclarecimento da vida — "aquilo que sustentaria e melhoraria a vida material, algo que envolvesse mais do que a reprodução da existência física".[31] A mutualidade e a criatividade necessárias para sustentar a vida num contexto de salários intermitentes, empobrecimento controlado, exclusão econômica, coerção e violência antinegro com frequência beiravam a ilegalidade e o crime. Os belos e rebeldes experimentos de Esther implicavam uma "franca rebelião" contra o mundo.

Fazia dois dias que ela trabalhava em uma casa em Long Island, onde também dormia, quando decidiu voltar ao Harlem para ver o filho e se divertir um pouco. Era verão e o Harlem estava animado. Esther visitou o filho e a avó, mas ficou na casa de sua amiga Josephine, onde sempre havia bebedeiras e farras. Esther planejara voltar ao trabalho no dia seguinte, mas um dia se estendeu por vários. As pessoas costumavam perder a noção do tempo na casa de Josephine. O prédio ficava no olho do furacão, perto da Fifth Avenue, nas quadras do Harlem submetidas a batidas policiais frequentes[32] e repletas de cortiços apinhados, que ofereciam refúgio para domésticas em fuga e jovens negras obstinadas; com umas oito ou dez pessoas amontoadas em dois cômodos, elas se reuniam e formavam comunidades temporárias, juntavam seus parcos recursos e compartilhavam sonhos. Ela estava jogando cartas quando Rebecca chegou com Krause, que disse que gostaria de apresentar um amigo para Esther. Ela não estava a fim de sair, mas eles continuaram insistindo, e Josephine a encorajou a dar uma chance para o encontro. Por que não se divertir um pouco?

Vamos dar uma volta?, Brady perguntou. Rebecca deu uma olhada nele. Para Esther, tanto fazia. Um sorriso e a promessa de certa diversão era todo o encorajamento de que Rebecca precisava. Krause iria para qualquer lugar desde que pudesse beber. Rebecca segurou o braço de Brady e os outros foram atrás, sem rumo, mas determinados a se divertir. Se um homem piscasse para Rebecca, ela já se alvoroçava toda. O desejo fluido dela não se concentrava em ninguém. Tanto quanto Esther, talvez mais, ela apreciava companhia. Quando estava na escola, as professoras com frequência a surpreendiam escondida em um armário ou corredor, agarrada, aos beijos com algum menino. Ela esteve "por aí" desde os catorze ou quinze anos. Outros poderiam tê-la chamado de "cocote",[33] pois ela aceitava presentes de seus amigos. Todas as garotas aceitavam. Dificilmente ela pedia dinheiro, embora não houvesse nenhuma separação clara entre o desejo e a necessidade.[34] O sexo não estava apartado da necessidade de viver, comer, ter um teto em cima da cabeça e roupas para você e sua criança; isso explicava por que os nomes dos amantes, maridos e pais não eram os mesmos. Acima de tudo, Rebecca adorava ir ao cinema e ao teatro, e seus amigos sustentavam tais prazeres. Ela havia se mudado para a casa de Josephine depois que seu homem, Dink, a pegou no cinema com outro. Ele a repreendeu, mas ainda assim declarou seu amor, dizendo que se Rebecca andasse na linha, ele se casaria com ela.[35] Mas ela não fazia o tipo de mulher *Ele me bate também, mas fazer o quê? Ah, como eu amo o meu homem.*[*][36] Ela não era de ninguém. Assim que pôde pegar suas coisas, Rebecca deixou o apartamento alugado onde eles moraram juntos nos últimos seis meses e caminhou algumas quadras pela Madison Avenue, rumo à casa de Josephine.

Brady não queria ir para a casa de Josephine, e disse que qualquer outro lugar serviria. O corredor de um cortiço era tão bom quanto qualquer sala de estar. Na passagem escura, Brady se agarrava com Rebecca, enquanto seu amigo tentava se entrosar com Esther. Krause pediu a Brady cinquenta centavos para comprar bebidas. Foi quando Brady disse que era policial. Krause saiu em disparada, como se soubesse o que estava por vir assim que o homem abriu a boca. Ele teria conseguido escapar se Brady não tivesse atirado em seu pé.

Na delegacia, o detetive Brady acusou Krause de escravidão branca (tráfico de mulheres ou meninas com os propósitos de prostituição ou libertinagem) e Esther e Rebecca por violação da Tenement House Law [Lei de Cortiços]. Sob essa acusação, elas foram levadas da delegacia para a Vara de Mulheres, no Tribunal Jefferson Market. Por contarem então com dezessete anos e nenhum crime precedente, foram enviadas para o Empire Friendly Shelter, onde aguardaram o julgamento, em vez de ser confinadas nas celas de prisão adjacentes ao tribunal. No abrigo, elas fizeram farra, dançaram de forma obscena, xingaram outras garotas, gritaram das janelas para as pessoas que

---

* No original, *He beats me too, what can I do? Oh my man I love him so.* Como a autora aponta em nota, letra de "My Man", performada por Billie Holiday.

passavam, brincaram com o pessoal, notando virtudes e defeitos de estranhos, censurando aqueles que ousavam parecer ofendidos.

— Onde você vai toda emperiquitada desse jeito?
— Você aí, você aí, aqui não é a Virgínia para você andar por aí que nem uma caipira com essas botinas.
— Negrinho ordinário.
— Aquela ali se vende por qualquer moeda.
— Ei, docinho, vem cá brincar comigo.
— Aquela vadia metida acha que é bonita.
— Tá olhando o quê?
— Ei, papai, eu podia fazer um estrago em você.

Esther era considerada a pior entre as duas. Mãe solteira, era tida como uma fora da lei, uma pária por ter procriado fora do casamento e trazido ao mundo um bastardo sem sobrenome. Seus pais haviam dado um exemplo melhor para ela. Tinham se casado, mas após a morte de seu pai, a mãe e a avó foram forçadas a trabalhar como domésticas e a residirem no emprego, de forma que ela e a irmã foram mandadas para o Abrigo de Órfãos de Cor, onde ficaram quatro anos. Existiam regras e códigos que regulavam as condições sob as quais as crianças deviam ser concebidas, e ela os tinha violado.[37] Esther havia "se jogado fora" e dado à luz uma criatura fruto do acaso. A gravidez podia ser considerada um delito de status. A negligência materna ou a tutela imprópria eram as formas mais fáceis de "montar uma acusação" na Sociedade para a Prevenção da Crueldade contra as Crianças, e a proteção era a rota mais curta para o reformatório e a prisão.

Uma semana de observação da conduta bárbara de Esther e Rebecca foi suficiente para convencer a pessoa responsável pela assistência social, uma figura declaradamente socialista, de que as duas jovens deveriam ser enviadas para longe a fim de serem salvas de uma vida nas ruas. Elas estavam aguardando para comparecer ao julgamento quando Krause mandou avisar que estava livre. O detetive não aparecera no tribunal, então as acusações contra ele foram retiradas.

Esther e Rebecca não teriam tanta sorte. Era difícil chamar de audiência os procedimentos precipitados e a indiferença rotineira da Vara de Mulheres, pois a corte não contava com um júri, não produzia nenhum registro escrito dos eventos, não exigia nenhuma evidência a não ser a palavra do policial, e falhava em considerar as intenções da acusada ou mesmo a existência de um ato criminoso.[38] *A probabilidade de criminalidade futura*, e não a violação da lei, foi o que determinou a sentença delas. O magistrado mal olhou para as duas jovens de cor antes de sentenciá-las a três anos no reformatório.

Até a noite de 17 de julho de 1917, Esther Brown tivera sorte e conseguira se esquivar da polícia, embora estivesse na sua mira o tempo todo. O Harlem fervia de oficiais da polícia de costumes, detetives à paisana e bons samaritanos, todos determinados a manter jovens negras longe das ruas, ainda que isso significasse prender uma por uma. Fazer muito barulho ou ficar à toa no corredor do prédio ou nos degraus da entrada eram violações da lei; marcar um encontro com alguém que você conheceu num clube, transar casualmente ou correr na rua[39] eram práticas consideradas prostituição. A mera disposição de se divertir um pouco ao lado de um estranho era evidência suficiente de transgressão. O tribunal e a polícia discerniam nesse exercício da vontade "um esforço de transformar a própria existência",[40] de se opor ou desafiar as normas da ordem social, e antecipava que esse descumprimento e essa desobediência facilmente dariam lugar ao crime. "O histórico de desobediência",[41] encenado em cada gesto e reivindicado na maneira como Esther se movimentava pelo mundo, anunciava sua disposição de "se arruinar ao se opor àquilo que é instituído como certo pela lei".

A única forma de contrariar a pressuposição de criminalidade e garantir a inocência era se comportar de forma impecável. Esther falhou nisso, como muitas outras jovens que passaram pelo tribunal. Elas erraram em não se dar conta de que a disposição ou inclinação para se divertir era uma evidência suficiente para culpá-las de prostituição. Não importava que Esther não tivesse abordado Krause, nem pedido ou aceitado qualquer quantia. Ela se considerava inocente, mas a Vara de Mulheres julgava o contrário. A incapacidade de Esther de prestar contas para explicar ou justificar a forma como vivia, ou corrigir suas falhas e desvios, estava entre os delitos impostos contra ela. Esther prontamente admitiu que odiava trabalhar, sem se preocupar em fazer distinções entre as condições de trabalho disponíveis para ela e algum ideal de trabalho que nem ela nem qualquer outra pessoa conhecida jamais havia experimentado. Ela foi condenada porque estava desempregada e "levando a vida de uma prostituta".[42] Era possível levar a vida de uma prostituta sem realmente ser uma.

Sem nenhuma prova de vínculo empregatício, Esther foi indiciada por vadiagem sob a Tenement House Law. A vadiagem era uma categoria ampla e praticamente universal; como *a maneira de andar* [43] em Ferguson, era uma acusação onipresente, que facilitava a prisão e a acusação de jovens pela polícia sem evidência de crime ou infração da lei. Nas décadas de 1910 e 1920, as leis de vadiagem foram aplicadas sobretudo para acusar jovens de prostituição.[44] E ser acusada era ser condenada, pois quase oitenta por cento daquelas que se apresentavam diante do magistrado eram sentenciadas a cumprir pena; em alguns anos, a taxa de condenação[45] chegou a 89 por cento. E não importava se era o seu primeiro encontro com a lei. As leis de vadiagem e a Tenement House Law tornavam as jovens negras vulneráveis à prisão. Não importava o que você tinha feito, mas sim o poder profético que a polícia tinha de prever o futuro[46] e de antever a foto da ficha policial nos olhos brilhantes e no rosto inteligente de Esther Brown.

O primeiro estatuto de vadiagem foi aprovado na Inglaterra em 1394. A escassez de mão de obra que se seguiu à peste negra inspirou o estatuto. Seu objetivo era claro: conscrever aqueles que se recusavam a trabalhar.[47] As leis de vadiagem inglesas foram adotadas nas colônias da América do Norte e dotadas de nova força e alcance após a Emancipação e o término da Reconstrução. Essas leis substituíram os Códigos

Negros,* que tinham sido considerados inconstitucionais. As leis de vadiagem reviveram a servidão involuntária sob disfarces favoráveis aos princípios de liberdade e igualdade.

No Sul, essas leis substituíram a escravidão, forçando ex-escravizados a permanecerem nas plantations e restringindo radicalmente seus movimentos. No Norte, os mesmos estatutos se destinavam a obrigar pessoas desocupadas a trabalharem, e, mais importante, a controlar os despossuídos ao negar-lhes o direito de subsistir e escapar ao contrato. Aqueles que não tinham prova de vínculo empregatício eram considerados propensos a praticar ou a se envolver com o vício e o crime. Os estatutos de vadiagem forneciam meios legais de dominar os recém-libertos. As origens do trabalho forçado e da casa de correção podem ser traçadas desde esses esforços para obrigar aqueles relutantes ao trabalho, para administrar e regular o ex-servo e o ex-escravizado quando a senhoria e a servidão assumiram uma forma mais indireta.

A vadiagem era um status, não um crime. Era o *não* fazer, a negação, a não participação, a recusa em se estabelecer ou em se prender por contrato a um empregador (ou marido). O direito consuetudinário definia o vadio como um "indivíduo que perambula sem meios visíveis de sustento".[48] William Blackstone, em seu *Commentaries on the Law of England* [Comentários sobre as leis da Inglaterra] de 1765, definiu os vadios como aqueles que "fazem vigília à noite e repousam durante o dia, se refugiam em tabernas e cervejarias e são dados à ociosidade; e nenhum homem sabe de onde vieram nem para onde vão".[49] Os estatutos miravam naqueles que possuíam noções libertárias excessivas e imaginavam que a liberdade incluía o direito de *não* trabalhar. Em suma, os vadios eram os desarraigados — migrantes, andarilhos, fugitivos, deslocados e estranhos.

Os delitos de status foram cruciais para que se refizesse uma ordem racista no encalço da Emancipação, e aceleraram a crescen-

---

* Em inglês, *Black Codes*, um conjunto de leis, promulgadas entre 1865 e 1866, que restringiam liberdades e direitos civis de pessoas negras com o objetivo de assegurar a supremacia branca após a Abolição nos Estados Unidos.

te disparidade entre as taxas de encarceramento de pessoas negras e brancas nas cidades nortistas no início do século 20. Enquanto a transformação legal de escravidão em liberdade é com frequência narrada como a mudança do status para a raça, da propriedade para o sujeito, do escravo para o negro, os estatutos de vadiagem tornam aparentes as continuidades e os enredamentos entre uma ampla gama de estados não livres — de escrava a empregada, de empregada a vadia, de doméstica a prisioneira, de desocupada a condenada e criminosa.[50] A servidão involuntária não era uma condição — escravidão por posse — nem era algo fixado num tempo e espaço; em vez disso, era um modo continuamente cambiante de exploração, domínio, acumulação (a dissolução da vontade, o roubo da capacidade, a apropriação da vida) e confinamento. O racismo antinegro moldou fundamentalmente o desenvolvimento da "criminalidade de status". E, por sua vez, a criminalidade de status foi atrelada de forma inexorável à negritude.

Esther Brown foi confrontada com uma escolha que não era de jeito nenhum uma escolha: se voluntariar à servidão ou ser comandada pela lei. Os estatutos de vadiagem foram implementados e expandidos para recrutar jovens negras para o trabalho doméstico e ajustá-las em lares apropriados — a maioria casas de famílias brancas, ou lares chefiados por homens, que tivessem um *ele* de fato, não simplesmente alguém que se passasse por marido ou que se vestisse como um homem, não amantes que passavam por irmãs ou uma pretensa senhora amigada com um inquilino, nem famílias compostas de três mulheres e uma criança. Para as autoridades, os lares negros eram desajustados por serem casas maculadas pela promiscuidade e pela ilegalidade. O ambiente doméstico era o lócus da prostituição e da criminalidade. Este homem é seu marido? Onde está o pai do seu filho? Por que você deixa sua filha sozinha? Tais perguntas, se não respondidas adequadamente, poderiam condenar você ao asilo ou ao reformatório. O poder arbitrário de discernir *crimes futuros* concedido à polícia teria um impacto enorme na vida social negra e na construção de uma nova ordem racial.

*

A carta que seu ex-marido enviou não dizia se o artigo apareceu na coluna local do *Amsterdam News*, no "Resumo da Cidade de Nova York" *Chicago Defender*, ou na seção de notícias da cidade no *New York Herald*, apenas algumas linhas dedicadas ao quando, onde e como, apenas os fatos frios e concretos. Não foi uma manchete pomposa e sensacionalista como "Seda e brilho[51] são os culpados pela delinquência das jovens no Harlem" ou "Fascínio pela elegância coloca jovem na cadeia" ou ainda uma grande reportagem sobre a crise moral e o pânico sexual fabricados por comissões dedicadas ao vício e pelos reformadores urbanos. Se os detalhes eram especialmente sórdidos, uma ou duas colunas podiam ser dedicadas às particularidades da queda de uma jovem.

Tudo o que seu ex-marido disse foi que "uma onda de tristeza e descrença" se abateu sobre ele enquanto tentava entender como sua Esther, sua querida, acabou se envolvendo em tamanho problema. Ele a encorajou a ser uma boa menina e prometeu cuidar dela quando fosse solta, algo em que ele fracassou nos poucos meses em que viveram juntos como marido e esposa na casa da mãe dela. Agora que já era tarde demais, ele tentava ser sensato.

A carta foi escrita em um papel de carta do exército dos Estados Unidos e era repleta de juras de amor, promessas sobre tentar ser um homem melhor e súplicas para que ela se esforçasse para melhorar. *Você não vai ser feliz*, ele alertou, *até [o seu] mundo louco acabar*. Ele esperava que Esther tivesse aprendido uma *lição há muito perdida no mundo louco da diversão e do prazer*.[52]

A avó e as irmãs de Esther não sabiam que ela tinha sido presa até ver o nome dela no jornal. Elas não puderam acreditar. Aquilo não era verdade. Não podia ser. Todo mundo no Harlem sabia que os caguetes eram pagos para mentir. Todo mundo sabia que Krause estava trabalhando para os guardas. Ele venderia a própria mãe por um dólar. Apareciam histórias nos jornais sobre os caguetes que acusavam jovens e mulheres de meia-idade inocentes, às vezes para extorquir dinheiro delas ou para serem pagos diretamente pela polícia.[53] Além disso, se havia alguém a quem culpar pelos problemas de Esther, sua

Knights of Columbus
OVERSEAS SERVICE

**ON ACTIVE SERVICE WITH
AMERICAN EXPEDITIONARY FORCES**

A.P.O. 712 60 B 329 L B

DATE March 26 1919

My Dear wife

Just a few lines Let
you hear from I am not very
well But truly hope this Letter
reachs you it may bring you
well and in the very best of
Health. I am writing to Let you
know that send you $15 00.
and Cents and Government
Sends you $15 also and if
you have not recive of it
them write and asked him
for it. when you Please
write me your next addres
So you can get your
money every month Just
the Same write and give
me your mother addres
So that can write to her
I write and write to you but

avó pensou, esse alguém era a mãe dela, Rose. Ela tinha ciúmes da menina, principalmente pela atenção que Esther recebia por parte dos inquilinos que alugavam quartos no seu apartamento. Rose vivia com um deles como marido, embora a relação, para ser mais precisa, estivesse fora dos limites da lei.

Quando Rose ouviu as notícias sobre a filha, aquilo em que acreditava se confirmou: a menina estava atrás de problemas. Uma temporada no campo, sem suas perambulações pelas ruas, poderia endireitar Esther, ela confidenciou para a pessoa responsável pela assistência social, direcionando o destino de sua filha. O que se passou por zelo materno era uma longa lista de reclamações sobre o estilo de vida de Esther. Rose disse para a oficial da condicional, uma mulher de cor chamada srta. Grace Campbell, que a filha "nunca tinha trabalhado mais do que seis semanas direto e só parava em um lugar por algumas semanas". Esther simplesmente não conseguia se estabilizar nem manter um emprego. Ela tinha um bom marido e o abandonara. Era jovem e volúvel e não queria ficar presa a um marido, a um homem, a qualquer homem. O que mais havia para dizer? Esther só queria fazer as coisas do jeito dela.

Os vizinhos contaram uma história diferente. A mãe era quem devia ser mandada embora dali. Todo mundo sabia que Rose Saunders se relacionava com um dos homens que se alojavam no apartamento dela. "Que tipo de exemplo isso dá pra uma menina? Isso não é certo."[54]

A carta da namorada de Esther não foi nada parecida com a do marido. Não implorava que ela fosse uma boa menina, não suplicava que deixasse aquele mundo louco para trás nem dizia a ela que andasse no caminho certo, mas, em vez disso, lembrava Esther de todos os prazeres que a esperavam quando ela recebesse os documentos de soltura, o amor de Alice entre eles:

Minha querida menina, escrevo algumas linhas para você saber que tudo vai bem. Você deve pensar que eu fui uma tola por ir embora de Peekskill, mas não aguentei o trabalho. Não estou acostumada a trabalhar tanto quando estou fora de Bedford, e por que fazer isso quando não preciso? Fique onde você está e espere, que vamos morar em Nova York quando você for solta [...].

Você não vai acreditar, vou me casar mês que vem, não que eu goste muito [dele], mas por proteção. Estive em Nova York no domingo e vi um monte de amigos e fiquei sabendo de todo o escândalo e então alguns [...]. Nova York é grande, tem muita coisa fina & tudo o que você quiser, então se anima, que tempos bons te esperam. Então, encerro com o mesmo amor de sempre e desejando tudo de bom para você.[55]

Algumas semanas após a soltura de Esther, ela e Alice se reconectaram com sua amiga, Harriet Powell. As duas ficaram na casa dela até conseguirem encontrar um lugar só para si. A mãe de Harriet recebeu bem as duas meninas, sem se importar que uma delas fosse branca. Passaram um tempo muito divertido na cidade, recompensaram os 25 meses roubados, dançaram até quase amanhecer, foram ao teatro e ao cinema, comeram em restaurantes chineses e andaram na companhia de quem bem entendessem, pelo menos até a oficial da condicional encontrá-las. "As duas eram muito soltas e nenhuma prestava", a srta. Murphy disse para suas empregadoras no hotel do centro da cidade, certificando-se de que a camareira-chefe soubesse exatamente o tipo de jovens que elas eram. Ela iniciou seu depoimento com a palavra *perigosas*.

Pouco menos de dois séculos depois da conspiração que eclodiu em um botequim dessegregado chamado Hughson's Tavern e que tinha por fim queimar Nova York, a elite governante da cidade ainda vivia com medo de assembleias negras e da ameaça de revolta. O Estado estava igualmente empenhado em prevenir os perigos e as consequências representados por um grupo de *negros reunidos de maneira desordeira*.[56] No século 18, escravizados e negros livres que se reunissem em assembleias ilegais eram açoitados. Em 1731, uma lei chamada "Law for Regulating Negroes & Slaves in Night Time" [Lei para a regulação de negros e escravos no período noturno] proibia negros, mulatos ou indígenas escravizados maiores de catorze anos de andar à noite sem uma lamparina ou vela acesa, de forma que pudessem ser vistos nitidamente. Mais de três pessoas escravizadas não podiam se reunir, sob pena de levarem até quarenta chicotadas. Por "jogar ou fazer qualquer tipo de agitação ou barulho desordeiro", a pena era vinte chicotadas.[57] Qualquer encontro social fornecia a oportunidade para uma possível conspiração.

No século 20, o movimento desregulado e a assembleia de pessoas negras continuaram a ser questões de segurança pública. Reuniões muito barulhentas, desordenadas ou queer — ou locais como hotéis e cabarés que recebiam fregueses negros e brancos; botequins dessegregados frequentados por chineses e jovens brancas, mulheres negras com seus amantes italianos ou mulheres que preferiam dançar umas com as outras — eram consideradas desordeiras, promíscuas e moralmente depravadas. Essas formas de livre associação e de grandes reuniões ameaçavam o bem público, pois transgrediam a linha de cor e se abstinham dos costumes dominantes. A elite governante, ao mirar nessa sociabilidade promíscua, fabricou um pânico moral para justificar o emprego extravagante da força policial.

Cidadãos ricos por bens particulares, dotados de autoridade estatal e que conduziam a polícia, organizaram o Comitê dos Catorze (uma comissão de costumes composta de nova-iorquinos abastados e reformadores) e chefiavam o Conselho Estadual de Caridades[58] e a Comissão Penitenciária Estadual. Um dos objetivos centrais, além de dominar os trabalhadores, era impor a segregação racial diante da inexistência de um decreto legislativo estadual ou municipal. A segregação era vista como uma maneira de manter a saúde e a moralidade do corpo social e o poder de polícia era crucial para o alcance desse objetivo. Em termos mais gerais, o poder de polícia dota o Estado da capacidade de regular comportamentos e reforça a ordem a serviço do bem público. Policiar a negritude era considerado básico para garantir a saúde do corpo social e minimizar os perigos. Aos olhos da elite governante da cidade, a segregação racial era sinônimo de bem público, e a imposição da linha de cor, uma forma de controlar o crime, direcionando a prostituição, as jogatinas, as drogas e outros vícios para as vizinhanças negras e contendo tudo em seu interior.

Em 1912, o Comitê dos Catorze se recusou a conceder uma licença de venda de bebidas alcoólicas para o Marshall Hotel, um local de encontro de intelectuais progressistas, artistas e músicos. Paul

Laurence Dunbar morava no hotel. W. E. B. Du Bois, Mary White Ovington e outros membros da NAACP se reuniam lá para conversar, beber e planejar a dissolução da linha de cor. Uma carta de Du Bois que declarava o hotel como um lugar de conferências respeitável e que assegurava ao comitê que não havia nada de ilegal ou inadequado nos encontros e nas reuniões inter-raciais que aconteciam ali não foi suficiente para persuadir o comitê. O Marshall Hotel era um dos poucos estabelecimentos decentes na cidade que recebiam ou toleravam uma clientela mista. Du Bois não foi capaz de convencer o comitê de que o Marshall Hotel não era um refúgio para os degenerados. A intimidade inter-racial e a amizade para além da linha de cor — e não a prostituição — eram os problemas que mais preocupavam o comitê. Conforme o secretário executivo, Frederick Whitten, explicou em sua resposta: o Marshall Hotel encorajava "a lamentável mistura de raças, a qual, quando os indivíduos pertencem às classes mais humildes, sempre significa perigo". Quando Du Bois se opôs a essa defesa moral da linha de cor, especialmente por violar as leis de direitos civis do estado de Nova York, o secretário apenas afirmou o posicionamento do comitê: "Se julgamos que a associação das duas raças sob determinadas circunstâncias resulta em condições desordenadas e que sua separação resulta na discriminação baseada em raça ou cor, devemos escolher uma ou outra face do dilema [...]. *A desordem é pior que a discriminação*".[59]

A Tenement House Law foi o principal instrumento legal empregado na vigilância e na prisão de jovens negras por vadiagem e prostituição.[60] O interior negro caiu inteiramente dentro do escopo da polícia. Policiais à paisana e investigadores particulares monitoravam a vida privada e o espaço doméstico, concedendo poder legal à noção de que o lar negro era o lócus do crime, da patologia e dos desvios sexuais. O Tenement House Act (1901) foi elaborado por reformistas progressistas, amigos oficiais do negro, e por filhos e filhas de abolicionistas que tinham a intenção de proteger os pobres e aliviar os efeitos brutais do capitalismo com banheiros limpos, água quente, calefação e saídas de incêndio. Desde o início, o esforço de proteger os moradores dos cortiços de condições decrépitas e inabitáveis esteve intimamente vinculado à erradicação do crime e dos vícios sociais. A lei tomou como certa a criminalidade entre os pobres e identificou o lar doente como incubadora de crimes.[61] Intelectuais progressistas e reformistas acreditavam que os males sociais emanavam do gueto, e não das condições estruturais da pobreza, do desemprego, do racismo e do capitalismo. Enquanto a lei fora designada para prevenir a superlotação — que era a fonte prolífica da imoralidade sexual —[62] e para melhorar as condições habitacionais dos mais pobres — insuficiência de ar e luz devido a vãos ou saídas de ar estreitos demais, corredores escuros sem iluminação ou janelas, superlotação de edifícios em lotes, riscos de incêndio, falta de sanitários e lavanderias individuais, superlotação e porões e pátios imundos —, os benefícios e a proteção que a lei oferecia eram ofuscados pelo abuso e o assédio que acompanhavam a presença policial dentro dos lares.

Além de ter feito pouco para melhorar as condições de moradia das pessoas negras e pobres (com a aplicação irregular de códigos habitacionais ou processos legais contra os proprietários), a lei consolidou o significado de prostituição[63] e vinculou a negritude à criminalidade ao colocar a vida doméstica negra sob vigilância. O espectro da prostituição, antes atribuído ao influxo de imigrantes judeus, agora se tornava um problema do negro. Em 1909, o Tenement House Act foi emendado e revisado, ganhando uma série de artigos voltados particularmente à erradicação da prostituição e com um entendimento do "vadio como um embrião de qualquer criminoso".[64] A lei definia a vadiagem como:

Uma mulher que sabidamente reside em uma casa de prostituição ou em um cortiço onde ocorram encontros amorosos de qualquer tipo; que pratica prostituição ou expõe sua pessoa de forma indecente com o fim de prostituição; que atrai qualquer homem ou menino para uma casa de prostituição ou para um quarto de cortiço com o propósito de prostituição, deve ser considerada *vadia*, e após condenação deverá ser conduzida para a prisão do condado por um período de até seis meses, a contar da data da condenação.

Qualquer jovem que morasse num cortiço e que convidasse um homem para sua casa corria o risco de ser acusada de prostituição. A Tenement House Law expandiu as provisões do Código Penal, transformando a vadiagem em uma categoria elástica, indiscriminada e abrangente.

Em 1914, "a maioria das acusações de prostituição foram executadas por meio da cláusula de vadiagem da Tenement House Law".[65] Trinta e seis por cento das pessoas condenadas eram mulheres negras.[66] Elas representavam o maior grupo processado sob essa rubrica. Sob o pretexto da reforma habitacional, a polícia teve bastante liberdade na vigilância e na prisão de mulheres negras e de moradores de cortiços.[67] A maior parte das prisões foi justificada menos por aquilo que tinha sido feito e mais pela suspeita de quem essas jovens poderiam se tornar.

Em 1915, o código penal foi mais uma vez emendado para "simplificar" ou otimizar os requisitos probatórios, o que facilitou a prisão e o processo de jovens sob *suspeita* de prostituição. Para assegurar uma condenação, era necessário apenas o testemunho do policial. No estatuto anterior, era requerido um ato declarado de prostituição — abordagem ou transação monetária. Agora, apenas a *disposição* para fazer sexo, o envolvimento em práticas "lascivas"[68] ou a aparente probabilidade de fazê-lo eram suficientes para alguém sofrer um processo. A maioria das mulheres condenadas por prostituição foi acusada de vadiagem.

Batidas policiais de surpresa eram comuns. Em uma "batida surpresa", policiais à paisana, depois de terem identificado uma pessoa e um lugar suspeitos, batiam na porta de uma residência particular e, quando a porta era aberta, forçavam a entrada no local, ou seguiam uma mulher que estivesse entrando em sua casa. Era comum ver as portas de quartos e apartamentos alugados marcadas, quebradas e pendendo das dobradiças após oficiais de polícia entrarem nos lares a força e sem mandado.[69]

Em seu relatório anual, o Comitê dos Catorze endossou a batida surpresa como uma resposta razoável à presença negra na cidade. Geralmente uma batida policial sem mandado[70] poderia ser um "procedimento perigoso", pois violava liberdades civis básicas, e o "uso irrestrito dessa prática provavelmente acarretaria a opressão policial", porém o Comitê entendeu que tais medidas eram justificadas. Segundo a avaliação deles, a polícia exercia um bom julgamento na condução de tais práticas, pois "as condições encontradas nas estâncias invadidas justificam plenamente as ações tomadas". Para quem se encontrava sob vigilância policial, não havia diferença alguma entre um "bom julgamento" e a opressão policial.

Inquilinos negros eram policiados com mais intensidade e violência do que seus vizinhos brancos, então não surpreende que, como resultado desses encontros regulares com a lei, os prédios nos quais residiam contivessem mais "lares desajustados" e "pessoas desajustadas". Os esforços conjuntos dos reformadores sociais e da polícia tiveram um efeito precipitado na formação do gueto negro, uma vez que os senhorios de inquilinos negros eram mais passíveis de serem processados por violações da Tenement House Law e multados em até mil dólares. Isso contribuiu para a relutância dos senhorios brancos em alugar para pessoas negras, e ainda assim alugavam apenas as piores e mais miseráveis habitações pelos valores mais exorbitantes.

Uma agenda policial ilustra a típica varredura de cortiços no Harlem e as prisões de rotina. Uma vez que a polícia entrava em um apartamento, qualquer pessoa que se encontrasse no local estava sujeita à prisão. Billie Holiday foi presa em uma dessas varreduras, quando mais de uma dúzia de mulheres foi presa em um raio de cinco quadras. A ironia foi que a mãe de Holiday a havia hospedado na casa de Florence Johnson para manter a filha longe de ameaças e protegê-la do perigo das ruas.

Mãe e filha foram presas, mas não revelaram sua relação para a polícia por medo de que isso levasse a uma punição mais severa.

Mulheres eram presas na porta de casa e dentro de seus apartamentos, ao desembarcarem de táxis, flertarem em salões de dança ou aguardarem o retorno do marido, ao voltarem para casa depois de uma noite no cabaré na companhia das amigas, desfrutarem de um ato íntimo com um amante, quando estavam no lugar errado e na hora errada.[71] Em suma, se uma jovem negra encontrasse a polícia em qualquer

4/20/29 Viola Taylor arr. conv.
69 W. 135 St. Bedford

4/5/29 - Margaret Cornich
40 W 132 . 180 days.

4/27/29 - Doris Hunter
121 W 129 - 100 days

4/9/29 - Ampola Rogas
75 W 118 St. Disch.

4/9/29 - Rita Gimines
75 W 118 St. 100 days

5/2/29 - Alice Murphy - 329 Lenox Av. 100 days
5/7/29 - 146 W 129 Patronta Dade - Disch
5/26/29 262 W 129 Irene Cobb - Disch
5/17/29 40 W 132 Estelle Neveson 30 days
5/26/29 6 W 135th Mary Williams 180 "
   "   "   Edith Thompson 100 "
   "   "   Marion Streets 100 "
5/3/29 122 W 137 Florence Jones Disch
   "   "   Mackie Thompson "
5/3/29 151 W 140 Gladys Johnson 100 do.
   "   "   Florence Williams 5 ds.
   "   "   Eleanor Fagen Hosp.
   "   "   Iney Allen Disch
   "   "   Julia Harris "
5/2/29 305 W 143 Florence Walker 100 ds.
5/10/29 125 W 144 Florence Jackson Disch
   "   "   Lorenza Payne "
   "   "   Lois Huntley Prob
   "   "   Alice Hogan Prob
6/4/29 at 100 W 141 - 7 ff. Lillian Willis 100 ds
6/2/29 at 42 W 138 Rebecca O'Bee Prob
   Frances Thompson
   Margaret Mason Disch.
   Ellen Walker
   Louise Price

lugar e a qualquer hora, ela estava em risco. Billie Holiday descreveu a década de 1920 como uma época horrível por isso: "Eram dias terríveis. Mulheres que nem a minha mãe, que trabalhavam como empregadas, limpando prédios de escritórios, eram pegas na rua a caminho de casa depois do trabalho e acusadas de prostituição. Se elas podiam pagar, eram soltas. Se não podiam, iam parar no tribunal, onde valia a palavra de algum guarda sujo e corrupto contra a delas".[72]

Em 1922, Trixie Smith gravou sua primeira música, "My Man Rocks Me with One Steady Roll" [Meu homem me balança com um gingado firme] para a gravadora Black Swan Records. A letra celebrava a liberdade sexual da época em detalhes explícitos:

> Meu homem me balança com um gingado firme
> Quando quer, ele não larga a pegada
> Eu olhei o relógio e o relógio batia a uma
> Eu disse: vamos nos divertir, querido
> Oh, ele me balança com um gingado firme"*[73]

Smith tinha acompanhado Fletcher Henderson em diversos estabelecimentos notáveis do Harlem e gravado com ele na Paramount Records; tinha se apresentado na Broadway e estava no caminho certo para se tornar uma das cantoras de blues clássicas, quando um policial entrou em seu apartamento e a prendeu junto com sua amiga Nettie Berry, uma artista de palco e atriz de cinema. O detetive vinha observando Smith por várias semanas. Ele a encontrou pela primeira vez em um cabaré no Harlem e então entrou na casa dela acompanhado por um conhecido, um informante pago, que o ajudava a "conhecer mulheres" e que apresentou os dois. O agente secreto voltou uma semana depois. Nessa visita, ele pediu um copo de gim e então

---

* No original, *My man rocks me, with one steady roll/ There's no slippin' when he wants take hold/ I looked at the clock, and the clock struck one/ I said now, Daddy, ain't we got fun/ Oh, he was rockin' me, with one steady roll.*

prendeu Trixie Smith e Nettie Berry. Smith foi acusada de alugar um quarto com fins de prostituição e, Berry, de ser uma prostituta. As duas crianças pequenas de Trixie Smith estavam em casa no momento que o suposto ato fora cometido; nesse caso, o ato compreendia a disposição de entreter o detetive à paisana e oferecer um drinque para ele. As duas artistas foram acusadas no Tribunal Jefferson Market nas primeiras horas da manhã.

A manchete publicada algumas semanas depois no *Afro-American* dizia: "Artistas de raça alegam incriminação policial". Somente os contratos exibidos pelo agente delas e a indignação da comunidade diante do fato de que duas artistas distintas podiam ser tratadas com tamanha injustiça resultaram na rejeição das acusações alegadas contra as duas. Elas conseguiram "testemunhas para provar que ambas exerciam suas profissões e guardavam uma reputação de membros respeitáveis da comunidade".[74]

A prostituição era uma acusação empreendida com o fim de extrair informações, extorquir dinheiro, assediar e abusar, e de estabelecer os limites daquilo que uma mulher negra podia fazer. O *New York Age* e o *Amsterdam News* alertavam as mulheres sobre os perigos representados por policiais corruptos e caguetes, aconselhando-as a evitar encontros com estranhos. Conversar com homens na rua ou convidá-los para sua casa representava um risco muito grande, assim como aceitar encontros com estranhos. A ameaça de punição não era suficiente para evitar que jovens se associassem a "más companhias" ou para desviá-las do mau caminho, mesmo se houvesse consequências em jogo.

A sobrevida da escravidão se desdobrou no corredor de um cortiço e pôs as mãos em Esther Brown. Ela e as amigas não se esqueciam nunca de que a lei pretendia mantê-las em seu lugar, mas se recusavam a *viver de acordo com suas cláusulas e parênteses*.[75] O problema do crime era a ameaça representada[76] pela presença negra nas cidades nortistas; o problema do crime era o experimento louco de liberdade negra, e os esforços empreendidos para administrar e controlar essa crise forneceram os meios de reprodução da ordem branco-sobre-negro que definia o espaço urbano e a vida cotidiana. Com uma perversidade incrível, a vigilância estatal e a força policial agiram de forma a moldar e regular a vida íntima. A violência estatal, a servidão involuntária, a pobreza e o confinamento definiam o mundo que Esther Brown queria destruir. E isso a transformou no tipo de garota que não hesitaria em acabar com tudo.

A vida interrompida de Eva Perkins[1]

Era a primeira noite de agosto e a terceira seguida em que a temperatura atingia quase 38 graus. Fazia calor demais para dormir. Às onze e meia, Eva Perkins caminhou até a 135th Street com a Lenox Avenue e pegou o jantar de Aaron no café, três sanduíches e duas fatias de torta. Sua rotina vinha sendo a mesma há quase um ano, a não ser pelos dois dias em que ela estivera no hospital ao perder o bebê. Geralmente, ela ia até o prédio onde Aaron trabalhava como ascensorista durante a madrugada. De dia, todos os elevadores eram operados por mulheres, mas a lei não permitia que elas trabalhassem no período noturno. Às vezes, o ascensorista do prédio vizinho se juntava a eles para jantar e conversar. Depois de uma ou duas horas, Eva voltava para o apartamento deles. Quando Aaron terminava seu turno e chegava em casa pela manhã, Eva já estava na fábrica, então desfrutavam do jantar à meia-noite.

Era quase uma e meia da manhã quando Eva se colocou diante da porta de seu apartamento. Ela segurava um sanduíche que havia sobrado em uma mão e as chaves na outra. No corredor, Eva notou a presença de um homem que nunca vira ali no prédio. "Quer se divertir um pouco?", o homem lhe perguntou. "Te dou dois dólares." "Não estou interessada", ela respondeu e deixou por isso mesmo. Quando Eva abriu a porta do apartamento, três detetives forçaram a entrada atrás dela. Eles piscaram para o homem de cor e lhe disseram para sumir dali antes que o acusassem de alguma coisa também.

"Diga onde Shine está." Eva não sabia nada de Shine, apenas que ele morava no andar de cima. Diziam os rumores que estava na França, mas Eva não contou isso aos policiais. "Eu não sei de nada", respondeu, tentando explicar que havia acabado de voltar para casa depois de levar o jantar para o marido. "Marido? Você não é casada", um deles disse, rindo na cara dela. "Você é só mais uma mulher do Kid Happy." Será que ele disse mulher ou algo pior?

Os detetives chamaram Aaron pelo seu nome de guerra, como se fossem amigos dele em vez da lei que tinha acabado de invadir sua casa para assediar e ameaçar sua mulher. Todo mundo conhecia Aaron porque ele havia lutado boxe na maioria dos clubes do Harlem e em eventos beneficentes dos soldados e da Cruz Vermelha. O detetive disse que conhecia Kid; então ladrou: "Vamos, pode ir falando". "Não sei nada do Shine", Eva repetiu. Foi quando um deles disse: "Melhor você vir conosco". O outro riu e disse: "Enquadra ela na *Tenement House*." Antes que a arrastassem para fora, Eva pediu para deixar um bilhete a Aaron. Quando chegou em casa pela manhã, ele encontrou o papel em cima da mesa. E tudo o que dizia era: Estou presa.

No Harlem, a polícia primeiro prendia e depois encontrava uma desculpa. Após o levante de 1905 em San Juan Hill, o comissário deu aos policiais um alerta severo: eles não podiam espancar negros sem antes acusá-los de um crime; isso não caía bem. Agora, se decidissem arrastar você até a delegacia ou te dar uma surra, eles acusavam você de conduta desordeira, perturbação pública, tumulto ou com a Tenement House Law. Eva não sabia nada de Shine. Metade dos negros do Harlem era Kid Alguém. Kid Happy. Kid Chocolate. Kid Midnight. Quando não eram Kid, eram Sheik ou Shine. Era difícil saber se o "crioulo mau" que a polícia procurava sequer existia; se era um homem ou uma composição, um monstro para eles e um herói para nós; ou se era uma figura que as pessoas de cor inventaram, apenas um punhado de habilidades dotadas de um nome, um herói fodão de talentos extraordinários, um Stagger Lee,* um filósofo de esquina, um

---

* Figura do imaginário afro-estadunidense, símbolo da persona do "homem mau", um anti-herói que rendeu diversos blues, canções folclóricas e histórias.

trabalhador miraculoso que conseguiu se desvencilhar do domínio dos brancos e escapar aos desastres cotidianos da linha de cor. Que conseguiu desafiar um mundo incapaz de ver os negros como qualquer outra coisa que não instrumentos do brilho — engraxe meus sapatos, lave minhas roupas e me adore. Shine, o Brilho, era um mito belo sobre um negro capaz de sobreviver a toda e qualquer coisa que um homem branco colocasse em seu caminho, e ainda resistir à catástrofe da vida na era Jim Crow.

Shine era o herói de milhares de baladas populares; o alter ego do ex-homem de cor; o líder de uma República negra que nunca existirá; ele era cada figurão do Harlem ou trabalhador dotado de um sonho; era todo homem que queria mais e falhou.[2] Você podia encontrá-lo em quase todos os cortiços do Harlem. As histórias eclipsavam e sobrepujavam qualquer pessoa ou mero mortal, então era difícil discernir as mentiras da verdade, a fantasia dos fatos. Ele foi o único passageiro sobrevivente do Titanic? Ele ainda era um soldado na França ou apenas um fugitivo em sua rota? Ele era um negro fugido do Harlem ou um rebelde do gueto dotado com a dádiva de nove vidas?

E o que foi feito da mulher de Shine — sua parceira, sua amiga, sua irmã, sua companheira? Shine, como Calibã, foi lançado na batalha sem uma companhia feminina. A ausência mais significativa de todas na dramaturgia da luta,[3] na estilhaçada história cósmica da vida negra, no desenrolar da trama dos miseráveis, se abateu sobre essa mulher. Estaria o filho nativo sempre acompanhado de uma filha nativa? Ou não havia ninguém ao seu lado enquanto ele enfrentava o mundo? Enquanto o mundo o enfrentava? E eu não sou uma aliada e uma irmã? Eu não estou aqui? Sou uma presença ausente?[4] Se o texto do humano foi escrito e reescrito contra ele, ela foi totalmente deixada de fora da ordem de representação. Nem sujeito nem objeto, mas uma coisa muda e silenciada, como uma metáfora impossível, uma baleia encalhada ou uma forma ainda por ser nomeada. Sua maturidade tem sido indefinidamente adiada. Que lugar houve para Eva nos assuntos do mito e da imaginação? Poderiam a *Chegada de Eva Perkins* ou seu trágico eclipse algum dia servir como uma alegoria da raça, como o conto representativo da negritude? No drama entre o mundo e ele, ela desaparece, ela

cai no buraco negro; ela é o buraco negro, uma pessoa sem valor. Anônima, ela aguarda nos bastidores, mas sem um papel para interpretar, a catalisadora do nada. O que ela tem a ver com as questões de vida e morte? E o que dizer de seu desejo e coragem? Ou ela foi "reduzida a não possuir nenhuma vontade e desejo, a não ser aqueles prescritos"[5] pelo senhor e pela senhora ou coagidos por um amante?

Qual é o texto de sua insurgência? Ele também possuía o conhecimento da liberdade — as miraculosas e insondáveis formas de fugir do domínio dos brancos? Como ela revidou e atacou? Ela também tinha sobrevivido a mil mortes, então por que não existem baladas populares sobre ela ou relatos exagerados de sua resistência?

Por que não existem histórias sobre a forma como ela abriu caminho sem ter saída? Seria seu destino ficar para sempre presa no reino empobrecido do realismo, ou pior, confinada à imaginação sociológica, capaz apenas de reconhecê-la como um problema? E, ainda que na ausência de qualquer evidência de transgressão, sempre julgá-la culpada? Sim, a culpa era sempre dela.

Ela não tinha nada a dizer sobre a forma como o mundo fazia uso dela? Nenhuma forma de responder ao poder? Quanta raiva pode um corpo conter antes de explodir? Que palavras duras ela foi forçada a engolir ou quais maldições proferiu, quais orações sussurrou? A recusa, a não participação e a dissimulação[6] eram suas únicas formas de lutar? Seria a aquiescência a máscara da retribuição e da destruição? *Vença-os com sins e sorrisos bem abertos* [...] *concorde com eles até a morte e a destruição.*[7] "Sim, senhor", até o inferno e de volta.

Eva odiava os policiais que invadiram sua casa e a prenderam simplesmente porque podiam fazer isso, porque Shine havia escapado deles e ela podia ser levada em seu lugar. Na próxima, ela daria um motivo. Em silêncio, acolheu o protesto e a queixa. Nenhuma resposta, nenhum impropério — nem mesmo um sussurro. Eva fez um voto de silêncio.

Revolta e refrão

Os repórteres estavam mais interessados no que aconteceu com as jovens brancas. Ruth Carter, Stella Kramer e Maizie Rice foram os nomes que apareceram nos jornais.[1] Ruth foi a primeira a relatar para a Comissão Penitenciária Estadual as coisas terríveis que fizeram com elas em Bedford Hills: eram algemadas nas celas de Rebecca Hall, eram espancadas com mangueiras de borracha e algemadas em seus catres, eram penduradas nas portas de suas celas com os pés quase sem tocar o chão, recebiam o "tratamento da água fria" com o rosto imerso a ponto de mal conseguirem respirar, eram isoladas por semanas e meses, confinadas às celas do Prédio Disciplinar.[2] As grossas portas duplas de madeira bloqueavam toda a luz, e a falta de ar tornava insuportáveis o cheiro úmido da câmara escura, o fedor de seus excrementos e dos corpos malcheirosos e sujos. O mau cheiro, a privação sensorial e o isolamento tinham o propósito de arruiná-las, ordenar a desordem, arrancar a obediência da anarquia.

Lá havia 265 detentas[3] e 21 bebês. A idade das jovens variava dos catorze aos trinta anos, a maioria garotas da cidade exiladas no campo para passarem por uma reforma moral. Elas vinham de cortiços abarrotados no Lower East Side,[4] de Chinatown, do Tenderloin, do Harlem, e de tudo aquilo que esses distritos implicavam. Oitenta por cento das jovens em Bedford já havia sido sujeitada a alguma forma de punição — confinadas em seu quarto por uma semana, nas celas de Rebecca Hall[5] ou no Prédio Disciplinar. Mesmo a Comissão Penitenciária Esta-

dual foi forçada a reconhecer que essas eram punições cruéis além da conta.[6] O lugar era um reformatório apenas no nome, e não havia nada de moderno ou terapêutico em suas medidas disciplinares.

O objetivo era a morte civil: a mortificação do eu,[7] tudo o que uma jovem tinha sido ou poderia ser se anulava ao passar pelos portões. Os números designados substituíam seu nome, possuíam seu corpo e indicavam a dominação do Estado. Na fotografia de identificação encontrada nos autos, os números aparecem presos em um macacão xadrezinho comum, transformando uma vida singular em um perfil estatístico, prendendo-a uma segunda vez.

Os números impunham uma identidade e a definiam, separada da família e dos amigos, sequestrada do mundo, presa no organismo do Estado e vulnerável à violência gratuita. Seus gostos e desgostos, suas habilidades e talentos não mais importavam: agora ela é um agregado estatístico, membro de uma categoria social abstrata; ela é uma detenta, uma prisioneira. Não há nenhum objeto de cena na fotografia, apenas uma austera parede branca atrás dela. Ela olha para a frente sem expressão, com um olhar severo, retendo tudo sem possuir nada. Sua vida e seu trabalho agora pertencem ao reformatório. Seu "antes" foi destruído quando a sra. Engle a conduziu pela entrada e a escoltou até a recepção. Mesmo um século depois, ao repassar os materiais reunidos nos autos e ler atentamente suas cartas, sou proibida de dizer o nome dela, menos para protegê-la e mais para garantir seu desaparecimento. O Estado nunca a libertou, mas reivindica eternamente essa parte da vida dela como propriedade. A fotografia, cujo objetivo é classificar, medir, identificar e diferenciar, não oferece nenhuma pista da rebelião nem de seu papel nela, mas sou incapaz de olhar para seu rosto sem antecipá-la, sem apurar os ouvidos para ouvir sua música.

Quando perguntaram a uma supervisora se pendurar as jovens, algemá-las, prendê-las aos catres e espancá-las com mangueiras eram práticas abusivas, ela respondeu: "Se você não domá-las, se não governá-las com mão de ferro, não dá pra viver com aquela gente".[8] Quando lhe perguntaram por que ela deixou de mencionar tais punições, a superintendente do reformatório, srta. Helen Cobb, respondeu que não havia discutido sobre tais práticas por considerá-las "tratamento, não punição".[9]

As menores infrações incitavam a brutalidade: uma reclamação sobre o jantar, uma caixa de artigos de papelaria encontrada embaixo de um colchão, ou um bilhete passado para uma amiga de outro alojamento eram transgressões passíveis de punição como uma semana de isolamento dentro do quarto ou de confinamento em Rebecca Hall ou ser despida e amarrada à porta de uma cela no Prédio Disciplinar. As jovens negras sofriam punições mais severas e em maior quantidade. Esther e as amigas eram disciplinadas por falar alto demais e por dançarem o *black bottom* e o *shimmy*, danças que as supervisoras brancas consideravam obscenas; eram punidas quando reclamavam por terem sido incumbidas do trabalho na cozinha ou na lavanderia ou se questionavam por que tinham de cumprir as tarefas mais pesadas do reformatório; eram punidas quando protestavam, dizendo que não era justo que fossem impedidas de frequentar as poucas aulas que havia ou cursos de secretariado; eram punidas quando se mostravam muito ami-gáveis com as garotas brancas.[10] Eram punidas se, no dia de visita, suas irmãs, mães ou maridos respondessem às supervisoras que ouviam suas conversas e interrompiam sempre que desejassem, censurando as-suntos que considerassem inapropriados, sem nunca permitir a elas um momento de privacidade.[11] Em Bedford, era esperado que uma jovem de cor trabalhasse como uma serviçal e fosse tratada como inferior.[12]

A maioria das mulheres negras era rotulada como "dotadas de mente fraca".[13] Pouco importava se eram inteligentes, leitoras ávidas ou compositoras. Ryan Lane, uma poeta viciada em ópio, escreveu uma peça em versos em um ato, *In the Woods* [Na floresta], e compôs letras profundas e melancólicas. Nada disso importava, somente os resultados da bateria de exames de inteligência aos quais ela foi sub-metida. Ela foi diagnosticada como um caso limítrofe de deficiência mental, com idade mental de onze anos. O teste Binet-Simon forne-cia "provas científicas" de inferioridade e as colocava além da possi-bilidade de civilização; além disso, aquelas de mente fraca corriam o risco de ser confinadas à custódia dos hospitais públicos pelo resto da vida,[14] sem nunca poder voltar para casa.

Raramente as mulheres negras recebiam liberdade condicional, ainda que o marido trabalhasse ou que seus filhos as aguardassem em casa, ou que tivessem mãe ou tia que morassem em um lugar decente e pudessem acolhê-las. O Estado não considerava nenhum lar negro realmente adequado. Uma "garota Bedford" só servia para fazer ser-viços domésticos, e a demanda por esse tipo de trabalho era gran-de.[15] Katherine Davis, a primeira superintendente do reformatório, admitiu isso:

> Quando se colocava uma mulher lá [em um reformatório] só há um caminho aberto para ela, o serviço doméstico. As condições econômicas atuais são tais que nem podemos atender à demanda pelo serviço. Geralmente, tenho listas de espera para cozinheiras, jovens empregadas e domésticas de todo tipo. A demanda é tão grande, particularmente para o serviço geral, que uma senhora me disse: "Não me importa que tenha cometido todos os crimes do decálogo, desde que ela saiba lavar uma louça".

Esse não era o caso em qualquer outra transação ou emprego. Cumprir pena em Bedford transformava a "interna" em uma pária social sem nenhuma instrução.

Depois de dois ou três anos confinadas em alojamentos segregados,[16] as mulheres negras eram enviadas para as casas de famílias brancas no norte do estado de Nova York, onde eram forçadas a trabalhar como empregadas domésticas e a residir no emprego. Estar em condicional significava ser barrada na cidade, separada da família e dos amigos e forçada a realizar o penoso trabalho que transformava o senhor e a senhora da casa em inspetores estatais, burocratas e supervisores do espaço doméstico. O trabalho de casa era a segunda sentença que as aguardava depois do cumprimento da primeira. Aos olhos das domésticas conscritas, o lar da família branca era uma extensão da prisão.

Após 22 meses e três semanas no reformatório, Eva recebeu liberdade condicional,[17] mas não foi autorizada a voltar para casa. Aaron estava alugando um quarto na casa de alguém, o que não definia um lar apropriado na opinião da srta. Cobb, a superintendente, embora quase metade das pessoas no Harlem vivesse dessa forma.[18] Então Eva foi impedida de se juntar ao marido; a certidão de casamento com o carimbo oficial e a assinatura do escrivão não fizeram nenhuma diferença. As exigências da condicional a forçaram a trabalhar como doméstica e a morar na casa de uma família branca no norte do estado de Nova York.

Sr. e sra. Outhouse — literalmente "fora de casa", o sobrenome deles fornecia uma alegoria cruel da condição de Eva. O casal era dono de uma pensão, e além de tomar conta deles e de seus dois filhos, Eva também tinha de cozinhar e limpar para oito hóspedes. A sra. Outhouse fazia Eva trabalhar até a exaustão; ela trabalhava desde a hora em que acordava até cair na cama — os deveres só terminavam quando seu corpo atingia os lençóis. Então havia os hóspedes e suas demandas, suas propostas — uma foda por cinquenta centavos ou um oral por 75. E as mãos que ela tinha que evitar. "Homens que não abordariam uma jovem empregada respeitável", reconheceu Katherine Davis, "acham que as garotas [de Bedford] são um alvo fácil porque estiveram em uma instituição e presumivelmente cometeram algum crime". Não surpreendia que muitas das jovens de Bedford duvidassem das recompensas que ganhariam ao andar pelo caminho certo. "Pra quê?", se queixavam. "Acha que eu sou boba de querer ser empregada e trabalhar duro pra ganhar quatro ou cinco dólares por semana quando estou acostumada a gastar mais dinheiro em uma semana do que se pode ganhar num mês?"[19]

Eva escreveu para a srta. Cobb implorando para ser mandada para outro lugar, mas, após meses sem resposta, ela decidiu deixar os Outhouse. Empacotou suas roupas de sair, dois vestidos de trabalho e dois conjuntos de roupas de baixo, calçou seu único par de sapatos e foi embora.[20] Isso violava sua condicional. Agora ela estava em fuga — fugitiva da justiça e doméstica fora da lei. O investigador a encontrou alguns meses depois.

Ser novamente confinada em Bedford agravou a injustiça de sua prisão inicial e estendeu o tempo roubado. Como aquilo podia ter acontecido com ela? Como qualquer outra mulher encarcerada, ela tinha jurado que, uma vez que tivesse saído de Bedford, nunca mais voltaria para lá. Era difícil escapar ao Estado quando a servidão e o confinamento eram os papéis para os quais você tinha sido escalada. Permanecer em liberdade tinha se provado quase impossível. Eva nunca conseguiu se adequar ao reformatório, que supostamente deveria ser chamado assim, mas, na verdade, era uma prisão. Nem duzentos acres de terra cultivável e um lago podiam mascarar tal fato. A beleza de Hudson Valley não diminuía a violência do confinamento. O sistema de alojamentos[21] havia sido planejado para providenciar um "ambiente doméstico agradável", algo de que as jovens pobres — um "desperdício econômico e humano" — careciam. Os alojamentos não tinham grades, mas ninguém se esquecia de que eram celas. Uma supervisora trancava você à noite e soltava pela manhã, e ainda assim você supostamente tinha de enxergá-la como uma figura materna que guiaria você pelo caminho certo. As mulheres brancas mal pagas, empregadas para conduzir e instruir, variavam desde incompetentes a cruéis. Ninguém no alojamento Lowell Cottage confundia o lugar com uma casa. Tecnicamente, os únicos prédios de detenção eram os de Rebecca Hall, que contavam com celas tradicionais de dois metros por três, grades de ferro, colchões no chão e uma dieta de pão e água, e o Prédio Disciplinar, com suas dez solitárias[22] "desprovidas de qualquer mobília, sem janelas, onde a luz entrava por um vidro no telhado" e portas duplas — a porta externa de madeira maciça deixava o lugar escuro como um caixão, embora houvesse mais ar em um túmulo. O Prédio Disciplinar era uma masmorra medieval, uma tumba para os vivos, um laboratório de automortificação.

Ainda que Eva tivesse se resignado à crueldade e à privação, correndo o risco de se tornar complacente, uma carta irada de Aaron reanimou sua raiva. Seu cativeiro prendera os dois, suspendeu a vida de ambos, e destruiu a visão de tudo aquilo que acreditavam ser possível. O glamour e a beleza angular e contundente do Harlem viravam a cabeça deles, faziam o coração acelerar e os catapultavam para a afluência da vida na rua. Juntos, eram livres e viviam uma vida boa. Não importava que estivessem à margem; estavam bem perto de se comparar com gente bem-apessoada — celebridades, políticos, donos de clubes e gângsteres. O senso de possibilidade era alimentado pela visão dos outros lutadores, que andavam pelas ruas, dançavam nos cabarés, ouviam discursos sobre a revolução e sobre o novo dia nas esquinas, assistiam aos desfiles e contemplavam os carros elegantes deslizando pela Seventh Avenue: tudo isso fazia do Harlem uma meca, não um gueto, e como residentes da capital negra, eles se encontravam entre os afortunados. Tudo isso adoçou ainda mais o romance deles e os convenceu a contratar um pastor e ir até a prefeitura conseguir uma certidão.

O amor era sua âncora — não a escritura de uma casa, não uma propriedade herdada dos pais, não uma hipoteca ou as parcelas de um carro, nem cinco acres desconexos na Virgínia ou na Carolina do Norte.

Mas o amor não tinha valor aos olhos da lei. O amor não importava para a superintendente do reformatório nem para o conselho da condicional. Não importava que fossem felizes, embora não vivessem melhor que a média das pessoas do Harlem, lutando para seguir adiante. As cartas de Aaron eram livros dos sonhos de uma outra vida, outro

lugar que eles em breve experimentariam; eram longas lamentações, animadas por reclamações de três séculos atrás, acordos de abolição, promessas de uma boa vida. Ele incluía cartões de visitas de seus últimos empreendimentos, bem como aqueles de empresas falidas das quais seguia se orgulhando — escrivão, agente de empregos, produtor, corretor de imóveis e boxeador. Em suas cartas, compartilhava planos para o futuro; Aaron não tinha medo de sonhar, ainda confiante de que poderiam construir uma boa vida. Assim que Eva fosse solta, ele pretendia se mudar com ela para uma boa casa em Washington D.C., onde ela viveria uma vida respeitável entre algumas das pessoas de cor mais sofisticadas do mundo. Eva riu ao pensar nisso — ela em companhia das pessoas de cor mais sofisticadas do mundo. Em outra carta, ele insultou a superintendente pelo desprezo que ela demonstrava por sua esposa, e advertiu a srta. Cobb para que ela se cuidasse, pois ele não era um prisioneiro, mas um homem livre com acesso a advogados, funcionários públicos e a figuras importantes do Harlem.

Aaron e Eva queriam coisas boas, como todo mundo, mas, como a maioria das pessoas negras, eles não adoravam a propriedade, não acreditavam nela como um princípio semelhante à liberdade, ao amor ou a Jesus, nem a idolatravam ou veneravam como os brancos faziam. O que Aaron e Eva estimavam era a autonomia, o que buscavam era um escape da servidão. Possuir coisas, terras e pessoas nunca assegurou o lugar deles no mundo. Eles não precisavam ter outros embaixo da sola do sapato para firmar seu valor. Para os brancos — colonizadores e senhores e donos e patrões —, a propriedade e a posse eram os princípios da fé. *Ser branco significava possuir a terra para sempre.*[23] Isso definia o que eles eram e o que valorizavam; e moldava sua visão de futuro. Mas as pessoas negras haviam sido possuídas e, *enquanto objeto de propriedade*, se desencantaram de forma radical com a ideia de propriedade.[24] Se o passado deles lhes ensinou algo foi que a tentativa de possuir a vida destruía a vida, violentava a terra e passava por cima de toda a criação de Deus por um dólar. Como itens de carga, as pessoas negras experimentaram em primeira mão a feiura e a violência do mundo visto através do livro-razão e de contabilidade. Elas sustentaram a vida da mercadoria.

Elas foram disseminadas e colhidas como qualquer outra safra, tratadas de um jeito em nada diferente das ferramentas e dos animais possuídos pelo senhor. Sabiam que uma corporação não era uma pessoa, que não era feita de carne e osso, e que um pedaço de papel não assegurava nada que um homem branco fosse obrigado a respeitar; sabiam que os salários de fome não significavam liberdade, que eram outro tipo de escravidão. As coisas que elas mais valorizavam não tinham preço.

No fluxo constante de cartas que Aaron escreveu para a diretora da prisão, ele sustentou a injustiça do confinamento de Eva, debateu questões legais, desafiou a desvalorização da vida deles por assistentes sociais e oficiais de condicional, expressou o arrependimento de Eva, ameaçou levar a superintendente para o tribunal por reter suas cartas, denunciou os oficiais da prisão por mantê-los separados, questionou a decência e a autoridade da srta. Cobb depois que ela perturbou Eva ao dizer que mesmo que sua mãe estivesse no leito

Miss Cobb I am a man
and what is more I am
man who is capable
of making a dollar
every and some
time 20 and some
times more. I can
live comon life
that is marriege life.
I have more
chartcher about
me than that. Women
with sympathetic
immoral chartcher
and unclean chartcher
the reformatory is where

de morte, ela não seria liberada para vê-la. Enquanto vivesse, Aaron jurou, isso nunca aconteceria. Em uma carta, ele perguntou se Eva estava sendo usada para propósitos imorais. Ele havia acabado de ler um livro que contava que coisas do tipo aconteciam na prisão, e precisava ter alguma garantia de que sua esposa não era uma vítima de tais abusos. Todas as cartas insistiam que ele era apenas um homem, como os outros, e como tal deveria ter permissão de prover para sua esposa, e apesar daquilo que os carcereiros acreditavam, Eva não era uma vagabunda nem uma puta. Que direito o Estado tinha de interferir em suas vidas? Que autoridade tinham os assistentes sociais e burocratas para decretar que a vida que ele e Eva haviam criado não era boa o suficiente para que Eva pudesse ser libertada e voltar para casa, como se fosse sozinha no mundo, sem lar, sem mãe, sem marido, como se a vida deles não fosse nada? Tudo isso os destruiu.

Em suas cartas para Eva, Aaron prometia que ia encontrar um lugar só deles em vez de quartos alugados na casa dos outros. Mas isso era quase impossível com trinta dólares por mês. A média de aluguéis no Harlem era de vinte ou vinte e cinco dólares por mês por dois ou três pequenos cômodos com um banheiro no corredor. Se pudesse ganhar mais, cinquenta ou sessenta dólares por mês, então conseguiria dar um jeito. Quando lutava boxe ele conseguia, mas não podia contar com isso.

A verdade era que ele só conseguia cuidar de Eva se ela estivesse livre e trabalhando também. Suas cartas ostentavam uma confiança no futuro, mas cada assertiva ressonante daquilo que seria ou poderia ser mascarava a dúvida à espreita em cada linha: Como viveriam? Algum dia seriam capazes de fazer algo melhor que lutar para sobreviver? Ou viver a boa vida que nunca pararam de imaginar para si mesmos? Lendo as cartas de Aaron, Eva não sabia se ria ou chorava:

> Vou conseguir a casa e não vou precisar da ajuda de ninguém. Vai ser minha casa, no meu nome, meus móveis, tudo novinho em folha: uma cama de latão, um tapete, uma sala de estar completa, uma mesa de cozinha com quatro cadeiras, um armário, quatro quadros grandes na sala. Vai ser um lar para você. E vou fazer isso porque é meu dever como homem.[25]

Que tipo de homem não podia dar uma casa para a mulher que amava? Que tipo de mulher podia ser tratada como uma mula ou uma serviçal, reduzida às mãos e à bunda, trabalhar como um homem e ser tratada como uma escrava? Não havia nenhuma dúvida ou questão sobre ele e seu lugar no mundo que não repercutisse nela nem lhe custasse igualmente caro. Talvez se pudessem encontrar seu caminho para além dessa linguagem de homem e de mulher, essa gramática do humano que considerava ambos como monstros e desviantes, e se libertar de um esquema que nunca foi criado por eles, mas imposto com indiferença e crueldade, então talvez eles pudessem encontrar um caminho para outro tipo de amor e amparo, capaz de resistir às

agressões diárias de um mundo que se opunha decididamente a eles. Por que deveriam se prender à noção dos brancos sobre o que ou quem eles deviam ser? As noções responsáveis pela prisão de Eva e por todas as dúvidas incômodas que tinham sobre a validade desse amor. Será que ele se tornaria alguém? Que ela podia confiar nele? Que ela também o apoiaria e respeitaria? Que ele podia confiar nela? Seriam eles capazes de não ferir um ao outro como sua única linha de defesa? Era possível recusar os papéis impostos pelo mundo? E será que isso era necessário para não ferir um ao outro e para se agarrar a algo tão frágil quanto o amor no mundo do homem branco? O barracão, o porão do navio e a plantation haviam mudado tudo irremediavelmente, e o gueto exacerbaria a diferença entre a vida íntima deles e a dos brancos, evidenciando que promessas e contratos não poderiam proteger a eles nem a suas crianças.

Eva e Aaron foram corajosos em ousar arriscar o amor. Por que tentar se agarrar um ao outro quando a lei poderia capturar você por puro capricho? Para que se importar? O fracasso em viver como os brancos era apenas algo injurioso? Ou haveria também um dom que residia no "desvio do adequado"? Certamente, a *crioula* ocupava um tipo de existência[26] diferente daquele próprio da senhora ou da dona da casa, o próprio termo assinalava uma ruptura ou fissura na vida da espécie, uma variante do humano, um antagonismo ou dimorfismo mais fundamental que homem e mulher. Ainda assim, haveria alguma oportunidade na infidelidade ao que tinha de ser? Na recusa em emular e imitar os padrões de quem ou do que você foi direcionada ou ordenada a ser (mas nunca seria)? Era difícil colocar essa noção visceral e persistente de existir de outra forma, em desacordo com o que é dado, em palavras. Eles não tinham passado os últimos séculos a se perguntar: *Eu sou de carne e osso? Eu não sou um homem e um irmão? Eu não sou uma mulher?* Tais perguntas e apelos foram impostos, afirmações desesperadas que a circunstância e a necessidade os forçaram a dizer e habitar. A humilhação de ter que provar e afirmar uma e outra vez, *eles são de carne e osso*. Com que fim? Que oportunidade poderia ser encontrada em nunca mais pronunciar essas perguntas? Que possibilidade havia de viver uma existência totalmente diferente? Tais noções loucas se provaram quase impossíveis de articular ou de abraçar de maneira consciente e sem reservas, ainda que eles sofressem a verdade delas, ainda que pagassem seu preço.

Eva e Aaron estavam casados fazia menos de um ano quando ela foi presa. Quando se mudou do apartamento deles à procura de um lugar menor e mais barato, ele guardou o armário dela num depósito porque nunca pretendeu que outra mulher usasse suas roupas. Aaron empacotou cada item com todo o cuidado, inclusive as melhores roupas dela: três vestidos de baile, um casaco de noite e duas sombrinhas, guardando as peças num baú de cedro para mantê-las em segurança até que sua esposa fosse libertada. Ele prometeu ser sincero, assim jurou para Eva e para a srta. Cobb.

Eva amava Aaron, mas também o culpava: "Se o meu marido usasse a cabeça e conseguisse uma casa, eu não estaria passando por tudo isso".[27] Ela estaria livre e em sua própria casa. Em outras vezes, Eva se sentia sortuda simplesmente por Aaron amá-la. Ele era um homem elegante, bonito e um sonhador resoluto, um idealista inabalável. Por três anos, Aaron nunca deixou de tentar libertá-la, e na maior parte do tempo ele conseguiu convencê-la de que encontraria um jeito. Ele escrevia sempre. Suas cartas eram sinceras, apaixonadas,[28] e descreviam milhares de outras vidas que poderiam criar se desejassem. A letra era trabalhada e quase perfeita, como se cada carta tivesse sido pensada para ser um documento público. O tom das cartas era desafiador, e por tudo isso elas foram confiscadas, dadas como perdidas, retidas e destruídas pelas autoridades penitenciárias. Eva escreveu para ele, perdida de amor e se sentindo culpada, reconhecendo que quando Aaron disse "Eu aceito", ele não contava com tudo aquilo. Ela brincou, dizendo que o blues e a tristeza haviam se tornado a companhia constante de Aaron: "Aposto que meu marido está cantando: 'Às vezes você encontra uma boa pessoa, às vezes não'.* E eu ri. Muitos beijos para você, meu querido".[29]

Atitude diante da situação: Mostra-se bastante contrariada com seu compromisso com Bedford. Diz que sua prisão é arranjada e que é um ultraje mandar uma jovem inocente para a prisão.

Nota sociológica: Sinto que provavelmente ela se prostituía, embora não tenhamos nenhum atestado concreto.[30]

---

* Em inglês no original: *Sometime you get a good one and sometimes you don't*. Letra de "Sometimes You Get A Good One And Sometimes You Don't" (1916), composta por Harry Von Tilzer.

Loretta Michie foi a única jovem de cor citada no artigo de jornal. As autoridades penitenciárias se ressentiram com a mera nomeação das detentas. Diante dos abusos, isso alimentou a histeria pública e concedeu um rosto e uma história para todas aquelas atrocidades. Loretta e várias outras mulheres negras testemunharam diante da Comissão Penitenciária Estadual sobre a forma como a srta. Cobb e a srta. Minogue as tratavam. Talvez os cabelos cacheados, os olhos castanho-escuros e o rosto bonito da jovem de dezesseis anos tenham chamado a atenção dos repórteres, fazendo com que se lembrassem de seu nome. Talvez tenha sido o relato gráfico da violência o que tornou suas palavras mais dignas de nota que as outras. Será que ela descreveu mais vividamente a solidão absoluta da masmorra? Como se sentiu ao ser apartada do mundo e expulsa mais uma vez, presa na escuridão, como o ato de gritar para as outras e ouvir a voz delas foi sua tábua de salvação; ou como seu coração acelerava com medo de se afogar, ainda que soubesse que era apenas um balde d'água, mas podia muito bem ser o Atlântico. A batalha para respirar foi travada novamente. Quanto tempo se pode viver embaixo d'água? O mundo escurece e, ao abrir os olhos, você está encalhada no chão escuro da solitária. Será que o corpo pendurado na porta da cela vizinha era seu também? Ou será que a sensação da dor que irradia dos braços erguidos até as escápulas e a corta por dentro como se sua carne tivesse sido transformada em um instrumento do carcereiro podia ser sentida por todas as outras confinadas nas dez celas do Prédio Disciplinar, e a sensação de que essas celas estavam conectadas a todas as outras que já existiram e a consciência de estar presa e naufragada podia fazer uma menina de catorze anos acreditar que era velha?

Os jornais ofereceram uma descrição simplificada: Loretta testemunhou que tinha sido "algemada às grades de sua cela, com os dedões do pé tocando o chão, por tanto tempo que ela caiu quando foi solta".[31] As jovens de cor, ela observou, recebiam um tratamento pior e eram encarregadas das tarefas mais pesadas e desagradáveis na cozinha, na lavanderia e na unidade psiquiátrica. Outras mulheres relataram que foram despidas e amarradas nuas aos seus catres; elas eram alimentadas com pão e água por uma semana; amarradas e penduradas em suas celas, e lhes era negado mesmo o pequeno alívio de poder tocar os dedos dos pés no chão. Sua boca era amordaçada com trapos imundos ou lavada com água e sabão.

Eva poderia ter contado aos repórteres sobre Rebecca Hall e sobre o hábito de Peter Quinn de dar tapas e chutes nas garotas se tivesse sido chamada a testemunhar, se não fosse uma fugitiva (procurada pela violação da condicional). Mas Peter Quinn não precisou de ninguém para testemunhar contra ele. Foi um dos poucos guardas que confessou algumas das coisas terríveis que fez, principalmente para manchar a imagem da srta. Cobb. Peter admitiu que ajudou a amarrar as garotas umas cem vezes.[32] Foi ele quem "ensinou a srta. Minogue a algemar uma garota às grades da cela com as mãos para trás", e ele sabia que "naquela época, os pés sempre ficavam inteiros no chão".[33] Sob a direção da srta. Minogue, a prática "subiu de nível" e elas passaram a ser suspensas um pouco mais alto.[34]

Em dezembro de 1919, as mulheres em Lowell Cottage fizeram suas vozes ser ouvidas mesmo que ninguém quisesse escutar.[35] Lowell, Gibbons, Sanford, Flower e Harriman eram os alojamentos reservados para as jovens de cor. Depois que os escândalos sobre relações sexuais inter-raciais e amor lésbico vieram à tona em 1914, a segregação foi imposta e os alojamentos, separados por raça, idade, status, vícios e capacidades. Uma disposição especial das Leis de Caridade permitia ao Estado praticar a segregação racial enquanto o protegia das reivindicações legais de que tais práticas eram inconstitucionais e violavam as leis dos direitos civis de Nova York. As autoridades estatais justificavam a segregação com base em uma antipatia racial natural, quando na verdade era a intimidade inter-racial — o amor e a amizade — o que eles esperavam eliminar.

O *New York Times* descreveu o levante e a resistência do Lowell Cottage como uma revolta sônica, um "protesto sonoro", a "algazarra de um coro infernal".[36] Coletivamente, as detentas se cansaram da violência gratuita e de serem punidas por ninharias, então buscaram uma resposta no barulho e na destruição. Elas arremessaram colchões, quebraram janelas, atearam fogo. Quase todas no alojamento gritaram e berraram para quem quisesse ouvir. Esmurraram as paredes, encontrando um ritmo compartilhado e firme que, elas espe-

ravam, pudesse derrubar o alojamento, desmoronar as paredes, esmagar os catres, destruir o reformatório, de forma que o lugar nunca mais pudesse manter outra "garota inocente no cárcere".[37] O "coro lamentoso e estridente" protestou contra as condições da prisão e insistiu que elas não tinham feito nada que justificasse seu confinamento; recusavam-se a ser tratadas como se não fossem humanas.[38] O *New York Tribune* relatou: "O barulho era ensurdecedor [...] Quase todas as janelas do alojamento estavam abarrotadas de mulheres negras aos gritos, raivosas e rindo histericamente". "A algazarra tumultuosa[39] que emanava do alojamento golpeava as orelhas dos investigadores antes que eles pudessem avistar o prédio." Canções e gritos eram os instrumentos de luta. Termos como "protesto sonoro" e "surto vocal" descreveram a paisagem auditiva da rebelião e da recusa.

O coro falou a uma só voz.[40] Todas gritavam e berravam a injustiça de terem sido sentenciadas a ir para Bedford e de ser vítimas de armações, a injustiça dos três anos de vida roubados. Elas não eram nada nem ninguém? Será que poderiam ser capturadas e descartadas e ninguém no mundo daria a mínima? Eva se preocupava com a irmã mais nova, Viola, que fora mandada para Bedford um ano depois dela. Será que estava em segurança? Será que seu alojamento estava em rebelião? Harriman, Gibbons, Sanford e Flower também estariam em pé de guerra?

Um mês depois que a srta. Minogue a estrangulou, bateu na cabeça dela com um molho de chaves e a espancou com uma mangueira de borracha, Mattie Jackson se juntou ao coro.[41] Pensar no filho e em que condições ele crescia sem ela a fez lamentar e gritar mais alto. Não que ela ou nenhuma das outras imaginassem que seus apelos e queixas seriam ouvidos fora do alojamento, ou que as descobertas da Comissão Penitenciária Estadual fariam qualquer diferença para elas. Aquele levante, como os outros que o precederam e aqueles que se seguiriam, não era incomum. Incomum foi o levante ter sido noticiado. A investigação estatal de abusos e tortura no reformatório transformou aquelas mulheres negras rebeladas em um assunto interessante.

Loretta, ou Mickey, como algumas de suas amigas a chamavam, bateu nas paredes, berrou, praguejou e gritou.[42] Aos catorze anos, antes de sua primeira menstruação, antes de ter vivido uma relação amorosa, antes de escrever linhas como "meu bem, eu te chamo em sonhos",[43] antes de ter recebido a primeira carta de amor que delineava em detalhes vívidos o que ela faria e o que receberia, ela foi confinada em Bedford Hills com uma sentença indeterminada. Mickey travava uma pequena batalha contra a prisão, a maldita polícia, as supervisoras, os oficiais da condicional e os assistentes sociais. Ela não estava disposta a fingir que seus tutores eram qualquer outra coisa. Os alojamentos não eram casas. A srta. Cobb não dava a mínima para ela e a srta. Minogue era um brutamontes de saia. As supervisoras eram brutas e não estavam ali para guiar, aconselhar nem ajudar as jovens a trilhar uma vida melhor, mas para fiscalizar e controlar, punir e infligir danos. Deixavam bem claro o que pensavam: Você era bem tratada demais, cada punição cruel era merecida, e a violência era a única forma de comunicação com as detentas, especialmente as jovens de cor. A srta. Dawley,[44] a socióloga, as entrevistava. Perguntava se gostavam da escola ou se preferiam trabalhar, com quem tiveram sua primeira relação amorosa, como se sentiam com relação aos pais, se gostavam de frequentar bailes ou o teatro, se fumavam, bebiam ou haviam experimentado drogas; com diligência a srta. Dawley escrevia tudo o que diziam, mas sua recomendação era sempre a mesma: a prisão é o único lugar para ela.

Mickey se rebelou sem ter ciência das coisas horríveis que os funcionários do reformatório diziam dela em suas reuniões — era simplória e mentirosa, pensava demais em si mesma, "ela esteve com um bom punhado de homens".[45] A psicóloga, dra. Spaulding, notou que ela tentava parecer jovem e inocente, algo que claramente não era. "É possível que só tenha catorze anos?" A srta. Cobb resolveu a questão: "Vamos considerar que ela tem dezoito". Era evidente que todos acreditavam que a prisão era o melhor lugar para ela, uma jovem negra num caminho errático.

Passar a noite fora em um baile com as amigas, furtar dois dólares para comprar um vestido novo e poder se apresentar no palco foram razões suficientes para confiná-la. Mickey praguejou e esmurrou a parede e se recusou a parar, não importava quão cansada estivesse. Ela não se importava se eles a jogassem no Prédio Disciplinar todos os dias — ela nunca deixaria de lutar contra eles, jamais se submeteria.

Relatório disciplinar: Muito problemática. Já esteve no Rebecca Hall e no Prédio Disciplinar. Punida continuamente. Amizade com as jovens brancas.[46]

Mickey passou pelo Prédio Disciplinar mais vezes do que o relatório revelou. No Rebecca Hall, ela conspirava, tramava e incitava as outras garotas à rebeldia e ao tumulto. Sentia orgulho de ter sido a causa de uma agitação considerável durante o tempo que passou em Bedford. Ela fez tanta confusão lá que mesmo anos mais tarde, depois de ter sido libertada e após a nomeação de uma nova superintendência, todo mundo se lembrava de seu nome, e ele era sinônimo de desordem.

Singer Too "Tight" For Reformatory

NEW YORK.—Loretta Jackson. a cabaret singer who was serving a term in the new Bedford Reformatory for Women for violating the Sullivan law, was transferred to the penitentiary to finish an indeterminate sentence of from six months to three years. The change was requested by the superintendent of the reformatory who complained that the prisoner was incorrigible.

Miss Jackson was arrested on 141st street recently when a detective learned that she was out gunning for a former lover. She pleaded guilty to the charge and was sent to Bedford. where it is charged that she immediately began stirring up strife among the inmates. Amos Baker, the superintendent, recalled that while serving a sentence in 1917 the young woman acted similarly. Miss Jackson is said to be well known in musical comedy circles.

Quando confinada, ela conseguia enviar algumas cartas para a namorada. A carta de amor apreendida pela supervisora foi escrita a lápis em um pedaço de papel higiênico, porque no confinamento não eram permitidos caneta e papel. A missiva endereçada à namorada, Catherine, mencionava as primeiras revoltas de 1917 e 1918 e expressava o espírito de fúria e resistência que alimentava a ação de dezembro no alojamento Lowell:

Estou tão indignada[47] com esses policiais de m__ que podia matar eles. Eles podem mandar em Bedford e em algumas das bonecas de Bedford, mas nunca vão mandar em Loretta Michie [...]. Não vale a pena se comportar bem num chiqueiro desses, mas não me arrependi de nada do que fiz quando fui mandada para a prisão [Rebecca Hall] três vezes e para o P. D. uma vez e daqui a pouco já vou de novo e algumas outras e eu mesma sempre somos mandadas para o Buraco. Toda vez que a prisão se rebelava em 1918 ou 1917 a polícia vinha se nós estivéssemos nos rebelando ou não e nós estávamos [lá] [...]. Sempre nos penduravam ou nos prendiam com lençóis, mas nós nos rebelávamos mais ainda. Foram nesses dias que J. M. [Julia Minogue] foi forçada a ficar acordada a noite toda e nós esperamos o dia inteiro até ela ir para a cama lá pela uma da manhã e então nós começamos e então ficamos em silêncio lá pelas quatro e começávamos de novo às oito da manhã [...].Tinha uma gangue boa aqui e nós podíamos ter aqueles dias de volta se tivéssemos as mulheres, mas não temos, então para que se preocupar [...]. Eu só tenho mais um dia, mas quando você já foi castigada tanto quanto fui, nem se importa com isso. Bom, as Luzes estão apagando então Boa Noite e Bons sonhos. Leal e sua, Olhos Negros ou Mickey

O Lowell Cottage rugia com os sons da revolta. As detentas acabaram com as janelas do alojamento. Janelas destruídas e vidro quebrado são a linguagem do levante. A mobília foi destroçada. As paredes foram desfiguradas. Incêndios foram provocados. Elas gritaram a noite toda. Cantaram. Berraram. Esses gestos seriam repetidos em anos futuros como táticas essenciais do levante.[48] Como Esther Brown, Mickey não hesitou em acabar com tudo. Suas colegas de alojamento berraram, gritaram e praguejaram por horas. Cada voz se misturava às outras em uma língua comum. Cada protesto e cada grito tornava a verdade evidente: a revolta era o único remédio ao alcance.

Era a perigosa música da franca rebelião. Em massa, elas anunciavam aquilo que haviam suportado, o que queriam, o que pretendiam destruir. Brados, gritos, xingamentos e o bater de pés fizeram o alojamento tremer, reunindo as jovens em uma grande formação única e pulsante, um conjunto em deleite diante da beleza do protesto. As jovens penduradas nas janelas, aglomeradas em soleiras e amontoadas em camas compartilhadas ressoavam uma revolução total, uma quebra com aquilo que foi dado, a destruição e a refação de valores, e colocavam a propriedade, a lei e a ordem social em crise. Elas buscavam um caminho *para fora daqui, para longe do agora, para fora da cela, para além da captura.*[49] Seus chamados e apelos as transformaram de prisioneiras em manifestantes, de abstrações sem rosto, capturadas por uma série de números presos a um macacão de algodão, em um corpo coletivo, uma reunião indisciplinada, ainda que tenha durado apenas treze horas. Na assembleia dissonante, elas encontraram escuta umas nas outras.

O *clamor negro* que emanava do Lowell Cottage expressou a raiva e o desejo delas. Tornou manifesta a rebelião latente que fervilha sob a superfície das coisas. Forneceu a linguagem por meio da qual "elas lamentaram sua sina e o que chamavam de injustiça por parte de seus tutores em alto e bom som". O levante sonoro foi uma tática, um recurso criativo da revolta, em dezembro e em janeiro, e mais uma vez em julho, quando um conflito irrompeu nas dependências da lavanderia entre um grupo formado em sua maioria por jovens negras, incluindo suas amigas e amantes brancas, e um grupo de jovens brancas que odiavam as amantes de negros tanto quanto as jovens negras. Quando a polícia e as tropas estatais chegaram, a batalha mudou e as garotas lutaram contra eles. As autoridades do governo e os jornalistas ansiaram por rotular o conflito como uma revolta racial,[50] mas ainda assim eles descreveram o som da luta contra o Estado nos termos da música negra. Para aqueles fora do círculo, foi uma algazarra sem melodia nem centro. O *New York Times* teve dificuldade em decidir qual manchete sensacionalista usar para o artigo, então lançou três: "O coro demoníaco das jovens rebeldes", "Bedford ouve uma confusão de gritos e grunhidos, inspirando uma série de jaz(z) infernal" e "Insurreição à capela". Como o inferno de Dante soaria quando transposto para uma suíte de jazz? Para os repórteres, o jazz era sinônimo de um som primitivo, um impulso irrestrito, modernismo selvagem. Era energia e emoção puras, tolice e conversa fiada, pura retórica, excesso, desejo carnal. Era uma gíria para a cópula, desordem social conjurada e amor livre. Talvez fosse uma referência oblíqua à dimensão sexual da revolta. A improvisação — as possibilidades estéticas que residiam no imprevisto, a colaboração no espaço do enclausuramento, os ritmos secundários da vida social sendo capazes de criar uma abertura onde não havia nenhuma —[51] excedeu a grade interpretativa das autoridades estatais e dos jornalistas.

Me pega pela gravata[52]
Me pega pelo pescoço
Que eu vou te provocar
Até você gritar*

Tumulto e levante sônicos — a resistência enquanto música. Um protesto sonoro. No sentido mais básico, os sons que emanaram do alojamento Lowell eram a música livre daquelas que se encontravam cativas, a filosofia abolicionista expressa no interior do círculo, o grito e a música falada da luta. Se a liberdade e a criação mútua caracterizavam a música, essas também definiam o protesto e a revolta das prisioneiras do Lowell. "O blues do reformatório", rótulo superficial cunhado pelos jornais para descrever a recusa coletiva das condições penitenciárias, era Dante filtrado por Ma Rainey e Buddy Bolden. (A revolta sonora do Lowell Cottage ecoou como uma pequena amostra da longa história do som negro — gritos e berros, agudos e grunhidos, músicas tristes e blues.)

Os cantos e gritos escaparam aos confins da prisão, ainda que os corpos tenham permanecido: "Quase todas as janelas [do alojamento] estavam abarrotadas de mulheres negras aos gritos, raivosas e rindo histericamente". Poucos fora do círculo compreenderam as origens profundas desse clamor público. A herança estética da "tolice e conversa fiada"[53] não era nada mais que uma filosofia libertária que remontava às canções de escravos e às rodas de dança — os dons sonoros da luta e da fuga, da morte e da recusa, se transformaram em música ou lamento, em gritos de alegria ou sons desafinados.

Para aquelas dentro do círculo, cada gemido e cada choro, cada xingamento e cada grito insistiam que o tempo da escravidão havia acabado. Elas estavam cansadas de ser abusadas e confinadas; queriam ser livres. Aaron escreveu quase as mesmas palavras em uma de suas cartas: "Preciso dizer, srta. Cobb, que o tempo da escravidão das

---

* No original, *You can take my tie/ You can take my collar/ But I'll jazz you/ Till you holler*. Como a autora explica no próprio texto, aqui jazz carrega o significado de "provocar", "excitar".

pessoas de cor já passou".[54] E o mesmo fez a mãe de Mattie. Todos eles podiam muito bem ter gritado: *A escravidão acabou. Abolição já.* No *disparate surreal e utópico de tudo isso,*[55] e no coração do levante, estava a anarquia das jovens de cor: traição *em massa,* tumulto, agrupamento, a colaboração mútua necessária ao enfrentamento das autoridades penitenciárias e da polícia, a disposição de se perder e de se transformar em algo maior — um coro, um enxame, uma assembleia, uma sociedade de ajuda mútua. Em lugar de uma explicação ou de um apelo, elas gritaram e berraram. De que outra forma poderiam expressar o desejo de serem livres? De que outra forma poderiam evidenciar sua recusa em serem governadas? Essa era a trilha sonora de uma história dolorosa.

Quem via de fora descrevia a algazarra como uma derradeira música, para assinalar que a derrota delas era certa e que elas voltariam a sua antiga condição de prisioneiras sem voz no mundo, como pessoas a quem se podia fazer qualquer coisa.[56] Havia pouca tristeza nos cantos, nos xingamentos, nos gritos e nas queixas. A manifestação coletiva não era canto fúnebre. Amontoadas nas janelas do alojamento, algumas penduradas para fora e outras espiando pelos cantos, elas libertaram da clausura a perigosa música da vida negra; uma manifestação estrondosa e polifônica que soou bela e terrível. Antes de ser reprimida, a revolta tocou todas as pessoas que estavam no terreno da prisão, foi longe e alcançou os cortiços, quartos alugados e pensões arruinadas no Harlem, no Brooklyn, em White Plains e Staten Island.

O ruído expressou a derrota e a aspiração, a beleza e a desventura, que de outra forma eram inaudíveis aos ouvidos do mundo; revelou uma sensibilidade em desacordo com o realismo brutal da instituição. O que explica o impulso utópico que lhes permitiu acreditar que alguém se importaria com aquilo que tinham a dizer? O que as convenceu de que a força de sua manifestação coletiva era capaz de transformar alguma coisa? O que as forçou a criar um reservatório de vida no cerne da morte mandatória da prisão? O que as tornou incansáveis? Em janeiro, as mulheres confinadas em Rebecca Hall fizeram outro protesto sonoro. Loretta Michie e outras que haviam testemunhado contra as autoridades penitenciárias estavam entre elas. "As prisioneiras começaram a sacudir as grades das celas, jogar os móveis nas paredes, gritar, cantar e proferir blasfêmias." Elas gritavam e choravam. Elas "seguiam adiante" pela voz. "A miscelânea de sons, 'o blues do reformatório'", um jornalista gracejou, "ainda pode se tornar um sucesso na Broadway, ainda que os policiais, ao que parece, desdenhem do jazz".[57] As jovens trancadas nas celas do alojamento seguiram adiante a noite inteira.

Os cantos e gritos insistiam: queremos ser livres. O protesto lançou seus questionamentos: Por que estamos trancadas aqui? Por que vocês roubaram nossas vidas? Por que vocês nos tratam como cachorro? Nos deixam passar fome? Arrancam nossos cabelos? Nos amordaçam? Nos batem na cabeça? Nada disso é certo. A maioria de nós não fez nada para merecer ficar trancada aqui. Ninguém merece ser tratada assim.

Tudo o que aqueles que ouviam de fora podiam discernir eram "vendavais de vaias, furacões de gritos, ciclones de raiva, tornados de guinchos". Os sons deram voz a um "coro dos diabos de arrepiar os cabelos e desafiar os ouvidos".[58] Aquelas de dentro do círculo ouviam amor e decepção, desejo e indignação que alimentavam a manifestação coletiva. Elas canalizaram os medos e as esperanças daqueles que as amavam, os sonhos ruins e os pesadelos sobre as crianças roubadas e levadas pelos homens brancos na traseira de carroças ou perdidas no mar.[59] Os refrãos evocaram todos os planos adoráveis que elas, uma vez livres, fariam. E todos esses sons viajaram pelo ar da noite.

O socialista dá uma palestra sobre amor livre

Em sua palestra, o Socialista questionou se os humanos seriam monogâmicos por natureza ou se eram forçados a tais arranjos pelas convenções sociais, enfatizando "a diferença entre aquilo que gostamos de dizer e aquilo que gostamos de fazer".[1] Em fevereiro de 1917, Hubert Harrison apresentou uma série de palestras que desafiaram a propriedade e a respeitabilidade da classe média por se perguntarem se o casamento não seria uma instituição estimada principalmente em nome da propriedade privada, sugerindo que a monogamia não era natural, mas imposta pelas leis estatais e pelos regulamentos sociais, além de inadequada para os nossos desejos eróticos. No tópico "Is Birth Control Hurtful or Helpful?" [O controle de natalidade é danoso ou proveitoso?], ele detalhou o que toda mulher deveria saber para se proteger, e defendeu o amor livre. A poucas quadras do lugar onde a polícia prendeu Harriet Powell na pista de dança e levou Esther Brown e sua amiga Rebecca por sua disposição de fazer amor com estranhos, e a quinze quadras de onde a polícia prendeu Eleanora Fagan e outras quatro jovens em uma batida surpresa numa casa de tolerância, o brilhante orador e libertino furtivo deu expressão política à maneira como todas elas tinham escolhido viver. Não que as jovens precisassem dele para justificar qualquer coisa, mas suas palavras amplificaram a qualidade radical de suas ações.

Teriam ficado surpresas em ouvir suas vidas descritas nesses termos, mas teriam apreciado a disposição de Harrison de defender o caminho errante que elas compreendiam como liberdade.

É possível que ele tenha visto o rosto delas[2] nos confins da multidão reunida na esquina da 125th Street com a Seventh Avenue ou na esquina da 135th Street com a Lenox Avenue enquanto discursava em cima de um caixote, ou mesmo que tenha percebido Mabel e Ismay entre a plateia reunida no Templo da Verdade em um fim de tarde de domingo. Dada a sua natureza amorosa, ele teria notado as jovens atraentes e *soltas demais* reunidas nas esquinas do Harlem, especialmente aquelas que tinham a prática de vagar pela Seventh Avenue na companhia das amigas a qualquer hora da noite.

Não restam registros datilografados nem anotações de suas palestras sobre o sexo e os problemas do sexo,[3] então é necessária alguma especulação para recuperar e esboçar suas ideias. Seria possível que as palestras de Hubert Harrison tenham exaltado a vida erótica do in-

governável? Teria ele advogado a favor dos relacionamentos em série que desafiavam a monogamia, a união conjugal e a lei? Ou defendido os modos de vida errantes e sem remorsos de Mamie Sharp e Esther Brown? Teria sua curiosidade sexual encontrado reflexo nas paixões poliamorosas delas? Ele teria sido capaz de compreender as cartas do marido de Esther e aquelas escritas por Alice, sua namorada? Suas bochechas esquentaram ao ler a carta de Frances Rabinowitz para Lee Palmer, descrevendo em detalhes imagéticos o que uma mamãe loira faria por seu papai negro? Teriam suas andanças eróticas feito dele o ouvinte perfeito, ou ansiaria por mais detalhes? Será que suas ideias sobre a luta contra o capitalismo e a linha de cor foram abrangentes o suficiente para descrever as práticas sexuais rebeldes sem lançar mão de palavras como *inversão*, *patologia* ou *prostituição*? Teria ele abraçado o desvio sexual delas enquanto permanecia em silêncio sobre o próprio? Ou seus discursos capturaram apenas os contornos mais amplos da vida dessas jovens, mas deixaram escapar a verdade, aplicando o mesmo princípio de dois pesos e duas medidas de que ele se utilizava quando castigava as filhas por terem ficado fora de casa até tarde ou passado dos limites daquilo que se considerava apropriado? Será que foi tão cego quanto outros socialistas e tentou salvar as jovens da rua ao torná-las mulheres respeitáveis? Será que enxergou os gestos de recusa delas como uma resposta "ao chamado para a batalha contra a 'Linha de Cor' do homem branco"? Seria ele culpado de confundir um experimento de vida com uma crônica de transgressões, ou era capaz de reconhecer os anseios e as paixões delas? Terá entendido que elas também estavam envolvidas em um projeto radical? Harrison certamente teria feito objeções e denunciado o assédio policial sofrido pelas jovens de cor e a marcação dos cortiços do Harlem pela delegacia de costumes e pelos policiais. Sem dúvida ele teria explicado tudo isso como abusos da linha de cor, como parte integrante do esforço da lei em subjugar a raça, controlar suas aspirações e desejos, e restringir a vida dos jovens a uma variação da plantation, impedindo e obstruindo toda tentativa de fuga. Os protestos e a luta encenados nas ruas do Harlem podiam ser frustrados, mas eram impossíveis de cessar ou de ser erradicados.

Para ele, haveria razões pessoais também. Como todos seus amigos sabiam, ele podia ser abrangente em questões sexuais, mas católico no gosto, muitas vezes atribuindo um peso maior à prerrogativa de liberdade do que à faculdade de discernimento. Isso fazia dele meio piada, e por pouco ele escapou de ser citado no processo de divórcio de Marcus Garvey[4] por conta de seu caso apaixonado com Amy Ashwood, um entre pelo menos dez casos que teve durante o casamento.

Enquanto a vida de Esther, Harriet e Rebecca era descrita como trágica, as fraquezas e contravenções sexuais dele eram feitas da matéria da farsa. Nenhuma dessas visões é adequada ou capaz de compreender a pura necessidade ou as paixões insurgentes que ansiavam por destruir o mundo (do homem branco). Claude McKay, menos conhecido por suas indiscrições do que pela facilidade e habilidade com que ele as ocultava, zombou de Harrison, fazendo piada de seus apetites eróticos

em impressos. Embora cruel, McKay foi afetuoso em sua descrição do sátiro-socialista, ao descrevê-lo como um homem "eroticamente indiscriminado". Um relatório da inteligência do governo arquivado em 1921 descreveu Harrison em termos similares, observando que uma das principais razões para as falhas daquele homem estudioso, inteligente e altamente educado era o seu "sexualismo anormal",[5] que era constante, embora ele tivesse uma esposa e fosse pai de várias crianças. O relatório do governo insinuou mais do que infidelidade. Harrison nunca tentou esconder sua paixão pelos bailes de drag que frequentava regularmente. Em seus diários, descrevia a beleza das mulheres que encontrava lá. Cada mulher era um mundo à parte, uma descoberta. Uma mão apoiada em um quadril coberto de lantejoulas podia fazer um homem se curvar, o gesto casual que delineava os contornos do corpo, o tecido adornado e brilhante convidando o olhar do observador, desafiando-o ao toque, a imaginar o que poderia ser possível; *o deleite* dessa atitude era um convite que ele julgava impossível recusar. Será que ele amou alguma dessas mulheres? Que se abriu para o experimento do baile? Será que foi guiado pela curiosidade e pelo desejo de explorar intimidades não definidas pelas polaridades da identidade? Será que acreditava que as práticas eram flexíveis e cambiáveis?

Sua extensa coleção de literatura erótica[6] encheu sua cabeça com uma gama de variações adoráveis e ofereceu diversos esquemas do possível; não havia outra biblioteca adulta igual em Nova York. Julgando imperativo "traduzir suas ideias sobre a cultura e a superioridade do homem negro para o idioma do Harlem e por meio dele arengar os homens na rua em cima de um caixote em qualquer esquina conveniente",[7] ele vendeu sua biblioteca erótica. Com toda a certeza, a necessidade de dinheiro o forçou a isso. Na maior parte da vida, ele viveu em extrema pobreza. E assim foi desde 1911, quando Harrison foi demitido de seu emprego nos correios depois de ter escrito para o *Sun* uma carta crítica a Booker T. Washington, à máquina de Tuskegee* e aos líderes negros escolhidos a dedo pelos brancos. (A carta, intitulada "Insistence upon Real Grievances, the Only Course of the Race" [Insistência em injustiças reais, o único caminho para a raça], condenava Washington por negar as realidades do ódio pela raça, a desapropriação e a exclusão social dos negros, enquanto se desculpava pela democracia Jim Crow e insistia que as pessoas negras deviam ser gratas.)

O jovem Henry Miller era apaixonado por Harrison e se maravilhava com suas habilidades como orador de botequim. O consenso era que Harrison, o Sócrates negro, era o orador mais brilhante de Nova York. É incerto se Miller estava a par dos rumores sobre a vida pessoal dele, mas talvez suspeitasse, já que percebia a intensidade da paixão e o espírito de aventura erótica na força da retórica política de Harrison. Miller considerou esses ensinamentos em *Trópico de câncer* e reconhe-

* Como Du Bois chamou a rede de influência comandada por Booker T. Washington.

ceu sua dívida em *Plexus*, insistindo que a liberdade sexual era tão necessária quanto a econômica, e que a força vulcânica de um orgasmo poderia com justiça ser comparada a uma revolta. Nada disso era novidade. Emma Goldman disse isso; Ma Rainey, Bessie Smith e Lucille Bogan disseram melhor ainda, mas quando o menino branco disse, o mundo ouviu, e a coisa se tornou uma filosofia, não entretenimento. Poucos suspeitariam das linhas de conexão entre *Trópico de câncer* e *The Negro and the Nation* [O negro e a Nação], ou perceberam a dívida de Miller e o tributo a Harrison. As linhas de afiliação e os enredamentos compartilhados se mostram na análise radical e na prosa em fluxo de consciência, escritas em oposição aos relatórios policiais e às leis estatutárias, numa batalha contra o império e a barbárie da civilização. Os dois homens se firmaram como ícones do espírito radical da época. Os outros — os garotos que gastavam suas economias de um ano de salário tentando ser a Gloria Swanson negra no Webster Hall ou no Hamilton Lodge Ball, os tipos ligeiros que enganavam os olhos de detetives particulares e erguiam barricadas contra a polícia em apartamentos no Harlem de forma que as amantes de mulheres pudessem flertar e dançar sem medo, as jovens trabalhadoras e as madames que ofereciam refúgio às anarquistas e sapatões, as domésticas obstinadas e as lavadeiras sonhadoras que andavam na companhia de celebridades e coristas, as crianças indomáveis que frequentavam religiosamente os botequins e os cabarés da Jungle Alley, que dançavam até não poder mais no Garden of Joy e que, imaginando a si mesmas como libertadoras, encheram os bolsos de pedras em uma tarde de março, depois que o primeiro tijolo foi jogado na vitrine da Kress Five and Dime —* todos eles permanecem desconhecidos. Eles eram os rostos na multidão e desejavam um outro mundo tão avidamente quanto o fervoroso orador de botequim.

* Em 19 de março de 1935, Lino Rivera foi surpreendido ao furtar um canivete e ameaçado por um funcionário da loja. A polícia foi chamada e, ao chegar no local, encontrou uma multidão reunida na frente do estabelecimento. Com medo do que as pessoas poderiam fazer se Lino fosse preso, o gerente solicitou que os policiais o liberassem. Logo se espalharam rumores de que Lino teria sido morto pela polícia e então as pessoas foram às ruas para protestar contra a violência policial, dando início à revolta do Harlem de 1935.

A beleza do coro

No Verão Vermelho de 1919,[1] nada parecia mais improvável e intempestivo do que jovens negras que ainda não estavam arruinadas pela necessidade e pela privação, e que sonhavam com o que talvez fosse possível. Apesar das quarenta revoltas raciais que haviam erradicado os últimos sinais do otimismo pós-guerra; dos brancos em sua fúria assassina de Chicago ao Texas; das pessoas negras devolvendo com violência, lutando contra eles por suas vidas, determinadas a provar, ainda que umas para as outras, que a liberdade não era brincadeira; das tabelas e imagens detalhadas de corpos linchados publicadas mês a mês na *The Crisis: A Record of the Darker Races*; da linha de cor que cerceava a cidade e solidificava os muros do gueto negro emergente; da inevitável servidão do trabalho doméstico e da violência íntima de coisas dolorosas feitas por trás de portas fechadas, Mabel Hampton[2] ainda acreditava que poderia viver uma bela vida.

Aos dezessete, ela estava tão cansada do trabalho doméstico quanto de Jersey City. Nos últimos dois anos, desde que se formara na escola, vinha trabalhando como doméstica na casa dos Parker, além de cuidar dos filhos deles. A família era boa gente; Mabel teria largado o emprego antes de se permitir sofrer algum abuso. Mesmo assim, odiava o trabalho. Servidão era servidão. Não fazia diferença se chamavam de serviço doméstico, trabalho do lar ou se alegavam que você tinha sido "treinada" para isso; Mabel, como a maioria de seus pares, ansiava por algo melhor, por outra arena que não a cozinha ou o quarto, onde pudesse exibir suas habilidades e talentos.

Se continuasse em Jersey, nenhuma perspectiva melhor que o trabalho doméstico a aguardava, e ela queria mais que uma vida de empregada. Mabel era agradável aos olhos e tinha uma voz adorável. Todo mundo lhe dizia isso. Seu tio foi o primeiro a tirar vantagem de seu talento. Quando Mabel tinha nove anos, ela se arrastava atrás dele pelas ruas do sul de Manhattan, cantando por obrigação nas vielas e pátios do Greenwich Village. Pessoas nas janelas, pendurando lençóis molhados e roupas de baixo no varal e descansando em saídas de incêndio se maravilhavam com a pequena e jogavam moedas aos seus pés. Seu tio George enchia os bolsos com os trocados e então a arrastava para o próximo quarteirão. Ele nunca disse que Mabel tinha uma voz adorável, nem chegou a oferecer um centavo para ela, mas ainda assim ela tinha ciência de que sabia cantar. Na esperança de que esse dom pudesse lhe fornecer uma rota de fuga do trabalho de limpar uma casa e cuidar de crianças, ela fez aulas de canto e dança, sempre imaginando uma vida melhor do que aquela que conhecia, e outra vocação que não o serviço doméstico ao qual fora sentenciada. Como os milhares de outras pessoas que tinham o Harlem como destino, Mabel desejava uma parcela maior do mundo do que aquela que lhe havia sido atribuída.

Sua amiga Mildred Mitchell a encorajou a fazer uma audição para o coro de um teatro de revista em Coney Island e, para o seu deleite, ela conseguiu um papel no espetáculo. Mabel não era a melhor dançarina; mas tinha entusiasmo, seu cabelo ficava lindo quando recém-alisado e era magra o suficiente para caber no figurino de veludo que havia sido usado pela garota que substituiu. Mabel se gabava para as amigas, Viola Bellfield e Maud Brown, dizendo que estava de mudança para o Harlem para buscar uma vida nos palcos. Essa era a verdade nos detalhes, mas estava inflada de esperanças disparatadas com relação ao futuro que a fileira do coro reservava e às liberdades proporcionadas pelo Harlem. A visão de uma vida desse tipo seduzia Mabel e as amigas, que embarcavam regularmente no trem de Jersey City para Manhattan à procura de romance e aventura. Com exceção de Mildred, todas as garotas que Mabel conhecia trabalhavam em cozinhas, fábricas ou em bordéis. Mildred e ela eram duas sortudas. Coney Island lhe forneceu um escape da servidão, e o palco era um território livre. Dançar e cantar alimentaram a esperança radical de viver de outra forma, e, nesse sentido, a coreografia era apenas outro tipo de movimento pela liberdade, outra oportunidade de fugir ao serviço, outra elaboração da greve geral. Participar do coro envolvia muito mais que a sequência de passos ou o arranjo de danças no palco de um salão ou na pista de um cabaré. Como a fuga da plantation, o escape à escravidão, a migração do Sul, a debandada para a cidade ou as perambulações pela Lenox Avenue, a coreografia era uma arte, uma prática de se movimentar mesmo quando não havia outro lugar para ir, nenhum lugar para onde fugir. Era um arranjo do corpo que escapava à captura, um esforço para tornar o inabitável habitável, para escapar ao confinamento de um mundo cercado por quatro paredes, um cômodo apertado e abafado. Tumulto, levante, fuga — eram as formas de articulação para se viver livre, ou ao menos tentar, eram formas de insistir: *Eu não estou aqui para servir. Eu me recuso.*

Como outras domésticas fugitivas e jovens coristas, Mabel queria ser livre. Ela não queria ganhar a vida esfregando o chão, lavando roupa nem cuidando dos filhos dos outros. Não queria estar presa a um casamento. Não queria um homem metendo dentro dela e fazendo bebês. Não queria se matar para alimentar e criar os próprios filhos. Não queria suportar a mágoa e a vergonha de ser incapaz de proteger uma criança. Então, Mabel se mudou para o Harlem determinada a fugir de tudo isso — da trama conjugal: papai, mamãe e filhinho; de uma existência de joelhos —, determinada a construir uma vida totalmente nova, e aos dezessete acreditava que isso era possível. Se não fosse possível no Harlem, então não seria possível em nenhum outro lugar. Aquela cidade-dentro-da-cidade fornecia um refúgio necessário para sonhadores, artistas, manifestantes, migrantes, socialistas, camponeses sem terra, anarquistas, desocupados, bichas, comunistas, lésbicas e todas as outras pessoas determinadas a moldar uma vida que não fosse brutalmente cerceada pela linha de cor, arruinada pela servidão, intimidada pela violência branca, nem dominada por um homem.

Três pequenos cômodos só dela no porão de uma pensão no Harlem era um luxo inacreditável. Mabel se deleitava por não ter que cuidar de ninguém além de si mesma, por não ter que se defender de tios e padrastos. Tinha se livrado daquele uniforme engomado de empregada de gente branca para sempre, e adentrara um mundo onde todas as pessoas belas eram negras. Seu apartamento ficava na 122nd Street, entre a Seventh Avenue e a Lenox, e ela pagava dez dólares por semana, poucos dólares a menos que seus ganhos semanais como dançarina. A Broadway negra, como todo mundo chamava a Seventh Avenue, ficava bem na sua porta. Era uma rua "fervilhante de vida e ardente de cores", onde a energia que pulsava pelas ruas exemplificava a vitalidade do ordinário. As quadras de cortiços no Harlem tinham a maior densidade populacional da cidade,[3] e sua população triplicaria em 1930. Cinco anos depois, tudo explodiria.

A Lenox Avenue era uma grande rota de passagem onde todos os elementos podiam ser vistos — mulheres ligeiras, ladrõezinhos, pregadores itinerantes, mascates e jovens ascensoristas, cozinheiras e empregadas domésticas, artistas da pintura e da escrita, socialistas e nacionalistas negros; e os esnobes: a elite negra, os empreendedores e profissionais. Todas as tonalidades de gente negra desfilavam pela avenida — dos bolas pretas* (o negro mais negro) a negros que mal podiam ser reconhecidos como tal, ou, como W. E. B. Du Bois os descreveu, brancos com sangue negro. Sem dúvida, o coração belo e pulsante do Harlem era o povo negro: os radicais das Índias Ocidentais** empoleirados em caixotes na Lenox Avenue que discursavam sobre a violência da exploração capitalista e a injustiça da guerra imperial; os nacionalistas no Liberty Hall que derramavam os sonhos de um país de homens

---

* No original, *eight-rock*, referência pejorativa a pessoas retintas advinda do nome dado à oitava bola de bilhar. Em seu *Glossary of Harlem Slang* (1942), a antropóloga Zora Neale Hurston (1891-1960) aponta o termo como uma gíria corrente no Harlem à época.

** Grupo de imigrantes das chamadas Índias Ocidentais, que compreendem as Antilhas e Bahamas. Vindos sobretudo do Caribe, esses migrantes foram pensadores pioneiros a respeito da situação social, política e econômica de seu grupo no Harlem, em Nova York. O movimento impulsionou diversas modificações no comércio, religião e sociologia da região. (N.E.)

negros; os espiritualistas que induziam a melancolia e a nostalgia para falar com seus entes queridos que partiram; os migrantes sulistas vendendo inhame assado e pés de porco em conserva na esquina da Fifth Avenue com a 132nd Street; as domésticas, exaustas e quase mortas, que se arrastavam para casa à luz da noite com os uniformes embolados em sacos de papel, ansiosas por serem reanimadas com um banho, um pó facial e um vestido novo comprado na loja de departamentos Klein para a única noite na semana em que elas não tinham de trabalhar; a socialista que declarava em uma cadência nítida e firme o idioma formal inculcado pela faculdade e pela igreja negras, assim como pela escola colonial, que um novo mercado de escravas havia substituído o antigo e que as mulheres negras ainda eram forçadas a vender seu corpo e seu trabalho para quem oferecesse o maior lance; as crianças jogando bola na rua quando o tráfego permitia e até que o entardecer desse lugar à noite e elas fossem chamadas para casa; galanteadores muito bem-vestidos que cruzavam a Fifth Avenue com uma garota de pele clara pendurada em um braço e uma jovem mais escura no outro. Os agenciadores da noite ainda dormiam nos cortiços, pois raramente davam as caras antes da madrugada ou iam descansar antes das cinco da manhã. Esta era a multidão: os coadjuvantes, os figurantes, gente comum cujas lágrimas e risadas definiam a vitalidade do Cinturão Negro, o coração e a alma da beleza e da decepção que era o Harlem. Andando pela Seventh Avenue, Mabel se deleitava em se perder na multidão, em ser carregada pelo fluxo de corpos pretos, marrons e acastanhados, em fazer parte do coro.

No pequeno espetáculo em Coney Island, o coro era composto de oito garotas, incluindo Mildred e ela. O famoso Henderson's Music Hall ofuscava o pequeno musical de revista; mas ainda era teatro e era isso que importava. A carreira de Mabel estava apenas começando e, sem dúvidas, ela rumaria para lugares melhores e atuaria em espetáculos de verdade — no Cherry Lane Theatre, Lafayette Theater, Garden of Joy, Alhambra e Carnegie Hall. Toda a vez que pisava no palco, sentia-se como uma versão maior e melhor de si, às vezes até como se não fosse

Mabel, e ambas as experiências a faziam se sentir maravilhosa. Mabel se lembrava da primeira vez que se sentou na plateia de um teatro vaudeville e assistiu aos artistas no palco: ficou fascinada, como se uma parte dela há muito tempo adormecida tivesse despertado, como se pudesse sentir profundamente e não temer nada. Apreciou com intensidade as cantoras e os atos musicais, mas era mais que isso. Aquilo era o anseio por estar viva e presente em cada parte de seu corpo, por ser tomada por aquele fluxo de sensações, pelo despertar da percepção. Naquele momento, Mabel pensou: quero subir neste palco. Eu consigo. Era um emaranhado de emoções difícil de distinguir. Por intuição, ela sabia que adentraria outro arranjo do possível, o figurino de uma outra existência, habitaria um corpo diferente daquele que foi violado em um depósito de carvão. Essa outra persona poderia lhe permitir viver com mais intensidade no mundo, habitá-lo sem ser machucada, ou ao menos ser capaz de suportá-lo. Quando as luzes da plateia diminuíram, Mabel se deleitou nessa outra existência, que não era ela de jeito nenhum, como se o palco tivesse a capacidade de transformar seu cálculo pessoal, ampliar a noção básica de quem ela era de modo que todas as partes se somavam para formar alguém muito maior do que ela jamais fora. Não eram apenas as luzes, os figurinos de veludo e os ritmos pulsantes do último *rag*, mas a beleza de se transformar junto a outras sete garotas, o que acontecia em público, sob a pressão e o encorajamento dos olhares de estranhos.

Depois da última apresentação da noite, a mãe de Mildred buscava as duas jovens e as escoltava na longa viagem de metrô de Coney Island até o Harlem. No trem, Mabel e Mildred falavam sobre a vida de glamour pela qual ansiavam e imaginavam se e quando elas deixariam o coro por coisa melhor. Depois de dançar por horas em Coney Island, iam para algum clube noturno no Harlem e dançavam mais. Geralmente, iam em alguns dos cabarés na 135th Street, o Conner's, o Parker's ou o Edmond's Cellar, qualquer lugar que não fosse ostentoso, onde elas não fossem escuras demais para serem aceitas. A noite passava enquanto se divertiam na pista de dança e viam os casais dançando o *slow drag*, um bailado suave e sensual[4] no qual o par, com os quadris colados, mal saía do lugar ou, se convidada, Mabel seguia um estranho até a pista e dançava o *turkey trot*, uma marcha rápida e de estilo livre na qual um dançarino se movia de forma autônoma, mas conduzido pelos ritmos do outro. Para ela, nada de danças sensuais.

Dançar no cabaré era diferente de dançar no palco. Nas apresentações, quando as luzes iluminavam o palco, você se tornava outra, e essa pessoa guiava seus movimentos, direcionava seus gestos. O coro, antes uma fileira de dançarinas separadas, se transformava em um corpo compartilhado à procura de um ritmo comum. E esse corpo se movimentava como um só, apagava as fronteiras do eu limitado, sentia e se movimentava em comum acordo, comunicando-se com o público por meio da cadência de vozes, gestos, variações de movimento e do ritmo das palmas e dos passos. As pernas chutavam, se erguiam e giravam como se todas estivessem coordenadas, encontrando e habitando um lugar na música, direcionadas pelos ditames de um corpo comum. As dançarinas também se movimentavam de maneira independente, orbitando uma a outra como pequenos planetas, um corpo que se afasta dos demais, mas ainda assim permanece conectado pela força, gravidade e propulsão, e então volta a se reunir na fileira, mais uma vez envolvido na composição coletiva e no movimento colaborativo. O coro se deslocava pelo palco, deliciava os espectadores, fazia-os desejar que estivessem ali em cima também.

No cabaré, não era fácil para Mabel perder sua pele individual. O cabaré era tão diferente do palco quanto das festas privadas e dos bares clandestinos (um clube que funcionava até altas horas em residências particulares, o tipo de lugar onde o "gim era servido de jarras de leite").[5] Cada espaço tinha seu próprio roteiro e conjunto de requisitos, ditava os termos da possibilidade, decidia os arranjos e comportamentos. O desafio era improvisar dentro dos limites do espaço, flexibilizando e quebrando as regras sem quebrar a forma. No cabaré, Mabel e Mildred dançavam com homens porque as danças de casais ou em pares haviam substituído a dança em grupo dos botequins[6] e das casas de oração. Mabel preferia dançar com mulheres, mas mesmo em lugares como o Garden of Joy ou a Clam House, repletos de veados, bichas, amantes de mulheres e sapatões, ela não se sentia segura dançando com uma mulher nos braços.

Fora do palco, era extremamente cuidadosa para não convidar o escrutínio dos homens e dissuadia a perseguição deles. Em mais de uma ocasião, ao se esquivar das investidas de um pretenso admirador, o homem perguntou alto: "Qual é o seu problema?", ou entoou em uma voz que era parte ameaça e parte convite: "Posso ver nos seus olhos. Eu sei o que você quer". Na única vez que fingiu interesse e entrou no papel, Mabel pagou muito caro. Ela nunca contou a ninguém a razão de não ter ido ouvir Fletcher Henderson e sua Club Alabam' Orchestra naquele verão ou o motivo de seu desaparecimento. Por que todo mundo tinha que saber da sua vida?[7]

As festas privadas organizadas por amigos em apartamentos no Harlem eram os únicos lugares onde se sentia confortável, segura. Essas reuniões tinham uma série de arranjos totalmente diferente. Não havia gente branca para observá-la como se fosse uma espécie rara ou um tipo estranho de ser humano. Nenhum homem disposto a invadir ou coagir uma garota, a não ser que um marido irado[8] aparecesse. Nada daquele pessoal do centro, ansioso para se espantar com bichas e negros, apenas esposas e namoradas brancas das sapatões e amantes de mulheres. A maioria de suas amigas era do teatro, e metade era entendida e amante de mulheres.[9] *Com certeza, o Harlem era tão queer quanto negro.*[10]

No teatro, no cabaré e nas festas particulares, Mabel dançava para tentar se sentir livre, para compor uma vida emocionante e bela, para se colocar em um caminho errante que poderia guiá-la para as maravilhosas experiências oferecidas pelo Harlem. Qualquer passo executado na pista de dança era um esforço para escapar às proibições e punições que cada vez mais circundavam o gueto e aguardavam as jovens que ousavam viver fora dos limites do casamento e da servidão, ou que ousavam andar pela cidade sem a companhia de maridos e irmãos. Mildred e Mabel arriscavam o perigo para desfrutar da pequena liberdade que podiam reivindicar.

Na pista de dança, recusavam o mundo que as recusava: para o inferno com as ruas onde os negros não podiam viver, os restaurantes que se negavam a servi-los, as lojas que preferiam fechar as portas a contratá-los. Malditos sejam os negros esnobes e os clubes e bodegas que as barravam na porta por serem negras e pobres demais.

A aspiração que alimentava esses corpos em movimento e permitia sua reunião conectava a fileira do coro aos corpos amontoados na pista do cabaré, cruzava a Seventh Avenue e lutava para sobreviver em apartamentos no Harlem. Todos aqueles corpos suados reunidos na pista do cabaré buscavam escapar da rotina de trabalho maçante e das novas formas de captura à espera bem ali fora e, às vezes, dentro do clube. Mabel se movia com os demais, abarrotados e apinhados na pista de dança. Por algumas horas depois do trabalho, ou até o romper da aurora, a ela era permitido um pequeno alívio do medo e do horror que residiam fundo no corpo; cintilante e extasiada, ela escapava da solidão.

Nas mesinhas amontoadas no espaço ao redor da pista de dança, os informantes e oficiais da polícia de costumes procuravam se misturar na multidão, tentavam se perder no enxame. Anotavam a disposição do clube, os nomes dos clientes regulares e tentavam adivinhar quem é que fazia algo errado e quem só se divertia. As anotações rabiscadas nas folhas de um bloquinho de papel pautado descreviam os movimentos sugestivos das jovens como "sem classe" e "obscenos", e um sorriso aberto demais ou um convite para tomar uma bebida eram as provas necessárias para garantir uma prisão na noite seguinte.

Os relatórios solicitados pela comissão de bons costumes taxavam de prostitutas jovens como Mabel e suas amigas, e descreviam o cabaré como "um lugar de encontro para viciados em cocaína, vagabundos, bichas e cafetões. Negros e brancos frequentam o lugar, embora uma placa na entrada diga: 'Apenas pessoas de cor'".[11]

No círculo imperfeito da pista de dança, Mabel e suas amigas estavam a um passo da liberdade. Aquele algo a mais, a improvisação de estar junto, o convite à reunião, os passos de dança que anunciavam a luta contra uma vida imposta, o abraço sensual de um corpo não marcado pelo estigma e indisciplinado pela servidão.

Não importava se era um botequim subterrâneo ou uma sala de concertos. Em seu sentido mais amplo, a coreografia — essa prática de corpos em movimento — era um chamado de liberdade. Os giros dos quadris, a elegância travessa no balanço do *shimmy*, o *mesmo cambiante* do movimento coletivo,[12] a repetição, a improvisação do escape e da subsistência, concretizavam o sonho compartilhado entre empregadas, jovens ascensoristas, prostitutas, galanteadores, estivadores, coristas e moradores de cortiços — o sonho de não serem aprisionados à margem, de não serem cerceados no gueto. Toda dança era um ensaio de fuga. Os ritmos dançantes de um *ragtime* os encorajavam a acreditar que poderiam escapar à mão de ferro das leis sociais e da prisão dos duros fatos. As chances não estavam a seu favor, e era muito provável que continuassem exatamente ali: presos no mesmo lugar, vivendo com pouco e sem quase nenhum sinal de mudança no horizonte.

Na pista de dança, ficava evidente que a existência não era apenas uma luta, mas também um belo experimento. Era uma investigação sobre como viver quando o futuro se encontrava impedido. Como era possível prosperar sob ataque? Poderia a alegria proporcionada pelo cabaré atenuar a agressão do racismo? Ajudar os dançarinos a se livrar do sufoco da pobreza por algumas horas? Poderia silenciar qualquer dúvida sobre a vida em perigo? Ou seria um experimento para recriar o mundo que tomou por missão agir contra você e os seus?

Quando Chandler Owen publicou seu ensaio "The Cabaret as a Useful Social Institution" [O cabaré como uma instituição social útil] na edição de agosto de 1922 da *The Messenger*, o mais radical entre os periódicos negros (descrito em um memorando do governo pelo arquiteto da Ameaça Vermelha, o procurador-geral A. Mitchell Palmer, como "a mais capaz e perigosa de todas as publicações negras"), ele identificou o cabaré como a única instituição democrática dos Estados Unidos. Era a única que não se definia pelas leis Jim Crow e que se recusava a abraçar a segregação. Sem dúvida, Owen tinha em mente jovens como Mabel e Mildred e sua avidez por um novo conjunto de arranjos sociais. O jovem socialista traçou claramente as conexões entre o apetite sexual e os movimentos na pista de dança — e a própria pista como um movimento contra o racismo e um instrumento da reconstrução da democracia estadunidense. Para ele, o cabaré era uma instituição que se opunha ao confinamento do gueto e à segregação racial impostos pela linha de cor. O cabaré provou ser o único lugar capaz de resistir à violência e ao ódio da revolta racial. Apenas no cabaré, ele escreveu, nós podemos encontrar "centenas de homens brancos e de cor [...] mulheres brancas e mulheres de cor, sentados às mesas, conversando e bebendo, desfrutando da música, dançando quando quisessem".[13] Essa sociabilidade inter-racial era policiada e punida pela comissão de bons costumes numa época que Emma Goldman caracterizou como infestada por "uma epidemia da virtude".[14] Owen foi longe, e descreveu a proibição do convívio social e da intimidade inter-raciais como uma *revolta racial no reino do prazer*. Além dos mais radicais e militantes, de artistas e libertinos, poucos ousavam romper com a linha de cor.

Se soubesse das festas que Mabel e seus amigos organizavam em apartamentos no Harlem, se tivesse observado a multidão reunida na pista de dança onde os xeiques mais belos eram às vezes chamados de Jackie e Bobbie, se tivesse discernido as formas como a recusa dos códigos de gênero era um ataque frontal à linha de cor, então Owen poderia ter sido capaz de considerar o que acontecia nas reuniões sociais privadas que aconteciam nos cortiços do Harlem como outro esforço para a reconstrução de tudo. As festas privadas e os bares clandestinos eludiam o escrutínio da polícia e do Estado com mais habilidade. As amantes de mulheres que se reuniam em apartamentos no Harlem criavam liberdade em zonas isoladas além do alcance de investigadores particulares, dos voyeurs e do pessoal do centro da cidade que ia visitar o gueto. Lares privados e cortiços forneciam um espaço clandestino, a brecha do refúgio dentro das zonas altamente policiadas e vigiadas dos guetos do Harlem.

Passar uma noite na companhia de Mabel e de outras jovens negras determinadas a desafiar as proibições das elites dominantes e dos líderes da raça (que haviam entrado em um acordo de cavalheiros sobre a segregação e respeitavam os valores do lar patriarcal) poderia ter diminuído o desconforto de Owen[15] com relação às mulheres masculinizadas e permitido que ele reconhecesse na fidelidade às normas de gênero e na punição do desvio sexual outras formas de se manter e policiar a linha de cor.

Lugares como o Edmond's Cellar eram repletos de luxúria e desejo, e essa intimidade pública era indiferente à privacidade e à linha de cor. Os gemidos e lamentos do *slow drag* em sua crueza de estilo confundiam a distinção entre balançar o corpo e fazer sexo, entre a dança e o crime, como qualquer um que ouvisse as conversas na pista de dança poderia atestar:

"Ei, querida, manda ver!"

"Posso fazer isso, sim", ela disse.

"É, você tá com tudo, tá prontinha."

"Pode até ser pouco, mas já dá pra acabar com você", ela respondeu.

"É, eu sei."

"Bom, eu te mostro."

"Que foi, docinho? Não quer provar um pouco da belezinha aqui?"

"Quanto custa?"

"Cobro cinco de homens brancos, mas dos negros só três", ela respondeu.[16]

Nas primeiras horas da manhã, as duas coristas exaustas voltavam para a casa de Mildred suadas e animadas. Na cama, elas se beijavam e se abraçavam como se fossem marido e mulher, como se Mabel fosse o sr. Hampton.

A sra. Mitchell acolheu a garota sem mãe como uma filha. E gostava especialmente de Mabel porque ela era inteligente e charmosa, a maneira exata como Mabel desejava ser vista, então ela aceitou as atenções da sra. Mitchell de imediato, feliz em ser tratada como uma segunda filha. Desde os dez anos, a vida de Mabel dependera da habilidade de conquistar com seu charme as famílias de estranhos e de amigos. Foi uma técnica aprimorada pela perda. A mãe morreu quando ela tinha apenas um ano, então a avó cuidou dela até os oito, o último ano em que foi uma criança. O baque do corpo da avó caindo no chão da cozinha foi um som que a acompanharia pelo resto da vida. Quando ficou claro que a avó não se recuperaria do derrame, sua tia Nancy veio de Nova York. Mabel mal se recordava do funeral, mas se lembrava de que a tia embalou a casa inteira e vendeu tudo em dois dias. Sabendo que nunca mais voltaria a ver a casinha com fachada de ripas de madeira e sua bela cerca de roseiras, os pés de caqui ou os bordos-negros, as castanheiras e os arbustos carregados de amoras que povoavam os bosques nos quais ela brincava com os amigos, nem sentiria o cheiro denso das uvas maduras que se decompunham no caramanchão do quintal, Mabel chorou de soluçar durante toda a viagem de trem da Carolina do Norte até Nova York. A tia não tentou confortá-la. Na viagem, ficou evidente que não se importava nem um pouco com Mabel. Em Winston-Salem ela se gabara por criar a filha de sua irmã falecida, mas na verdade ela só se importava com o dinheiro da avó de Mabel. Quando finalmente chegaram na Pennsylvania Station, o marido de sua tia estava à espera para acompanhá-las até em casa. Mabel, esse é o seu tio, o reverendo George Mills. Ele era um homem alto de traços bem-feitos e um cabelo bonito e ondulado. Mas ao olhá-lo, Mabel sentiu medo.

Os paralelepípedos de granito e tijolos vermelhos que pavimentavam a entrada e o pátio do prédio da tia de Mabel eram lindos. Quando ela olhava pela janela, os lençóis e as roupas penduradas no varal obstruíam o céu e lançavam sombras no quintal. Greenwich Village não se parecia em nada com Winston-Salem. Eles moravam em um pequeno apartamento térreo com uma sala de estar, sala de jantar e um quarto. Mabel não tinha uma cama só dela como na casa da avó. Seu tio a obrigava a dormir no chão da cozinha ou no depósito de carvão, e sua tia não dizia nada para evitar uma agressão. Aos domingos, a pequena congregação do reverendo Mills se reunia na sala de estar. Mabel ajeitava as cadeiras para que o apartamento parecesse uma igreja. Ela havia frequentado uma igreja de verdade com a avó, com um pastor de verdade que jantava na casa delas todo domingo, então não achava que a sala de estar de George Mills parecia uma igreja. Durante a semana, ela acompanhava o tio pela cidade enquanto ele pregava a estranhos e ela cantava músicas e hinos religiosos. Em seu retorno pela Eighth Street, Mabel rezava para que a tia estivesse em casa, não porque ela fosse capaz de proteger Mabel, mas ao menos fornecia outro objeto para a fúria dele. A janela do quarto abria para o pátio, e, às vezes, o medo de que os vizinhos pudessem ouvir era a única coisa que fazia o reverendo parar. Ele prendia os braços de Mabel na cama e abafava seus gritos com as mãos. Ela esperneava e se encolhia sob o peso dele. Da cama, ela podia ver o pátio e tentava tornar seu coração tão duro quanto aquelas pedras. *Ele já tinha matado um homem branco, então não pensaria duas vezes em matar uma negra.* Mabel sabia que não devia dizer nada a ninguém.

Aida Overton Walker ou Ethel Waters? Ethel Williams ou Inez Clough? Sobre os pratos pesados e repletos de frango frito, salada de batata e couve, as garotas discutiam sobre quem era a melhor cantora. Elas se empanturravam, diziam palavrões e contavam histórias indecentes quando a sra. Mitchell não estava em casa. Mabel, Mildred e as outras garotas do coro cabiam ao redor da mesa, mas soavam como se estivessem em umas vinte, agiam como adultas, falavam ao mesmo tempo, o chão cedendo às mais barulhentas. Tentavam chocar e impressionar umas às outras com quanto sabiam sobre os homens. O que importava era o tamanho ou a grossura? Eu sei que você não chupou aquele preto. Menina, você tá mentindo. Não faz nenhuma diferença se ele só pensa em si e não dá a mínima pra você. Elas comparavam os amantes às amantes e concordavam que as mulheres eram mais gentis que os homens, embora às vezes a ferramenta fosse necessária. Dedos dão conta do recado! As risadas irromperam. Mabel ficou em silêncio. Sentia vergonha de admitir que nunca tivera amantes. Apenas quando reclamavam da vida no teatro, maldizendo os gerentes e produtores que sempre encontravam uma desculpa para colocar a mão onde não eram chamados, ou que tentavam atrair e assediar uma garota para que ela aceitasse dar uma rapidinha embaixo do passadiço, é que Mabel se sentia livre para falar com tanta autoridade quanto as demais. Estava cansada de homens tentando enfiar as mãos por baixo de sua saia para sentir sua buceta. Todas se mataram de rir, pois não esperavam que a pequena e doce Mabel falasse como um marinheiro. Elas se preocupavam, pensando em qual lugar trabalhariam quando a temporada chegasse ao fim. Além de se apresentar em Coney Island, Mildred também dançava em um cabaré no Harlem. Às vezes havia trabalho no Lafayette Theater, mas a menos que você fosse uma P.C., eles nem olhariam para você. P.C.? Bem-vinda ao teatro negro. Elas ensinaram os códigos de cor para Mabel: P.R. = preta retinta/preta (nunca havia lugar para garotas retintas no coro); M.E. = mulata escura/marrom; P.C = pele clara. Praticamente todas as protagonistas e dançarinas dos clubes mais chiques do Harlem frequentados pelo pessoal do centro eram claras, radiantes e quase brancas. M.C. = mulata clara. Havia muita discussão sobre as mulatas claras, se tinham a pele mais escura

com um tom avermelhado ou se tinham a pele muito clara, com olhos ou cabelos claros. Mas não importava. O ponto era: sua pele decidia onde você poderia se apresentar e quem te olharia de baixo para cima ou de cima para baixo. Elas discutiam sobre o melhor creme de rosto para clarear a pele e concordavam que o pó facial de Madame Walker podia fazer qualquer garota de pele escura se parecer com uma de pele amarelada, clareava pelo menos uns dois ou três tons. Você não precisava ser clara, só parecer.[17] Qualquer uma podia se passar por mulata se a iluminação da casa fosse forte o suficiente.

Quando a sra. Mitchell entrou em casa com sua amiga Gladys, o tom da conversa mudou. Mabel não falou quase nada, mas agora por motivos diferentes. Gladys era quase da mesma idade que a mãe de Mildred, talvez até mais velha, mas era bonita e elegante, um deslumbre de mulher que sugeria problema. Quando Mabel viu Gladys, começou a se sentir estranha, então baixou os olhos, mas ao erguer o rosto de novo, aquela bela mulher, alta e acobreada de cabelo grisalho, estava olhando para ela, e um arrepio percorreu Mabel como eletricidade. Gladys dançava em Coney Island, mas em um ato diferente. A maioria das garotas do coro não era muito mais velha que Mabel, que, aos dezessete, ainda parecia uma criança, pois era muito miúda. Ela ficou desconcertada com aquela mulher e tentou descobrir o que a fez se sentir tão desconfortável. Seria a dor no fundo do estômago ou o calor em suas partes íntimas? Sentiu-se impotente, e isso a assustou; mas ainda assim ela não conseguia parar de olhar para aquela mulher. Mildred percebeu, e a sra. Mitchell também. Com certeza Mabel devia ter parado de encará-la depois que a sra. Mitchell olhou de uma para a outra, mas ela não conseguia, e durante todo esse tempo Gladys a olhava também. Mabel acreditava que era possível saber tudo ao olhar alguém nos olhos, se essa pessoa era boa ou má, se tinha a capacidade de amar ou se poderia machucar você. Os olhos daquela mulher eram como um ímã, atraíam Mabel e impediam que ela desviasse o olhar. Mabel ficou calada pelo resto da noite.

No dia seguinte, após o ensaio, Gladys abordou Mabel. A primeira coisa que disse foi: "Agora me diga a verdade. Quando eu te olho, você se arrepia toda, não é?".

"Acho que sim", Mabel respondeu, balançando a cabeça e concordando o tempo todo, sem palavras e sem saber ao certo se alguma coisa tinha escapado de sua boca.

"Preciso dar um jeito nesse arrepio", Gladys sussurrou no ouvido de Mabel.

Talvez ela tenha se permitido por causa da visão de todos aqueles amantes que buscavam proteção embaixo do passadiço ou o estímulo dos corpos muito juntos e espalhados pela praia, os membros pegajosos e entrelaçados, corpos próximos demais, mal respeitando o limite da decência.

As pessoas chegavam aos montes em Coney Island, vindas de toda a Nova York para fazer amor na praia. Ninguém se importava com isso, a não ser que elas formassem o tipo errado de casal: um negro ou chinês com uma jovem branca, ou uma jovem de cor suspeita de prostituição, ou um veado e seu namorado. As pessoas transavam por toda a praia.[18] Isso era tão maravilhoso quanto o oceano.

*

Em uma novela ou em uma peça, o romance de uma corista teria tudo a ver com ambição. Mas a atração que Mabel sentia por Gladys tinha pouco a ver com o glamour do palco ou com algum desejo de assumir o papel de Gladys. Quando Gladys disse: "Você vai ter que encontrar outra namorada",[19] Mabel ficou arruinada.

A sra. Mitchell se sentiu responsável pelo que aconteceu, porque tudo começou em sua casa. "Mabel é como uma filha pra mim", disse para Gladys antes que seu caso com Mabel começasse. "Então não faça mal a ela. Não brinque com Mabel. Se você não pretende ficar com ela, então melhor deixar a menina em paz". A sra. Mitchell sabia que Mabel não tinha a quem se agarrar, como é que Gladys poderia mudar isso? "Me promete que você vai deixar a menina em paz." Gladys concordou, mas alguns dias depois quebrou a promessa. Incapaz de resistir ao ardor de uma primeira paixão, ela tomou Mabel; e tomou tudo o que pôde dela.

Mildred tentou convencê-la a terminar o caso antes que começasse, antes que Mabel tivesse usado a palavra *amante* como se lhe pertencesse, antes que tivesse se acostumado com essa palavra. Minha amante. Era uma palavra nova, mas não incomum como as outras que Gladys ensinou a Mabel, palavras que Gladys oferecia em vez de explicar por que as duas não tinham futuro; ou que transmitia como um pedido de desculpa por um crime prestes a ser cometido, ou como um termômetro para as coisas ruins que estavam por vir. Expressões como *acabar com a vida* confessavam o desejo e o risco, *tríbade* vinha repleta de promessas de prazer, enquanto a palavra *lésbica*,[20] que Mabel tinha lido num livro de Havelock Ellis, não significava nada para ela, tinha pouco a ver com aquelas que desejava e com a forma como as desejava. Ela nunca tinha ouvido ninguém falar a palavra *lésbica* até Gladys dizê-la, pronunciando para tentar afastar Mabel. Ela insistiu tarde demais: "Não podemos". "Sou casada." "Não quero acabar com a sua vida." Mabel pensou, mas não disse: "Você já acabou com ela".

Seria insensato esperar que alguém pudesse amá-la de verdade? Seus tios nunca a amaram. Ellen White, sua irmã adotiva, a amou. Ela foi a única pessoa que já havia tentado protegê-la. Quando Bessie, a irmã mais velha de Ellen, encontrou Mabel, então com dez anos, abandonada num parque de Jersey City, ela a levou para casa. Na primeira noite, Ellen disse para Mabel não ter medo, ninguém iria machucá-la. Mabel estava tão faminta que devorou três ovos e um pão, mas mesmo com toda a bajulação da sra. White, se recusou a dizer qualquer outra coisa que não seu nome e que sua tia lhe pedira para ficar esperando e então tinha ido embora. Não, ela nunca mais voltou. Mabel não mencionou o tio. No jornal, nunca foi publicado nenhum anúncio de uma garota desaparecida que batesse com a descrição dela. Nenhum policial ou detetive particular apareceu para procurá-la e Mabel nunca disse uma palavra sobre seu passado. E não contou a ninguém, nem mesmo para Ellen, o que seu tio tinha feito. Era horrível demais para as pessoas acreditarem. Será que a culpariam?

Depois que Ellen faleceu no parto e o bebê se foi algumas semanas depois, Mabel começou a sonhar com a mãe que nunca conheceu. Anos mais tarde, diria que um anjo da guarda olhava por ela, sempre evitando que se metesse em problemas. Mabel imaginava a mãe como esse anjo. Ela não sabia nada sobre a mãe, nem mesmo o seu nome, Lulu Hampton ou Simmons, até completar vinte anos. Sua avó se recusava a dizer o nome da filha morta ou a deixar uma fotografia à mostra em qualquer lugar da casa, como se mesmo esse pequeno gesto pudesse ser confundido como uma aceitação relutante da vida que Lulu escolhera. Ela tinha infringido a lei, e a criança, Mabel, era prova disso. Não havia notícias de nenhum pai. Mabel tentava não pensar como sua vida teria sido se a mãe não tivesse morrido quando ela era um bebê. Ela amava a avó, mas a mulher era fria e dispensava sua afeição com uma colher de cabo longo. Com os livros, Mabel aprendeu o que uma mãe deveria ser, como sua devoção e proteção salvaguardavam a criança, e que os laços entre mãe e filha eram inquebráveis. Em sua vida, Ellen foi a pessoa mais próxima de uma mãe para ela. A maneira como Ellen a segurava e dava beijos em seu rosto e nos lábios fazia Mabel se sentir amada. Quando Ellen, então com dezessete anos, segurava Mabel nos braços, ela se sentia quase segura. Em várias noites adormecia nesses braços.

Gladys a abandonou como todas as pessoas que Mabel havia amado. Ser tão vulnerável e totalmente sem defesa era insuportável. Isso aterrorizava Mabel. O que ela mais queria — o abraço apaixonado de uma mulher, pele contra pele, o calor e o volume do corpo de uma amante se elevando embaixo dela, as batidas do coração acelerado de Gladys ecoando em seu peito, o nó suarento de membros entrelaçados — a destruiu. Não que ela fosse uma pária, mas o amor sugava e esvaziava o que havia dentro dela, tornando quase impossível a Mabel se aguentar ou viver sem sua amada. Gladys ensinou tudo para Mabel, da forma certa de dançar até como dar prazer a uma mulher. À noite, iam a vários lugares, frequentavam festas e cabarés, e todas as aventuras culminavam na cama de Gladys. Certa noite, as meninas pregaram uma peça nelas e trancaram a porta da frente, de forma que elas tiveram de tocar a campainha e acordar a senhoria para entrar. As outras esperavam envergonhá-las, pegá-las no pulo, mas não se importaram. Na cama, parecia que só existiam as duas no mundo, na vasta quietude das profundezas da noite. Naquelas poucas horas antes do crepúsculo, não havia marido nenhum a temer.

A experiência no exercício de perder as pessoas que amava não diminuiu a dor do rompimento com Gladys. A mãe de Mabel falecera quando ela era um bebê, incapaz de discernir aquele corpo de seu próprio, antes do surgimento do eu, marcado, separado, apartado de uma plenitude materna, o que, em seu caso, aconteceu de maneira abrupta e severa, prematura como a morte de sua mãe. Uma pontada leve que a acompanhava desde a morte da avó e que alertava: Cuidado, quando você menos esperar, alguma coisa horrível vai acontecer. O olhar da avó no leito de morte, olhos vazios e vidrados que fitavam através dela; quando a tia terminou de trançar seus cabelos, a avó já se fora. E então Ellen. Ela estaria viva se os pais não a tivessem forçado a se casar com um homem que ela nunca amou. Mabel não seria poupada por ninguém.

Doente. Esgotada. Sozinha. Estava arruinada, e não porque fora para o Harlem e se perdera na vida, não por ser perseguida por algum homem na Fifth Avenue ou na Madison, não por causa das coisas terríveis que previu; Mabel estava acabada porque o amor a havia destroçado, e apesar disso, *ela desejava e desejava e desejava*.[21] Gladys alertara Mabel sobre o preço de amá-la, mas a seduziu mesmo assim. Não importava que tivesse um marido. Não importava que Mabel tivesse dezessete anos. Não importava que Gladys tivesse prometido para a mãe de Mildred que não mexeria com ela. Mabel se esforçava para não pensar nas coisas que haviam feito, nem no peso daquela pele escura e linda descansando contra o seu corpo, flutuando acima dela. Mabel tentou não pensar naquilo que um marido era capaz de fazer e ela não, nem imaginar se um dia voltaria a ver Gladys ou se havia sido tola por esperar que Gladys o deixaria, que ela nunca mais voltaria para a Filadélfia, decidida a viver ao lado de uma dançarina de cabaré de dezessete anos em um apartamento de três cômodos na Seventh Avenue.

A partida de Gladys não pareceu marcar o fim do caso delas, mas o fim de Mabel. O que sobrou ou quem ela poderia ser era algo confuso, incerto. Será que aquele amontoado de sentimentos e impulsos poderiam alguma vez consistir de novo numa pessoa? Ela um dia conseguiria dizer "eu" com alguma autoridade, ou fingir que era dona de seu malfadado ego? A dor de amar alguém sem reservas, tão incondicionalmente, quase a destruiu. Mabel quisera tudo de sua amante — os lábios dela contra os seus, as mãos em toda parte e então a boca dela. O desprezo do corpo pelo *dever* e o *ter que* a fez se sentir envergonhada. O prazer guerreava com o senso comum, e mesmo com a autopreservação. Os sentimentos liberados por sua primeira amante forçaram Mabel a se recolher na cama, a recuar diante da sensação de desamparo. Ela passou tanto tempo temendo aquilo que os homens podiam lhe fazer, que nunca parou para pensar naquilo que uma mulher faria. Como uma mulher pode machucar você? Como algo tão maravilhoso pôde destruí-la daquele jeito?

Mildred esmurrou a porta até Mabel deixá-la entrar. Ela tentou explicar, mas não conseguiu. Tudo o que Mabel disse para a amiga foi: "Eu não aguento. É forte demais. Não quero isso pra mim".[22] Não era nada bom querer tanto alguém. O coração dela estava aos pedaços. Que todo mundo fosse pro inferno. Ela tinha perdido a mãe, então de quem é que ela precisava? De ninguém.

A cidade parecia muito mais glamourosa e excitante do banco de passageiro do lustroso Touring Roadster cinza. Sua nova amante, Ruth, estava elegante e esplêndida. Suas amizades eram em grande parte celebridades, artistas e pessoas que viviam a boa vida. Nos anos 1920, Nova

York era um lugar bárbaro. A amante de Ruth era dona de um bordel, ela conhecia todo mundo e levava Mabel para os melhores clubes, cabarés e bares clandestinos do Harlem, Greenwich Village e Brooklyn. Ruth nunca se importou se as pessoas as encaravam enquanto jantavam em um restaurante, nem se todos os vizinhos de Mabel esticavam o pescoço para olhar quando ela se jogava no banco da frente de seu carro — e tudo isso porque não estavam acostumados a ver um par desse tipo, uma bela mulher branca com uma negra, que não era sua empregada, ao lado. A maioria das pessoas, negras e brancas, acreditava que elas estavam fadadas a ter problemas e que havia algo imoral e suspeito na intimidade inter-racial. Poucas suspeitavam que fossem amantes — a amizade entre as duas já chocava o bastante.

Na primeira vez que Ruth foi buscá-la em Jersey City, a senhoria de Mabel, a Velha Rabugenta, ficou estarrecida. As pessoas não sabiam o que pensar quando a motorista, muito galante, abriu a porta para Mabel. Os vizinhos dela ficaram de boca aberta, aqueles negros ignorantes não sabiam o que dizer ou como cumprimentar uma pessoa e dizer olá. Ninguém disse palavra, a não ser a Rabugenta, que gritou escada acima para chamá-la depois que Ruth disse que estava à procura da srta. Hampton. Sua vizinha, Maude Brown, se empoleirava na escada como o gato que ri. "Quem é aquela branca no carro?", perguntou. A próxima pergunta foi se podia dar um passeio com elas. Ruth riu e disse que podia passar uma tarde com elas na praia em Coney Island. Os outros ficaram curiosos, mas, no fim, a desaprovação venceu. Nada de bom podia vir disso. A Rabugenta disse: "Mabel, melhor tomar cuidado. Isso não parece certo". Aqueles intrometidos teriam desmaiado se Ruth, além de tudo, estivesse usando calças.

Mabel não era mais inocente. Ela tinha uma série de amantes — brancas e negras, casadas, bissexuais e aquelas que chamava de lésbicas de verdade. Muitas eram casos passageiros; alguns deles eram com amigas queridas, como Mildred e Viola, com artistas que trabalhavam nos mesmos espetáculos e flertes com mulheres que entravam e saíam de sua vida. Mabel aprendera a dar e receber prazer. Perambular pela cidade do Village até o Harlem na companhia de Ruth, fazer amor a tarde inteira, ir ao teatro, frequentar festas e se divertir nos cabarés até as primeiras horas da manhã foram coisas que transformaram Mabel. Ela cultivava os prazeres aos quais Ruth a havia introduzido. Beber champanhe, fumar, satisfazer suas vontades como bem entendesse, aprender a navegar pela cidade de maneira a nunca ter de ficar sozinha. As pessoas que agora chamava de amigas faziam parte do glamouroso mundo cujas portas Ruth lhe abrira: Gladys Bentley, Jackie Mabley e as duas Ethels, Ethel Waters e sua namorada, Ethel Williams.

Bentley a ajudou a conseguir um trabalho de dançarina no Garden of Joy, um clube noturno do Harlem que abrigava um público diverso. Mamie Smith era dona do lugar, e todo mundo conhecia Mamie porque ela tinha gravado o primeiro blues, "Crazy Blues", que vendera 75 mil cópias no primeiro mês de lançamento. O Garden of Joy era um pavilhão de dança a céu aberto, e, em algum momento da noite, os boêmios e as figuras notáveis do Harlem apareciam por lá, músicos e atores, além dos tipos literários. Bentley se apresentava lá; para onde quer que fosse, tinha muitos seguidores, e os brancos do centro iam até o Harlem para ver Bentley cantar músicas obscenas em um elegante fraque branco. Trabalhar em um cabaré frequentado por lésbicas, gays, crossdressers e bichas deu a Mabel algum espaço; ela podia se movimentar sem ter de se preocupar se havia algum homem atrás de si. O Garden of Joy lhe forneceu tempo e lugar necessários para florescer como uma amante de mulheres. Por dois anos ela dançou, atendeu as mesas, recepcionou as pessoas e serviu as bebidas.

Agora andava com um "grupo seleto", composto em sua maioria de pessoas do teatro, dançarinas, cantoras, comediantes e quase todas elas estavam na vida intensamente. Ruth apresentou Mabel para Bentley e a levou para sua primeira festa na casa de Jackie Mabley. Ruth conhecia todo mundo que era alguém, artistas, atletas, políticos e os mais abastados. Ela era bem relacionada graças à sua namorada. Todo mundo que vivia a boa vida passava pelo bordel para ouvir música, tocar piano ou cantar, se prostituindo antes de fazer um nome, ou limpando a casa se ainda não estivesse pronta. Ruth se sentia confortável com as pessoas de cor e apresentou Mabel para muitas mulheres negras que também amavam mulheres. Mabel era apenas uma menina com quem ela se divertia, apenas uma amante temporária, mas Mabel estava feliz em embarcar nessa viagem.

"Quer dar uma volta no gueto?", Ruth perguntou. Claro, Mabel respondeu. "Dar uma volta no gueto" não era como ela e suas amigas negras costumavam descrever a vida noturna no Harlem. Era algo que os brancos diziam para descrever sua busca por prazer na região norte da cidade e seus encontros com negros, mesmo quando as pessoas negras que viam eram ricas, educadas ou bem-sucedidas. Mabel não dava a mínima para isso, desde que pudesse se divertir. Enquanto aguardava no saguão de entrada do apartamento elegante de A'lelia Walker, ficou claro para Mabel que aquilo era o oposto de dar uma volta no gueto. Antes de entrarem, Ruth disse: "O que quer que você veja, não repita".

Um mordomo negro conduziu as duas para dentro do apartamento majestoso e pediu que aguardassem. Um homem branco e alto apareceu, deu uma olhada em Mabel e perguntou se Ruth estava bem. Ruth disse, sim, eu a conheço. Ela é minha amiga; é boa pessoa. O homem branco instruiu Mabel a segui-lo. Eles passaram pelo saguão de entrada, e então ele a conduziu para uma sala privada e disse para tirar a roupa. Mabel despiu seu casaco de pele branco e o vestido de jérsei cinza acinturado. Ela estava nervosa. E por sorte, estava usando um belo conjunto de roupas de baixo.[23] O homem branco a conduziu pelo saguão e pela sala de jantar e abriu uma terceira porta que dava para outra sala. Por um momento, Mabel congelou; ela se deteve e olhou pasma para as pessoas no recinto. Torceu para que ninguém tivesse notado. Ninguém ali trajava uma peça de roupa sequer, a não ser ela. Ruth, nua, passou o braço ao redor da cintura de Mabel. Você está bem? Sim, ela respondeu e olhou ao redor. Umas catorze pessoas nuas se recostavam em almofadas espalhadas pelo chão. Os convidados — voyeurs, exibicionistas, meros curiosos, queers, poliamorosos e mais liberais — relaxavam, bebiam, copulavam. O que primeiro chamou a atenção de Mabel foi um homem chupando uma mulher. Nunca tinha visto isso antes. Enquanto fitava os dois, outros lançavam olhares para a atraente recém-chegada, ainda de meias, sapatilhas e uma combinação. (Tinham permitido que permanecesse com suas roupas íntimas porque era sua primeira vez.)

Um rapaz branco convidou as duas para se sentarem. Ela e Ruth beberam várias garrafas de champanhe. Fumaram maconha. Fizeram amor. A tarde virou noite e então a madrugada virou manhã e a manhã virou tarde. Ninguém parecia se preocupar com o tempo. As pessoas conversavam, faziam amor, comiam, relaxavam e ouviam música. Num primeiro momento, foi difícil para Mabel fazer qualquer coisa ou mesmo ficar excitada ou estimulada, tão concentrada estava em observar os outros. Vê-los envolvidos em atos íntimos pareceu chocante e divertido, mas, conforme o passar das horas, nada mais lhe parecia incomum. As pessoas entravam na casa de A'lelia acompanhadas de um marido e saíam com uma esposa. A luxúria coletiva inundava todo o seu ser; reivindicava; desafiava; transformava. Mabel estava num porre só e tudo parecia adorável e desprendido. Então ela começou a relaxar e conseguiu se sentir confortável com Ruth. As duas podiam fazer o que sentiam vontade, e ninguém se importava nem as incomodava. *Elas passaram um tempo muito agradável.*

Quando A'lelia Walker chegou, a sala toda respondeu num alvoroço. Ela conversou com os convidados vestida num conjunto de seda curto que poderia muito bem ser um casaco de pele de arminho; ela se comportava como uma rainha e ostentava o traje leve e curto com um ar imponente. Mesmo sem seu infame chicote de equitação,[24] ainda havia algo de proibido e perigoso nela. A'lelia fumava e bebia com seus convidados, jogava conversa fora. Ela era uma mulher alta e impressionante, que vivia cercada de belas mulheres (Ethel Waters, Nora Holt, Edna Thomas) e homens gays. Era generosa com seus afetos e sua fortuna. A mãe dela, Madame C. J. Walker, havia popularizado os pentes quentes e desenvolvido uma linha de produtos de beleza; todas as garotas do Harlem com cabelos alisados, penteados para trás, chanel e ondulados lhe devia agradecimentos. Os mais esnobes chamavam A'lelia pelas costas de "a rainha do alisamento" para menosprezá-la, para deixar claro que ela não era uma herdeira legítima nem merecia um lugar entre a aristocracia da raça. Nem é preciso dizer que essas pessoas tinham inveja. A casa de A'lelia na 136th Street era considerada uma das mais belas propriedades do Harlem. Também era dona de um casarão no Hudson, a Villa Lewaro; ela financiava o Dark Tower, um salão literário abrigado em sua casa de trinta cômodos, embora houvesse rumores de que não costumava ler livros, apenas apoiava os autores. Ela bebia em excesso, jogava cartas com seus amigos mais íntimos e se empanturrava de comida cara. O apartamento no número 80 da Edgecombe Avenue era imponente, mas se tratava apenas de um antro de prazeres, não se pretendia como um local de atrações, embora a mobília luxuosa, os tapetes persas, as almofadas de seda e cetim, os cobertores de pele, os tecidos pesados de veludo e brocado espalhados pelo apartamento fossem mais fabulosos que qualquer outra coisa que Mabel já tinha visto. A luxúria a envolveu e, como as garrafas de champanhe, a fizeram se sentir extraordinária. Ainda que não gostasse especialmente do sabor de caviar, ela adorou a ideia de comê-lo. A'lelia servia champanhe e caviar para os convidados negros, enquanto os brancos se banqueteavam com pés e tripas de porco e bebidas caseiras, e era exatamente isso o que eles esperavam e desejavam quando iam ao Harlem, sentir o delicioso gosto do outro.

Ruth não levou Mabel para a casa de A'lelia para assistir a nenhuma atração, mas para aprimorar o prazer delas. A visita se pretendia como mais uma lição na educação sexual de Mabel Hampton, mas acabou por ser mais do que isso para ela. A intimidade compartilhada no número 80 da Edgecombe Avenue não era nada parecida com as exibições sexuais grosseiras vistas em um bar clandestino. O sexo público e as transas coletivas, tal como o ambiente, eram belos, vívidos e um testemunho de uma vida moderna distinta. No apartamento elegante, as sutilezas do prazer, os gemidos, os sussurros e as risadas preenchiam a sala, a respiração ofegante do orgasmo rompia com os limites do eu, apagava as linhas de divisão social e desfazia homens e mulheres. A dissolução total do eu limitado e individual era concedida. Os gays rebeldes e queers saboreavam esse refúgio da luxúria; apreciavam a chance de rejeitar a propriedade. Os convidados se misturavam para além das divisões de raça e classe, estranhos se tornavam íntimos, uma aristocrata inglesa se apaixonava por uma atriz negra.

A abertura e a possibilidade da época pareciam nítidas e palpáveis para Mabel, naquela sala adorável na companhia de gente de todos os tipos e inclinações, refestelada em almofadas de veludo. O êxtase do sexo era bem-vindo, e mais ainda a experiência de ser libertada de todos os detalhes e incumbências que organizavam sua vida, que a prendiam no tempo e no espaço. Aquilo lhe permitia uma habitação profunda, não do eu exatamente, mas da respiração, do toque, do gosto, uma acuidade dos sentidos, um aperfeiçoamento do aparato perceptivo, de modo que ela podia discernir as variedades da escuridão numa sombra e o mundo que ali se desdobrava; podia perceber como a luz refletindo em um prédio vizinho avançava devagar ao longo do peitoril da janela até se espalhar pelas cortinas, e pouco importava quem recebia e quem dava uma vez que as roupas eram despidas.

O toque agradável das almofadas de seda roçando em suas costas ou presas entre as palmas das mãos. A luz âmbar e suave a embalava em uma paz preguiçosa, e os tapetes exuberantes silenciavam os passos, amorteciam os pés, parecia que ela era carregada ou flutuava, ou afundava ainda mais no ir e vir arenoso das ondas, puxada para o oceano, boiando, leve, à deriva. Era tudo tão bonito; e tudo a fazia ficar bonita. As taças de champanhe de cristal e a decoração adorável da generosa fortuna de A'lelia Walker. Belas garotas nuas serviam comida e bebida, conversando casualmente com os convidados. A música — *rags* tocados no piano davam lugar a sonatas, James P. Johnson para Rachmaninoff. Não havia nada feio, cafona ou fora do tom. Essa intimidade ampliada — o luxo e suntuosidade da paixão compartilhada, como se atos íntimos nunca tivessem sido destinados ao particular, a ser possuídos como propriedade. No antro maravilhosamente guarnecido, mesmo a excitação era silenciosa e refinada. A troca de olhares, a mirada curiosa de um estranho, o fluxo compartilhado de sensações, a respiração entrecortada do desprendimento acentuavam o prazer de todos os presentes, fazendo de *eros* um luxo comunitário.

Em 1924, parecia que a maravilhosa sorte do coro seria para sempre de Mabel. Ela conseguiu um papel no famoso coro de *Come Along, Mandy* [Venha comigo, Mandy]. Era o programa usual do teatro negro — rostos maquiados com rolha queimada, esquetes cômicas, músicas agradáveis, uma trama implausível e atrapalhada e coristas jovens. Havia vinte garotas, e quando elas se apresentavam, quase nenhum crítico deixava de notar que praticamente todas eram retintas, sendo chamadas de coro de bronze, coro marrom, coro sépia, o coro não tão belo assim. No *The Messenger*, Theophilus Lewis exclamou em uma crítica radiante, *Finalmente um coro de cor*,[25] e com isso ele quis dizer reconhecivelmente negro, e não com as coristas de pele clara e quase brancas de sempre, que tinham lugar garantido nas melhores casas e nos maiores espetáculos. Quando as luzes diminuíam na casa, Mabel e as outras coristas cruzavam o palco em figurinos cintilantes que brilhavam no escuro. As luzes do palco eram desligadas para intensificar o efeito das roupas deslumbrantes e luminescentes, as dançarinas pareciam vaga-lumes, flutuando etéreas no palco do Lafayette Theater. O fascínio silencioso da plateia era palpável. Quase dava para ouvir as pessoas respirarem fundo. O coro ameaçava roubar a cena, apesar da compleição pálida e afrancesada de Jean Starr,

a protagonista. A potência e a força das vozes e o frenesi coletivo dos movimentos do charleston conquistaram o público e a crítica.

As fileiras de pessoas negras que enchiam a plateia riam até as lágrimas ao assistir aos comediantes Whitney e Tutt que, segundo alguns, rivalizavam com Bert Williams e George Walker.

Os negros não tinham receio de demonstrar sua admiração, e a plateia batia os pés, aplaudia e assobiava para o coro. Mesmo as críticas mais indiferentes à produção, como uma publicada no *Baltimore Afro-American*, observaram como o grupo trabalhava bem em conjunto, e escolheram o coro como foco de elogios. "O elenco merece o maior mérito, e o coro, embora não seja especialmente dotado de beleza, é um grupo de jovens [dançarinas] munido de grande ânimo, de forma que, quando ganharem experiência, se portarão da maneira mais digna de crédito." *Come Along, Mandy* foi positivamente comparado com *Shuffle Along*, que teve um desempenho incrível na Broadway. O figurino foi aclamado como o mais bonito da temporada. Em seus trajes opulentos, Mabel e as outras dançarinas pareciam anjos caídos ou bonecas sépia e douradas. No *Chicago Defender*: "O melhor coro de beleza da cidade foi reunido para entreter o Harlem na próxima semana". No *Atlanta Constitution*: o musical "se mostrou como um grande sucesso em todas as cidades sulistas onde foi apresentado para plateias brancas". No *New Journal and Guide*: "*Come Along, Mandy* é o mais novo sucesso de Nova York. Uma companhia grande e seleta, em sua maioria formada por mulheres jovens, apresentará a comédia. Melodias afinadas, turbilhões de danças e uma comédia irresistível serão os destaques, apresentados com figurino e cenário de beleza excepcional".

O *Chicago Defender*: "O belo e famoso coro de bronze demonstrou grande habilidade. Todos os números de canto e dança foram bem recebidos e vários renderam salvas de palmas incomuns. Alguns dos figurinos do coro eram muito elaborados e chamativos, típico do apreço do negro por trajes altamente coloridos. Um conjunto de figurinos do coro que se mostrou particularmente bem foi aquele usado em 'On Parade' [No desfile]. As luzes da casa e do palco foram desligadas durante a dança e os ornamentos luminosos dos figurinos surtiram um efeito atrativo".[26]

Na superfície, a vida de Mabel era parecida com a de qualquer corista, e se ela tivesse sorte, o canto e a dança poderiam conduzi-la para algo maior. O glamour do palco poderia tê-la embalado na crença de que o prazer e as liberdades de que ela desfrutava seriam duradouros, e não provisórios. Esse talvez fosse o caso se ela estivesse contente em ser corista ou se tivesse aspirado a ser uma estrela. Mas o caso não se deu de nenhuma dessas formas, pois Mabel ainda buscava uma forma de viver no mundo que a permitisse se sentir confortável em sua própria pele. Ela não era mais ingênua nem se interessava em se passar por uma jovenzinha bonita. Agora, os figurinos glamourosos de corista a faziam se sentir ridícula. Ela preferia ternos e saltos baixos. Ninguém sabia quem ou o que você era se vestisse um terno.[27]

Mabel ia sempre ao teatro porque lá não se sentia sozinha. Assistir à atuação de Helen Mencken em *La Prisonnière* [A prisioneira] foi uma experiência da qual ela nunca se esqueceria. O espetáculo estreou no Empire Theatre no dia 29 de setembro de 1926. Houve 160 apresentações do espetáculo antes de a polícia fazer uma batida no teatro, prender o elenco por obscenidade e fechar suas portas permanentemente. Mabel viu a peça várias vezes, e grande parte da plateia era composta de mulheres entendidas, questionadoras ou que se sentiam prisioneiras. Muitas levavam violetas presas à lapela e ao cinto. Irène, interpretada por Mencken, é uma jovem torturada pelo amor que sente por Madame d'Arguines, mas que finge amar Jacques, o homem com quem é comprometida. Resignando-se a essa união, Irène diz uma das frases mais citadas da peça a respeito do casamento: "É como uma prisão para a qual devo voltar cativa, apesar de mim mesma". Era a primeira vez que Mabel via o amor entre mulheres representado em um lugar, e Mencken interpretava o papel tão bem que com certeza devia amar uma mulher. Depois de conhecê-la nos bastidores, Mabel teve certeza de que Mencken fazia parte do "clube das 'garotas'", acreditando que meio mundo era entendido. Provavelmente Irène a lembrou de sua primeira paixão tórrida por Gladys e do caso subsequente com Amanda Drummond, outra mulher grisalha que Mabel amou de paixão e que também era casada.

A prisioneira, *O poço da solidão* e *Studies in the Psychology of Sex* [Estudos sobre a psicologia do sexo], de Havelock Ellis, formavam o repertório textual da vida erótica e psíquica de Mabel. Essa reviravolta queer na trama da corista era o segredo conhecido do teatro.

A prisioneira forneceu uma linguagem para o desejo e a vontade, uma expressão do que significava amar mulheres em uma sociedade em que a heterossexualidade era compulsória e o casamento, a prisão que esperavam ser escolhida por todas as mulheres. Ouvir Irène comprometida com seu amor de forma tão convincente não era apenas

instigante, mas também confirmava que tantas outras amavam como ela. Pela primeira vez, Mabel viu seu desejo, o desejo por mulheres, representado de uma maneira não atrelada à linguagem punitivista da "relação indesejável", à psicopatologia da clínica ou ao desvio da negritude. Mabel nunca imaginara sua vida como um estudo de caso. Nem acreditava, como um psiquiatra sugeriu, que as mulheres negras se tornavam lésbicas porque não eram atraentes e, portanto, eram incapazes de seguir com sucesso seu destino como mulheres, tornando-se "maridos" por falta de opção.[28] Compreender a forma como ela amava e como preferia viver tornou ainda mais difícil para Mabel se contentar com as poucas opções disponíveis: dançarina, doméstica ou prostituta. Suas ambições estéticas e intelectuais eram muito

maiores que as possibilidades oferecidas pelos burlescos rostos pinta-
dos e os espetáculos da plantation encenados no teatro negro. Mabel
assistia com frequência a peças dramáticas, óperas e concertos, e lia
romances e obras de não ficção com voracidade, registrando listas de
todos os livros que havia lido.[29]

Myrtle Reed, *Later Love Letters of a Musician* [Cartas de amor tardias
de um músico]
Marie Corelli, *The Secret Power* [O poder secreto]
Marie Corelli, *Ziska*
Marie Corelli, *Barabbas: A Dream of the World's Tragedy* [Barrabás: um
sonho sobre a tragédia do mundo]
Gustavus Hindman Miller, *Ten Thousand Dreams Interpreted* [Dez mil
sonhos interpretados]
Cyril Falls, *Tales of Hoffman: Retold from Offenbach's Opera* [Contos de
Hoffman: recontados a partir da ópera de Offenbach]
Sri Ramatherio, *Unto Thee I Grant* [A ti eu concedo], Biblioteca de
Rosicrucian
Radclyffe Hall, *O poço da solidão*
Gustav Kobbe, *The Complete Opera Book* [O guia completo da ópera]
Thomas Dixon, *The Clansman* [O homem do clã]
Booker T. Washington, *Working with the Hands* [Trabalhando com as mãos]
Otto Weininger, *Sex and Character* [Sexo e caráter]
D. H. Lawrence, *Mulheres apaixonadas*
Eugene O'Neill, *Three Plays* [Três peças]

Ela lia os jornais de Nova York, bem como a *The Crisis*, o *Amsterdam
News*, o *Chicago Defender* e o *Pittsburgh Courier*.

Sua verdadeira paixão era a música, não as canções de espetáculo
que ela cantou em *Come Along, Mandy* e em *Blackbirds of 1926*, ou os
rags e blues que cantava e dançava nos cabarés do Harlem e em festas
privadas; nenhuma dessas músicas a tocava fundo nem a inspirava.
Mabel amava a ópera, e nos salões de ópera não havia lugares segre-

gados. Quando tinha dezesseis ou dezessete, a esposa de um médico cuja casa ela limpava a levou a sua primeira apresentação. O médico e a esposa eram judeus vindos da Europa. A senhora sempre tentava educá-la, colocava um livro em suas mãos, pedia que se sentasse para ouvir árias e sonatas, como se Mabel fosse responsabilidade dela, e não sua empregada. Ela leu *The Encyclopedia of Opera* [A enciclopédia da ópera] e conheceu as histórias maravilhosas de Puccini, Verdi e Bellini. Quando decidiu deixar o coro, forçada tanto pela idade quanto pelo florescimento de sua masculinidade, ela o fez na esperança de que pudesse treinar para ser uma cantora clássica e seguir uma carreira nas salas de concertos.

Mabel adorava Florence Mills[30] e a ouviu cantar a música de William Grant Still no Aeolian Hall. A voz clara e límpida de Mills preenchia o salão, e Mabel ficou paralisada. Ela acompanhava os casos raros de músicos e cantores negros que atuavam em concertos na Europa, separava as reportagens dos jornais e colava em seu álbum de recortes, como se aquelas pequenas notícias pudessem ajudá-la a traçar seu caminho até a sala de concertos, como se o sucesso improvável deles provasse que tais sonhos não eram tolos, e não apenas por ser mulher, negra e pobre, mas também por não existir uma alma no mundo com a qual ela pudesse contar. Se Mabel ficasse enfurecida por não esperarem dela nenhum ato de grandeza, esse sentimento teria sido razoável. Alguns dias, ela sentia vontade de gritar para o mundo inteiro do telhado de seu prédio, pedindo ao mundo que recuasse e lhe desse algum espaço para respirar. Ela ouvia William Dawson, Stravinsky e Chopin para conseguir respirar. Frequentava cada uma das apresentações organizadas por sociedades de ópera negras no Harlem, e anos depois assistiu Marian Anderson e Paul Robeson no palco do Carnegie Hall.

O amor trágico, os temas recorrentes de perda, morte, sedução e traição, sem dúvida tocavam fundo e forneciam uma linguagem expressiva para a perda da mãe de Mabel, eram um veículo grande o bastante para conter todo aquele abandono.

A descoberta de que sua mãe havia sido envenenada por uma rival que disputava o amor de seu pai apenas confirmou o sentido de

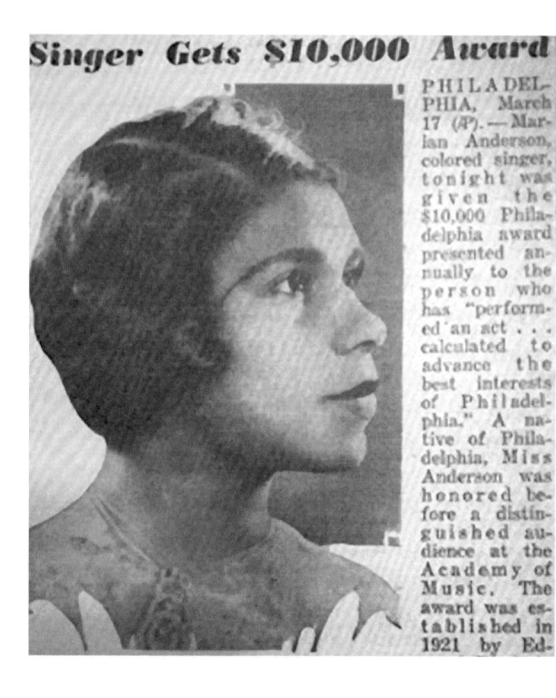

Singer Gets $10,000 Award

PHILADEL-PHIA, March 17 (Æ). — Marian Anderson, colored singer, tonight was given the $10,000 Philadelphia award presented annually to the person who has "performed an act . . . calculated to advance the best interests of Philadelphia." A native of Philadelphia, Miss Anderson was honored before a distinguished audience at the Academy of Music. The award was established in 1921 by Ed-

sua vida trágica e aumentou seu apreço por *Norma*, *Carmen* e *Dido e Eneias*. A música se tornou a paixão de Mabel e transformou cada mágoa, cada coisa terrível que ela havia vivido em algo magnífico e espantoso. E a música tomava conta dela, a dominava, curava, como se os lamentos fossem sua mãe falando com ela, como se os amantes traídos e abandonados fossem uma repetição de seus amores e as heroínas derrotadas à beira da morte fossem a menina presa no depósito de carvão. A música transmitia e ecoava todas as histórias que Mabel nunca contara a ninguém, os segredos que jamais revelaria, as crueldades que havia suportado, todas as pessoas que havia perdido. *Me faça lembrar*. De todos os desfechos queers.[31] Na sala de ópera, Mabel não era doméstica, nem prisioneira, não era sapatão, nem mulher, não era negra, mas apenas um coração grande e aberto. A música silenciava o turbilhão e a raiva que ressoavam dentro de sua cabeça. Não havia necessidade de gritar, apenas de ouvir, permitir que todos os seus sentimentos transbordassem — suas aspirações, o amor, a jovem partida ao meio, o luto.

Sua nova namorada, Ismay Andrews, compartilhava dessas paixões. As duas frequentavam concertos e espetáculos e assistiam a óperas francesas e alemãs. Ismay ocasionalmente compunha para a Companhia Nacional de Ópera Negra. Caminhar pela Lenox Avenue e ouvir os oradores de esquina era uma paixão que só perdia para o seu amor pela música. Ismay tinha um pensamento radical e se identificava com os jovens socialistas e comunistas do Harlem. Enquanto suas visões políticas apoiavam a abolição da propriedade privada e saudavam a riqueza comum que todos compartilhariam quando o capitalismo fosse destruído, como amante ela era possessiva e extremamente ciumenta. Se desconfiasse que Mabel estava olhando para outra pessoa, Ismay se comportava de maneira desagradável. Quando iam a alguma festa, Ismay vigiava Mabel como um gavião. Elas nunca brigavam em público, mas Mabel suspeitava de que Ismay era capaz de armar uma boa briga. Talvez por ser estrangeira, que era como Mabel sempre pensava nela, Ismay não tinha uma noção clara daquilo que Mabel poderia desejar, de quem ela deveria ser ou o que querer. Ismay não achava que Mabel tentava ser superior ou pretensiosa porque amava a ópera. Aos ouvidos de Mabel, a ópera transmitia a angústia do blues e compartilhava de sua crônica da catástrofe; e falava mais profundamente com ela.

Ismay não se considerava estrangeira. Ela havia nascido em Lagos, na Nigéria, mas fora criada nos Estados Unidos. Em um artigo publicado no *Pittsburgh Courier* sobre ela, Ismay enfatizou que sempre se sentira em casa no Harlem. A maioria de seus amigos eram estadunidenses. No apogeu da juventude radical, ela vivia pelas ruas e nelas adquiriu sua educação política. Ismay ouvia extasiada[32] quando Asa Randolph, Chandler Owen, Frank Crosswaith e Hubert Harrison falavam sem parar nas esquinas, empoleirados em caixotes; ela era uma de suas admiradoras mais calorosas.

Ismay fazia todas as coisas que a talentosa Mabel almejava fazer, atuando em operetas e recitais de música clássica. Ela inaugurou uma trupe de dança africana, a Swahili Dancers, e moldou a dança de concerto moderna negra. Apresentava-se com companhias teatrais brancas e uma vez foi vaiada no palco de um teatro em Washington, D.C.

por dar ordens a dois atores brancos em uma farsa. Ela atuou em filmes, dividiu o palco com Paul Robeson, dançou e treinou outros dançarinos e coreógrafos.

Se Mabel não tivesse perdido a coragem e se não fosse pobre, quem sabe o que ela poderia ter realizado? As circunstâncias eram diferentes para Ismay. Ela fora criada no conforto do lar de um médico, fora educada e treinada para se tornar enfermeira, e ainda assim morreu em total privação.

Toda semana o *Amsterdam News* e o *Chicago Defender* documentavam as coisas horríveis feitas às pessoas negras e as coisas grandiosas que essas faziam. Mabel tentava encontrar um equilíbrio entre os dois extremos, oscilando entre a esperança e o desespero ao ler sobre garotas e mulheres que haviam sido abusadas, estupradas e raptadas, ou que eram tão privilegiadas que pareciam princesas em um mundo de fantasia do qual ela fora banida. Quando o mundo ameaçava sufocá-la, Mabel abria a boca, não para gritar ou berrar, mas para encontrar seu caminho e cantar. Bem diante de sua porta estava o perigo que ameaçava tirar seu fôlego. Algum homem poderia pegar você numa rua do Harlem; fazê-la experimentar de novo as piores coisas, tirar suas roupas e bater em você. E com os ouvidos ela buscava tudo isso dentro da música. Aí ela podia sofrer e chorar abertamente.

Mabel sonhava com um palco de concertos em uma época na qual mulheres negras eram impedidas de cantar nas maiores salas dos Estados Unidos e excluídas dos conservatórios musicais, com exceção do Oberlin e do New England Conservatory. O que uma pessoa poderia esperar nessas circunstâncias? De modo razoável, o que poderia pensar em realizar? Ela era pobre, negra, amava mulheres e preferia vestir roupas de homem. Ela precisava da música simplesmente para sobreviver e suportar a sensação de estar na própria pele.

Seu último trabalho com o coro foi uma apresentação no Alhambra Theatre. Mabel estava cansada dos figurinos e daquelas músicas tolas; estava exausta de ser apalpada e ameaçada e se preocupava com o aluguel, dado o trabalho incerto e os pagamentos instáveis. Ela não gostava mais de dançar e, se houvesse alternativa que não a cozinha, talvez tivesse desistido mais cedo desse caminho. Tolerava o que tinha de fazer, mas se recusava a ceder sequer um centímetro a mais. Sua amiga, Ethel Waters, chutara um gerente pelas costas depois de ele ter dado um tapa na bunda dela. Só não foi despedida na hora porque era uma das principais artistas do espetáculo. Mabel não deixaria ninguém tocar nela. Na turnê de *Come Along, Mandy*, passou perto de ser estuprada por um produtor, mas conseguiu fugir pela janela do hotel. Os homens do teatro forçavam as coristas a dormir com eles. Era a única maneira de seguir em frente, e Mabel "não queria nenhum pau acabando com ela e lhe dando crianças".

Mabel se cansou de ser uma mulher negra da forma como era esperado dela. Ela queria mais. Olhando para as centenas de pessoas que enchiam o auditório do Alhambra, era difícil acreditar que não queriam mais também.

Mabel invejava a liberdade de suas amizades, Jackie Mabley e Gladys Bentley, que viviam como bem entendiam. Bentley era capaz de "brigar até com o vento" se a irritassem. Na Clam House, Bentley ficou famosa por seus atos vulgares, músicas obscenas e fraques elegantes. Mabel a admirava, mas não pelos mesmos motivos que Langston Hughes, que a descreveu como "uma escultura africana viva".[33] Mabel respeitava Bentley pelos mesmos motivos que respeitava Jackie Mabley — Bentley e Jackie usavam calças na rua, perambulavam pelo Harlem de braços dados com suas mulheres e desafiavam qualquer um a dar um pio que fosse. Bentley acabaria com um homem só de olhar para ele. Bentley e Jackie vestiam calças compridas e paletós quando poucas ousavam fazer isso, quando você podia ir presa por usar roupas de homem; Bentley e Jackie amavam abertamente, flertavam com mulheres e não se desculpavam por quem eram nem tentavam se passar por algo que não eram. Todo mundo no Harlem sabia que Ethel Waters era sapatão, mas com ela era diferente. Quando Ethel ficou famosa, era como se você não devesse saber disso; de repente tudo passou a ficar no sigilo, mas todo mundo sabia o que era o quê. Um colunista do

Afro-American a acusou sem revelar nomes: "Artistas famosas estão perseguindo coristas. Algumas se mostraram tão determinadas que as coristas foram forçadas a trancar os camarins para deter os avanços das protagonistas".[34]

Bentley não tinha nenhum medo de viver da forma como bem entendesse. Ela nunca omitiu seu amor por mulheres ou o fato de ser sapatão. Na verdade, Bentley fazia o oposto: esfregava tanto isso na cara das pessoas que elas ficavam constrangidas e vermelhas de vergonha, e elas amavam isso e continuavam a frequentar o Garden of Joy e a Clam House para ouvir Bentley cantar suas músicas sórdidas toda aprumada em seu fraque branco. Mabel aprendeu muito com ela sobre como reivindicar um lugar num mundo que não lhe concedia lugar algum. Bentley também lhe deu bons conselhos. Ela foi a primeira a alertar Mabel: Fique longe de mulheres casadas. Elas vão ser o seu fim.

O tempo que passou na companhia de Bentley e de Jackie fez Mabel se perguntar quem era e quem queria ser. Ela tinha que ser uma mulher? Ela tinha que ser um homem? Tinha que ser qualquer coisa além de alguém que amava mulheres? O que uma mulher poderia ou deveria ser era algo carregado de tensionamentos, especialmente no caso de uma mulher negra. Mesmo que usasse vestido ou saia, ela não seria o mesmo tipo de mulher que uma mulher branca; e não importava quão duro trabalhasse ou quantas pessoas sustentasse, ela nunca seria equiparada a um homem, ainda que tivesse de carregar o mesmo fardo.

Mabel se considerava sapatão porque não queria ter nada a ver com homens e amava mulheres. Ela tinha gostado de garotas a vida inteira. Seu estilo se tornou mais masculino — sapatos de salto baixo, chapéus panamás e conjuntinhos —, mas isso nada tinha a ver com ser homem, era simplesmente uma reivindicação do "ele" que também a definia. Quando vestia calças, paletó e gravata, ela estava apenas sendo Mabel. Ela já tinha se sentido como um homem? Era algo que Mabel não sabia responder. Sentia-se como si mesma. Era simples: amava mulheres e não ligava para o resto.[35] Não importava como as pessoas a chamavam, se a chamavam de lésbica ou sapatão. Algumas de suas amigas a chamavam de sr. Hampton. Ela se chamava de Mabel. A única coisa que importava era aquilo em que acreditava; o único roteiro que tinha de seguir era aquele que ela mesma havia criado. Essa era a esperança.

O que se esperava que uma mulher negra fosse? Se tinham cabelo chanel ou não, se vestiam calças ou vestidos, se tinham ou não marido, nada disso parecia importar; todas elas sentiam que se encontravam entre uma categoria e outra ou que falhavam em se adequar a elas. Não havia nada que o mundo não faria a uma mulher de cor. Tudo o que faziam aos homens negros era feito às mulheres negras. Toda vez que lia os jornais, Mabel era lembrada disso. Elas eram linchadas. Mutiladas. Espancadas nas ruas. Tinham a casa queimada. As formas pelas quais você não era considerada um homem eram apenas oportunidades para a consumação de outro tipo de violência. Estuprar e depois matar. Fazer seus filhos assistirem a tudo para que soubessem que ninguém neste mundo poderia protegê-los.

Pendurá-la e abrir sua barriga como fizeram com Mary Turner. Quando o bebê caiu de dentro dela, mataram a criança. Linchavam mães acompanhadas de seus filhos. Estupravam meninas. Ser uma mulher negra autorizava todo e qualquer ato brutal. Diante disso tudo, o que se poderia fazer senão recusar categorias?[36]

✳

Ela estava a caminho do Garden of Joy para encontrar as amigas quando foi atacada por dois homens na 133rd Street com a Lenox. O homem que andava na frente dela parou abruptamente e o que estava atrás a agarrou. Eles a levaram para um quarto na 135th Street, forçaram Mabel a se despir, bateram nela, roubaram seu relógio e avaliaram seu corpo para determinar seu valor. Tentaram torná-la uma propriedade, um corpo para ser vendido a quem desse o maior lance. Dois estranhos a sequestraram a algumas quadras de seu apartamento e tentaram fazer dela uma qualquer com os braços presos na cama, como se fosse alguma coisa para ser usada e jogada fora quando terminassem com ela. Eles a estavam levando para outro prédio quando Mabel se livrou do homem que agarrava seu braço e fugiu para o metrô. O trem havia acabado de chegar na estação. Ela teve sorte. Um anjo da guarda a protegeu e olhou por ela. Estava viva. Aqueles homens podiam tê-la matado ou ter feito com que ela desejasse estar morta. *Eles não davam a mínima para o que ou quem você era.* Estava viva e se sentiu agradecida por isso.

CODA: O MERCADO DE ESCRAVAS DO BRONX

As mais desafortunadas aguardavam sentadas em um caixote ou num banco à espera de uma oferta que nunca chegava, barganhando consigo a menor quantia que estariam dispostas a aceitar por um dia de trabalho, torcendo pela decência de estranhos, mas sem contar com ela. Não importava o frio que fizesse, elas ficavam na esquina da Webster Avenue ou no cruzamento da Simpson com a Westchester das oito da manhã até o começo da tarde. Quando chovia, encontravam abrigo se amontoando nas soleiras das portas mais próximas. As mais obstinadas e resignadas assumiam uma expressão de quem "desafia alguém a não contratá-la". As prostitutas se reuniam em uma esquina e as domésticas, na outra. O movimento do outro lado da rua era lento e regular.[37] A maioria daquelas que aguardavam na esquina para vender uma punheta ou uma rapidinha fizera parte da brigada do saco de papel — as mulheres com a roupa de trabalho dobrada dentro do saco amassado enfiado embaixo do braço. Agora elas trabalhavam deitadas ou de joelhos, mas pelo menos não era um trabalho tão puxado. E pagava mais. No devido tempo, voltariam a atravessar a rua.[38] No mercado de escravas do Bronx, ninguém perguntava: "Como você consegue fazer isso?". Era "problema delas", disse uma das mulheres à espera de uma diária. "Se podem fazer isso e se safar, tudo bem pelas outras." As domésticas não tinham o que falar das demais mulheres que trabalhavam na rua; quem elas queriam enxotar da esquina eram as migrantes e as recém-chegadas, dispostas a trabalhar por quase nada, que pareciam só saber dizer: "Aceito o que você oferecer". "Sim, madame. Eu limpo janelas." Essas eram as garotas que tornavam as coisas difíceis para o resto.

Um blues do Harlem captou as mudanças do mercado, o movimento que culminou em salários de fome ou em mãos vazias:

Preta, preta, tenho um trabalho pra você
Digam, brancos, o que vocês querem de mim
Tenho uma casa grande pra limpar e esfregar
Louça pra lavar, um chão pra limpar e esfregar
Brancos, digam, quanto vocês vão me pagar
Bem, deixa eu ver, está chovendo hoje
Oh, obrigada, brancos, eu já ouvi isso antes
Saiam daqui, lixo branco, antes que eu me zangue.*[39]

Zangada ou não, a empregada doméstica suportava o trabalho braçal que as outras pessoas evitavam. As mulheres negras descreviam essa "livre troca" de seu trabalho e a imposição de salários miseráveis como o mercado de escravas. Ella Baker e Marvel Cooke caracteriza-

---

* No original, *Black Gal, Black Gal, Got some work for you/ Tell me white folks what you want me to do/ Got a big house to clean and scrub/ Dishes to wash, floors to mop and scrub/ White folks tell me, how much you going to pay/ Well lemme see now, seeing it's a rainy day/ Oh Thank you white folks, I done heard that before/ Get away you white trash 'fore you get me real sore.*

ram essa nova servidão como "a destruição brutal do negro" por donas de casa da classe média, e ofereceram um quadro ilustrativo das novas condições de escravidão:

A quadra da Simpson Avenue exala a pior pestilência do mercado de escravas. Não apenas a força de trabalho humana é barganhada e vendida por salários escravagistas, mas o amor também é um produto comercializável. Porém, se é o trabalho ou o amor o que se vende, a necessidade econômica obriga sua venda. Com o invariável saco de papel, esperam ansiosas que donas de casa do Bronx comprem sua força e energia por uma, duas horas, ou mesmo um dia, pela quantia exorbitante de quinze, vinte, ou se a sorte estiver a favor delas, trinta centavos por hora. Quando não a própria dona de casa, talvez o marido, o filho ou o irmão, sob o subterfúgio do trabalho, ofereçam lances maiores pelo tempo[40] das jovens mais vívidas.

Disfarçadas de diaristas, Baker e Cooke ficaram à espera de serem contratadas, compradas e vendidas — por uma quantia ínfima de vinte e cinco centavos a hora. A dona de casa "as despia com os olhos enquanto media a força delas",[41] julgando a quantidade de trabalho que poderiam suportar. A humilhação e os salários deploráveis ofereciam amplas evidências de que as mulheres negras representavam o setor mais oprimido da classe trabalhadora.

Enquanto esperavam para serem contratadas, um homem passou por elas e soltou um malicioso "Ei, dondoca". Ele parecia familiar. Elas se deram conta de que o homem vinha as seguindo. Embora à paisana, era óbvio que era um dos "melhores de Nova York" tentando prendê-las por prostituição. As duas esperaram a manhã inteira e não conseguiram trabalho, pois o preço delas era muito alto. Quando lhes perguntavam "Quanto você cobra?", não se dispunham a dizer "Aceito o que você oferecer".

Dez anos depois de ter se apresentado no palco do Alhambra Theatre em *Blackbirds of 1926* com Florence Mills, Mabel Hampton entrou no mercado de diaristas. Também ela podia ser encontrada sentada em um caixote entre o grupo de domésticas à espera de donas de casa de Yonkers e Westchester. Por um curto período depois de ter deixado o teatro, trabalhou em uma fábrica de camisas, mas uma greve forçou seu retorno para o trabalho doméstico. Após a crise de 1929, era impossível encontrar um trabalho fixo com uma família. Aquele uniforme branco era o único vestido que ainda se via forçada a usar.

O coro abre caminho

Musas, serviçais, lavadeiras, prostitutas, domésticas, operárias, garçonetes e aspirantes que nunca seriam estrelas formam esta companhia, se reúnem no círculo e se alinham numa formação onde toda particularidade e distinção se esvaem. Uma pode tomar o lugar de qualquer outra, pode servir de substituta no enredo, recontar a história do começo, transmitir o conhecimento da liberdade disfarçado de conversa fiada e de absurdos. Poucos as compreendem, poucos as estudam como se fossem dignas de alguma coisa, poucos percebem seu valor inerente. Se escutar com atenção, você pode ouvir o mundo inteiro em uma nota torta, numa letra de música descartável, numa melodia singular da manifestação coletiva. Tudo, desde o primeiro navio até a jovem que foi encontrada pendurada em sua cela. E pode se maravilhar com a capacidade delas de habitar a dor de todas as mulheres como se fosse própria. Todas as histórias já contadas fluem de sua boca aberta. Um tomo filosófico em um gemido. No recesso mais profundo e escuro de uma música opaca, fica claro que a vida está em jogo.

Ela é uma corista mediana, apenas uma das garotas, ninguém especial, parte da assembleia, engolida pela multidão, perdida na companhia de figuras menores. Canções como ela são um enigma, obscuras e cheias de significado, vitais e *tão antigas e cruas*, como aquelas vozes que ecoam pela saída de ar do prédio ou as histórias de perdas e traições berradas de uma janela do segundo andar, os apelos sussurrados em uma viela ali atrás: Querida, me deixa voltar pra casa. Em uníssono, as vozes dão forma à tragédia:

Às vezes eu me sinto como uma criança sem mãe
*Tão longe de casa, tão longe de casa.**

Vi meu marido morto,
*E fui levada pelo mar***

O amor é como uma torneira que abre e fecha
Quando você pensa que conseguiu pegá-lo
*Ele se fecha e some.****

Blues, por favor me diga: eu tenho que morrer escrava?
Blues, por favor me diga: eu tenho que morrer escrava?
*Você ouve minhas súplicas, você vai me levar pra sepultura.*****

Os versos das letras, os refrãos indisciplinados, as composições de botequim são difíceis de explicar ou de se reduzir a uma coisa só, como uma música materna que cria e marca você,[1] e ainda assim é intraduzível. *Do bana coba, gene, gene me!* A história excede as palavras, os versos. Todas as coisas ocultadas e guardadas bem no fundo são sentidas e exclamadas. É tudo tão terrível e tão belo. O peso do que aconteceu é palpável, a infinidade da mágoa e da traição articulada no ritmo do verso, transmitida no tempo da respiração. Viver não é algo garantido. Se você for capaz de suportar o fardo daquilo que elas têm para oferecer, então há lugar para você dentro do círculo, e aquilo

---

* No original, *Sometimes I feel like a motherless child,/ A long way from home, a long way from home.* Letra do spiritual "Sometimes I Feel Like a Motherless Child" (1918), composto por Harry Burleigh.

** Trecho de *Hécuba* (424 a.C.), tragédia de Eurípedes.

*** No original, *Love is like a faucet that turns off and on./ The very time you think you got it/ It's turned off and gone.* Letra de "Ethel Sings 'Em" (1924), por Ethel Waters.

**** No original, *Blues, please tell me do I have to die a slave?/ Blues, please tell me do I have to die a slave?/ Do you hear me pleading, you going to take me to my grave.* Letra de "Slave to the Blues" (1926), por Ma Rainey.

que você sofreu faz parte deste inventário. A guerra, o roubo, a desordem, o estupro e a pilhagem estão alojados em cada verso.

Se você ousar ouvir e assistir, ou se gritar "Fale... diga agora", ou bater palmas, você está dentro e não há escapatória. Agora é impossível dar as costas, seguir adiante como se o mundo fosse o mesmo. Não gaste seu fôlego perguntando por que ela tem de aguentar tudo o que o resto do mundo não pode, como se você não soubesse, como se antes você tivesse suposto que as coisas eram de outra maneira, como se houvesse uma outra dádiva além daquela que ela ofereceu em suas mãos estendidas; não ouse questionar, nem você nem ninguém está em posição, exceto aquelas que levam suas roupas de trabalho em um saco de papel amassado, ou aquelas conscritas à cozinha, ou as prostitutas da Middle Alley, ou as jovens soltas que dão uma de tolas no clube ou se movimentam como anjos no palco, ou meninas presas em um sótão ou estupradas em um depósito de carvão, ou mulheres, curvadas sobre banheiras, que limpam e lavam para a cidade inteira, ou dormem no quarto contíguo à cozinha a fim de criarem crianças, cuidarem dos maridos e assegurarem o *crescimento futuro*[2] de um mundo que se coloca contra elas. O coro bola um plano, elas esboçam um esquema: estar em movimento, escapar, debandar para a cidade, largar o trabalho e fugir de tudo aquilo que estiver determinado a sugar a vida delas. Um momento de alívio. E então se ver presa em outro lugar, numa cidade diferente, em um novo ambiente, na casa de um estranho, no quarto do patrão. Ninguém mais pode imaginar algo melhor. Então cabe a elas ver as coisas de outra forma; exaustas como estão, não cedem, tentam abrir caminho sem ter saída, tentam não ser derrotadas pela derrota.

Quem mais ousaria acreditar que outro mundo seria possível, quem mais passaria seus melhores dias se preparando para isso e nos dias ruins derramar lágrimas por que esse mundo ainda não chegou? Quem mais seria tão imprudente a ponto de sonhar com um futuro de jovens de cor ou de uma mulher negra? Quem dedicaria uma tarde à reflexão sobre a história do universo visto de lugar nenhum? Ou seria convencida de que nada poderia ser dito sobre o problema do negro, sobre a modernidade, o capitalismo global, a brutalidade policial, as mortes do Estado e o antropoceno se ela não fosse levada em conta? Se não fosse considerada a renegada geografia do mundo: o barracão, o porão do navio, a plantation, o campo, a área de preservação, o quartinho no sótão, a colônia, o estúdio no sótão, o quarto, os arquipélagos urbanos, o gueto e a prisão?

O coro suporta tudo isso por nós. A etimologia grega da palavra *coro* remete ao ato de *dançar dentro de um espaço cercado*.[3] O que articula melhor a longa história de luta, a prática incessante do radicalismo negro e da recusa,[4] o tumulto e a revolta da franca rebelião do que os atos de colaboração e improviso que se desdobram dentro de um espaço cerceado? O coro é o veículo para um outro tipo de história, não aquela do grande homem ou do herói trágico, mas uma em que todas as modalidades desempenham um papel, onde um grupo sem liderança incita a transformação, onde a ajuda mútua fornece recursos para a ação coletiva, nem líder nem massa, onde as músicas intraduzíveis e aparentemente sem sentido cumprem a promessa de revolução. O coro impulsiona a mudança. É uma incubadora da possibilidade, um conjunto que sustenta os sonhos de algo diferente. *Em algum lugar abaixo da linha, os números aumentam, a tribo cresce.* O coro cresce. *Então, como você segue em frente?* Ela não pode evitar... *A luta é eterna. Alguém mais segue adiante.*[5]

Todos os detalhes da violência moderada ou extraordinária se juntam para produzir uma imagem do mundo em toda a sua beleza e morte.

Nos tons femininos e caprichosos, nas risadas altas e no ir e vir do corredor, nas garotas dançando nas escadas, há a determinação de perturbar, de destruir e remontar e isso é tão poderoso que nos tira o fôlego, tão palpável que nos faz cambalear de dor. Entrar no ritmo do coro é muito mais que balançar a bunda e cantarolar a melodia, ou repetir as poucas falas dessa figuração oferecida como um presente pela historiadora, como quem diz, Veja só, a menina sabe falar, é mais do que sentir gratidão porque a sociologia deu uma segunda olhada e reconheceu o exercício de "ideias revolucionárias" na vida de uma mulher negra comum. Desvendando o mundo e se agarrando ao acaso, ela engana a lei e transforma os termos do possível.

Os corpos estão em movimento. Os gestos revelam o que está em jogo — a matéria da vida retorna como uma questão em aberto. O movimento coletivo aponta na direção daquilo que nos espera, do que ainda está por vir, daquilo que elas antecipam — um tempo e um espaço melhores que aqui; um vislumbre de uma terra que não pertence a ninguém. Então tudo depende delas, e não do herói que ocupa o centro do palco, envaidecido e soberano. Dentro do círculo fica claro que todas as canções são na verdade uma só, mas murmurada em variações infinitas, todas histórias alteradas e imutáveis: *Como posso viver assim? Quero ser livre. Fique firme.*

Agradecimentos

Tanto é devido a tantas pessoas. Este livro não teria sido possível sem o trabalho e as palavras de tantas mentes brilhantes e criativas. Nomear algumas delas, pensadoras, artistas, planejadoras, rebeldes e professoras que me vêm mais de imediato à cabeça, tem como consequência inevitável o posicionamento de tantas outras nos bastidores, algo que está em desacordo com a minha intenção mais fundamental. Dito isso, devo agradecer ao menor e mais imediato círculo formado por quem tornou este trabalho possível. A influência de Hazel Carby, Angela Davis, Judith Butler, Édouard Glissant, Jamaica Kincaid, Abbey Lincoln, Toni Morrison, Hortense Spillers, Gayatri Spivak, Michel-Rolph Trouillot e Patricia Williams foi imensurável.

O companheirismo de pessoas amigas e colaboradoras nutriu este trabalho. Fui inspirada por conversas e encontros com Elizabeth Alexander, Jonathan Beller, Rizvana Bradley, Dionne Brand, Tina Campt, Anne Cheng, Huey Copeland, Ann Cvetkovitch, Denise Ferreira da Silva, Marisa Fuentes, Macarena Gómez Barris, Farah Griffin, Jack Halberstam, Sarah Haley, Tera Hunter, Arthur Jafa, Robin Kelley, Thomas Lax, Ralph Lemon, Fred Moten, Jennifer Morgan, Alondra Nelson, Tavia Nyong'o, Okwui Okpokwasili, Deborah Paredez, M. NourbeSe Philip, Anupama Rao, Evie Shockley, Neferti Tadiar, Krista Thompson, Ula Taylor, Alexander Weheliye, Mabel Wilson e Jawole Willa Jo Zollar. Os grupos Black Modernities, Engendering Archives, Subaltern Urbanism e Practicing Refusal forneceram espaços importantes para o desenvolvimento do meu pensamento. Tina Campt, Hazel Carby, Anne Cheng e Christina Sharpe leram um rascunho inicial do manuscrito e fizeram comentários inestimáveis.

Muitos agradecimentos ao meu agente, Joe Spieler, e ao meu editor, John Glusman, por acreditarem no projeto e apoiá-lo. Seus conhecimentos e orientações aprimoraram este livro. Helen Thomaides concedeu um grande apoio editorial na Norton. Anna Jardine foi uma revisora notável. O time de design criou o livro adorável que eu queria. Tom Jenks me encorajou em uma etapa mais inicial do projeto.

Gostaria de agradecer ao Centro para Estudiosos e Escritores Dorothy e Lewis B. Cullman da Biblioteca Pública de Nova York por me conceder um paraíso onde pude pensar e escrever, e à Fundação Guggenheim pelo apoio necessário à finalização deste projeto.

Um enorme obrigada aos arquivistas da Biblioteca de Livros e Manuscritos Raros de Columbia; aos do Arquivo Lesbian Herstory; à George Eastman House; à Universidade Rochester; ao Centro Internacional de Fotografia; à Biblioteca do Congresso; à Biblioteca Beinecke da Universidade Yale; aos Arquivos Municipais da Cidade de Nova York; à coleção de Livros Raros e Manuscritos da Biblioteca Pública de Nova York; aos Arquivos do Estado de Nova York; ao Centro de Arquivo Rockefeller; e aos Arquivos Urbanos da Universidade Temple. Joan Nestle, do Arquivo Lesbian Herstory, concedeu um grande apoio, e Tal Nader, da coleção de Livros Raros e Manuscritos da Biblioteca Pública de Nova York, me ajudou a localizar materiais importantes nos arquivos do Comitê dos Catorze.

Gostaria de agradecer Donna Van Der Zee por me ajudar a localizar a foto de Kid Chocolate e pela permissão de reproduzi-la.

Autumn Womack, Emily Hainze, Erica Richardson e Eve Eure foram as assistentes de pesquisa deste projeto. Elas fizeram um trabalho inestimável de coleta de materiais e de localização de documentos difíceis de encontrar. As horas de conversa sobre fotografia, pesquisas sociais, sociologia experimental e, o mais importante, sobre as vidas contidas e condenadas nesses documentos arquivísticos enriqueceram o livro. Em muito boa hora, Sarah Haley me deu o grande presente de se voluntariar para cuidar das notas de fim. Eve Eure e

Ellen Louis a ajudaram na tarefa. Abbe Schriber foi incansável em sua busca por imagens e aquisição de permissões.

Este livro evoluiu dentro do laboratório intelectual que é a sala de aula. Gostaria de agradecer a quem me acompanhou nas disciplinas *Du Bois and His Circle* [Du Bois e seu círculo]; *Du Bois at 150* [Du Bois aos 150]; *Feminist Practice* [Prática feminista]; *Slavery, Coloniality, and the Human* [Escravidão, colonialidade e o humano]; *Sexual Panic and Criminal Intimacy* [Pânico sexual e intimidade criminosa]; e *Race and Visuality* [Raça e visualidade]. As trocas semanais e seu comprometimento rigoroso aprimoraram meu pensamento. Aprendi muito ao lecionar em colaboração com Tina Campt, Anne Cheng, Robert Gooding-Williams e Neferti Tadiar.

Fui beneficiada pelo cuidado e pelos conselhos sábios das queridas amigas Ula, Tina, Anne e Neferti. Essas minhas irmãs me carregaram. Meu irmão Peter ficou ao meu lado quando nossos pais deixaram o mundo.

Este livro não poderia ter sido escrito sem o amor e apoio de Samuel Miller. Obrigada por me ler sob demanda, por acreditar em mim, por me responder perguntas sobre algumas questões obscuras da lei, e por estar ao meu lado durante o longo curso de produção deste livro. Obrigada pelas caminhadas no bosque, por todas as refeições deliciosas, por cuidar de mim, por cuidar de Kasia e da minha mãe, por ser o pai de plantão em tempo integral, por ser meu alicerce. Minha bela Kasia, obrigada por todo o amor e por todas as risadas, pelas aventuras bobas, pelas maratonas de dança, pelo tempo no jardim e pelos milhares de tentativas corajosas de me tirar da minha mesa, me lembrando que "é só um livro".

Notas

UMA NOTA SOBRE O MÉTODO [PP. 11-3]

1. Ver Kevin Mumford, *Interzones*. Nova York: Columbia University, 1997, pp. 108, 116-7. A melindrosa "simbolizava a revolução nos valores". Contudo, diferente das mulheres negras, seus modos de expressão sexual não eram criminalizados.

A TERRÍVEL BELEZA DO GUETO [PP. 23-31]

1. Kenneth Clark, *The Dark Ghetto* [1967]. Middletown, Connecticut: Wesleyan University Press, 1989.
2. Edwin Emerson, *Harper's Weekly*, 9 jan. 1897.
3. W. E. B. Du Bois, *The Philadelphia Negro: A Social Study* [1899]. Nova York: Kraus--Thomson Organization, 1973, pp. 67, 71, 178.
4. Vincent Franklin, "The Philadelphia Riot of 1918", *Pennsylvania Magazine of History and Biography*, v. 99, n. 3, jul. 1975, p. 336.
5. The Citizens' Protective League, *Story of The Riot*. Nova York: Citizens' Protective League, 1900.
6. Paul Laurence Dunbar, "The Negroes of the Tenderloin". In: Shelley Fisher Fishkin e David Bradley (Orgs.), *The Sport of the Gods and Other Essential Writings*. Nova York: Random House, 2005, pp. 264, 267.
7. Id. Ibid., p. 267.

UMA FIGURA MENOR [PP. 33-55]

1. Deborah Willis e Carla Williams, em *The Black Female Body: A Photographic History* (Filadélfia: Temple University Press, 2002), me introduziram a essa imagem. Ver também Angela Davis, "Reflections on the Black Woman's Role in the Community of Slaves", *The Black Scholar*, v. 2, 1 nov. 1981; Thavolia Glymph, *Out of the House of Bondage:*

The Transformation of the Plantation Household (Nova York: Cambridge University Press, 2008); e Tera W. Hunter, *To 'Joy My Freedom: Southern Black Women's Lives and Labors after the Civil War* (Cambridge, Massachusets: Harvard University Press, 1997). Sobre as possibilidades de uma anotação transformativa, ver Christina Sharpe, *In the Wake: On Blackness and Being* (Durham, Carolina do Norte: Duke University Press, 2016, pp. 116-24).

2. Herman Moens, um "cientista" europeu (ele não tinha nem formação científica nem graduação em medicina) que estudava diferenças raciais, tirou uma série de fotografias de meninas negras em idade escolar em Washington, D.C. A provisão foi encontrada porque o doutor holandês fora investigado como um espião alemão durante a Primeira Guerra Mundial.

3. Ver Tina Campt, *Listening to Images*. Durham, Carolina do Norte: Duke University Press, 2017, pp. 32, 109, 113.

4. A legenda, escreve Roland Barthes, "parece duplicar a imagem, isto é, participa de sua denotação". *Image, Music, Text*. Trad. de Stephen Heath. Nova York: Hill and Wang, 1978, p. 26.

5. Simone Browne, *Dark Matters: On the Surveillance of Blackness* (Durham, Carolina do Norte: Duke University Press, 2015); Nicole Fleetwood, *Troubling Vision: Performance, Visuality, and Blackness* (Chicago: University of Chicago Press, 2011); Kimberly Juanita Brown, *The Repeating Body: Slavery's Visual Resonance in the Contemporary* (Durham, Carolina do Norte: Duke University Press, 2015); Shawn Michelle Smith, *American Archives: Gender, Race, and Class in Visual Culture* (Princeton, Nova Jersey: Princeton University Press, 1999); Christina Sharpe, *Monstrous Intimacies: Making Post-Slavery Subjects* (Durham, Carolina do Norte: Duke University Press, 2010); Huey Copeland, *Bound to Appear: Art, Slavery and the Site of Blackness in Multicultural America* (Chicago: University of Chicago Press, 2013); Nicholas Mirzoeff, *The Right to Look: A Counterhistory of Visuality* (Durham, Carolina do Norte: Duke University Press, 2011).

6. Audre Lorde, "A Litany for Survival". In: *The Black Unicorn*. Nova York: W. W. Norton, 1995, p. 255 [ed. bras.: "Uma litania pela sobrevivência". In: *A unicórnia preta*. Trad. de Stephanie Borges. Belo Horizonte: Relicário, 2020].

7. Gwendolyn Brooks, "Boy Breaking Glass". In: *In the Mecca*. Nova York: Harper & Row, 1968.

8. Roy DeCarava, *The Hallway, Imageworks, Art, Architecture and Engineering Library*. Ann Arbor: University of Michigan Press, 1953.

9. Ver Tina Campt, *Listening to Images*, op. cit., pp. 49, 75.

10. "O resíduo da exploração sexual do corpo de mulheres escravizadas é a imagem persistente da diáspora negra, a punção do passado materializada no presente [...]. Algo que pressupõe uma aberração temporal, uma invasão incessante do momento presente pelo passado." A imagem persistente é uma figura do legado sexual da escravidão inscrita no corpo das mulheres negras. Ver Kimberly Juanita Brown, *Repeating Body*, op. cit., pp. 18-9, 56. Sobre a anotação como uma forma de lidar com a violência e a antinegritude, ver Christina Sharpe, *In the Wake*, op. cit. Sharpe escreve que: "A anotação negra [é uma] forma de imaginar algo diferente". É uma espécie de obra do despertar e faz parte de uma longa história de imaginar esse algo diferente, "mais do que a contenção de uma história longa e brutal". É "uma réplica ao abandono, um outro esforço para tentar enxergar, para tentar ver de verdade", pp. 126, 112, 115.

11. Minha leitura dessa fotografia e da experiência da menina no estúdio é baseada em Susan Daly e Cheryl Leibold, "Eakins and the Photograph: An Introduction"; Anne McCauley, "'The Most Beautiful of Nature's Works': Thomas Eakins's Photographic Nudes in their French and American Contexts"; Elizabeth Johns, "An Avowal of Artistic Community: Nudity and Fantasy in Thomas Eakins's Photographs"; Mary Panzer, "Photography, Science,

and the Traditional Art of Thomas Eakins". In: Susan Daly e Cheryl Leibold (Orgs.), *Eakins and the Photograph: Works by Thomas Eakins and His Circle in the Collection of the Pennsylvania Academy of the Fine Arts* (Filadélfia: Pennsylvania Academy of the Fine Arts, 1994); Jennifer Doyle, "Sex, Scandal, and Thomas Eakins's The Gross Clinic", *Representations*, v. 68, outono, 1999, pp. 1-33; Kathleen A. Foster e Cheryl Leibold, *Writing About Eakins: The Manuscripts in Charles Bregler's Thomas Eakins Collection* (Filadélfia: Pennsylvania Academy of the Fine Arts, 1989); Henry Adams, *Eakins Revealed: The Secret Life of an American Artist* (Nova York: Oxford University Press, 2005); Fred Moten, "Taste Dissonance Flavor Escape: Preface for a solo by Miles Davis", *Women & Performance: a Journal of Feminist Theory*, v. 17, n. 2, jul. 2007, pp. 217-46; Deborah Willis e Carla Williams, *The Black Female Body: A Photographic History* (Filadélfia: Temple University Press, 2002); Alan Braddock, *Thomas Eakins and the Cultures of Modernity* (Berkeley: University of California Press, 2009); William Innes Homer, *Thomas Eakins: His Life and Art* (Nova York: Abbeville Press, 1992); Thomas Eakins, *Thomas Eakins: His Photographic Works* (Filadélfia: Pennsylvania Academy of the Fine Arts, 1969); Sidney D. Kirkpatrick, *The Revenge of Thomas Eakins* (New Haven, Connecticut: Yale University Press, 2006); e Thomas Eakins, "Notes on a Differential Action of Certain Muscles Passing More than One Joint". In: *Thomas Eakins, A Drawing Manual* (Filadélfia: Philadelphia Museum of Art, 2005).

12. Essa é a definição de pornografia segundo Roland Barthes, *Camera Lucida: Reflections on Photography*. Trad. de Richard Howard [1979]. Nova York: Hill & Wang, 2010, p. 59 [ed. bras.: *A câmara clara: nota sobre a fotografia*. Rio de Janeiro: Nova Fronteira, 2018].

13. Hazel Carby descreve esse período como a "era da mulher" em virtude da atividade literária e política das mulheres negras. Ver *Reconstructing Womanhood: The Emergence of the Afro-American Woman Novelist*. Nova York: Oxford University Press, 1989.

14. Mary Odem, *Delinquent Daughters, Protecting and Policing Adolescent Female Sexuality in the U. S. 1885-1920* (Chapel Hill: University of North Carolina Press, 1995, pp. 25-31, 33, 35); Carolyn E. Locca, *Jailbait: The Politics of Statutory Rape Laws* (Albany: State University of Nova York Press, 2004, pp. 14-5); Michelle Oberman, "Regulating Consensual Sex with Minors: Defining a Role for Statutory Rape, *Buffalo Law Review*, v. 48, 2000, pp. 703-84; Jane E. Larson, "Even a Worm Will Turn at Last: Rape Reform in Late Nineteenth Century America", *Yale Journal of Law and the Humanities* v. 9, n. 1, 1997, pp. 70-1; Ruth M. Alexander, *The "Girl Problem": Female Sexual Delinquency in New York, 1900-1930* (Ithaca, Nova York: Cornell University Press, 1995).

Os reformadores afro-estadunidenses eram muito cautelosos com relação às leis estatutárias de estupro. Eles estavam cientes de que essas leis falhariam em proteger jovens negras enquanto eram empregadas para criminalizar homens negros. Para uma análise da relação entre estupro e violência racial, ver Ida B. Wells, *Southern Horrors, Lynch Law in All Its Phases, A Red Record and Mob Violence in New Orleans*. In: Jacqueline Royster (Org.), *Southern Horrors*. Boston: Bedford/St. Martin's Press, 1997.

15. A negação da lei diante da individualidade negra falhava em reconhecer a agressão sexual. Ver *Scenes of Subjection* (Nova York: Oxford, 1997, pp. 79-112); Danielle McGuire, *At the Dark End of the Street: Black Women, Rape, and Resistance — A New History of the Civil Rights Movement* (Nova York: Vintage, 2010).

16. Francis Beale, "Double Jeopardy: To Be Black and Female". In: Toni Cade Bambara (Org.), *The Black Woman: An Anthology*. Nova York: New American Library, 1970.

17. Ver Ethel Waters, *His Eye Is on the Sparrow: An Autobiography*. Garden City, Nova York: Doubleday, 1951, p. 23.

18. Audre Lorde, *Sister Outsider: Essays and Speeches* [1984]. Berkeley, Califórnia: Crossing Press, 2007, p. 129 [ed. bras.: *Irmã outsider: ensaios e conferências*. Trad. de Stephanie Borges. São Paulo: Autêntica, 2019].

19. Audre Lorde, "A Litany for Survival", op. cit., p. 255 [ed. bras.: "Uma litania pela sobrevivência". In: *A unicórnia preta*, op. cit.].

20. Ariella Azoulay, "Potential History: Thinking through Violence", *Critical Inquiry*, v. 39, n. 3, abr. 2013, p. 548.

21. Para uma discussão sobre os paradoxos e contradições desse período, ver Hazel Carby, "On the Threshold of the Women's Era", *Critical Inquiry*, v. 2, n. 1, out. 1985, p. 262; e "Policing the Black Woman's Body in an Urban Context", *Critical Inquiry*, v. 18, n. 4, jul. 1992, p. 738.

22. James Q. Whitman, *Hitler's American Model: The United States and the Making of Nazi Race Law*. Princeton, Nova Jersey: Princeton University Press, 2017, pp. 59-68, 113-24.

23. Marguerite Duras, *The Lover*. Trad. de Barbara Bray. Nova York: Harper Perennial, 1992 [ed. bras.: *O amante*. Trad. de Denise Bottmann. São Paulo: Tusquets, 2020].

UMA MULHER MAL-AMADA [PP. 57-61]

1. Ida B. Wells, Miriam DeCosta-Willis (Org.), *The Memphis Diary of Ida B. Wells*. Boston: Beacon Press, 1995, pp. 77-9. Esse retrato é devido a maravilhosa biografia de Paula Giddings, *Ida: A Sword Among Lions — Ida B. Wells and the Campaign Against Lynching*. Nova York: Amistad, 2009.

2. Mary Church Terrell, *A Colored Woman in a White World*. Washington, D.C.: Randall Inc., Printers and Publishers, 1940, pp. 296-7.

3. Brown v. Memphis & Co., 5 Fed. 499 (1880), U. S. App. 2696.

4. Em *Black Reconstruction, 1860-1880* [1935] (Nova York: Free Press, 1998), Du Bois escreve que a escravidão prejudicou a reputação do negro enquanto ser humano. Defensores da segregação racial continuariam a duvidar do status do negro como ser humano e a afirmar que crimes cometidos contra as pessoas negras eram socialmente toleráveis porque "não havia humanos envolvidos". Ver Aimé Césaire, *Discourse on Colonialism* (Nova York: Monthly Review Press, 2000) [ed. bras.: *Discurso sobre o colonialismo*. Trad. de Claudio Willer. São Paulo: Veneta, 2020]; Sylvia Wynter, "No Human Involved: An Open Letter to My Colleagues" (Stanford, Califórnia: Institute N.H.I., 1994); e Alexander Weheliye, *Habeas Viscus: Racializing Assemblages, Biopolitics and Black Feminist Theories of the Human* (Durham, Carolina do Norte: Duke University Press, 2015).

5. Ver Nell Painter, *Sojourner Truth: A Life, a Symbol*. Nova York: W. W. Norton, 1997, pp. 286-301.

6. Paula Giddings, *Ida: A Sword Among Lions*, op. cit., p. 318.

7. Wells se descrevia nesses termos. Ver Alfreda Duster (Org.), *Crusade for Justice: The Autobiography of Ida B. Wells*. Chicago: University of Chicago Press, 1970, p. 18. Para um estudo da campanha antilinchamento de Wells, ver Crystal Feimster, *Southern Horrors: Women and the Politics of Rape and Lynching*; Hannah Rosen, *Terror in the Heart of Freedom: Citizenship, Sexual Violence and the Meaning of Race in the Postemancipation South* (Chapel Hill: University of North Carolina Press, 2009); e Mia Bay, *To Tell the Truth Freely: The Life of Ida B. Wells* (Nova York: Hill and Wang, 2010). Sobre feminismo e teimosia, ver Sara Ahmed, *Willful Subjects* (Durham, Carolina do Norte: Duke University Press, 2014).

8. Ida B. Wells, *Southern Horrors: Lynch Law in All Its Phases* [1892]. Boston: Bedford/ St. Martin's, 1997, p. 55.

9. Fannie Barrier Williams, "The Colored Girl", *Voice of the Negro*, v. 2, n. 6, 1905, pp. 400-3, reimpr. em Mary Jo Deegan (Org.), *The New Woman of Color: The Collected Writing of Fannie Barrier Williams*. DeKalb: Northern Illinois University Press, 2002, p. 63.

10. Esses incidentes são descritos em Ida B. Wells, *Southern Horrors: Lynch Law in All Its Phases*, op. cit., pp. 58, 59, 71.

UMA HISTÓRIA ÍNTIMA DE ESCRAVIDÃO E LIBERDADE [PP. 63-94]

1. A história começa antes da reunião dos autos, com a debandada dela para a cidade, abarrotada em um navio a vapor com centenas de outras pessoas em busca de uma vida melhor. A história começa em meio a um experimento de liberdade. É uma história que excede o arquivo.

2. Esse é um relato especulativo da jornada de Mattie de Virgínia para Nova York. A Old Dominion era o principal meio de transporte de Norfolk, Richmond e de forma mais geral pela costa leste até a cidade de Nova York. Havia navios menores que transportavam passageiros de Hampton para Norfolk. Ver "Steamship Monroe, of the Old Dominion Line", *Marine Engineering*, v. 8, n. 8, ago. 1903, p. 396; e *The Official Railway*. Nova York: National Railway Publication Company, 1908, p. 1077. Sobre migrantes da Virgínia na cidade de Nova York, ver W. F. Osburg, "The Richmond Negro in New York" (dissertação de mestrado, Columbia University, 1909); Benjamin H. Locke, "The Community Life of a Harlem Group of Negroes" (dissertação de mestrado, Columbia University, 1913, p. 6); Robert Z. Johnstone, "The Negro in New York" (dissertação de mestrado, Columbia University, 1911, p. 8); e Paul Seymour, "A Group of Virginia Negroes in New York City" (dissertação de mestrado, Columbia University, 1912).

3. Frederick Douglass descreve o ambiente doméstico da plantation como se segue: "toda cozinha era um bordel" em "Love of God, Love of Man, Love of Country: An Address Delivered in Syracuse, New York, on September 24, 1847", *Frederick Douglass Papers*, v. 1: 1842-1852 (New Haven, Connecticut: Yale University Press, 2009, p. 93). Ver também Christina Sharpe, *Monstrous Intimacies*, op. cit. Isso não era menos verdadeiro no século 20. Ver Katherine McKittrick, "Plantation Futures", *Small Axe*, v. 16, n. 3, nov. 2013, pp. 1-15. W. E. B. Du Bois também observou que "a cozinha contém toda uma história social" em *The Negro American Family: Report of a Social Study Made Principally by the College Classes of 1909 & 1910 of Atlanta University*. Atlanta, Geórgia: Atlanta University Publications, 1908, p. 66.

4. O "lar da servidão" ilustra a sobrevida da escravidão, a servidão doméstica das mulheres negras e a prostituição. Ver Travolia Glymph, *Out of the House of Bondage*, op. cit.; Octavia V. Rogers Albert, *The House of Bondage or Charlotte Brooks and Other Slaves* (Nova York: Hunt and Eaton, 1891); e Reginald Wright Kauffman, *House of Bondage* (Nova York: Grosset & Dunlap, 1921).

5. Sobre a segregação no navio a vapor da Old Dominion, ver Arthur Browne, *One Righteous Man: Samuel Battle and the Shattering of the Colored Line in New York* (Nova York: Beacon Press, 2016): "Ninguém sabe como acontecia, mas em todos os navios da Old Dominion Steamship atracados lá havia de duzentos a trezentos negros que desembarcavam em Nova York", p. 16; e Gilbert Osofsky, *Harlem: The Making of a Ghetto: Negro New York, 1890-1930*. Chicago: Ivan R. Dee, 1996, p. 30.

6. John Berger, *A Seventh Man: A Book of Images and Words about the Experience of Migrant Workers in Europe*. Baltimore: Penguin, 1975; reimpr. Nova York: Verso, 2010, p. 33.

7. Em 1900, Mattie tinha só dois anos de idade e dava seus primeiros passos; nesse ano, o estado da Virgínia aprovou uma lei que ordenava a segregação social no transporte público, restringido as formas pelas quais ela poderia se movimentar pelo mundo e fixando seu lugar nele — Mattie fora consignada ao degrau mais baixo, uma eterna estrangeira, a governada, mas nunca cidadã. Em 1882, o *Chicago Tribune* começou a coletar estatísticas de linchamentos. Na época em que Mattie chegou na cidade de Nova York, no outono de 1914, quase 3 mil homens, mulheres e crianças negras tinham sido enforcados, queimados, castrados e desmembrados por todo o país. Embora a maioria desses atos ocorresse no Sul, pessoas negras eram assassinadas de Nova Jersey até o Texas, do coração da confederação até o local de nascimento de Lincoln. O cálculo de pessoas linchadas publicado no *Tribune* e na *The Crisis: A Record of the Darker Races* falhou em dar conta do terror cotidiano da vida sob as leis Jim Crow; ninguém compilou as estatísticas do dia a dia e dos atos de violência banais, nem levou em conta as agressões sexuais e insultos ou registrou as humilhações diárias causadas pela linha de cor.

8. Sobre as chegadas no cais de Nova York, ver o relatório anual de 1910 da Liga Nacional para a Proteção das Mulheres de Cor (*1910 Annual Report*, Nova York, 1911), Schomburg Center for the Research in Black Culture, Biblioteca Pública de Nova York; Frances Kellor, "The Problem of the Young Negro Girl from the South", *New York Times* (19 mar. 1905, p. 8); Frances Kellor, "Opportunities for Southern Negro Women in Northern Cities", *Voice of the Negro* (Atlanta, Geórgia, jul. 1905); Victoria Earle Matthews, "Some of the Dangers Confronting Southern Girls in the North", *Hampton Negro Conference*, v. 2, jul. 1898, e reimpr. em Shirley Wilson Logan, *We Are Coming: The Persuasive Discourse of Nineteenth-Century Black Women* (Carbondale: Southern Illinois University Press, 1999, pp. 215-20); "Migration of Colored Girls from Virginia", *Hampton Bulletin: Ninth Annual Report of the Hampton Negro Conference* (set. 1905, pp. 57-9); e Kelly Miller, "Surplus Negro Women", *Southern Workman* (out. 1905, pp. 522-8).

9. Sobre a migração de mulheres negras, ver nota anterior e W. E. B. Du Bois, *Philadelphia Negro*, op. cit., e *New York Colored Mission, Report of the New York Colored Mission* (Nova York: New York Colored Mission, 1871-1966).

10. Victoria Earle Matthews expressa suas opiniões sobre o pessimismo de Dunbar em um editorial do *New York Sun*, 14 set. 1897.

11. Id., "Some of the Dangers Confronting Southern Girls in the North", op. cit., p. 220.

12. *Everyday Life at Hampton Institute*. Hampton, Virgínia: Hampton Institute, 1909.

13. Christina Sharpe, *Monstrous Intimacies*, op. cit.; Édouard Glissant, *Caribbean Discourse: Selected Essays*. Trad. de J. Michael Dash. Charlottesville: University Press of Virgínia, 1989, p. 80.

14. "Foram sua personalidade e os dotes naturais, físicos, que lhe deram acesso a lugares e condições no Sul inacessíveis para a maioria das outras mulheres". Elizabeth Lindsey Davis, *Lifting As They Climb*. Nova York: G. K. Hall, 1996, p. 22.

15. A Guerra Hispano-Americana foi central para a criação de uma nação branca reunificada no período pós-Guerra Civil. Os soldados cidadãos do Norte e do Sul foram reconciliados no palco da guerra imperial. Em 1898, os pais de Mattie estavam em Cuba. Vinte e cinco por cento dos soldados do exército estadunidense eram afro-americanos. Robin D. G. Kelley, "Mike Brown's Body: Meditations on War, Race and Democracy", *Toni Morrison Lectures*, 13 abr. 2015, Princeton University, Princeton, Nova Jersey; Amy Kaplan, "Black and Blue on San Juan Hill". In: Amy Kaplan e Donald E. Pease (Orgs.),

Cultures of United States Imperialism. Durham, Carolina do Norte: Duke University Press, pp. 219-36.

16. A carta foi escrita pela srta. Hattie Morehouse, uma professora branca de Jacksonville, Flórida, pedindo a ela que encontrasse uma jovem que logo chegaria no navio a vapor. A jovem foi encontrada vários dias depois, após uma cuidadosa busca que envolveu detetives policiais, mas então, ela já havia se tornado uma versão arruinada de seu antigo eu. Victoria Earle Matthews, "Some of the Dangers Confronting Southern Girls in the North". In: Shirley Wilson Logan (Org.), *We Are Coming: The Persuasive Discourse of Nineteenth-Century Black Women*. Carbondale, Illinois: Southern Illinois University Press, 1999, pp. 215-20.

17. Id. Ibid., p. 215.

18. Id., "The Awakening of the Afro-American Woman" [1897]. In: Shirley Wilson Logan (Org.), *With Pen and Voice: A Critical Anthology of Nineteenth-Century African--American Women*. Carbondale, Illinois: Southern Illinois University Press, 1995, p. 151.

19. Id., "Some of the Dangers Confronting Southern Girls", op. cit., p. 219.

20. Ver Erving Goffman, *Stigma: Notes on the Management of Spoiled Identity*. Nova York: Simon & Schuster, 1963, pp. 34, 42.

21. Aqui eu parafraseio Erving Goffman, que define da seguinte maneira a luta impossível para se livrar de um estigma: "a transformação do eu de alguém com uma mácula em particular para alguém com um histórico de ter reparado uma mácula em particular". Id. Ibid., p. 9.

22. Id. Ibid., p. 6.

23. É assim que ela é descrita nos autos. Ver Autos de Bedford Hills #2466. Bedford Hills Correctional Facility Collection, 14610-77B; autos de detentas, ca. 1915-1930, 1955-1965, registros do Departamento de Serviços Correcionais, Arquivos do Estado de Nova York, Albany, Nova York. De agora em diante, referidos como Autos de Bedford Hills.

24. Paul Laurence Dunbar, *Sport of the Gods*, op. cit.

25. Philadelphia Housing Authority, "Negro Migrant Study", s.d., Philadelphia Housing Authority Papers, Urban Archives, Temple University, Filadélfia; e The Chicago Commission on Race Relations, "The Migration of Negroes from the South", *The Negro in Chicago: A Study of Race Relations and a Race Riot*. Chicago: University of Chicago Press, 1922, pp. 79-105.

26. Todos os motivos sentimentais mais comuns detalhados em estudos sobre migrantes e relatórios de comissões de levantes explicam a presença dela em Nova York: liberdade de movimento, o desejo de oportunidades melhores, um escape da violência racista, uma saída da escravidão — motivos declarados e reproduzidos em canções, poemas, cartas, rumores e fofocas. Ver "The Chicago Commission on Race Relations", *The Negro in Chicago*, ibid.

27. A biografia de Mattie que se segue é baseada nos Autos de Bedford Hills. Os arquivos são bem detalhados, particularmente no período de 1917 e 1920, porque o Laboratório de Higiene Social conduzia uma extensa série de entrevistas com jovens e mulheres (entre os catorze e trinta anos) quando chegavam ao reformatório. O processo de admissão incluía entrevistas pessoais; históricos familiares; entrevistas com vizinhos, empregadores e professores; testes psicológicos, exames fisiológicos e teste de inteligência; além de relatórios de investigadores sociais e oficiais de condicional. Depois de duas semanas de avaliação dos materiais compilados, médicos, psicólogos, assistentes sociais, sociólogos e superintendentes prisionais se encontravam para discutir cada caso individualmente. Os arquivos também contêm correspondências pessoais, discussões sobre sexualidade, experiências de vida e a história pessoal, bem como fotografias das prisioneiras e dos seus

filhos; alguns arquivos incluem poemas, peças e cartas de amor escritas pelas jovens; eles também trazem observações sobre os sentimentos e atitudes das mulheres com relação às suas prisões. Os autos se pretendiam como um registro abrangente do indivíduo, que era fundamental para a prática de punição e reforma do Estado, para a administração dos pobres e a manutenção da linha de cor. Os autos tinham por objetivo produzir um profundo conhecimento da vida individual, o que era central para o discurso de reforma prisional e para a ideia de que o encarceramento e a liberdade condicional precisam ser contrapostos ao perfil do criminoso. Isso foi responsável pela transformação da sentença indeterminada, que passou a ser vista como uma abordagem punitivista "humana" e "científica". A modalidade do arquivo era baseada na hermenêutica da suspeita e num horizonte de reformas. Os autos eram um produto do estado terapêutico. Ver Michel Foucault, *Discipline and Punish: The Birth of the Prison*. Trad. de Alan Sheridan (Nova York: Vintage, 1995) [ed. bras.: *Vigiar e punir: nascimento da prisão*. Trad. de Raquel Ramalhete. Petrópolis: Vozes, 2019]; David Rothman, *Conscience and Convenience: The Asylum and Its Alternatives in Progressive America* (Nova York: Aldine Transactions, 2002, capítulo 2); "On the Case", ed. especial, *Critical Inquiry*, v. 33, n. 4, verão, 2007; Karen W. Tice, *Tales of Wayward Girls and Immoral Women: Case Records and the Professionalization of Social Work* (Urbana: University of Illinois Press, 1998).

28. Ver Nayan Shah, *Contagious Divides: Epidemics and Race in San Francisco's Chinatown*. Berkeley: University of California Press, 2001; e Mary Ting Yi, *The Chinatown Trunk Mystery: Murder, Miscegenation, and Other Dangerous Encounters in Turn-of-the--Century New York City*. Princeton: Princeton University Press, 2007.

29. Tonya Foster, *A Swarm of Bees in High Court*. Nova York: Belladonna, 2015, p. 68.

30. Toni Morrison, *Sula*. Nova York: Vintage, 1973, p. 121.

31. Audre Lorde, "Poetry is Not a Luxury". In: *Sister Outsider*, op. cit., p. 38 [ed. bras.: *Irmã outsider*, op. cit., p. 45].

32. Ver W. E. B. Du Bois, "Of the Faith of the Fathers". In: *The Souls of Black Folk* [1903]. Nova York: Penguin, 1989, pp. 159-60 [ed. bras.: *As almas do povo negro*. Trad. de Alexandre Boide. São Paulo: Veneta, 2021]; e Id., *Negro American Family*, op. cit.

33. O pensamento posto em ação é crítico para a prática anarquista. É a fundação da prática feminista negra, que compartilha muito com o anarquismo em sua crítica à violência do Estado e na luta contra o enclausuramento na plantation e na cidade. As jovens neste livro são pensadoras e radicais dessa tradição. Ver também Erin Manning e Brian Massumi, *Thought in the Act: Passages in the Ecology of Experience*. Mineápolis: University of Minnesota Press, 2014. Sobre a relação entre a sexualidade e o surgimento do racismo e da colonialidade, ver Ann Stoler, *Carnal Knowledge and Imperial Power* (Berkeley: University of California Press, 2010); e Kevin Mumford, *Interzones*, op. cit. Michel Foucault diz que a sexualidade é "um denso conjunto de pontos de transferência nas relações de poder", em *History of Sexuality*. Trad. de Robert Hurley. Nova York: Pantheon Books, 1978, p. 96 [ed. bras.: *História da sexualidade*. Trad. de Maria Thereza da Costa Albuquerque e J. A. Guilhon Albuquerque. Rio de Janeiro: Paz e Terra, 2020].

34. Ver Hazel Carby, "Policing the Black Woman's Body", op. cit.; Sarah Haley, *No Mercy Here: Gender, Punishment, and the Making of Jim Crow Modernity* (Chapel Hill: University of North Carolina Press, 2016); Cheryl Hicks, *Talk With You Like a Woman: African American Women, Justice, and Reform in New York, 1890-1935* (Chapel Hill: University of North Carolina Press, 2010); Kali Gross, *Colored Amazons: Crime, Violence and Black Women in the City of Brotherly Love, 1880-1910* (Durham, Carolina do Norte: Duke University Press, 2006); Cynthia M. Blair, *I've Got to Make My Livin': Black Women's Sex-Work in Turn-of-the--Century Chicago* (Chicago: University of Chicago Press, 2010); e Emily Hainze, "Wayward Reading" (tese de doutorado não publicada, Columbia University, 2017).

35. Os autos de Bedford classificam a reunião de rumores e fatos feita pela Estado como uma "História Verificável". Os relatos das mulheres são chamados de "Statement of the Girl" [Depoimento da jovem].

36. Frantz Fanon, *The Wretched of the Earth*. Trad. de Richard Philcox. Nova York: Grove Press, 2005, p. 2 [ed. bras.: *Os condenados da terra*. Trad. de Enilce Albergaria Rocha e Lucy Magalhães. Juiz de Fora: UFJF, 2005].

37. O feminismo negro é o desejo pelo fim do mundo como conhecemos. Ver Denise Ferreira da Silva, "Toward a Black Feminist Poetics: The Question of Blackness towards the End of the World", *Black Scholar*, v. 44, n. 2, verão, 2014, pp. 81-97; Hortense Spillers, *Black, White & In Color: Essays on American Literature and Culture* (Chicago: University of Chicago, 2003); e Alexander Weheliye, *Habeas Viscus: Racializing Assemblages, Biopolitics and Black Feminist Theories of the Human* (Durham, Carolina do Norte: Duke University Press, 2014).

38. Mattie usou todas essas frases para descrever sua relação com Herman Hawkins.

39. Sobre a disposição de habitar e abraçar o desvio, ver Cathy Cohen, "Deviance as Resistance", *Du Bois Review*, v. 1, n. 1, 2004, pp. 27-45.

40. Frantz Fanon, "Grandeur and Weakness of Spontaneity". In: *The Wretched of the Earth*, op. cit. [ed. bras.: *Os condenados da terra*, op. cit.]

41. Laurent Berlant, "Intimacy: A Special Issue", *Critical Inquiry*, inverno, 1998, p. 285.

42. "A mãe ofereceu restituir o valor, mas o detetive solicitou que uma queixa fosse feita." Autos de Bedford Hills #2466.

43. "Sua vida imoral representa o fato, o crime pelo qual ela é sentenciada à instituição, aquilo que configura crime aos olhos da Lei." Katherine Davis, "Preventive and Reformatory Work: The Fresh Air Treatment for Moral Disease". In: *Informal and Condensed Report of the American Prison Congress*. Albany, Nova York, 1906, p. 24.

44. Em dezembro, os abusos em Bedford iriam a público. Torturas e abusos vinham sendo relatados desde 1913. Ver "Bedford Cruelty Charges Against Officials Upheld", *New York Tribune*, 19 mar. 1920.

45. Ver Katherine Davis, "The Reformatory Plan", *Proceedings of the National Conference of Charities and Corrections*, Boston, 1916. As visitas supervisionadas foram discutidas no *Annual Reports of the State Commission on Prisons*. Albany, Nova York, 1915, 1920, 1921.

46. Sobre o propósito das cartas de prisão, ver Sora Han, "The Purloined Prisoner", *Theoretical Criminology*, v. 16, n. 2, maio 2012, pp. 157-74.

47. C. L. R. James, *The Black Jacobins: Toussaint L'Ouverture and the San Domingo Revolution* [1938]. Nova York: Vintage, 1989, p. 88.

UM ATLAS DA REBELDIA [PP. 99-137]

1. Esse retrato de W. E. B. Du Bois se deve ao trabalho de vários estudiosos. A biografia magistral de David Levering Lewis em dois volumes, *W. E. B. Du Bois: Biography of a Race, 1868-1919* (Nova York: Henry Holt, 1993) e *W. E. B. Du Bois: The Fight for Equality and the American Century, 1919-1963* (Nova York: Henry Holt, 2000) forneceram elementos valiosos para a minha contranarrativa. Tão importante quanto foi a literatura crítica secundária sobre os estudos de Du Bois: Nahum Dimitri Chandler, *X — The Problem of the Negro as a Problem of Thought* (Nova York: Fordham, 2014); Robert Gooding-Williams, *In the Shadow of Du Bois: Afro Modern Political Thought in America* (Cambridge, Massachusets: Harvard University Press, 2009); Aldon Morris, *The Scholar Denied: W. E. B.*

Du Bois and the Birth of Modern Sociology (Oakland: University of California Press, 2015); Lawrie Balfour, *Democracy's Reconstruction: Thinking Politically with W. E. B. Du Bois* (Nova York: Oxford University Press, 2011); Hazel Carby, *Race Men* (Cambridge, Massachusets: Harvard University Press, 1998); Farah Jasmine Griffin, "Black Feminists and Du Bois: Respectability, Protection, and Beyond". In: "The Study of African American Problems: W. E. B. Du Bois's Agenda, Then and Now", ed. especial, *Annals of the American Academy of Political and Social Science* 568 (mar. 2000, pp. 28-40); Lewis Gordon, "Du Bois's Humanistic Philosophy of the Human Sciences". In: "The Study of African American Problems: W. E. B. Du Bois's Agenda, Then and Now", *Annals of the American Academy of Political and Social Science* 568 (mar. 2000, pp. 265-80); Lucius Outlaw, "W. E. B. Du Bois on the Study of Social Problems". In: "The Study of African American Problems: W. E. B. Du Bois's Agenda, Then and Now", ibid., pp. 281-97; Cedric Robinson, *Black Marxism: The Making of the Black Radical Tradition* (Londres: Zed Books, 1983); Kwame Anthony Appiah, "The Uncompleted Argument: Du Bois and the Illusion of Race", *Critical Inquiry*, v. 12, n. 1, 1985, pp. 21-37; Robert Stepto, *From Behind the Veil: A Study of Afro-American Narrative* (Urbana: University of Illinois, 2001); Kwame Anthony Appiah, "Illusions of Race". In: *In My Father's House* (Oxford: Oxford University Press, 1992); Id., *W. E. B. Du Bois and the Emergence of Identity* (Cambridge, Massachusets: Harvard University Press, 2014); Anthony Bogues, *Black Heretics, Black Prophets* (Nova York: Routledge, 2003); Joy James, *Transcending the Talented Tenth: Black Leaders and American Intellectuals* (Nova York: Routledge, 1996); Karen E. Fields e Barbara Fields, "Individuality and the Intellectuals: An Imaginary Conversation Between Emile Durkheim and W. E. B. Du Bois". In: *Racecraft: The Soul of Inequality in American Life* (Londres: Verso, 2012, pp. 225-60); Shatema Threadcraft, *Intimate Justice: The Black Female Body and the Body Politic* (Nova York: Oxford University Press, 2016); Cornel West, *The American Evasion of Philosophy* (Madison: University of Wisconsin Press, 1989); Shamoon Zamir, *Dark Voices, W. E. B. Du Bois and American Thought, 1888-1903* (Chicago: University of Chicago Press, 1995).

2. Patrick Chamoiseau, *Texaco*. Trad. de Rose-Myriam Réjouis e Val Vinokurov. Nova York: Pantheon, 1997.

3. A Igreja Metodista Africana Bethel foi estabelecida depois que oficiais da St. George, a igreja metodista branca, negavam aos fiéis negros indesejados até mesmo o direito de orar.

4. W. E. B. Du Bois, *The Autobiography of W. E. B. Du Bois: A Soliloquy on Viewing My Life from the Last Decade of its First Century*. Nova York: International Publishers, 1968, p. 194.

5. Id., *The Philadelphia Negro: A Social Study* op. cit., p. 241. Os patrocinadores do estudo esperavam isolar e erradicar as ameaças que o distrito representava. Líderes civis alertavam que os negros eram um "elemento incorrigível da destruição social" e que deveriam ser impedidos de "acumular rápido demais" ou contaminar o elemento respeitável que vive "do lado de fora da porta do asilo". *Biography of a Race*, op. cit., p. 188. Ver também *The Autobiography of W. E. B. Du Bois*, ibid., pp. 194-204.

6. Id., *The Autobiography of W. E. B. Du Bois*, ibid., p. 195.

7. Du Bois criticava muito a filantropia. Ele descreveu o "desejo cego e sem objetivo de fazer o bem", que caracterizava vários dos esforços de caridade e a reforma social. A "filantropia sem objetivo" acha mais fácil "trabalhar às cegas" do que uma "espera inteligente". W. E. B. Du Bois, "The Development of a People", *The Problem of the Color Line at the Turn of the Twentieth Century: The Essential Early Essays*, org. Nahum Dimitri Chandler. Nova York: Fordham University Press, 2015, p. 244.

8. Id., *The Philadelphia Negro*, op. cit., p. 62.

9. W. E. B. Du Bois foi o primeiro a empregar o termo *gueto* para descrever o cerco racializado das pessoas negras. A coluna intitulada "The Ghetto" [O gueto] era uma matéria regular da *The Crisis: A Record of the Darker Races* e documentava os aparatos legais e sociais da segregação racial, que se encontravam em expansão, e a violência cotidiana da linha de cor. James Baldwin observou a impossibilidade de respirar no gueto em linhas que anteciparam a descrição dos bairros dos nativos em *Os condenados da terra*. Baldwin escreve que o gueto é permeado por uma sensação de congestão, "o latejar insistente, enlouquecedor e claustrofóbico na cabeça, que ataca quando se tenta respirar em um cômodo muito pequeno com todas as janelas fechadas". Zygmunt Bauman ecoa Baldwin e de maneira similar observa que o "gueto é uma prisão sem muros [...] há uma troca populacional contínua entre a prisão e o gueto e o espaço urbano transformado em cerco". Ver *Community: Seeking Safety in an Insecure World*. Cambridge: Polity Press, 2001, p. 120. Ver também Loic Wacquant, "From Slavery to Mass Incarceration: Rethinking the 'Race' Question in the US", *New Left Review*, v. 1, 1 jan. 2002.

10. *Philadelphia Inquirer*, 3 dez. 1895 e 17 jun. 1895, citado em Roger Lane, *Roots of Violence* (Cambridge, Massachusets: Harvard University Press, 1986, p. 148); W. E. B. Du Bois, *The Philadelphia Negro*, op. cit., p. 313.

11. Kelly Miller, "Surplus Women". In: *Race Adjustment: Essays on the Negro in America*. Nova York, Neale Publishing, 1908, pp. 170-1; Charlotte Perkins Gilman, "The Duty of Surplus Women", *New York Independent*, jan. 1905.

12. W. E. B. Du Bois, *Negro American Family*, op. cit., p. 41.

13. Id., *The Quest of the Silver Fleece*. Chicago: A. C. McClurg, 1911.

14. Id., "Sociology Hesitant". In: *Problem of the Color Line: Negro American Family*, op. cit., p. 42.

15. Loic Wacquant, "What Is a Ghetto? Building a Sociological Concept", *Revista de Sociologia e Política*, 1 nov. 2004, p. 155; Loic Wacquant, "From Slavery to Mass Incarceration: Rethinking the 'Race' Question in the US", *New Left Review*, v. 1, 1 jan. 2002; Erving Goffman, *Asylum: Essays on the Social Situation of Mental Patients and Other Inmates* (Chicago: Aldine, 1961); Kenneth Clark, *The Dark Ghetto*. Nova York: Harper & Row, 1965; Middletown: Wesleyan University Press, 1989); Mitchell Dunier, *The Ghetto: The Invention of A Place, the History of an Idea* (Nova York: Farrar, Straus & Giroux, 2016); Tommie Shelby, *Dark Ghettos: Injustice, Dissent, and Reform* (Cambridge, Massachusets: Belknap/Harvard University Press, 2016); E. Franklin Frazier, *The Negro Family in Chicago* (Chicago: University of Chicago Press, 1932); St. Clair Drake e Horace R. Cayton, *Black Metropolis; A Study of Negro Life in a Northern City* (Nova York: Harcourt, Brace, 1945).

16. Sobre o processo pelo qual os imigrantes europeus se tornam brancos, ver W. E. B. Du Bois, "The Souls of White Folk". In: *Darkwater* [1920] (Nova York: Washington Square Press, 2004); Nell Irvin Painter, *The History of White People* (Nova York: Norton, 2011); David Roediger, *Wages of Whiteness: Race and the Making of the American Working Class* (Nova York: Verso, 1991); Noel Ignatiev, *How the Irish Became White* (Nova York: Routledge, 1995); Michael Rogin, *Blackface, White Noise: Jewish Immigrants in the Hollywood Melting Pot* (Berkeley: University of California Press, 1998); Eric Lott, *Love and Theft: Blackface Minstrelsy and the American Working Class* (Nova York: Oxford University Press, 1995); Matthew Frye Jacobsen, *Whiteness of a Different Color* (Cambridge, Massachusets: Harvard University Press, 1999); Thomas Lee Philpott, *The Slum and the Ghetto* (Nova York: Oxford University Press, 1978); Douglas Massey e Nancy Denton, *American Apartheid: Segregation and the Making of the Underclass*

(Cambridge, Massachusets: Harvard University Press, 1993); Toni Morrison, *Playing in the Dark: Whiteness and the Literary Imagination* (Nova York: Vintage, 1993).

17. W. E. B. Du Bois, *Souls of Black Folk*, op. cit., pp. 18, 25, 34 [ed. bras.: *As Almas do Povo Negro*. Trad. de Alexandre Boide. Veneta, 2021].

18. Id., *The Philadelphia Negro*, op. cit., p. 81.

19. Ernest Hogan se apropriou da música "All Pimps Look Alike to Me" reescrevendo-a como a famosa "All Coons Look Alike to Me", que vendeu mais de 1 milhão de cópias e foi a desgraça da existência negra na década de 1890. Hogan ganhou quase 30 mil dólares de direitos autorais, mas em seu leito de morte expressou arrependimento por ter composto a música.

20. Verso de Me'Shell Ndegéocello, "Deuteronomy: Niggerman", *Peace beyond Passion*, Maverick Records, 1996.

21. Kelly Miller, "Surplus Women". In: *Race Adjustment*, op. cit., p. 171.

22. W. E. B. Du Bois, "Damnation of Women". In: *Darkwater*, op. cit., p. 115.

23. Id., "Of Our Spiritual Strivings". In: *Souls of Black Folk*, op. cit., p. 9.

24. Na introdução a *The Philadelphia Negro*, Du Bois escreve: "Ele deve sempre vacilar com receio de que alguma inclinação pessoal, alguma convicção moral ou tendência inconsciente de pensamento [...] tenha distorcido a imagem refletida em sua visão". A imoralidade sexual da comunidade negra com frequência fazia Du Bois "estremecer" e "vacilar". Para uma leitura sobre sua política sexual, ver Hazel Carby, "The Souls of Black Men". In: *Race Men* (Cambridge, Massachusets: Harvard University Press, 1998, pp. 9-44); Melinda Chauteauvert, "Framing Sexual Citizenship: Reconsidering the Discourse on African American Families", *Journal of African American History*, v. 93, n. 2, primavera, 2008, pp. 198-222; Cathy Cohen, "Deviance as Resistance", *Du Bois Review*, v. 1, n. 1, 2004, pp. 27-45; Farah Jasmine Griffin, "Black Feminist and Du Bois: Respectability, Protection and Beyond", *Annals of the American Academy of Political and Social Science*, n. 568, mar. 2000, pp. 28-40; Roderick Ferguson, *Aberrations in Black: Toward a Queer of Color Critique* (Minneapolis: University of Minnesota Press, 2003).

25. W. E. B. Du Bois, *The Souls of Black Folk*, op. cit., p. 57; *W. E. B. Du Bois: Biography of a Race* (Nova York: Henry Holt, 1993). Ver Hazel Carby, "The Souls of Black Men". In: *Race Men*, ibid., pp. 9-44.

26. Herbert Aptheker observa que se Du Bois passava vinte minutos com cada família (2.500 famílias), então as entrevistas para a pesquisa teriam somado 835 horas, ou cerca de 104 dias. Ver introdução de *W. E. B. Du Bois in Philadelphia Negro*. Em "My Evolving Program for Negro Freedom". In: *What the Negro Wants*, org. Rayford Logan [1944] (Notre Dame: University of Notre Dame Press, 2001), Du Bois diz que entrevistou 5 mil pessoas. Em sua *Autobiography of W. E. B. Du Bois*, ele alega ter entrevistado 10 mil.

27. Em sua *Autobiography of W. E. B. Du Bois*, ele escreveu: "As pessoas de cor da Filadélfia não foram nada receptivas. Elas tinham uma aversão natural de serem estudadas como uma espécie estranha" (p. 198). Ver também Levering Lewis, *W. E. B. Du Bois: Biography of a Race*. Nova York: Henry Holt, 1993, p. 190.

28. Id., W. E. B. Du Bois, A Program for a Sociological Society 1897, Rolo 80, p. 61, *W. E. B. Du Bois Papers*. Amherst: Universidade de Massachusetts.

29. Id., "My Evolving Program for Negro Freedom". In: *What the Negro Wants*, op. cit.; *Autobiography of W. E. B. Du Bois*, op. cit.

30. Id., *The Philadelphia Negro*, op. cit., p. 136.

31. "Introduction: The Context of the Philadelphia Negro". In: Michael Katz e Thomas Sugrue (Orgs.), *W. E. B. Du Bois, Race and the City*. Filadélfia: University of Pennsylvania

Press, 1998, p. 10. Ver Isabel Eaton, "Special Report on Negro Domestic Service in the Seventh Ward", suplemento de Id., *The Philadelphia Negro*, op. cit., p. 454.

32. W. E. B. Du Bois, *The Philadelphia Negro*, op. cit., p. 133, 136; Tera Hunter, "The 'Brotherly Love' for which This City Is Proverbial Should Extend to All: The Everyday Lives of Working Class Women in Philadelphia and Atlanta in the 1890's". In: *W. E. B. Du Bois, Race and the City*, op. cit., pp. 131-2.

33. Id., "The Development of a People". In: *Problem of the Color Line*, op. cit., pp. 254-5; "Family struggling to recover from debauchery of slavery". In: ibid, p. 257.

34. Entre 54,5 e 59,2 por cento das mulheres negras entre os vinte e 39 anos se declaravam viúvas. Id., *The Philadelphia Negro*, op. cit., p. 70; Levering Lewis, *The Biography of a Race*, op. cit., p. 205.

35. W. E. B. Du Bois, *Negro American Family*, op. cit., p. 39.

36. Id., *The Philadelphia Negro*, op. cit., pp. 60, 138.

37. Id., "The Development of a People". In: *Problem of the Color Line*, op. cit., pp. 246, 355.

38. Id. Ibid., p. 235.

39. Id. Ibid., p. 241. A criminalidade na Filadélfia havia aumentado continuamente desde 1880. Para uma crítica sobre o engajamento de Du Bois com o discurso da criminalidade negra e sua reprodução, ver Kevin Gaines, *Uplifting the Race: Black Leadership, Politics and Culture in the Twentieth Century* (Chapel Hill: University of North Carolina Press, 1996); Khalil Muhammed, *The Condemnation of Blackness: Race, Crime and the Making of Modern America* (Cambridge, Massachusets: Harvard University Press, 2011); e Fred Moten, "Uplift and Criminality". In: *Next to the Color Line: Gender, Sexuality and Du Bois* (Minneapolis: University of Minnesota, 2007, pp. 317-49).

40. Monroe Work, "Crimes among Negroes of Chicago", *Journal of American Sociology*, v. 6, set. 1900, pp. 204-23; *The Nation*, 1 jul. 1897, pp. 6-7.

41. Du Bois aceitava o fato da criminalidade negra, influenciado pela ideia de que os negros cometiam mais crimes e que as razões para tanto tinham de ser explicadas. Ver Khalil Muhammed, *The Condemnation of Blackness*, op. cit.; Kevin Gaines, *Uplifting the Race*, op. cit.; e Fred Moten, "Uplift and Criminality", op. cit.

42. W. E. B. Du Bois, *The Philadelphia Negro*, op. cit., pp. 254, 351.

43. Id., *Black Reconstruction: An Essay toward a History of the Part which Black Folk Played in the Attempt to Reconstruct Democracy in America, 1860-1880* [1935]. Nova York: Free Press, 1999, p. 67.

44. T. J. Woofter Jr., "The Negro on Strike", *The Journal of Social Forces*, v. 84, 1923-1924, pp. 84-8.

45. W. E. B. Du Bois, *Black Reconstruction*, op. cit., p. 383.

46. Isabel Wilkerson, *The Warmth of Other Suns: The Epic Story of America's Great Migration*. Nova York: Random House, 2010.

47. Sobre o linchamento de Sam Hose, ver "Science and Empire". In: *Dusk of Dawn*. Nova York: Oxford University Press, 2014. Ver também Ida B. Wells, *Southern Horrors, A Red Record* e *Mob Violence in New Orleans*. In: Jacqueline Royster (Org.), *Southern Horrors*, op. cit.

48. Du Bois descreve a greve geral como um "grande experimento humano". Ver *Black Reconstruction*, op. cit., p. 383. Em *The Philadelphia Negro*, Du Bois produz uma pesquisa cujo intuito é modificar as relações raciais ao abordar a ignorância dos brancos. O majestoso *Black Reconstruction* tenta fazer muito mais que isso, se empenhando em
381

transformar radicalmente nosso entendimento da democracia ao abordar o estado das pessoas escravizadas e se referir à greve e à fuga dos escravizados como a reconstrução da democracia estadunidense. Para tanto, Du Bois precisou se colocar em primeiro plano e imaginar visões, aspirações e práticas que nunca foram arquivadas.

49. "Of Beauty and Death". In: *Darkwater*, op. cit., p. 184.

50. Id., *The Philadelphia Negro*, op. cit., pp. 397-9.

51. Amiri Baraka, *In Our Terribleness*. Nova York: Bobbs, Merill, 1970. Sobre o emprego de gráficos visuais por Du Bois, ver Alexander Weheliye, "Diagrammatics as Physiognomy", *CR: The New Centennial Review*, v. 15, n. 2, 2015, pp. 23-58.

52. W. E. B. Du Bois, *The Philadelphia Negro*, op. cit., pp. 163, 319, 388.

53. Ver Frederick L. Hoffman, *Race Traits and Tendencies of the American Negro*, uma publicação da American Economic Association ii, n. 1-3, 1896, pp. 1-329. Hoffman era um atuário de seguros cujos argumentos eram que os negros enquanto raça estavam morrendo e seriam extintos. Sua previsão foi baseada em uma análise estatística das taxas de mortalidade na cidade.

54. W. E. B. Du Bois, *The Philadelphia Negro*, op. cit. 193.

55. Id. Ibid., pp. 259-67.

56. Jean Toomer, "Karintha". In: *Cane* [1923]. Nova York: W. W. Norton, 2011, pp. 1-2.

57. W. E. B. Du Bois, "Of the Meaning of Progress". In: *The Souls of Black Folks*, op. cit., p. 52.

58. Quando descreve as classes das pessoas negras, Du Bois caracteriza as pobres e decentes como pessoas sem nenhum traço de imoralidade. Ele descreve o sr. Dowell como um homem "calmo e ignorante, sem nenhum traço de vulgaridade". Ver *The Souls of Black Folk*, op. cit., p. 53.

59. Id., *Darkwater*, op. cit., p. 102.

60. A primeira vez que Du Bois escreveu sobre Josie foi em um ensaio pessoal, "A Negro Schoolmaster in the New South". In: *The Atlantic Monthly*, jan. 1899, v. 83, n. 495, pp. 99-105. Josie voltaria a figurar em *The Souls of Black Folk, Dusk of Dawn* e *Autobiography of W. E. B. Du Bois*. David Levering Lewis descreve a experiência de Du Bois no lar dos Dowell como um "divisor de águas sexual" em *Biography of a Race,* W. E. B. Du Bois, op. cit., p. 71.

61. W. E. B. Du Bois, *Autobiography of W. E. B. Du Bois*, op. cit., p. 280.

62. Id., "The Talented Tenth". In: *Problem of the Color Line*, op. cit., p. 212. O compromisso de Du Bois com a ideia de liderança da raça pela elite persistiu por décadas. Ainda em 1944 ele escreve sobre uma "liderança previdente" e sobre as elites, "aqueles indivíduos e classes entre os negros cujo progresso social é ao mesmo tempo a prova e a medida das capacidades da raça". Ver "My Evolving Program for Negro Freedom" [1944], *Clinical Sociology Review*, v. 8, n. 1, 1990, pp. 51, 55.

63. Id., *Autobiography of W. E. B. Du Bois*, op. cit., p. 280. Em "The Development of a People", Du Bois também se utiliza do termo "estremecer" para descrever a libertinagem e as crianças sem sobrenome em lares negros: "Há aqui um problema com relação ao lar e à família. É quase inevitável estremecer diante dele". Ver Id., *The Problem of the Color Line*, op. cit., p. 249.

64. Ver Adolf Loos, "Crime and Ornament". In: *The Architecture of Adolf Loos: An Arts Council Exhibition*. Londres: London Arts Council, 1985, p. 101. "A conquista do progresso é assim equiparada à supressão e ao apagamento do excesso material erótico, considerado domínio exclusivo dos primitivos sexuais e selvagens", tais como "negros, árabes e camponeses". Para uma relação brilhante entre Loos, raça e modernismo, ver

Anne Cheng, *Second Skin: Josephine Baker and Modern Surface*. Nova York: Oxford University Press, 2013, pp. 24-5, 72-8.

65. Zora Neale Hurston, *The Sanctified Church*. Berkeley, Califórnia: Turtle Island, 1981, p. 50.

66. Alexander Crummell, "Common Sense in Common Schooling". In: *Civilization and Black Progress*. Charlottesville: University of Virginia Press, 1995, p. 140.

67. Zora Neale Hurston, "Characteristics of Negro Expression". In: *The Sanctified Church*, op. cit., p., 52.

68. Jane Addams, *The Spirit of Youth and City Streets*. Nova York: MacMillan, 1909, pp. 8-9.

69. Id. Ibid., p. 2.

70. W. E. B. Du Bois, *The Philadelphia Negro*, op. cit., p. 162.

71. Id., *Autobiography of W. E. B. Du Bois*, op. cit., p. 281.

72. Id. Ibid.

73. Id. Ibid.

UMA CRÔNICA DE NECESSIDADE E DESEJO [PP. 139-69]

1. Ver *Diary of Helen Parrish*, Registros da Octavia Hill Association (Filadélfia, Pensilvânia), SCRC 29, URB 46, Caixa 1, Special Collections Research Center, Temple University Libraries. Helen Parrish escreveu que Fanny Fisher xingava e fazia uso de uma linguagem obscena. No entanto, Parrish não registrou as obscenidades em seu diário. O diálogo é recriado com base no relato detalhado de Helen sobre a interação delas. Muitas vezes Helen parafraseava suas conversas com os inquilinos. Quando uma linguagem chula era utilizada, Helen observava que o inquilino havia falado com ela de uma forma ofensiva e repugnante, ou que a havia xingado ou praguejado com ela. Eu transformei esse discurso indireto em discurso direto. Minha abordagem especulativa e imaginativa é baseada em pesquisas de arquivos e em uma atenção rigorosa às fontes.

2. *Diary of Helen Parrish*, 1 de julho e 8 de julho, 1888, ibid.

3. Sobre endividamento, ver Saidiya Hartman, *Scenes of Subjection: Terror, Slavery, and Self-Making in Nineteenth Century America* (Nova York: Oxford University Press, 1997); e Denise Ferreira da Silva, "Accumulation, Dispossession, and Debt: The Racial Logic of Global Capitalism — An Introduction", *American Quarterly*, v. 64, n. 3, set. 2012, p. 361.

4. John Sutherland, "Reform and Uplift among Philadelphia Negroes: The Diary of Helen Parrish, 1888", *Pennsylvania Magazine of History and Biography*, v. 94, n. 4, out. 1970, p. 499; Allen F. Davis e Mark Haller, *The Peoples of Philadelphia: A History of Ethnic Groups and Lower Class Life 1790-1940* (Filadélfia: University of Pennsylvania Press, 1998).

5. *Fourth Annual Report of the College Settlement Association*, de 1 set. 1892 a 1 set. 1893. Filadélfia: College Settlement Association, pp. 22-3.

6. Hannah Fox, *Draft of an Address Talked, not Read before the Civic Federation*, Washington, D.C., 1913, p. 2 (não publicado, Octavia Hill Association Collection, Urban History Archives, Temple University, Filadélfia).

7. As duas pretendiam transformar a condição dos pobres por meio da melhoria de suas moradias e de seu ambiente físico, bem como pelo fornecimento de um modelo de conduta moral ao qual os menos afortunados deveriam ambicionar. Os pobres não eram imorais ou criminosos por natureza, mas por sua condição. O plano de Fox e de Parrish, apoiado por uma riqueza que vinha de família, era baseado no trabalho da reformadora habitacional inglesa Octavia Hill junto às pessoas pobres em Londres. Hill acreditava na

mutualidade de interesses entre os ricos e a classe trabalhadora e defendia uma política de reforma do gueto que unia princípios da filantropia ao investimento capitalista. Em suma, as classes mais altas deveriam melhorar as condições de moradia dos pobres e inculcar nos realmente desfavorecidos os valores de parcimônia, temperança, responsabilidade e domesticidade dos quais careciam gravemente. Pelo cumprimento de seus deveres sociais, os senhorios conscientes receberiam um pequeno lucro de cinco por cento sobre seu investimento inicial. O experimento presumia que interesses e afeições mútuas poderiam diminuir a distância entre os proprietários e aqueles sem propriedade e aliviar o antagonismo de classe.

8. Herbert Aptheker, "Introdução", *The Philadelphia Negro*, op. cit., pp. 8, 10.

9. Jane Addams, "Subjective Need for Social Settlements" [1892]. In: *Twenty Years at Hull House*. Nova York: Macmillan, 1910, pp. 94-100.

10. As últimas quatro linhas foram reproduzidas literalmente do diário de Helen Parrish, mas reformuladas na terceira pessoa.

11. *Diary of Helen Parrish*, op. cit., 29 de agosto.

12. W. E. B. Du Bois, *The Philadelphia Negro*, p. 171.

13. Na entrada do diário de Helen Parrish consta: "Quando eu estava no n. 3, Katy Clayton entrou e, sem ser provocada, começou a me insultar por eu ter escrito mentiras ao pai dela. Eu a acalmei e fui fazer minhas rondas [...]. Desci para encontrar Gallen. Ele disse que, no sábado à noite, Katy, três Gallaghers e outras pessoas se reuniam nos degraus da frente. Quando Gallen voltou, ele viu dois Gallaghers saindo, mas não Jim. Os degraus estavam vazios. Ele enfiou a chave na porta, ouviu um alvoroço no pátio e viu que Jim estava lá. Gallen mandou Jim sair dali e o fez ir embora. Jim saiu. Havia outros dois no pátio. Gallen diz que os policiais estão de olho em Katy, que se for surpreendida no ato, ela vai ser presa. Diz que ele já acreditou nela, mas que está convencido de que há algo errado — eu disse a ele que ia consultar o tenente e aproveitaria para falar sobre Mary Brown".

14. Helen escreveu a maioria das entradas, mas outro coletor que a substituía em sua ausência fez várias também. Talvez não surpreenda o quão pouco a perspectiva ou a voz muda nessas entradas.

15. Paul Laurence Dunbar, *Sport of the Gods*, op. cit.

16. Stephen Crane, *Maggie and Other Tales of the Bowery*. Nova York: Modern Library, 2001.

17. James Baldwin, *Sonny's Blues Going to Meet the Man* [1948]. Nova York: Vintage Books, 1995, p. 129.

18. "Shot in the Neck: The Mysterious Affray That Startled Lisbon Street", *Philadelphia Inquirer*, 4 out. 1888.

EM UM MOMENTO DE TERNURA O FUTURO PARECE POSSÍVEL [PP. 171-2]

1. A mãe, Sarah Jane, faz essa pergunta no que diz respeito à filha Isabelle e ao noivo dela, Sylvester. *Corpo e alma* (1925) foi dirigido por Oscar Micheaux.

Essa leitura de *Corpo e alma* é devida a Charles Musser, que observa o caráter indefinido e inconclusivo da trama em camadas do filme. Aproveito-me do caráter fragmentado do filme para produzir essa contranarrativa. O "real" é abreviado e difícil de distinguir da longa sequência de sonho ou pesadelo. "To Redream the Dreams of White Playwrights: Reappropriation and Resistance in Oscar Micheaux's Body and Soul". In: Pearl Bowser, Jane Gaines e Charles Musser (Orgs.), *Oscar Micheaux & His Circle*. Bloomington: Indiana University Press, 2001; Ver também Hazel Carby, *Race Men: The Body and Soul of Race, Nation and Manhood*, op. cit.; Pearl Bowser, *Writing Himself into History: Oscar Micheaux, His Silent Films and His Audiences* (New Brunswick: Rutgers University Press, 2000); e Jane Gaines, *Fire and Desire: Mixed Blood Relations in Silent Cinema* (Chicago: University of Chicago Press, 2000).

2. Christina Sharpe descreve o clima como a abrangente atmosfera da antinegritude. Aqui, vale pensar sobre a precariedade da vida negra e do amor posto em perigo no contexto da antinegritude, da violência racista e da precariedade econômica. Ver "The Weather". In: *In the Wake: On Blackness and Being*. Durham, Carolina do Norte: Duke University Press, 2016, pp. 102-34.

1900. O TENDERLOIN. 41ST STREET WEST, 241 [PP. 175-89]

1. Hortense Spillers, "Interstices: A Small Drama of Words". In: *Black, White and In Color: Essays on American Literature and Culture*. Chicago: University of Chicago Press, 2003, p. 153. Spillers escreve: "As mulheres negras são as baleias encalhadas do universo sexual, silenciadas, mal-vistas, imobilizadas, à espera de seu verbo".

2. Henry Louis Gates, "The Trope of the New Negro and the Image of the Black", *Representations*, v. 24, outono, 1988, pp. 129-55; Henry Louis Gates e Gene Jarrett, *Readings on Race, Representation and African American Culture* (Princeton, Nova Jersey: Princeton University Press, 2007); Booker T. Washington (Org.), *A New Negro for a New Century* (Chicago: American Publishing House, 1900); Alain Locke (Org.), *The New Negro: Voice of the Harlem Renaissance* [1925]. Nova York: Touchstone, 1996.

3. "Race Riot In New York City: Ten Thousand White People Spread Terror in the Tenderloin District", *New York Age*, 23 ago. 1900. Essa descrição de Thorpe foi fornecida pelo irmão dele. Ver "Foresaw Brother's End", *New York World*, Nova York, edição vespertina, 16 ago. 1900.

4. O amigo dele, George, disse para May ir embora dali e ela foi correndo para casa. Um homem branco que fumava na viela perto do teatro viu uma mulher negra de pele clara com um olho roxo correr pela rua. Foi ele quem disse à polícia onde poderiam encontrar May. Essa versão é conflitante com a versão de Arthur Harris. Ver Transcrição do julgamento, Caso #32015, *O povo v. Arthur Harris*, Condado de Nova York, Caixa 608, Documentos de Acusação da Promotoria Pública, Condado de Nova York, Tribunal de Sessões Gerais, Arquivos Municipais da Cidade de Nova York.

5. Hortense Spillers, "Interstices: A Small Drama of Words". In: *Black, White and In Color*, op. cit. Ver também "A Woman's Lot: Black Women Are Sex Objects for White Men". In: Id. *Black Women in White America: A Documentary History*. Nova York: Vintage, 1992.

6. *New York Tribune*, 17 ago. 1900; *The Sun*, Nova York, 16 ago. 1900.

7. Bryan Wagner alega que o blues surge no confronto com a força policial. Para sustentar essa afirmação, ele discute uma história originária recontada pelo músico Jelly Roll Morton sobre o herói rebelde Robert Charles e uma canção popular sobre ele que nunca foi gravada. "The Black Tradition from Ida B. Wells to Robert Charles". In: *Disturbing the Peace: Black Culture and Police Power after Slavery* (Cambridge, Massachusets: Harvard University Press, 2009). Sobre a representação pública do personagem de May Enoch, ver

Judith Weisenfeld, *African American Women and Christian Activism* (Cambridge: Harvard University Press, 1998) e Cheryl Hicks, *Talk with You Like a Woman*, op. cit., pp. 53-90.

8. Transcrição do julgamento. Caso #32015, *People v. Arthur Harris*, Condado de Nova York, Caixa 608, Documentos de Acusação da Promotoria Pública, Condado de Nova York, Tribunal de Sessões Gerais, Arquivos Municipais da Cidade de Nova York.

9. Transcrição do julgamento. Caso #32015, *People v. Arthur Harris*, Condado de Nova York, Caixa 608, Documentos de Acusação da Promotoria Pública, Condado de Nova York, Tribunal de Sessões Gerais, Arquivos Municipais da Cidade de Nova York.

10. *New York Herald*, 6 ago. 1900; 17 ago. 1900.

11. Lucius Shepherd, "Miles Davis", *The Nation*, 2 jul. 2003.

12. "Assim ele vivia e teria morrido se não tivesse levantado a mão para demonstrar indignação diante da agressão gratuita e da prisão ilegal naquela fatídica segunda-feira. Isso fez dele um fora da lei, e sendo um homem de coragem, ele decidiu morrer cara a cara com o inimigo." Linhas de Ida B. Wells, *Mob Rule in New Orleans* [1900]. In: Jacqueline Royster (Org.), *Southern Horrors and Other Writings*, op. cit., p. 202.

13. The Citizens' Protective League, *Story of the Riot*, op. cit., p. 31.

14. Id. Ibid. p. 34.

15. Irene era viúva, doméstica, passadeira e trabalhadora. Era uma mulher totalmente respeitável. Id. Ibid., p. 39.

16. Id. Ibid.

17. Id. Ibid., p. 41-2.

18. Id. Ibid., p. 49.

19. Id. Ibid.

20. Id. Ibid., p. 53.

21. Id. Ibid.

22. Nettie Threewitts relatou: "Fiquei detida na delegacia só de camisola por duas horas quando uma mulher que mora na 41th Street me deu uma anágua, que eu vesti". Id. Ibid., p. 60.

23. Id. Ibid., p. 48.

24. Le'Andria Johnson, "Jesus", *The Awakening of Le'Andria Johnson*, Music World Gospel, 2012.

25. Citizens' Protective League, *The Story of the Riot*, op. cit., pp. 64-5.

26. Reverend Cuyler, "Colored Pastor's Demand", *New York Times*, 20 ago. 1900.

27. Em 1910, as pessoas negras somavam 1,9 por cento da população da cidade. Ver Gilbert Osofsky, *Harlem*, op. cit.; e Id., "Race Riot, 1900: A Study of Ethnic Violence", *Journal of Negro Education*, v. 32, n. 1, inverno, 1963, pp. 16-24. Ver também Marcy Sacks, *Before Harlem: The Black Experience in New York City Before World War I*. Filadélfia: University of Pennsylvania Press, 2006, pp. 72-106.

28. Ver Kevin McGruder sobre a Associação Protetora de Proprietários do Harlem, "From Eviction to Containment". In: *Race and Real Estate: Conflict and Cooperation in Harlem, 1890-1920*. Nova York: Columbia University Press, 2017, pp. 62-97; David Levering Lewis, *When Harlem Was in Vogue* (Nova York: Penguin, 1997, p. 25); e Lewis Thorin Tritter, "The Growth and Decline of Harlem's Housing", *Afro-Americans in New York Life and History*, v. 22, n. 1, 31 jan. 1998; "$20 000 to Keep Negroes Out", *New York Times*, 8 dez. 1910.

29. Como escreve Matthew Frye Jacobsen: "Não se trata apenas do fato de que o sucesso de vários grupos de imigrantes brancos tenha se dado à custa dos não brancos,

mas que eles devam sua própria branquitude agora estável e amplamente reconhecida a esses grupos". *Whiteness of a Different Color*, op. cit., pp. 7-8. A Lei de Imigração Johnson-Reed de 1924 solidificou essa noção de branquitude.

30. O Tenderloin era o distrito perigoso da cidade. Sua área se estendia entre as 20th e 53rd Streets, a oeste da Sixth Avenue e indo até a orla. Ver Kenneth Jackson (Org.), *The Encyclopedia of New York*. New Haven, Connecticut: Yale University Press, 2010, p. 1289.

31. *New York Times*, "Paul L. Dunbar Drugged", 20 ago. 1900.

32. Paul Laurence Dunbar, "To the South on Its New Slavery". In: *The Complete Poems of Paul Laurence Dunbar*. Nova York: Meade & Dunbar, 1913, p. 82.

1909. 61ST STREET WEST, 601. UMA NOVA COLÔNIA PARA PESSOAS DE COR, OU MALINDY NA PEQUENA ÁFRICA [PP. 191-205]

1. Mary White Ovington, *Half a Man: The Status of the Negro in New York*. Nova York: Longmans, Green, and Co., 1911. Ver também Carolyn Wedlin, *Inheritors of the Spirit: Mary White Ovington and the Founding of the NAACP*. Nova York, John Wiley, 1998, p. 93.

2. Id. Ibid., p. 149.

3. "Vacation Days in San Juan Hill", *Southern Workman*, v. 38, nov. 1909, p. 628.

4. "An Admonition", *New York Times*, 29 abr. 1908; Carolyn Wedlin, *Inheritors of the Spirit*, op. cit., pp. 96-8.

5. "Dinner Minus Color Line: White Men of Club Dine with Negro Women and Decry Caste", *New York Times*, 28 abr. 1908; "An Admonition", *New York Times*, 29 abr. 1908; "Race Equality Feast", *Washington Post*, 29 abr. 1908; "Inter-Racial Dinners to be Given Monthly", *St. Louis Post-Dispatch*, 20 abr. 1908; *The Savannah News*, 29 abr. 1908, descreveram Ovington como a "suma-sacerdotisa [...] cujo pai é rico e que se encontra cinco dias por semana com um negro e aos domingos janta na companhia deles em sua casa no Brooklyn. Balançando a bandeja de pão, ela poderia reunir até mil negros no bacanal. Mas o horror de tudo isso é que ela pode levar jovens para dentro daquele covil". Citado em Carolyn Wedlin, ibid., p. 98.

6. Mary White Ovington, "Living on San Juan Hill". In: Ralph Luker (Org.), *Black and White Sat Down Together: The Reminiscences of an NAACP Founder*. Nova York: Feminist Press, 1996.

7. Id., *Half a Man*, op. cit., p. 32.

8. "Vacation Days in San Juan Hill", op. cit., p. 627.

9. Mary White Ovington, "Living on San Juan Hill", op. cit., p. 26.

10. Id., *Half a Man*, op. cit., p. 39.

11. Id. Ibid.

12. *New York Times*, 14 ago. 1905.

13. Thomas Lee Philpott, *Slum and the Ghetto*, op. cit. John R. Logan, Weiwei Zhang e Miao Chunyu, "Emergent Ghettos: Black Neighborhoods in New York and Chicago, 1880-1940", *American Journal of Sociology*, v. 120, n. 4, jan. 2015, pp. 1055-94. Ver Massey e Nancy Denton, *American Apartheid*. Cambridge, Massachusets: Harvard University Press, 1993.

14. Ellie Alma Wallis, "The Delinquent Negro Girl in New York, Her Need of Institutional Care" (dissertação de mestrado, Columbia University, 1912).

15. Ver Ryan Lane, Bedford Hills, Pasta #2778. Ela cresceu do outro lado da rua do cortiço modelo de Ovington.

16. Comitê dos Catorze, pesquisa de Rockefeller sobre prostituição, Grande Júri da Escravidão Branca, Relatório de Investigação, Série V, Caixa 28, 1910. Arquivos do Comitê dos Catorze, Seção de Arquivos e Manuscritos, Biblioteca Pública de Nova York.

17. Carolyn Wedlin, *Inheritors of the Spirit*, op. cit., p. 117; Ralph Luker (Org.), *Black and White Sat Down Together*, op. cit., p. 61.

18. Ver Doris Garroway, *The Libertine Colony* (Durham, Carolina do Norte: Duke University Press, 2005); Ann Stoler, *Carnal Knowledge and Imperial Power*, op. cit.; Achille Mbembe, *On the Postcolony* (Durham, Carolina do Norte: Duke University Press, 2001); e Jared Sexton, *Amalgamation Schemes: Antiblackness and the Critique of Multiracialism* (Mineápolis: University of Minnesota Press, 2008). Todos analisam a fantasia sexual e a economia libidinal do colonialismo e os investimentos eróticos que figuram na manutenção da diferença racial, do poder colonial e da antinegritude.

19. Kevin Mumford descreve a interzona como uma área de trocas culturais, sexuais e sociais. Interzonas são distritos interraciais, espaços sociais estigmatizados e caracterizados pelo vício e pela prostituição. Ver Kevin Mumford, *Interzones*, op. cit., p. 23. Ver Hortense Spiller, "Interstices". In: *Black, White and In Color*, op. cit., pp. 156-7.

20. "Vacation Days in San Juan Hill", op. cit., p. 628.

21. Ethel Waters, *His Eye Is On the Sparrow* (Nova York: Da Capo Press, 1992, p. 130); Nat Hentoff e Nat Shapiro, *Hear Me Talking to Ya* (Nova York: Dover Books, 1996, pp. 224-5). Ver também Shane Vogel, *The Scene of Harlem Cabaret*. Chicago: University of Chicago, 2009, pp. 87-90.

22. Ellie Wallis, "Delinquent Girls in Nova York" (dissertação de mestrado), Nova York: Columbia University, 1920, p. 31).

23. "Vacation Days in San Juan Hill", op. cit., p. 633.

24. Ibid., p. 630.

25. Hortense Spillers, "Interstices". In: *Black, White and In Color*, op. cit., pp. 156-7.

26. Mary White Ovington, *Half a Man*, op. cit., p. 164.

27. Ver Tera Hunter, *Bound in Wedlock: Slave and Free Black Marriage in the Nineteenth Century*. Cambridge, Massachusets: Harvard University Press, 2017, pp. 9-10.

28. Hortense Spillers, "Mama's Baby, Papa's Maybe" e "Notes on Brooks and the Feminine". In: *Black, White and In Color*, op. cit., pp. 149, 207-24.

29. Segundo Ovington, a recusa das mulheres negras ao trabalho era ainda mais ameaçadora, pois facilmente dava lugar à promiscuidade sexual e à prostituição. Ver "The Colored Women in Domestic Service", *Bulletin of the Inter-Municipal Committee on Household Research*, v. 1, n. 7, maio 1905, p. 11.

30. Mary White Ovington, *Half a Man*, op. cit., p. 148.

31. Ver David Levering Lewis, *W. E. B. Du Bois: Biography of a Race*, op. cit.

32. Sobre o caso, ver Carolyn Wedlin, *Inheritors of the Spirit*, op. cit., pp. 68-70; e Linda Lumsden, *Inez: The Life and Times of Inez Milholland*. Bloomington: Indiana University Press, 2016, p. 25.

33. Mary White Ovington, *Half a Man*, op. cit., p. 153.

34. Id. Ibid., p. 168.

35. Id. Ibid., p. 162.

36. Id. Ibid., p. 166.

37. Ver Deborah Gray White, *Too Heavy a Load: Black Women in Defense of Themselves, 1894-1994*. Nova York: W. W. Norton, 1999.

38. Mary White Ovington, *Half a Man*, op. cit., p. 168.

39. "Vacation Days in San Juan Hill", op. cit., p. 632.

40. Id. Ibid.

41. Mary White Ovington, *Half a Man*, op. cit., p. 157.

42. "Vacation Days in San Juan Hill", op. cit., p. 632.

MISTAH BEAUTY, A AUTOBIOGRAFIA DE UMA MULHER EX-DE COR. CENAS SELECIONADAS DE UM FILME NUNCA LANÇADO DE OSCAR MICHEAUX, HARLEM, ANOS 1920 [PP. 207-15]

1. Essa esquete é baseada no ensaio autobiográfico de Bentley, "I Am a Woman Again", *Ebony Magazine*, ago. 1952.

2. Nesta seção, uso o pronome masculino para me referir a Bentley em respeito a sua identificação masculina. Ele não se sentia como uma mulher nem se via como uma mulher durante aquelas décadas. Em "I Am a Woman Again" [Voltei a ser uma mulher], ele descreve a terapia hormonal da qual precisou se valer para se transformar em uma mulher. Para mim, isso deixa claro que ele havia abandonado as categorias "mulher" e "feminino" décadas antes, e justifica o uso de "ele".

3. Essa lista de características queers foi tirada de George Henry, *Sex Variants: A Study of Homosexual Patterns*, 2 vol. Nova York: Hoeber, 1941.

4. Oscar Micheaux com frequência usava "fatos" ou filmagens documentais em seus filmes. O emprego da realidade lhe permitia arquivar diferentes práticas culturais e assembleias sociais.

5. Ver Wilson Harris, "The Limbo Dance". In: Andrew Bundy (Org.), *Selected Essays of Wilson Harris*. Nova York: Routledge, 1999, pp. 156-8; e Sterling Stuckey sobre o *ring shout*, "Introduction: Slavery and the Circle of Culture". In: *Slave Culture*. Nova York: Oxford University Press, 1987.

6. Rebecca Solnit, *River of Shadows* (Nova York: Penguin, 2004); Charles Musser, *The Emergence of Cinema: The American Screen to 1907* (Berkeley: University of California Press, 1994); Marta Braun, *Muybridge* (Londres: Reaktion Books, 2010).

7. Tina Campt, artigo não publicado, "Black Flow", apresentado na Yale University, fev. 2018.

8. Ver Jacqueline Najuma Stewart, *Migrating to the Movies* (Berkeley: University of California Press, 2005, p. 94), sobre as formas pelas quais o cinema negro, incluindo os filmes de Micheaux, tornou possível uma "audiência reconstrutiva, uma formulação que explica as formas pelas quais os espectadores negros tentam reconstituir e se afirmar com relação às operações racistas e sociais do cinema". Leigh Raiford amplia essa linha de raciocínio em sua leitura das fotografias de linchamentos em *Imprisioned in a Luminous Glare: Photography and the African American Freedom Struggle* (Chapel Hill: University of North Carolina Press, 2013).

9. "Dói tanto que temos de celebrar." Fred Moten, *Black and Blur* (Durham, Carolina do Norte: Duke University Press, 2017, p. XII); Amiri Baraka, *In Our Terribleness*, op. cit.

10. Wilbur Young, WPA, Negroes of New York, Sketches of Colorful Harlem Characters, "Gladys Bentley", 29 set. 1938, Schomburg Collection, Biblioteca Pública de Nova York.

11. Langston Hughes, *The Big Sea* (Nova York: Hill and Wang, 1993); Anne Anlin Cheng, *Second Skin: Josephine Baker and Modern Surface* (Nova York: Oxford University Press, 2013); Jack Halberstam, Trans*: *A Quick and Quirky History of Gender Variance* (Berkeley: University of California Press, 2018); Lucas Crawford, "Breaking Ground on a Theory of Transgender Architecture", *Seattle Journal for Social Justice*, v. 8, n. 2, (primavera/verão, 2010); Robert Farris Thompson, *African Art in Motion* (Berkeley: University of California Press, 1979).

12. Enredo de vários filmes de Micheaux: *Nos limites dos portões, Scar of Shame* [A marca da vergonha], *Dez minutos de vida* e *Swing*.

13. Lucille Bogan, "B. D. Blues":

> *B. D. Women, they all done learnt their plan*
> *B. D. Women, they all done learnt their plan*
> *They can lay their jive just like a natural man*

Citado de *'Em Dry: The Best of Lucille Bogan* (Sony, 2004). Sobre a política radical das mulheres do blues, ver também Angela Davis, *Blues Legacies of Black Feminism* (Nova York: Vintage, 1999); Hazel Carby, "It Just Be's that Way Some Time: The Sexual Politics of Women's Blues". In: Robert O'Meally (Org.), *The Jazz Cadence of American Culture* (Nova York: Columbia University Press, 1996); Anne Ducille, "Blue Notes on Black Sexuality: Sex and the Texts of Jessie Fauset and Nella Larsen", *Journal of the History of Sexuality*, v. 3, n. 3, jan. 1993, pp. 418-44; Farah Jasmine Griffin, *If You Can't Be Free, Be A Mystery: In Search of Billie Holiday* (Nova York: One World, 2002); Erin Chapman, *Prove It on Me: New Negroes, Sex and Popular Culture in the 1920's* (Nova York: Oxford University Press, 2012).

14. "A intimidade, como a história do Harlem afirma, é um tipo de transgressão: os efeitos da intimidade no cabaré tornam conscientes as fronteiras entre o eu e o outro, bem como as condições de sua travessia." Ver Shane Vogel, *The Scene of Harlem Cabaret: Race, Sexuality, Performance*. Chicago: University of Chicago Press, 2009, pp. 41-2.

15. Termo emprestado de Michelle Mitchell para descrever os arranjos conjugais considerados essenciais para a propagação da raça. Ver *Righteous Propagation: African Americans and Destiny after Reconstruction* (Chapel Hill: University of North Carolina Press, 2004). Ver também Kevin Gaines, *Uplifting the Race*, op. cit. e Evelyn Higginbotham, *Righteous Discontent: The Women's Movement in the Black Church*. Cambridge, Massachusets: Harvard University Press, 1994.

16. Ver Alfred Duckett, "The Third Sex", *Chicago Defender*, 2 mar. 1957. Duckett faz referência às esposas de Bentley. Um casamento em uma cerimônia civil em Nova Jersey era de conhecimento público, mas eu não consegui encontrar nenhuma confirmação disso na imprensa.

17. Gladys Bentley, "I Am a Woman Again", *Ebony Magazine*, v. 7, n. 10, ago. 1952, pp. 92-8. Ver Eric Garber, "Gladys Bentley: The Bulldagger Who Sang the Blues", *Out/Look*, v. 1, n. 1, primavera, 1988, pp. 52-61. Ver também "Spectacle in Color: The Lesbian and Gay Subculture of Jazz Age Harlem". In: Martin Duberman et al. (Orgs.), *Hidden from History: Reclaiming the Gay and Lesbian Past* (Nova York: Meridien, 1990); David Serlin, "Gladys Bentley and the Cadillac of Hormones". In: *Replaceable You: Engineering the Body in Postwar America* (Chicago: University of Chicago Press, 2004, pp. 111-58); Carmen Mitchell, "Creations of Fantasies/Constructions of Identities: The Oppositional Lives of Gladys Bentley". In: Delroy Constantine-Simms (Org.), *The Greatest Taboo: Homosexuality in Black Communities* (Los Angeles: Alyson Books, 2000, pp. 211-25); e James F. Wilson, *Bulldaggers, Pansies and Chocolate Babies* (Ann Arbor: University of Michigan Press, 2011). Sobre masculinidade feminina, ver Jack Halberstam, *Female Masculinity* (Durham, Carolina do Norte: Duke University Press, 1998). Sobre análises de transgeneridade negra e identidade, ver C. Riley Snorton, *Black on Both Sides* (Mineápolis:

University of Minnesota Press, 2017); Kai Green, "Troubling the Waters: Mobilizing a Trans* Analytic". In: E Patrick Johnson (Org.), *No Tea, No Shade: New Writings in Black Queer Studies* (Durham, Carolina do Norte: Duke University Press, 2016); Matt Richardson, *The Queer Limit of Black Memory* (Columbus: Ohio State University, 2016).

18. Lucille Bogan, "B. D. Blues", op. cit.

ÁLBUNS DE FAMÍLIA, FUTUROS ABORTADOS: UMA ESPOSA DESILUDIDA SE TORNA ARTISTA, SEVENTH AVENUE, 1890 [PP. 217-27]

1. Esse perfil de Edna Thomas é baseado em recortes de jornais e em uma entrevista confidencial conduzida pelo dr. George W. Henry em seu extenso estudo de caso sobre homossexuais, *Sex Variants: A Study of Homosexual Patterns* (Nova York: Hoeber, 1941). O projeto foi financiado pelo Comitê para o Estudo de Variantes Sexuais, e as entrevistas foram conduzidas nos anos 1930. Jan Gay coletou mais de trezentos relatos de mulheres lésbicas na esperança de combater a discriminação e a criminalização da sexualidade queer. O Comitê para o Estudo de Variantes Sexuais tinha por objetivo descriminalizar a homossexualidade, embora a definisse como uma sexualidade anormal e como resultado de famílias falhas e desajustadas e/ou uma inconformidade de gênero dos pais. No contexto de sua colaboração com o comitê, o papel de Jan Gay como iniciadora do projeto e como principal pesquisadora foi extremamente minimizado, se não apagado, e seu trabalho não recebeu o devido reconhecimento. Gay foi responsável pela inclusão de um bom número de artistas e ativistas da esquerda no estudo. (Ela era filha de Ben Reitman, que abandonou sua família para se tornar amante de Emma Goldman.) John Katz identificou Edna Thomas pela primeira vez como Pearl M. em *Gay/Lesbian Almanac: A New Documentary* (Nova York: Harper & Row, 1983, pp. 526-8). Edna Thomas já havia sido citada como Mary Jones em "Psychogenic Factors in Overt Homosexuality", *American Journal of Psychiatry*, v. 93, n. 4, jan. 1937, pp. 889-908. Para uma extensa discussão sobre esse estudo e uma leitura perspicaz das entrevistas, ver Henry Minton, *Departing from Deviance: A History of Homosexual Rights and Emancipatory Science in America* (Chicago: University of Chicago Press, 2001) e Jennifer Terry, *An American Obsession: Science, Medicine and Homosexuality in Modern Society* (Chicago: University of Chicago Press, 2014). Ver também George Hutchinson, *In Search of Nella Larsen: A Biography of the Color Line* (Cambridge, Massachusets: Harvard University Press, 2006); Verene D. Mitchell e Cynthia Davis, *Literary Sisters: Dorothy West and Her Circle* (New Brunswick: Rutgers University Press, 2012); Verene Mitchell e Cynthia Davis, *Dorothy West: Where the Wild Grape Grows* (Amherst: University of Massachusetts Press, 2005); Bruce Kellner (Org.), *The Harlem Renaissance: A Historical Dictionary* (Nova York: Metheun, 1984); Darlene Clark Hine, *Black Women in White America* (Brooklyn: Carlson Press, 1993); A'lelia Bundles, *On Her Own Ground: The Life and Times of Madame C. J. Walker* (Nova York: Washington Square Press, 2001); Cary Wintz e Paul Finkelman (Orgs.), *Encyclopedia of the Harlem Renaissance*, vol. 2 (Nova York: Routledge, 2004).

2. W. E. B. Du Bois, "The Servant in the House". In: *Darkwater*, op. cit., p. 92.

3. Christina Sharpe usa esse termo para explicar os "extraordinários campos de dominação e intimidade, a escravidão e a Passagem do Meio [que] representaram rupturas e uma suspensão do mundo conhecido que deram início a enormes e contínuas violações psíquicas, temporais e corpóreas". Isso abrange a "série de repetições de

metanarrativas de violência e submissão forçada que são lidas e reescritas como dotadas de consentimento e sedução: intimidades que envolvem vergonha e trauma e sua transmissão transgeracional". Christina Sharpe, *Monstrous Intimacies*, op. cit., p. 4.

4. Hortense Spillers, "Interstices". In: *Black, White and In Color*, op. cit., p. 155.

5. Ver W. E. B. Du Bois, "The Servant in the House". In: *Darkwater*, op. cit., p. 92; e *The Negro American Family*, op. cit., p. 66.

6. Id., "The Servant in the House". In: *Darkwater*, ibid., p. 92.

7. Darlene Clark Hines, "Rape and the Inner Lives of Black Women in the Middle West", *Signs*, v. 14, n. 4, verão, 1989, pp. 912-20.

8. Sobre linhas de descendência perversas, ver Édouard Glissant, *Caribbean Discourse: Selected Essays*, op. cit. Sobre a "sobrevida da escravidão", ver Saidiya Hartman, *Lose Your Mother*. Nova York: Farrar, Straus & Giroux, 2007, pp. 45, 73, 107 [ed. bras.: *Perder a mãe: uma jornada pela rota atlântica da escravidão*. Rio de Janeiro: Bazar do Tempo, 2021].

9. Ver "Case of Pearl M". In: George W. Henry, *Sex Variants*, op. cit., pp. 563-70.

10. Enquanto Pearl diz que sua família se mudou para Filadélfia, a atriz Edna Thomas relatou que cresceu em Boston.

11. "A homossexualidade sempre tornará uma pessoa perdida para um mundo de imperativos, códigos e leis heterossexuais [...]. Perder-se não se trata de se esconder no armário ou de performar um simples ato (ontológico) de desaparecimento, mas se desviar do caminho da heterossexualidade. Libertos em fuga da escravidão também se perderam." Jose Muñoz, *Cruising Utopia: The Then and There of Queer Futurity*. Durham, Carolina do Norte: Duke University Press, 2009, pp. 66, 73.

12. Ver "Case of Pearl M". In: Georg W. Henry, *Sex Variants*, op. cit., pp. 563-70.

13. Ver David Levering Lewis, *When Harlem Was in Vogue*, op. cit.; George Hutchinson, *In Search of Nella Larsen: A Biography of the Color Line* (Cambridge: Harvard, 2006, pp. 159, 204, 256); e A'lelia Bundles, *On Her Own Ground: The Life and Time of Madame C. J. Walker*, op. cit., p. 238. O Harlem era um centro da cultura e da vida social queer. Caska Bonds, Wallace Thurman e Jimmy Daniels estavam entre seus melhores amigos. Sobre o Harlem queer, ver George Chauncey, *Gay Nova York: Gender, Urban Culture and the Making of the Gay Male World* (Nova York: Basic Books, 1995); Michael Henry Adams, "Queers in the Mirror: Old Fashioned Gay Marriage in Nova York, Part II", *Huffington Post*, 7 jul. 2009. Disponível em inglês em: https://www.huffingtonpost.com/michael-henry-adams/queers-in-the-mirror-a-br_b_227473.html.

14. Cary D. Wintz e Paul Finkelman (Orgs.), *Encyclopedia of the Harlem Renaissance*, op. cit., p. 1176.

15. W. E. B. Du Bois, "Criteria of Negro Art", *The Crisis: A Record of the Darker Races* [1926].

16. "'The World Has Us Guessing,' Says Clever Lulu Belle Star", *Pittsburgh Courier*, 10 mar. 1928. Essas suposições se relacionam fundamentalmente com a pergunta "Eu não sou uma mulher?", e também com a dúvida e a negação contidas em tal pergunta que, como Spillers escreve, tem um peso quase insuportável. "Interstices". In: *Black, White and In Color*, op. cit., p. 157.

REVOLUÇÃO EM TOM MENOR [PP. 231-9]

1. Ver Wallace Thurman, "Cordelia the Crude, a Harlem Sketch", *Fire!!*, v. 1, n. 1, 1926, pp. 5-6.

2. Os sentimentos sobre a Primeira Guerra Mundial se dividiam. A maioria dos negros se mostravam relutantes em lutar na guerra do homem branco em um exército segregado, especialmente quando eram linchados e agredidos de uniforme. Período oficial de envolvimento dos Estados Unidos na Primeira Guerra: 6 de abril de 1917 a 11 de novembro 1918.

3. Michelle Stephens, *Black Empire: The Masculine Global Imaginary of Caribbean Intellectuals in the United States, 1914-1962* (Durham, Carolina do Norte: Duke University Press, 2005); Barbara Foley, *Spectres of 1919: Class and Nation in the Making of the New Negro* (Urbana: University of Illinois Press, 2008); Brent Hayes Edwards, *The Practice of Diaspora: Literature, Translation, and the Rise of Black Internationalism* (Cambridge: Harvard University Press, 2003).

4. Wallace Thurman, "Cordelia the Crude", op. cit., pp. 5-6.

5. Autos de Bedford Hills #2682.

6. Esse é o mesmo endereço da casa de Josephine Schuyler. Todas as jovens eram conhecidas e amigas de Josephine Schuyler e passavam um tempo em sua casa, que era um antro de apostas, um bar clandestino e espaço coletivo. A cartografia da vida negra e seus espaços de experimento incluem a viela, o telhado, o corredor, o lar desajustado, o cabaré, o botequim dessegregado etc. O alojamento da prisão é a extensão e a continuação do gueto enquanto uma zona de cerco racial. A prisão e o confinamento definiram os esforços para erradicar essa sociabilidade desregrada e promíscua. O universo conservador via esses lugares como um mundo obscuro ou submundo. Os cabarés, botequins e salões de dança eram espaços subterrâneos e fugitivos que escapavam à polícia.

7. A escravidão foi a fonte da imoralidade das mulheres negras, considerou Frances Kellor, observando que "era esperado que as mulheres negras [fossem] imorais e elas [tinham] pouco incentivo para ser de outra forma". Ver Frances Kellor, "Southern Colored Girls in the North", *Bulletin of the Inter-Municipal Committee on Household Research*, v. 1, n. 7, maio 1905. Jane Addams escreveu: "As mulheres negras cediam mais facilmente às tentações da cidade que as outras jovens". Os negros se encontravam a "várias gerações atrás da raça anglo-saxã com relação a agências e processos civilizatórios". Ver "Social Control", *The Crisis: A Record of the Darker Races*, jan. 1911, p. 22.

8. Id. Ibid.

9. W. E. B. Du Bois, *Negro American Family*, op. cit.

10. Jovens entre catorze e trinta um, mas às vezes meninas de doze anos, eram sentenciadas ao reformatório por visitar ou residir em uma casa de má reputação, por suspeita de prostituição, ou ter amigos ou vizinhos que eram ladrões ou prostitutas, ou por associar-se a pessoas imorais e criminosas, ou ainda por promiscuidade. Cheryl Hicks, *Talk with You Like a Woman*, op. cit., p. 184.

11. Ver Hazel Carby, "Policing the Black Woman's Body", *Critical Inquiry*, v. 18, n. 4, verão, 1992; Sarah Haley, *No Mercy Here: Gender, Punishment, and the Making of Jim Crow Modernity* (Chapel Hill: University of North Carolina Press, 2016); Cheryl Hicks, *Talk with You Like a Woman*, ibid.; Cynthia M. Blair, *I've Got to Make My Livin'*, op. cit.; e LaShawn Harris, *Sex Workers, Psychics, and Number Runners: Black Women in New York City's Underground Economy* (Bloomington: University of Illinois Press, 2016).

12. Ver Seção VIIA do Código de Processo Penal, seção 913a. Ver também Raphael Murphy, "Proceedings in a Magistrate's Court Under the Laws of Nova York", *Fordham Law Review*, v. 24, n. 1 1955. Em 1925, o Wayward Minors Act foi expandido para incluir pessoas do gênero masculino. Ver Capítulo 389, Leis 1925, que estendem as disposições da lei. Clinton McCord, "One Hundred Female Offenders: A Study of the Mentality of Prostitutes and

'Wayward' Girls", *Journal of the American Institute of Law and Criminality*, v. 6, n. 3, set. 1915, pp. 385-407.

13. Willoughby Cyrus Waterman, *Prostitution and Its Repression in New York City, 1900-1931* (Nova York: Columbia University Press, 1932, pp. 40-1); Timothy Gilfoyle, *City of Eros: Nova York, Prostitution and the Commercialization of Sex, 1790-1920* (Nova York: W. W. Norton, 1994).

14. Willoughby Cyrus Waterman, *Prostitution and Its Repression in New York City*, ibid., p. 39.

15. Julia Blackburn, *With Billie* (Nova York: Pantheon, 2005, pp. 61-2), e Donald Clarke, *Wishing on the Moon: The Life and Times of Billie Holiday* (Nova York: Viking, 1994, p. 38). Ver também *Lady Sings the Blues*, que oferece um relato completo sobre prostituição, bem como sobre a experiência de ser enquadrada e visada. Billie Holiday, *Lady Sings the Blues* [1956]. Nova York: Three Rivers Press, 2006, pp. 28-9.

16. Ver Michel Foucault, *Security, Territory, Population: Lectures at the Collège De France, 1977-78* (Nova York: Picador, 2009, p. 198); Michel Foucault, *History of Sexuality, vol. 2: The Use of Pleasure* (Nova York: Vintage Books, 1988) [ed. bras.: *História da sexualidade, vol. 2: O uso dos prazeres*. Trad. de Maria Thereza da Costa Albuquerque. Rio de Janeiro: Paz e Terra, 2020].

REBELDIA: UMA BREVE INTRODUÇÃO AO POSSÍVEL [PP. 241-2]

1. Ver C. Riley Snorton, *Nobody Is Supposed to Know: Black Sexuality on the Down Low*. Mineápolis: University of Minnesota Press, 2014.

2. Esta entrada sobre a rebeldia está em diálogo com as noções de respeitabilidade, o queer e a teimosia. Ver Evelyn Brooks Higginbotham, *Righteous Discontent: The Women's Movement in the Black Baptist Church* (Cambridge, Massachusets: Harvard University Press, 1994); E. Patrick Johnson, *No Tea, No Shade: New Writings in Black Queer Theory*, op. cit.; Eve Sedgwick, *Tendencies* (Durham, Carolina do Norte: Duke University Press, 1993); Jack Halberstam, *The Queer Art of Failure* (Durham, Carolina do Norte: Duke University Press, 2011); e Sarah Ahmed, *Willful Subjects* (Durham, Carolina do Norte: Duke University Press, 2014).

A ANARQUIA DAS GAROTAS DE COR REUNIDAS NA DESORDEM [PP. 243-71]

1. Bessie Smith, vocalista, "Reckless Blues", de Fred Longshaw e Jack Gee, gravada em 1925, Columbia 14056D, LP 10 pol.

2. Emma Goldman, "Anarchism: What It Really Stands For". In: *Anarchism and Other Essays*, 2. ed. rev. Nova York: Mother Earth Publishing Association, 1910.

3. Sobre a vida e obra do radical do Harlem, ver Jeffrey Perry, *Hubert Harrison: The Voice of Harlem Radicalism, 1883-1918* (Nova York: Columbia University Press, 2010); e Shelley Streeby, *Radical Sensations: World Movements, Violence, and Visual Culture* (Durham, Carolina do Norte: Duke University Press, 2013).

4. "[...] como os *quashees* (negros livres da Jamaica) se contentam em produzir apenas o estritamente necessário para o consumo próprio, e, ao lado desse "valor de uso",

consideram a vadiagem (indulgência ou ociosidade) como o verdadeiro bem de luxo; como não dão a mínima importância para o açúcar e para o capital fixo investido nas plantações, mas observam a falência iminente do agricultor com um sorriso irônico de prazer malicioso [...]". Karl Marx, *Grundrisse: Foundations of the Critique of Political Economy* [1939]. Londres: Penguin, 2005, pp. 325-7 [ed. bras.: *Grundrisse — manuscritos econômicos de 1857-1858: esboços da crítica da economia política*. Trad. de Mario Duayer e Nélio Schneider. São Paulo: Boitempo, 2011].

5. Id. Ibid.

6. Rosa Luxemburgo, "The Russian Revolution". In: *Reform or Revolution and Other Writings*. Nova York: Dover Books, 2006, p. 215 [ed. bras.: *Reforma ou revolução?*. Trad. de Livio Xavier. 3. ed. São Paulo: Expressão Popular, 2015].

7. Piotr Kropotkin, *Mutual Aid* [1902]. Boston: Extending Horizons Books, 1955) [ed. bras.: *Ajuda mútua: um fator de revolução*. Trad. de Waldyr Azevedo Jr. São Sebastião: A Senhora Editora, 2009]; Darlene Clark Hine, "Mutual Aid and Beneficial Association". In: *Black Women in America*, 3 vols. (Nova York: Oxford University Press, 2005); Jacqui Malone, "African American Mutual Aid Societies". In: *Stepping on the Blues: The Visible Rhythms of African American Dance* (Urbana: University of Illinois, 1996, pp. 167-86); Ron Sakolsky, "Mutual Acquiescence or Mutual Aid?" *The Anarchist Library*, nov. 2012. Disponível em inglês em: https://theanarchistlibrary.org/library/ron-sakolsky-mutual- acquiescence-or-mutual-aid; Avery Gordon, *The Hawthorne Archive* (Nova York: Fordham University Press, 2017).

8. Ella Baker, *The Crisis: A Record of the Darker Races*, nov. 1935; Claudia Jones, "An End to the Neglect of the Problems of the Negro Woman!", *Political Affairs*, v. 28, jun. 1949, pp. 51-67; Carole Boyce Davies, *Left of Karl Marx: The Political Life of Black Communist Claudia Jones* (Durham, Carolina do Norte: Duke University Press, 2007).

9. W. E. B. Du Bois, "The Servant in the House". In: *Darkwater*, op. cit., p. 90.

10. "Girls on 'Noise' Strike", *New York Times*, 25 jan. 1920; "Vocal Hostilities of Bedford Girls Finally Halted", *New York Times*, 27 jan. 1920.

11. Narrativa extraída de "Information concerning the Patient", 12 ago. 1917; e "Information concerning the Patient", 15 set. 1917; Bedford Hills Correctional Facility, Autos da Detenta, Série 14610-77B, registros do Departamento de Serviços Correcionais, Arquivos do Estado de Nova York, Albany, Autos de Bedford Hills #2507 e #2505. Ver também Elizabeth Ross Haynes, "Negroes in Domestic Service", *Journal of Negro History*, v. 8, n. 4, out. 1923, p. 396.

12. Ver "Harlem Elopers are Thrust in Cell", *Afro-American*, 30 jun. 1928.

13. "Statement of the Girl, Work History", 12 ago. 1917, Autos de Bedford Hills #2507.

14. Ver Sophonisba Breckinridge, "The Legal Relation of Mistress and Maid, with Some Comment Thereon", *Bulletin of Household Research*, v. 1, n. 2, 1904, pp. 7-8. Breckinridge compreendeu as continuidades entre o trabalho doméstico e a escravidão e detalhou as características da servidão involuntária produzidas pelo contraste entre a senhora e a empregada. "Ainda não existe nenhuma legislação que defina a carga horária ou preveja tratamento humanitário e condições sanitárias" para as trabalhadoras domésticas. "Não existe lei que proíba crianças de trabalharem na cozinha; e em algumas jurisdições, crianças delinquentes são habitualmente destinadas ao trabalho doméstico por oficiais de condicional. A legislação que visa a melhoria das condições do trabalho doméstico se confina, no momento, à obrigação do pagamento de um salário, quando há um." Ver também Margaret Livingston Chanler, "Domestic Service", *Bulletin of the Inter-Municipal Committee on Household Research*, v. 1, n. 6, abr. 1905, p. 7.

15. Joy James, "Captive Maternal Love: Octavia Butler and Sci-Fi Family Values". In: Robin Truth Goodman (Org.), *Literature and the Development of Feminist Theory* (Cambridge:

Cambridge University Press, 2015, pp. 185-99). Sobre mulheres negras excedentes, ver Rizvana Bradley, "Reinventing Capacity: Black Femininity's Lyrical Surplus and the Cinematic Limits of 12 Years A Slave", *Black Camera*, v. 7, n. 1, outono, 2015, pp. 162-78.

16. Uma doméstica gostava tanto de lavar roupa que ela se referia às segundas como o "dia de tocar piano". Ver Mary White Ovington, "The Colored Woman in Domestic Service in New York City", *Bulletin*, v. 1, n. 7, maio 1905, p. 10.

17. R. R. Wright, "Negro Household Workers", *Bulletin of the Inter-Municipal Committee on Household Research*, v. 1, n. 7, maio 1905; Kelly Miller, "Surplus Negro Women", op. cit.

18. Hutchins Hapgood, *An Anarchist Woman*. Nova York: Duffield, 1909, p. 40.

19. W. E. B. Du Bois descreve a ação coletiva da greve geral como um enxame ou uma ondulação. Ver *Black Reconstruction*. No capítulo "The General Strike" [A greve geral], ele usa o termo "enxame" repetidamente para descrever o movimento do escravizado e do fugitivo.

20. Esse verso é o refrão de um poema longo de Certeau sobre caminhada. Ver Michel de Certeau, *The Practice of Everyday Life*. Berkeley: University of California Press, 1984, p. 101 [ed. bras.: *A invenção do cotidiano*. Trad. de Ephrain F. Alves. Petrópolis: Vozes, 2014].

21. W. E. B. Du Bois, "The Servant in the House". In: *Darkwater*, p. 92.

22. Michel de Certeau, *The Practice of Everyday Life*, op. cit., p. 99.

23. Saidiya Hartman, "Venus in Two Acts", *Small Axe*, v. 12, n. 2, jun. 2008, pp. 1-14; Ula Taylor, "Street Strollers: Grounding the Theory of Black Women Intellectuals", *Afro--Americans in New York Life and History*, v. 30, n. 2, jul. 2006, pp. 153-71; Sarah Cervenak, *Wandering: Philosophical Performances of Racial and Sexual Freedom* (Durham, Carolina do Norte: Duke University Press, 2015, p. 2); e Giuliana Bruno, *Streetwalking on A Ruined Map: Cultural Theory and the City Films of Elvira Notari* (Princeton, Nova Jersey: Princeton University Press, 1993).

24. *L'ouverture* é uma outra forma de pensar sobre o tumulto, o levante e a prática radical do cotidiano. É também uma referência à prática revolucionária do escravizado.

25. Sobre discriminação contra jovens negras e segregação na Hudson Training School, ver "Inquiry Board Hits Negro Segregation", *New York Times*, 20 nov. 1936, p. 9; e "Hits Race Discrimination", *New York Times*, 7 ago. 1936. Ver também Weekly Comment, *Chicago Defender*, 28 jun. 1919; e "Demand Unabated in Child Welfare", *New York Times*, 14 set. 1933. Uma ex-superintendente lembrou que, ao assumir a Hudson Training School, "ela fez uma fogueira com as algemas, lençóis de contenção e camisas de força que tinham sido usados na instituição".

26. "Notes of the Staff Meeting", 29 set. 1917, Autos de Bedford Hills #2507: "Ela é o tipo de jovem que não hesitaria em destruir"; "a indisciplinada que quebra janelas e destrói a mobília": State Commission of Prisons, "Investigation and Inquiry into Allegations of Cruelty to Prisioners in the New York State Reformatory for Women, Bedford Hills". In: *Twenty-Sixth Annual Report of the State Commission of Prisons for the Year 1920*, 12 mar. 1921, p. 93; jovens "destruindo coisas e gritando", State Commission of Prisons, "Investigation and Inquiry into Allegations of Cruelty", p. 94. Ver também M. Fleming, "Ungovernability: The Unjustifiable Jurisdiction", *Yale Law Journal*, v. 83, n. 7, jun. 1974, pp. 1383-1409.

27. Gwendolyn Brooks, *Maud Martha: A Novel* [1953]. Chicago: Third World Press, 1993, p. 22.

28. Elaine Scarry, *On Beauty and Being Just*. Princeton, Nova Jersey: Princeton University Press, 1999, p. 30.

29. Karl Marx sobre formas e modos de vida, ver *German Ideology* (Nova York: International Publishers, 1970) [ed. bras.: *A ideologia alemã*. Trad. de Luciano Cavini Martorano, Nélio Schneider e Rubens Enderle. São Paulo: Boitempo, 2007] e *Economic and Philosophic Manuscripts of 1844* (Nova York: International Publishers, 1964) [ed. bras.: *Manuscritos econômico-filosóficos*. Trad. de Jesus Ranieri. São Paulo: Boitempo, 2004].

30. Saidiya Hartman, "Belly of the World", *Souls: A Critical Journal of Black Politics, Culture, and Society*, v. 18, n. 1, jan./mar. 2016, pp. 166-73.

31. Roderick Ferguson, "The Erotic Life of Diaspora: Black Queer Formations in the History of Neoliberalism", palestra não publicada, Institute for Research on Women, Gender, and Sexuality, Columbia University, Nova York, 2013.

32. Stephen Robertson, "Disorderly Houses: Residences, Privacy, and the Surveillance of Sexuality in 1920's Harlem", *Journal of the History of Sexuality*, v. 21, n. 3, set. 2012, p. 457. Ver Carby, "Policing the Black Body in an Urban Context", *Critical Inquiry*, v. 18, n. 4, verão, 1992, pp. 738-55.

33. Kathy Peiss, *Cheap Amusements*. Filadélfia: Temple University Press, 1986, pp. 110-2.

34. Sobre as estratégias de sobrevivência de jovens negras, ver Aimee Cox, *Shapeshifters*. Durham, Carolina do Norte: Duke University Press, 2015, p. 171.

35. Relato baseado em "Statement of the Girl", 10 ago. 1917, Arquivo de Bedford #2505.

36. Billie Holiday, "My Man", *The Billie Holiday Songbook*. Nova York: Verse, 1986.

37. Ver Ruth Reed, *Negro Illegitimacy in New York*. Nova York: Columbia University Press, 1926, pp. 48, 68.

38. George E. Worthington e Ruth Topping, *Specialized Courts Dealing with Sex Delinquency: A Study of the Procedure in Chicago, Boston, Philadelphia, and New York* (Nova York: Frederick Hitchcock Publisher, 1925); Christopher Tiedeman, *A Treatise on the Limitations of Police Power in the United States* (St. Louis: F. H. Thomas Law Book Company, 1886); Saidiya Hartman, *Scenes of Subjection*, op. cit., pp. 63, 69, 186-206; Bryan Wagner, *Disturbing the Peace* (Cambridge, Massachusets: Harvard University Press, 2009).

39. No caso de delito de status, é o status, e não a conduta, que determina se o ato é uma transgressão da lei. Ver Cynthia Godsoe, "Contempt, Status, and the Criminalization of Non-Conforming Girls", *Cardozo Law Review*, v. 35, n. 3, fev. 2014, pp. 1091-116; "Ungovernability: The Unjustifiable Jurisdiction", *Yale Law Journal*, v. 83, n. 7, jun. 1974, pp. 1383-409.

40. A teimosia é um esforço para existir ou transformar uma existência. Ver Sarah Ahmed, "Willfulness as a Style of Politics". In: *Willful Subjects*, op. cit., p. 133.

41. Id. Ibid., p. 137.

42. Ver George J. Kneeland, *Commercialized Prostitution in New York City*. Nova York: Century Co., 1913. Sobre os 647 casos analisados no estudo do Reformatório de Bedford Hills, Katherine Bement Davis escreve: "nem todas foram condenadas por prostituição, mas todas levavam uma vida de prostituta". In: "A Study of Prostitutes Committed from New York City to the State Reformatory at Bedford Hills", apêndice de Kneeland, *Commercialized Prostitution in New York City*, p. 190.

43. Divisão de Direitos Civis, Divisão do Departamento de Direitos Civis dos Estados Unidos e Theodore M. Shaw, *The Ferguson Report, Department of Justice Investigation of the Ferguson Police Department*. Nova York: New Press, jun. 2015.

44. Em 1917, as leis de vadiagem e as Tenement House Laws foram os principais veículos utilizados para a prisão e acusação de jovens como prostitutas.

45. Worthington e Topping, *Specialized Courts Dealing with Sex Delinquency*, pp. 217-8, 245, 274, 276, 287, 397-403, 418-9; Frederick Whitin, "The Women's Night Court in New

York City", *Annals of the American Academy of Political and Social Science*, v. 52, mar. 1914, p. 183.

46. A antecipação de criminalidade futura se encontrava no coração das leis de vadiagem e na inscrição da negritude como criminalidade.

47. Jovens entre catorze e trinta um, mas às vezes meninas de doze anos, eram sentenciadas ao reformatório por visitar ou residir em uma casa de má reputação, por suspeita de prostituição, ou ter amigos ou vizinhos que eram ladrões ou prostitutas, ou por associar-se a pessoas imorais e criminosas, ou por promiscuidade. Ver Cheryl Hicks, *Talk with You Like a Woman*, op. cit., p. 184.

48. William J. Chambliss, "A Sociological Analysis of the Law of Vagrancy", *Social Problems*, v. 12, n. 1, verão, 1964, pp. 66-77.

49. Christopher Tiedeman, *Treatise on the Limitations of Police Power*, op. cit., p. 118.

50. Id. Ibid., p. 117.

51. "Silks and Lights Blamed for Harlem Girls' Delinquency", *Baltimore Afro-American*, 19 maio 1928; "Lure for Finery Lands Girl in Jail", *New York Amsterdam News*, 14 ago. 1926.

52. Ver carta do marido para Esther Brown, Autos de Bedford Hills #2507.

53. "Frame-up and Blackmail", *New York Age*, 7 jan. 1928; "Be Careful Girls", *Amsterdam News*, 14 maio 1920.

54. A sra. Scott, uma senhora que cuidava do filho de Esther, culpou a mãe de Esther pelo que aconteceu com ela e disse para a assistência social que Rose Saunders "se relacionava com um dos homens que se alojavam no apartamento dela".

55. Carta em Autos de Bedford Hills #2507.

56. O governador de Nova York, lorde Cornford (primo da rainha Ana), emitiu uma proclamação severa com o fim de "lançar mão de todos os métodos para confiscar e apreender todos os negros que forem apanhados em reuniões e se qualquer um deles se recusar a se submeter, atirem neles, mate-os ou destruam-nos se de outra forma não puderem ser capturados [...]. Muitos negros no Condado de Kings *se reuniram de maneira desordeira*, o que, se não for prevenido, pode causar prejuízos". Como uma precaução contra conspirações, assembleias de pessoas escravizadas eram severamente restringidas. Quando não estavam a serviço do senhor, não mais que três escravizados podiam se reunir sob pena de levarem não mais que quarenta chicotadas. Não mais que doze escravos, além dos carregadores do caixão e dos coveiros, podiam se reunir em qualquer funeral sob pena de açoitamento público. Outro decreto proibia a reunião de escravizados depois de anoitecer. Ver Roi Ottley e William J. Weatherby (Orgs.), *The Negro in New York: An Informal Social History, 1626-1940*. Nova York: New York Public Library, 1967, p. 22. Códigos de escravos na Nova York colonial visavam assembleias negras. Ver Edwin Olson. "The Slave Code in Colonial New York", *Journal of Negro History*, v. 29, n. 2, abr. 1944, pp. 147-65; Ira Berlin e Leslie Harris, *Slavery in New York*. Nova York: New York Historical Society, 2005. Ver Simone Browne, *Dark Matters* (Durham, Carolina do Norte: Duke University Press, 2015).

57. Ver Colonial Laws of New York, I, 520, citadas em Edwin Olson, "The Slave Code in Colonial New York", ibid. Ver também Ira Berlin e Leslie Harris, *Slavery in New York*, ibid.

58. Sobre o papel da filantropia em produzir uma ordem racializada, ver Alice O'Connor, *Poverty Knowledge: Social Science, Social Policy, and the Poor in Twentieth-Century U.S. History* (Princeton, Nova Jersey: Princeton University Press, 2001); Paul Boyer, *Urban Masses and the Moral Order in America, 1820-1920* (Cambridge, Massachusets: Harvard University Press, 1992); Ralph Luker, *Social Gospel in Black and White: American Racial Reform, 1885-1912* (Chapel Hill: University of North Carolina Press, 1991); David Rothman, *Conscience and Convenience: the Asylum and its Alternatives in Progressive America* (Boston: Little Brown, 1980); Michael McGerr, *A Fierce Discontent: The Rise and Fall of*

the Progressive Movement in America (Nova York: Free Press, 2003); Richard Hoftstadter, *Age of Reform* (Nova York: Vintage Books, 1955). Robert Allen, *Reluctant Reformers: Racism and Social Reform Movements* (Washington, D.C.: Howard University Press, 1974).

59. Frederick Whittin para Du Bois, 10 out. 1912, caixa 11 (Du Bois 1911-1912) pasta, "Correspondência de W. E. B. Du Bois". Frederick Whittin para Du Bois, 10 out. 1912, caixa 2 (Correspondência Geral) pasta, *Correspondência de W. E. B. Du Bois*, 11-20 out. 1912. Para um estudo sobre o trabalho do comitê na Cidade de Nova York, ver Jennifer Fronc, *New York Undercover: Private Surveillance in the Progressive Era*. Chicago: University of Chicago Press, 2009.

60. Ver William Fryer, *Tenement House Law of the City of New York* (Nova York: The Record and Guide, 1901); Robert de Forest e Lawrence Veiller (Orgs.), *The Tenement House Problem* (Londres: Macmillan, 1903); e *The Tenement House Law of the State of New York* e Capítulo XIX do *Greater New York Charter* (Nova York: Tenement House Department, 1912).

61. A lei também estabelecia diretrizes para a melhoria de prédios já existentes e para a construção de novos cortiços; no entanto, o apoio da lei se provou difícil. Muitos reformadores sociais acreditavam que os problemas sociais eram determinados por condições ambientais precárias, e assim, ao melhorar as condições habitacionais se melhoraria a moralidade e as chances das pessoas pobres por meio da transformação da ecologia do gueto. "The Tenement Law of the City of New York", Seção 141, "Vagrancy"; William John Fryer (Org.), *The Tenement House Law of the City of New York*. Nova York: Clinton W. Sweet, 1901.

62. Committee of Fifteen, *The Social Evil: With Special Reference to Conditions Existing in the City of New York*. Nova York: G. P. Putnam, 1902, pp. 173-4.

63. Ver Kevin Mumford, *Interzones*, op. cit.; Jennifer Fronc, *New York Undercover*, op. cit.; Timothy Gilfoyle, *City of Eros: New York City, Prostitution, and the Commercialization of Sex, 1790-1920* (Nova York: W. W. Norton, 1992); e Jessica R. Pliley, *Policing Sex Districts: The Mann Act and the Making of the FBI* (Cambridge, Massachusets: Harvard University Press, 2014); Willoughby Cyrus Waterman, *Prostitution and Its Repression in New York City*, op. cit., p. 39.

64. Christopher Tiedeman, *Treatise on the Limitations of Police Power*, op. cit., p. 117.

65. 1099 pessoas foram presas por essa violação. "Committee of Fourteen", *Committee of Fourteen Annual Report 1914*. Nova York, 1914.

66. "Committee of Fourteen", *Committee of Fourteen Annual Report 1914*, pp. 32-3; Val Marie Johnson, "Defining Social Evil: Moral Citizenship and Governance in New York City, 1890-1920" (tese de doutorado, The New School for Social Research, Nova York, 2002, pp. 396-7, fn. 121). O Comitê dos Cortiços e o Comitê dos Catorze visavam senhorios cujos principais inquilinos eram afro-estadunidenses. Em 1910, as mulheres negras somavam 1,9 por cento da população da cidade, entre as quais oito por cento tinham sido acusadas de prostituição, e 7,6 por cento de conduta desordeira. Em 1914, a grande maioria das mulheres foi acusada de prostituição por meio da cláusula de vadiagem da Tenement House Law. Embora as mulheres afro-estadunidenses somassem pouco menos que dois por cento da população da cidade, elas compunham trinta e seis por cento das pessoas presas por violação da Tenement House Law. Mulheres estrangeiras compunham vinte e quatro por cento das presas, embora somassem 40,8 por cento da população da cidade. Por conta do mercado de trabalho segregado, as mulheres negras eram com frequência empregadas em locais de sexo, mas em trabalhos não sexuais, como zeladoras, camareiras e lavadeiras. Em 1928, o número de mulheres negras no tribunal era quatro vezes maior que o número de brancas. Em 1930, houve um crescimento dramático nas

taxas de prisão. Três mulheres negras eram presas para cada duas mulheres brancas, mesmo onde havia uma mulher negra para cada oito mulheres brancas na cidade de Nova York. A "relação da polícia" tinha tudo a ver com essa disparidade. Ver Sophia Robison, *An Inquiry into the Present Functioning of the Women's Court in Relation to the Problem of Prostitution in New York City*. Welfare Council of Nova York, Research Bureau, maio 1935.

67. "Houve um aumento, em comparação aos anos de 1913-1914, de casos localizados em cortiços em East Side e no Harlem, enquanto reduções foram observadas na área central da cidade, incluindo o [...] Tenderloin. Essa última redução, bem como o aumento no distrito do Harlem, talvez possa ser explicada pelo deslocamento dos negros de uma área para a outra." George J. Kneeland, *Commercialized Prostitution in New York City*, op. cit., p. 165; ver também Committee of Fourteen, *New York City Annual Report, 1915-1916*, pp. 32, 42, 55, 58.

68. A Seção 887 do Código Penal definia o vadio como segue: "Qualquer pessoa que (a) se oferece para cometer prostituição; ou (b) que oferece ou se oferece para obter uma pessoa do sexo feminino com o propósito de prostituição ou para qualquer outro ato lascivo ou indecente; ou (c) que se demora em qualquer via pública ou em qualquer lugar público ou privado com o propósito de induzir, aliciar ou corromper outra pessoa a cometer atos lascivos, fornicação, relação sexual ilegal ou qualquer ato indecente; ou (d) que de qualquer forma induz, alicia ou corrompe uma pessoa que esteja em qualquer via pública ou em qualquer lugar público ou privado a cometer quaisquer atos do tipo é considerado um vadio". Em 1921, a definição foi mais uma vez expandida em *People versus Breitung*, embora o primeiro item tenha permanecido inalterado desde o século 14: "Uma pessoa que não possua meios visíveis para se manter, que vive sem emprego".

N.Y. LEI PENAL § 240.20 (Código Penal de NY, Seção 240.20). Conduta desordeira: Uma pessoa é culpada de conduta desordeira, com intenção de causar inconveniência pública, perturbação ou alarme, ou de forma imprudente criar um risco disso se: 1. Ele(a) se envolver em uma briga ou apresentar comportamento violento, tumultuoso ou ameaçador; ou 2. Ele(a) produzir barulho irrazoável; ou 3. Em espaço público, ele(a) fizer uso de linguagem abusiva ou obscena, ou fizer um gesto obsceno; ou 4. Sem autoridade legal, ele(a) perturbar qualquer assembleia legal ou reunião de pessoas; ou 5. Ele(a) obstruir o tráfego veicular ou de pedestres; ou 6. Ele(a) congregar com outras pessoas em um espaço público e se recusar a cumprir com uma ordem legal da polícia para se dispersar; ou 7. Ele(a) criar uma condição perigosa ou fisicamente ofensiva por qualquer ato que não sirva nenhum propósito legítimo.

Lar Desajustado, Lei Penal, Seção 1146: Uma pessoa que mantém uma casa de má reputação ou bordel de qualquer tipo, ou uma casa ou lugar próprio para a visitação de pessoas com o fim de praticar relações sexuais ilegais, ou para qualquer propósito lascivo, obsceno ou indecente, ou lar desajustado, ou uma casa comumente conhecida como um botequim ilegal, ou qualquer local de estância pública que habitualmente perturbe a paz, o conforto ou a decência de uma vizinhança, ou que convida, assessora ou alicia qualquer mulher a habitar qualquer casa ou lugar do tipo ou que, enquanto agente ou proprietário, ceder um edifício ou qualquer parte dele, ciente de que o local se destina a ser usado por qualquer pessoa especificada nesta seção, ou que permite que um prédio ou parte de um prédio seja assim utilizado, é culpado de contravenção. Esta seção deve ser interpretada como aplicável a qualquer parte ou partes de uma casa utilizada com os fins aqui especificados.

Código de Processo Penal, Seções 899, 911. 4. Mantém casas indecentes ou casas para estâncias de prostituição, bêbados, beberrões, jogadores, criminosos habituais ou outras pessoas desajustadas. (Pessoas desajustadas coincidem com o significado do vadio.)

A seção 911 do Tribunal também pode condenar [ela] à prisão; a natureza e a duração da prisão. O tribunal também pode, a seu critério, ordenar que uma pessoa condenada como uma pessoa desajustada seja mantida na cadeia do condado ou na cidade de Nova York, na prisão da penitenciária dessa cidade, por um período não superior a seis meses de trabalho forçado.

Perturbação Pública, Lei Penal, Seções 1530 e 1532:

Seção 1530: Uma perturbação pública é um crime contra a ordem e a economia do Estado e consiste na prática ilegal de um ato ou omissão no cumprimento de um dever, cujo ato ou omissão:

1) Incomode, fira ou ponha em risco o conforto, o repouso, a saúde ou a segurança de qualquer número considerável de pessoas; ou,

2) Ofenda a decência pública; ou

3) (Na verdade, ponto 4) De qualquer maneira, torne um número considerável de pessoas inseguras na vida ou no uso de sua propriedade.

Seção 1532. Mantenimento da perturbação. Uma pessoa que cometa ou mantenha uma perturbação pública, cuja punição não é especialmente prescrita, ou que intencionalmente se omita ou se recuse a cumprir qualquer dever legal de remover tal perturbação pública, é culpada de contravenção.

69. Ver Grace Campbell, "Tragedy of Colored Girl in Court", *New York Age*, 25 abr. 1925; "Women Offenders and the Day Court", *New York Age*, 18 abr. 1925. Ver Grace Campbell apud "Harlem Love Girls Get 25 cents, Whites $5", *Afro-American*, 29 jan. 1938.

70. Committee of Fourteen, *Annual Report of the Committee of Fourteen 1915-1916*.

71. Pat James e muitas outras mulheres foram presas por prostituição em táxis. Ela saiu do clube a uma e meia da manhã. Dois homens entraram no táxi atrás dela. Ela começou a gritar e a lutar com eles, com medo de que fossem roubá-la, mas em vez disso, foi presa por prostituição. Autos de Bedford Hills #3489. Nancy Lacewell foi presa no corredor. Os policiais primeiro a acusaram de roubo e então mudaram a acusação para prostituição. Autos de Bedford Hills #3501. Henrietta Dawson foi presa por prostituição depois de aceitar um encontro com um homem que havia conhecido em um clube no Harlem. Sua criança mestiça convenceu a corte de que ela vinha levando uma vida de prostituta. Autos de Bedford Hills #3499.

72. Billie Holiday, *Lady Sings the Blues* [1956]. Nova York: Three Rivers Press, 2006, p. 27.

73. Trixie Smith, 1922, "My Man Rocks Me (With One Steady Roll)", Black Swan Records, 14127-B.

74. "Race Actresses Said Framed by Cop", *Baltimore Afro-American*, 26 dez. 1925, p. 5.

75. Anne Winters, "MacDougal Street, Old Law Tenement", *The Displaced of Capital*. Chicago: University of Chicago Press, 2004.

76. Ver Christopher Muller, "Northern Migration and the Rise of Racial Disparity in American Incarceration", *American Journal of Sociology*, v. 118, n. 2, set. 2012, pp. 281-326; Khalil Muhammed, *Condemnation of Blackness*, op. cit.; Bryan Wagner, *Disturbing the Peace*, op. cit.; e Michelle Alexander, *The New Jim Crow*. Nova York: The New Press, 2012.

A VIDA INTERROMPIDA DE EVA PERKINS [PP. 273-7]

1. Esse relato de Eva Perkins é baseado em Arquivo de Bedford Hills #2504.

2. Ver James Weldon Johnson, *Autobiography of An Ex-Colored Man* [1912]. Nova York: W. W. Norton, 2015; e Sutton Griggs, *Imperium in Imperio* [1899]. Nova York: Random House, 2007.

3. Sylvia Wynter, "Beyond Miranda's Meanings: Un/silencing the Demonic Ground of Caliban's Woman", *Out of the Kumbla: Caribbean Women and Literature*. Trenton, Nova Jersey: Africa World Press, 1990, p. 363.

4. Evelynn Hammonds, "Black (W)holes and the Geometry of Female Sexuality", *differences: A Journal of Feminist Cultural Studies*, v. 6, n. 2-3, 1994, pp. 127-45. Katherine McKittrick, *Demonic Grounds: Black Women and the Cartographies of Struggle*. Mineápolis: University of Minnesota, 2006, pp. 37-64.

5. Sylvia Wynter, "Beyond Miranda's Meanings", op. cit., p. 363.

6. Darlene Clark Hine, "Rape and the Inner Lives of Black Women", *Signs: Journal of Women in Culture and Society*, v. 14, n. 4, verão, 1989, pp. 912-20.

7. Ralph Ellison, *Invisible Man* [1952]. Nova York: Vintage, 1995, p. 16 [ed. bras.: *Homem invisível*. Trad. de Mauro Gama. Rio de Janeiro: José Olympio, 2020].

REVOLTA E REFRÃO [PP. 279-303]

1. "Girl Chained, Bed to Crash If She Moved", *New York Tribune*, 13 dez. 1919. Ver também "Screaming Girl Manacled to Cell", *Washington Post*, 7 dez. 1919; "Girl 'Strung Up' Before Prison Inquiry Board", *New York Tribune*, 7 dez. 1919; "'Stringing Up' Bedford Girls Called Useless", *New York Tribune*, 21 dez. 1919; "Expert Condemns Stringing Up Girls", *New York Times*, 14 dez. 1919; "Handcuff Girls at Reformatory", *Los Angeles Times*, 4 jan. 1920; e "Harsh Penalty Meted to Girls", *Louisville Courier Journal*, 4 jan. 1920.

2. "Doctor Assails Stringing Up of Bedford Girls", *New York Tribune*, 14 dez. 1919, p. 14; New York Department of Efficiency and Economy, *Annual Report Concerning Investigations of Accounting, Administration and Construction of State Hospitals for the Insane, State Prisons and State Reformatory and Correctional Institutions* (Albânia, Nova York: J.B. Lyon Company, 1915, pp. 932-3); State Commission of Prisons, "Investigation and Inquiry into Allegations of Cruelty", p. 74.

3. State Commission of Prisons, "Investigation and Inquiry into Allegations of Cruelty to Prisioners in the New York State Reformatory for Women, Bedford Hills". In: *Twenty--Sixth Annual Report of the State Commission of Prisons for the Year 1920*, 21 mar. 1920, p. 146.

4. Katherine Davis, "Preventive and Reformatory Work" e "Salient Facts about the New York State Reformatory for Women, Bedford Hills, New York", panfleto, Women Prison's Association of New York, Rare Books and Manuscripts, Biblioteca Pública de Nova York, pp. 4-5.

5. State Commission of Prisons, "Investigation and Inquiry into Allegations of Cruelty", p. 78.

6. Id. Ibid., p. 68.

7. Erving Goffman, *Asylums: Essays on the Social Situation of Mental Patients and Other Inmates* (Nova York: Anchor Books, 1961); Colin Dayan, "Civil Death", *The Law is A White Dog* (Princeton, Nova Jersey: Princeton University Press, 2013); Frank Wilderson, "The Prison Slave as Hegemony's (Silent) Scandal", *Social Justice*, v. 30, n. 2, 2003.

8. State Commission of Prisons, "Investigation and Inquiry into Allegations of Cruelty", p. 78.

9. Id. Ibid., p. 72.

10. No Caso #2503, "amizades com jovens brancas" foram listadas como uma infração disciplinar. A intimidade interracial e as relações sexuais indesejáveis vêm preocupando as autoridades e o público desde 1914. Em 1916, dois alojamentos segregados foram construídos para mulheres negras porque o temor do Estado era: "relações sexuais indesejáveis nascem dessa mistura entre as duas raças". Ver "Annual Report of the State Board of Charities for the Year 1915" (Albânia 1916, pp. 32, 854-67). Para uma análise crítica dessas questões, ver Regina Kunzel, *Criminal Intimacy: Prison and the Uneven History of Modern American Sexuality* (Chicago: University of Chicago, 2010); Sarah Potter, "Undesirable Relations: Same-Sex Relationships and the Meaning of Sexual Desire at a Women's Reformatory", *Feminist Studies*, v. 30, n. 2, verão, 2004, pp. 394-415; Estelle B. Freedman, "The Prison Lesbian: Race, Class, and the Construction of the Aggressive Female Homosexual", *Feminist Studies*, v. 22, n. 2, verão, 1996, pp. 397-423; e Cheryl Hicks, *Talk With You Like a Woman*, op. cit., pp. 204-33.

11. Mattie Jackson foi punida por reclamar da comida: "Disciplinary Report", Autos de Bedford Hills #2466; as mulheres eram punidas por "infrações insignificantes": Commission of Prisons, "Investigation and Inquiry into Allegations of Cruelty", p. 91; sobre educação, ver State Commission of Prisons, "Investigation and Inquiry into Allegations of Cruelty", p. 81; sobre discriminação contra jovens de cor e negação de educação, ver "Doctor Assails Stringing Up", op. cit.

12. State Commission of Prisons, "Investigation and Inquiry into Allegations of Cruelty", pp. 80, 148.

13. A falha do reformatório foi atribuída à fraqueza mental das prisioneiras. Quase todos os relatos de Bedford caracterizam as jovens de cor em Bedford como pessoas de mente fraca: ver "State Board of Charities Annual Report". Os funcionários penitenciários constantemente estabeleciam uma relação entre o comportamento indisciplinado e a fraqueza mental. Ver Edith R. Spaulding, "The Problem of the Psychopathic Hospital Connected with a Reformatory Institution", *Medical Record: A Weekly Journal of Medicine and Surgery*, v. 99, n. 20, 14 maio 1921, p. 819. Algumas jovens escaparam de Bedford depois que outras foram confinadas na unidade psicopatológica. Com mais frequência as jovens negras eram classificadas como "intelectualmente inferiores" e afirmava-se que elas tinham a habilidade mental de crianças de dez a doze anos. Ver "Brief Case Histories of Twenty One Women Recommended for Custodial Care", Committee of Fourteen Records, Manuscripts and Archives Division, Biblioteca Pública de Nova York; no *Twenty-Sixth Annual Report*, funcionários penitenciários estabeleceram uma relação entre comportamento indisciplinado e mente fraca.

14. A maioria das mulheres negras que saíram de Bedford em liberdade condicional foram obrigadas a realizar "serviços domésticos": *Twenty-First Annual Report of the New York State Reformatory for Women*, Legislative Report of the State of New York (Albânia, Nova York: J. B. Lyon, 1922, p. 25). A maioria das mulheres negras que viviam em liberdade condicional e realizavam serviços domésticos reclamavam do peso do trabalho; algumas delas preferiam voltar voluntariamente para Bedford em vez de se submeter ao trabalho doméstico.

15. Katherine Davis, "Preventive and Reformatory Work". In: *Informal and Condensed Report of the American Prison Congress*, op. cit., p. 25. Davis reconheceu que as jovens corriam um risco social maior depois de terem sido sentenciadas a Bedford: "As jovens que já passaram por aqui são consideradas um alvo fácil por quase todos os 'traficantes de mulheres brancas' do estado, e assim elas são confrontadas duplamente com as tentações que se colocam diante das jovens que nunca estiveram aqui". "Woman Defines Virtue", *New York Tribune*, 27 abr. 1913.

16. Em 1917, o alojamento segregado foi introduzido em Bedford para evitar uma "intimidade danosa" ou amizades e relações sexuais inter-raciais.

17. Arquivo de Bedford Hills #2504.

18. Ver Ira De A. Reid, *Twenty-Four Hundred Negro Families in Harlem: An Interpretation of the Living Conditions of Small Wage Earners*. Nova York: National Urban League, maio 1927.

19. Katherine Davis, "Preventive and Reformatory Work", op. cit., pp. 205-6.

20. Quando liberadas de Bedford Hills, as jovens recebiam esses itens. Ver *Twenty-Sixth Annual Report of the State Commission of Prisons*, 12 mar. 1921, p. 105.

21. Ver Eugenia C. Lekkerkerker, *Reformatories for Women in the United States* (The Hague: J. B. Wolters, 1931, pp. 101-11); e Katherine Davis, "Salient Facts about the New York State Reformatory for Women", op. cit.

22. *Annual Report of the New York State Department of Efficiency and Economy Concerning Investigations of Accounting, Administration and Construction of State Hospitals for the Insane, State Prisons and State Reformatory and Correctional Institutes*, fev. 1, 1915. Albânia, Nova York, 1915, p. 932.

23. W. E. B. Du Bois, "The Souls of White Folks". In: *Darkwater*, op. cit.

24. Patricia Williams, "On Being the Object of Property", *Alchemy of Race and Rights*. Cambridge, Massachusets: Harvard University Press, 1992.

25. Arquivo de Bedford Hills #2504. Sobre negritude não binária, ver Toni Cade Bambara, "On the Issues of Roles". In: Id. (Org.), *The Black Woman: An Anthology* [1970]. Nova York: Washington Square Press, 2005, pp. 123-35.

26. Sobre *crioula*, ver Hilton Als, *The Women* (Nova York: Farrar, Straus & Giroux, 1996); Huey Copeland, "In the Wake of the Negress". In: *Modern Women: Women Artists at the Museum of Modern Art* (Nova York: Museum of Modern Art, 2010, pp. 480-97). Sobre a crioula, Copeland escreve: "Uma figura, tática, sujeita, uma posição estrutural e um meio de criação de padrões, a crioula se encontra na fronteira entre os discursos hegemônicos e de resistência [...]. Compreender a crioula e conjurar sua existência é quebrar com um limite, é se aproximar insuportavelmente do mundo, é performar uma alquimia que transmuta sujeitos em objetos e vice-versa. Tais transformações são possibilitadas pelos fluxos de corpos que têm transformado as mulheres negras em uma propriedade fungível", p. 484. Janell Hobson, *Venus in the Dark: Blackness and Beauty in Popular Culture* (Nova York: Routledge, 2005); T. Denean Sharpley-Whiting, *Black Venus: Sexualized Savages, Primal Fears, and Primitive Narratives in French* (Durham, Carolina do Norte: Duke University Press, 1999, p. 56).

27. Carta de 7 de julho de 1919, Arquivo de Bedford Hills #2504.

28. Essa descrição das cartas de Aaron é baseada nas mais de sessenta cartas que ele enviou às autoridades penitenciárias. Seu desejo por uma vida diferente e seu tom desafiador e sem remorsos são evidenciados em todas as cartas.

29. "Carta de Eva para Aaron", Arquivo de Bedford Hills #2504.

30. Arquivo de Bedford Hills #2504.

31. "Doctor Assails Stringing Up", op. cit.

32. State Commission of Prisons, "Investigation and Inquiry into Allegations of Cruelty", p. 88.

33. Id. Ibid., p. 87-8.

34. Id. Ibid., p. 88.

35. De acordo com os repórteres, o alojamento "podia ser ouvido antes de ser visto". Ver "Girl Chained, Bed to Crash If She Moved", *New York Tribune*, 13 dez. 1919, p. 22. No ano seguinte, o Flower Cottage se rebelou. Ver "Bedford in Tumult under Rule of Man", *New York Times*, 24 jul. 1921.

36. "Girls on 'Noise' Strike", *New York Times*, 25 jan. 1920. "Vocal Hostilities of Bedford Girl Finally Halted", *New York Tribune*, 27 jan. 1920.

37. Carta de Aaron Perkins, Autos de Bedford Hills #2504.

38. "Girl Chained, Bed to Crash If She Moved", *New York Tribune*, 13 dez. 1919, p. 22. "Girl Prisioners Mutiny", *New York Times*, 3 jan. 1920.

39. "Girl Chained, Bed to Crash If She Moved", ibid.

40. Eva não estava em Bedford no mês de dezembro, mas em levantes anteriores. Em Rebecca Hall, Michie incitou as outras jovens à revolta. Eva voltou para Bedford e estava lá nos levantes posteriores. Eu condensei o tempo para posicionar essas histórias lado a lado.

41. Autos de Bedford Hills, #2466; State Commission of Prisons, "Investigation and Inquiry into Allegations of Cruelty", p. 74; "Girl Chained, Bed to Crash if She Moved", op. cit.

42. Autos de Bedford Hills #2503. Em 1926, Loretta Michie foi presa em uma rua do Harlem por carregar um revólver na bolsa. Ela não foi autorizada a voltar para Bedford por causa de seu envolvimento nos levantes. Ver Autos de Bedford #4092, carta da superintendente.

43. "Carta de Loretta Michie para uma 'Amiga Devota'", Autos de Bedford Hills #2503.

44. Almena Dawley era a socióloga do Laboratório de Higiene Social; a síntese de suas entrevistas aparece nos Autos de Bedford Hills.

45. "Staff Meeting", Autos de Bedford Hills #2503.

46. Autos de Bedford Hills, #2503.

47. Missiva para a namorada, Autos de Bedford Hills, #2503.

48. Sobre a quebra de janelas no passado, ver "Annual Report of the Nova York Department of Efficiency and Economy" (Albânia, Nova York: Lyon Company Printers, 1915, p. 932); "Window-Breaking Girls Handcuffed", *Washington Post*, 4 jan. 1920.

49. Fred Moten, "Erotics of Fugitivity", *Stolen Life*. Durham, Carolina do Norte: Duke University Press, 2018, p. 266.

50. "Bedford Rioters Keep Up Din in Cells", *New York Tribune*, 26 jul. 1920. A pronta solução proposta pela comissão penitenciária foi "classificar e segregar as diferentes classes de prisioneiras". Outros propuseram um retorno aos métodos severos de contenção e punição que já haviam sido condenados antes.

51. Ritmos secundários e improvisação: Sobre o acaso e ritmos secundários, ver W. E. B. Du Bois, "Sociology Hesitant", op. cit.; e George Lewis, *Oxford Handbook of Critical Improvisation Studies* (Nova York: Oxford University Press, 2017).

52. Charles A. Ford, "Homosexual Practices of Institutionalized Female", *Journal of Abnormal Psychology*, v. 23, n. 4, 1929, p. 444.

53. Frederick Douglass, *Narrative of the Life of Frederick Douglass, an American Slave, Written by Himself* [1845]. Nova York: New American Library, 1968 [ed. bras.: *Narrativa da vida de Frederick Douglass, um escravo americano, narrada por ele mesmo*. Trad. de L. P. Vidal. São Paulo: Aetia Editorial, 2018].

54. Carta de 4 de maio de 1919. Ver também 12 de maio de 1919.

55. Fred Moten, "Uplift and Criminality", op. cit.

56. "Devil's Chorus Sung by Girl Rioters", *New York Times*, 26 jul. 1920.

57. "Girls on Noise Strike", *New York Times*, 25 jan. 1920, p. 19. Ver também "Girl Prisioners Mutiny".

58. "Devil's Chorus Sung by Girl Rioters", *New York Times*, 26 jul. 1920; "Girl Inmates Attack Troops in New Riots", *San Francisco Chronicle*, 26 jul. 1920; e "How the State Failed in Its Care of the Wayward Women at Bedford", *Brooklyn Daily Eagle*, 1 ago. 1920.

59. A mãe de Eva descreve seu pesadelo em uma carta para a superintendente da prisão, Arquivo de Bedford Hills #2504. Sucessivas gerações se perderam no mar: Mattie Jackson, Autos de Bedford Hills #2466.

O SOCIALISTA DÁ UMA PALESTRA SOBRE AMOR LIVRE [PP. 305-11]

1. Esse esboço sobre Hubert Harrison se deve a Jeffrey Perry, *Hubert Harrison: The Voice of Harlem Radicalism* (Nova York: Columbia University Press, 2010, p. 276); Winston James, *Holding Aloft the Banner of Ethiopia: Caribbean Radicalism in early Twentieth-Century America* (Nova York: Verso, 1998, pp. 129, 320). Ver também Shelley Streeby, *Radical Sensations: World Movements, Violence and Visual Culture* (Durham, Carolina do Norte: Duke University Press, 2013); Joyce Turner, *Caribbean Crusaders and the Harlem Renaissance* (Urbana: University of Illinois Press, 2005, p. 53).

2. Esse esboço sobre os encontros e a vida erótica de Harrison é baseado nas lembranças de seus amigos. Bruce Nugent, *Gay Rebel of the Harlem Renaissance: Selections from the Work of Bruce Nugent* (Durham, Carolina do Norte: Duke University Press, 2002); Claude McKay, "Harlem". In: *A Long Way from Home* [1937]. New Brunswick: Rutgers University Press, 2007; e Gary Holcomb, *Code Name Sasha: Queer Black Marxism and the Harlem Renaissance* (Gainesville: University Press of Florida, 2009).

3. Sua série de discursos intitulada "Sex and Sex Problems" [O sexo e os problemas do sexo] incluíam tópicos como "The Mechanics of Sex" [As mecânicas do sexo], "Analysis of Sex" [Análise do sexo], "Analysis of the Sex Impulse" [Análise do impulso sexual] e "Sex and Race" [Sexo e raça]. Ver Jeffrey Perry, *Hubert Harrison*, op. cit., p. 276; e Shelley Streeby, *Radical Sensations*, op. cit., p. 199.

4. Ver Ula Taylor, *The Veiled Garvey: The Life and Times of Amy Jacques Garvey* (Chapel Hill: University of North Carolina Press, 2002); Winston James, *Holding Aloft the Banner of Ethiopia*, op. cit., pp. 129, 320.

5. Ver Winston, ibid., pp. 129, 320. Ver também Shelley Streeby, *Radical Sensations*, op. cit. Ver Jeffrey Perry, *Hubert Harrison*, op. cit., pp. 107-8, 276, 352-4. Harrison mal escapou de ser mencionado no processo de divórcio de Amy Ashwood e Marcus Garvey. Sobre o divórcio, ver Ula Taylor, *Veiled Garvey*, op. cit., pp. 30, 34, 37-8. Sobre Claude McKay, ver Gary Edward Holcomb, *Claude McKay, Code Name Sasha*, op. cit.; Brent Hayes Edwards, "The Taste of the Archive", *Calalloo*, v. 35, n. 4 (outono, 2012); e "Vagabond Internationalism: Claude McKay's Banjo". In: *The Practice of Diaspora: Literature, Translation and the Rise of Black Internationalism* (Cambridge, Massachusets: Harvard University Press, 2003).

6. Ver Bruce Nugent, *Gay Rebel of the Harlem Renaissance*, op. cit., p. 149.

7. Id. Ibid., p. 149.

A BELEZA DO CORO [PP. 313-59]

1. "Em várias entre as mais de quarenta revoltas raciais urbanas ocorridas no verão de 1919 — mais notavelmente em Washington e Chicago —, os residentes de vizinhanças negras pegaram em armas." Barbara Foley, *Spectres of 1919*, op. cit., p. 13. Esse também foi o caso da Revolta Racial da cidade de Nova York de 1900.

2. O perfil de Mabel que segue é baseado em aproximadamente 33 fitas cassetes que constituem sua história oral (somando cerca de vinte e quatro horas de entrevistas). Mabel Hampton Oral History Collection, Coleção Especial #7929, Lesbian Herstory Archives, Brooklyn, NY). As entrevistas abordam uma ampla gama de ideias e experiências desde atitudes sobre sexualidade, experiências lésbicas ao longo das décadas, a vida de Mabel no teatro e sua infância até seu histórico profissional. Mabel era uma arquivista e colecionava cartazes teatrais, álbuns de recortes e de fotografias, cartões-postais e programas de musicais teatrais. Ver também Joan Nestle, "'I Lift My Eyes to the Hill': The Life of Mabel Hampton as Told by a White Woman". In: *Queer Ideas: The Kessler Lectures in Lesbian and Gay Studies* (Nova York: Feminist Press at the City University of Nova York, 2003, pp. 23-48); Joan Nestle, "Excerpt from the Oral History of Mabel Hampton", *Signs: Journal of Women in Culture and Society*, verão, 1993, pp. 925-35; Joan Nestle, "The Bodies I Have Lived With", *Journal of Lesbian Studies*, v. 17, n. 3-4, 2013, pp. 215-39; e o blog desse mesmo autor, disponível em: http://joannestle2.blogspot.com/2011/10/i-lift-my-eyes-to-hill-life-of-mabel_3381.html. Nestle observou que a vida de Hampton "girou em torno de dois temas principais — sua luta material pela sobrevivência e sua luta cultural pela beleza". Esse esforço de construir uma vida bela num contexto de privação material e de violência de raça e sexo deu forma ao perfil que fiz de Mabel. Além disso, tentei iluminar suas aspirações enquanto artista e sua experiência de vida como uma pessoa negra não binária e de gênero fluido. Mabel conheceu sua companheira de vida, Lillian Foster, em 1932. Elas permaneceram juntas até 1978.

3. Gilbert Osofsky, *Harlem*, op. cit.; Marcy S. Sacks, *Before Harlem: The Black Experience in New York City before World War I* (Filadélfia: University of Pennsylvania Press, 2006); David Hevering Lewis, *When Harlem Was in Vogue*, op. cit.; Cheryl Lynn Greenberg, *Or Does It Explode?: Black Harlem in the Great Depression* (Nova York: Oxford University Press, 1997); Jervis Anderson, *This Was Harlem: A Cultural Portrait* (Nova York: Farrar, Straus & Giroux, 1983); LaShawn Harris, *Sex Workers, Psychics and Number Runners*, op. cit.

4. O *slow drag* era "uma dança de casal em que homem e mulher pressionavam bem firme os corpos em um bailado suave e sensual enquanto acompanhavam o ritmo da música". John O. Perpener III, *African American Concert Dance: The Harlem Renaissance and Beyond* (Urbana: University of Illinois Press, 2001, p. 37). O *slow drag* era muito sexual e muito definido pelo movimento pélvico e por uma sexualidade crua para ir além e se tornar uma dança branca convencional. Era uma dança negra demais, dotada dos ritmos sensuais e intensos do negro.

O *turkey trot* era "uma marcha rápida de um só passo, os braços balançavam nas laterais do corpo e às vezes se agitavam na intenção de imitar um peru enlouquecido". Marshall Stearns, *Jazz Dance: the Story of American Vernacular Dance*. Nova York: Macmillan, 1968, pp. 95-6. As críticas de *Harlem*, de William Jourdan Rupp e Wallace Thurman, se mostraram obcecadas com o *slow drag* representado na peça. Como a crítica do *New York Sun* (1928) afirma: a peça é "um filme projetado em um cenário da dança negra. Os dançarinos se movem com vigor e desembaraço, revelando a simplicidade e a profunda carnalidade de seu apego à vida [...]. Homens e mulheres que dançam assim têm uma disposição para a violência". Citado em John O. Perpener, *African American Concert Dance*, op. cit.

5. Eric Garber, "A Spectacle in Color: The Lesbian and Gay Subculture of Jazz Age Harlem". In: Martin Duberan, Martha Vicinus e George Chauncey (Orgs.), *Hidden from History: Reclaiming the Gay and Lesbian Past*. Nova York: Penguin, 1990.

6. Katherine Hazzard Gordon, *Jookin': The Rise of Social Dance Formations in African American Culture*. Filadélfia: Temple University Press, 1992. Sobre a dança social negra, ver Thomas DeFrantz, *Dancing Many Drums: Excavations in African American Dance* (Madison: University of Wisconsin Press, 2001) e Lynne Fauley Emery, *Black Dance: From 1619 to Today* (Princeton, Nova Jersey: Princeton Book Co., 1989). Sobre dançarinas de linhas de coro, ver Jayna Brown, *Babylon Girls: Black Women Performers and the Shaping of the Modern* (Durham, Carolina do Norte: Duke University Press, 2008, pp. 189-237); Daphne Brooks, *Bodies in Dissent* (Durham, Carolina do Norte: Duke University Press, 2006, pp. 207-78).

7. Mabel Hampton, Fita 3, julho de 1986. Ela também gostava de dizer "acabar com a minha vida" e "cuidar da minha vida".

8. "Rent Parties Are Menace", *New York Amsterdam News*, 28 out. 1925, p. 1.

9. Mabel descrevia suas práticas sexuais e sua comunidade pelo uso dos termos "amantes de mulheres", "amantes de senhoras", "sapatões", "lésbicas de verdade" e "bichas".

10. Henry Louis Gates, "The Black Man's Burden", *Fear of a Queer Planet*. Mineápolis: University of Minnesota Press, 1993, p. 23.

11. Investigators' Report, Committee of Fourteen Papers, Caixa 38. MssCol 609, Rare Book and Manuscripts, Biblioteca Pública de Nova York. Se o movimento fornecia a linguagem de articulação da liberdade, ensaiando-a, então o Comitê dos Catorze esperava reprimi-lo e fortalecer e estender a linha de cor apesar das leis antidiscriminação da cidade de Nova York e da falta de um aparato legal que impusesse a segregação.

12. Sobre o "mesmo cambiante", ver Leroi Jones, *Blues People: Negro Music in White America* [1963]. Nova York: Harper Perennial, 1999; James Snead, "Repetition as a Figure of Black Culture". In: Henry Louis Gates (Org.), *Black Literature and Literary Theory*, Nova York: Routledge, 1984.

13. Chandler Owen escreveu sobre os cabarés de Chicago, mas também tinha a cidade de Nova York em mente. Ele criticou explicitamente os membros negros do Comitê dos Catorze, que incluíam Fred Moore do *New York Age* e o sucessor de Booker T. Washington. Owen condenou os líderes negros por terem entrado num acordo de cavalheiros para assegurar que adotassem a segregação nos cabarés. Esses senhores se ofendiam ao ver pessoas brancas e de cor beberem e dançarem juntas. "O cabaré é uma instituição que faz em muitas cidades o que a igreja, a escola e a família não fizeram. O cabaré está destruindo o monstro com cabeça de Hidra do preconceito racial." Ver "The Cabaret — A Useful Social Institution", *The Messenger*, v. 4, ago. 1922, p. 461. Ao contrário daqueles como Hannah Arendt e outros que temiam que o espetáculo da necessidade crua ameaçasse minar a república e seus ideais, o socialista negro antevia essa "luta pela alegria", a ânsia pelo sexo e pelo prazer, como algo capaz de acabar com a linha de cor e criar uma sociabilidade inter-racial que diminuiria a força da lei e dos costumes. Owen defendeu o cabaré dessegregado em um segundo ensaio publicado em fevereiro de 1925. "The Black and Tan Cabaret — America's Most Democratic Institution", *The Messenger*, v. 7, fev. 1925, pp. 97-9. No entanto, ele tinha pouco a dizer sobre os experimentos radicais conduzidos em espaços exclusivamente negros. Espaços de intimidade intrarracial desafiavam a conscrição de uma cidadania de segunda classe e da servidão ao nutrir todo o nosso parentesco — quer dizer, outros arranjos de intimidade, sociabilidade,

amor e afiliação. O que Owen se esforçou para articular no papel era encenado no cabaré — os experimentos sociais encenados no espaço do cabaré, bem como em festas privadas e salões.

14. Emma Goldman, "The Traffic in Women", *Anarchism and Other Essays*. Nova York: Mother Earth Publishing, 1917, p. 198.

15. Observar Mabel, Mildred e outras garotas de cabelo chanel também o teria deixado nervoso e desconfortável. Ele temia as "mulheres masculinas" e não imaginava que transgredir distinções de gênero tivesse qualquer utilidade social, descartando, assim, essas transgressões como rebelião.

16. "Investigative Report", Committee of Fourteen Records, Manuscripts and Archives Division, Biblioteca Pública de Nova York, Caixa 38.

17. Jayna Brown, *Babylon Girls Black Women Performers and the Shaping of the Modern* (Durham, Carolina do Norte: Duke University Press, 2008); Daphne Brooks, *Bodies in Dissent: Spectacular Performances of Race and Freedom* (Durham, Carolina do Norte: Duke University Press, 2006).

18. Hampton Collection, Fita xv, Lesbian Herstory Archives.

19. Paul Laurence Dunbar, *Sport of the Gods*, op. cit., p. 162.

20. Havelock Ellis e John Addington Symond, *Sexual Inversion*. Londres: Wilson and McMillan, 1897.

21. Theodore Dreiser, *Sister Carrie* [1900]. Nova York: Penguin Classics, 1994, p. 83.

22. Mabel descrevendo o ato do sexo oral. Hampton Collection, Fita x, Lesbian Herstory Archives.

23. Mabel se lembrava vividamente da festa porque teve de tirar a roupa. "Não consigo esquecer porque tive que tirar tudo. Então, é claro, eu não esqueceria." Ela estava usando um vestido cinza e um casaco de pele branco. Fita xxi, 13 de janeiro de 1983.

24. Ver David Levering, Lewis, *When Harlem Was in Vogue*, op. cit., p. 166. Eric Garber, "A Spectacle in Color", *Hidden from History*, op. cit. Lillian Faderman, *Odd Girls and Twilight Lovers*, op. cit., p. 76.

25. Lewis Theophilus, "Theater", *The Messenger*, v. 6, n. 2. fev. 1924.

26. *Chicago Defender*, 22 dez. 1923; *Atlanta Constitution*, 4 dez. 1924; *New Journal and Guide*, 1 mar. 1924; *Chicago Defender*, 29 mar. 1924.

27. 18 de dezembro de 1988 (Fita I), Lesbian Herstory Archives.

28. Sobre racismo e a construção da homossexualidade: Estelle Freedman, "The Prison Lesbian", *Feminist Studies*, v. 22, n. 2, verão, 1996, p. 397-423; Regina Kunzel, *Criminal Intimacy: Prison and the Uneven History of Modern American Sexuality* (Chicago: University of Chicago Press, 2010); Siobhan Somerville, *Queering the Color Line: Race and the Invention of Homosexuality in American Culture* (Durham, Carolina do Norte: Duke University Press, 2000); Roderick Ferguson, *Aberrations in Black: Toward a Queer of Color Critique* (Mineápolis: University of Minnesota Press, 2003).

29. Special Collections Record, Lesbian Herstory Archives, Lista parcial dos livros de Mabel Hampton, Caixa 4 e 5.

30. Mabel e Florence trabalharam juntas por um breve período no Lafayette Theater e, segundo Mabel, tiveram uma intimidade casual. Fita I, 8 de abril de 1989, Lesbian Herstory Archives.

31. Wayne Koestenbaum, *The Queen's Throat: Opera, Homosexuality and the Mystery of Desire*. Nova York: Da Capo, 2001.

32. Ismay nasceu em Lagos, Nigéria. Casou-se com um fotógrafo de Barbados, Raymond Percival Talma, por volta de 1921. Provavelmente o casamento não durou muito, já que há

poucas menções ao seu marido. Ismay foi uma das mulheres casadas com quem Mabel esteve envolvida. Ver *Pittsburgh Courier*, "Native African Woman Has Won Success in Two American Careers", 11 abr. 1931.

33. Langston Hughes descreveu Bentley nesses termos. Ver Langston Hughes, *Big Sea*, op. cit. Carl Van Vechten a adorava. Ela aparece em *Parties* [1930]. Avon Books, 1977, pp. 34-5. Bentley também aparece em Blair Niles, *Strange Brother* [1931]. Nova York: Heretic Books, 1991.

34. "Where Are the Chorus Girls of Yester-Year?", *Baltimore Afro-American*, 6 jul. 1935.

35. Mabel Hampton, Fita I, 18 de junho de 1982.

36. Em *Black on Both Sides*, C. Riley Snorton argumenta que a carne cativa "figura uma genealogia crítica da transgeneridade moderna" e considera as formas pelas quais a vida fungível do cativo perturba os gêneros e possibilita seu rearranjo. Ele também escreve, ecoando Hortense Spillers, que "o gênero é em si um arranjo racial que expressa a transubstanciação das coisas" (pp. 57, 83). Kara Keeling, "Looking for M: Queer Temporality, Black Possibility and Poetry from the Future", *GLQ* 15, n. 4, 2009, pp. 556-82. Zakiyyah Iman Jackson, "'Theorizing in a Void': Sublimity, Matter, and Physics in Black Feminist Poetics", *South Atlantic Quarterly*, v. 117, n. 3, jul. 2018, pp. 617-48.

37. Ella Baker e Marvel Cooke descrevem as trabalhadoras do sexo e as domésticas aguardando trabalho em esquinas opostas. Ver "The Bronx Slave Market", *The Crisis*, nov. 1935. Antes de entrarem no mercado do sexo, a maioria das prostitutas tinha como profissão o serviço doméstico. Ver George J. Kneeland, *Commercialized Prostitution in New York City*, op. cit. Ver especialmente o relatório de Katherine Davis sobre as mulheres em Bedford Hills, "Salient Facts about the New York State Reformatory for Women, Bedford Hills, Nova York".

38. A maioria daquelas que haviam sido presas por prostituição tinha trabalhado como doméstica e, depois de cumprir pena, muitas vezes vivia em liberdade condicional como empregada e não tinha outra escolha se não voltar a realizar esse tipo de serviço. Ver George J. Kneeland, *Commercialized Prostitution in New York City*, op. cit. e Cynthia M. Blair, *I've Got to Make My Livin'*, op. cit.

39. Harlem Blues: WPA, Negroes in Nova York, coletados por Lawrence Gellert em "Blues Songs", Schomburg Library, Biblioteca Pública de Nova York.

40. Ella Baker e Marvel Cooke, "The Bronx Slave Market", *The Crisis*, nov. 1935.

41. Ella Baker e Marvel Cooke, "The Bronx Slave Market", *Crisis*, nov. 1935; Marvel Cooke, "The Bronx Slave Market", *New York Sunday Compass Magazine*, partes I e II, 8 jan. 1950; Louise Mitchell, "Slave Markets Typify Exploitation of Domestics", *The Daily Worker*, 5 maio 1940 (reimpr. em *Gerder Lerner's Black Women in White America*, p. 231); Vivian Morris, "Bronx Slave Market", WPA Harlem Interviews, Schomburg Center for Research on Black Culture; Dayo Gore, *Radicalism at the Crossroads: African American Women Activists and the Cold War* (Nova York: New York University Press, 2012); e LaShawn Harris, *Sex Workers, Psychics, and Number Runners*, op. cit; e "Running with the Reds: African American Women and the Communist Party during the Depression", *Journal of African American History*, v. 94, n. 1, inverno, 2009, pp. 21-43.

O CORO ABRE CAMINHO [PP. 361-5]

1. Ver W. E. B. Du Bois, "The Sorrow Songs". In: *The Souls of Black Folk* [ed. bras.: *As almas do povo negro*, op. cit.] e *Dusk of Dawn*.

op. cit.

2. Ver Jennifer Morgan, *Laboring Women: Reproduction and Gender in New World Slavery* (Filadélfia: University of Pennsylvania Press, 2004); Daina Berry, *Their Pound of Flesh* (Boston: Beacon Press, 2017); e Dorothy Roberts, *Killing the Black Body* (Nova York: Vintage, 1998).

3. Ver John Gould, "Tragedy and Collective Experience". In: M. S. Silk (Org.), *Tragedy and the Tragic*. Nova York: Oxford University Press, 1996, pp. 217-36; Page Du Bois, "Toppling the Hero: Polyphony in the Tragic City" e David Scott, "Tragedy's Time: Post-Emancipation Futures". In: Rita Felsi (Org.), *Rethinking Tragedy* (Baltimore, Maryland: Johns Hopkins University Press, 2008); David Scott, *Conscripts of Modernity: The Tragedy of Colonial Enlightenment* (Durham, Carolina do Norte: Duke University Press, 2004); Jeremy Glick, "Bringing in the Chorus: The Haitian Revolution Plays of C. L. R. James and Édouard Glissant". In: *The Black Radical Tragic: Performance, Aesthetics, and the Unfinished Haitian Revolution* (Nova York: New York University Press, 2016).

4. Sobre os experimentos radicais conduzidos pelo coro e pela multidão heterogênea, ver Laura Harris, "What Happened to the Motley Crew? C. L. R. James, Hélio Oiticica, and the Aesthetic Sociality of Blackness", *Social Text*, v. 30, n. 3, 2012, pp. 49-71; e Fred Moten, "Entanglement & Virtuosity" e "Not in Between". In: *Black & Blur*, op. cit.

5. Entrevista com Ella Baker. Ver Ellen Cantarow, *Moving the Mountain: Women Work for Social Change* (Nova York: Feminist Press, 1980, p. 93); Barbara Ransby, *Ella Baker and the Black Freedom Movement* (Chapel Hill: University of North Carolina Press, 2005). Para uma crítica do modelo de liderança política, ver Erica Edwards, *Charisma and the Fictions of Black Political Leadership* (Mineápolis: University of Minnesota, 2012); Cedric Robinson, *Terms of Order: Political Science and the Myth of Leadership* (Chapel Hill: University of North Carolina Press, 2016); Cathy Cohen, *The Boundaries of Blackness: AIDS and the Breakdown of Black Politics* (Chicago: University of Chicago Press, 1999).

Créditos das imagens

p. 22 Helen C. Jenks, *Mulheres se apressando pela viela, Lombard Street*, c. 1900-
-1905. Special Collections Research Center, Temple University Libraries, Filadélfia,
Pensilvânia.

p. 25 Id., *Casas pertencentes à Octavia Hill Association*, c. 1897-1906. Special Collections
Research Center, Temple University Libraries, Filadélfia, Pensilvânia.

p. 27 *Lombard Street 731, vida no porão.* Special Collections Research Center, Temple
University Libraries, Filadélfia, Pensilvânia.

p. 32 *Black Nude,* Jason Beaupre Photography.

p. 36 *O anatomista posa com duas meninas negras antes de tirar suas roupas. Ele
justificará tudo o que vai acontecer em nome da ciência.* Herman M. Bernelot Moens
com duas meninas estadunidenses, originalmente publicado em *The Medical Review
of Reviews*, dez. 1919, p. 720. Reimpresso em Id. *Towards Perfect Man: Contributions
to Somatological and Philosophical Anthropology*, Nova York: s.n., 1922.

p. 38 Thomas E. Askew, *Menina afro-estadunidense, retrato de meio corpo, com a mão
direita na bochecha e livro ilustrado em cima da mesa*, c. 1900. Álbuns de fotografias
de afro-estadunidenses de W. E. B. Du Bois na exposição "American Negro", *Paris
Exposition Universelle*, 1900, Daniel Murray Collection, Library of Congress Prints
and Photographs Division.

p. 41 *Casa: Um cômodo de risco moral.* Special Collections Research Center, Temple
University Libraries, Filadélfia, Pensilvânia.

pp. 48-9 Thomas Eakins, *Menina afro-estadunidense nua reclinada num sofá*, c. 1882.
Impressão em albumina. 3,65 cm × 6,19 cm. Coleção n.: 1985.68.2.565. Cortesia da
Pennsylvania Academy of the Fine Arts, Filadélfia. Charles Bregler's Thomas Eakins
Collection, adquirida com o apoio parcial do Pew Memorial Trust (Pennsylvania
Academy of Fine Arts, Filadélfia, Pensilvânia)

p. 52 *Fotografia de Ethel Waters aos 12 anos*, s.d. Photographs of Prominent African
Americans, James Weldon Johnson Collection, Beinecke Rare Book and Manuscript
Library, Yale University.

p. 56 Bruce Roberts, *Banheiros públicos segregados.* Getty Images.

p. 60 *Ida B. Wells à esquerda de Maurine Moss, viúva de Thomas Moss, linchado em
Memphis, Tennessee, 9 de março de 1892, com Thomas Moss Jr.* Special Collections,
Research Center, University of Chicago Library.

p. 62 *Mulher afro-estadunidense não identificada*, s.d., c. 1915-1925; Schlesinger Library Radcliffe Institute, Harvard University.

p. 65 William Vandivert, *Ondas cinzentas que atingem & congelam um homem em trinta minutos sendo açoitadas por uma tempestade de inverno no Atlântico Norte*. The Life Picture Collection, Getty Images.

p. 67 *Um tipo entre as jovens negras, dia a dia no Hampton Institute*. Hampton, Virgínia: Hampton Institute, 1907.

p. 72 F. Holland Day, *Jovem de vestido, gola listrada e colar*, Hampton, Virgínia, c. 1905. The Louise Imogen Guiney Collection, Library of Congress, Prints and Photographs Division.

p. 91 *Lista de infrações de Mattie, caso #2466*. Bedford Hills Prison Files, cortesia de New York State Archives, Albânia, Nova York.

p. 98 *Cenas da rua, Seventh Avenue nas cercanias da 30th Street, Distrito Negro, 1903*, Byron Company, Nova York, Museum of the City of Nova York, 93.1.1.15397.

p. 110 W. E. B. Du Bois, *Diagrama representando a configuração de negros e brancos na Filadélfia, 1890. The Philadelphia Negro: A Social Study* [1899]. Millwood, Nova York: Kraus Thomson Organization, 1973.

p. 115 Id., *O negro da Geórgia: condição conjugal*. Diagrama preparado para a exposição "American Negro", op. cit. Library of Congress Prints and Photographs Division.

p. 129 Adaptação de Id., *Diagrama representando o desenvolvimento histórico das ocupações do negro*. In: *Philadelphia Negro*, op. cit.

p. 131 Id., *O negro da Geórgia: os estados dos Estados Unidos de acordo com a população negra*. Diagrama preparado para a exposição "American Negro", op. cit. Library of Congress Prints and Photographs Division.

p. 138 Joseph Pennell, *Grupo de Madam Sperber, 1906*. Joseph J. Pennell Collection, Kansas Collection. Spencer Museum of Art, University of Kansas, Impresso a partir de negativos da Kansas Collection, Kenneth Spencer Research Library, 1984.0079.

pp. 142-3 Helen C. Jenks, *Panorama da Lombard Street*. Special Collections Research Center, Temple University Libraries, Filadélfia, Pensilvânia.

p. 152 *Ada (Aida) Overton Walker*, 1912. Billy Rose Theatre Division, The New York Public Library.

p. 154 *Casa em ruínas. Homem, sua esposa e duas crianças*. Special Collections Research Center, Temple University Libraries, Filadélfia, Pensilvânia.

p. 165 *A caligrafia de Helen é limpa e firme, apesar da tempestade de sentimentos e da necessidade de conquista. Entrada de diário de Helen Parrish*. Special Collections Research Center, Temple University Libraries, Filadélfia, Pensilvânia.

p. 167 *"Tiro no pescoço..."*. *Philadelphia Inquirer*, 4 out. 1888.

p. 170 Oscar Micheaux, *Corpo e alma* [1925]. Cortesia de George Eastman House Collection.

p. 174 Adaptação de *Diagrama de "Pearl M."*. *George Henry's Sex Variants: A Study of Homosexual Pattern*, 2 vol. Nova York: Hoeber, 1941, p. 562.

p. 184 *Jovens fugindo da polícia durante revolta*, Bettman Collection. Getty Images.

p. 186 Nas ilustrações nos jornais, elas eram apenas mulheres negras sem feições, desenhadas de modo a negar sua humanidade, corpos sem rosto arrastados pela rua. *The Evening World*, 16 ago. 1900. Chronicling America: Historic American Newspapers, Library of Congress.

p. 192 G. Walter Roberts, *Mulher trajada de roupas de homem, c. 1890*. Schomburg Center for Research in Black Culture, Photographs and Prints Division. New York Public Library.

p. 195 *Dr. Du Bois e srta. Ovington*, por Sean O'Halloran/SO' Creative.

p. 199 *Mary Jane Taylor, amiga de Mabel Hampton*, c. 1930. Cortesia de Lesbian Herstory Archives, Mabel Hampton Collection.

p. 203 Sem título. Cortesia de Olympia Vernon e Marshall Smith III.

p. 206 Sterling Paige, *Retrato de Gladys Bentley no Ubangi Club, c. 1930*. Cortesia de Visual Studies Workshop, Rochester, Nova York.

p. 209 Detalhe do panfleto de Jackie Moms Mabley no Apollo Theater, Harlem. Schomburg Center for Research in Black Culture, Research & Reference Division. New York Public Library.

p. 211 Oscar Micheaux, *Swing!*, [1938]. Collection of the Smithsonian National Museum of African American History and Culture, Gift of Randall and Sam Nieman.

p. 215 Carl Van Vechten, *Retrato de Paul Meeres*, 1931. Photographs of Prominent African Americans, James Weldon Johnson Collection, Yale Collection of American Literature, Beinecke Rare Book and Manuscript Library, Yale University © Carl Van Vechten Trust.

p. 216 James Latimer Allen, *Retrato de Edna Thomas*. Photographs of Prominent African Americans, James Weldon Johnson Collection, Yale Collection of American Literature, Beinecke Rare Book and Manuscript Library, Yale University © Carl Van Vechten Trust.

p. 226 Marvel Cooke, *Do brilho de Mayfair para —: ELA RENUNCIOU ÀS TRADIÇÕES BRITÂNICAS POR SEUS AMIGOS NEGROS*, *New York Amsterdam News*, 22 jun. 1940. Cortesia de New York Amsterdam News. Imagens reproduzidas com permissão de ProQuest LLC.

p. 228 Underwood & Underwood, *Fotografia da Parada do Protesto Silencioso: o preconceito racial é resultado da ignorância e a mãe do linchamento*, 28 jul. 1917. Photographs of Prominent African Americans, James Weldon Johnson Collection, Beinecke Rare Book and Manuscript Library, Yale University.

p. 230 *Parada da UNIA, Harlem, 1920*. Schomburg Center for Research in Black Culture, Photographs and Prints Division, The New York Public Library.

p. 233 *Prisão de Helen Peters — artigo de jornal sem data retirado dos autos da prisão*. Bedford Hills Prison Files, New York State Archive.

p. 237 *Cartão de prisão de Eleanora Fagan (Billie Holiday)*. Ficha, 7,5 × 12; Série V, Caixa 54. Committee of Fourteen records (1905–1932), New York Public Library.

p. 238 William Gottlieb, *Retrato de Billie Holiday e Mister*, Nova York, c. fev. 1947. William P. Gottlieb Collection, Library of Congress Music Division.

p. 245 H. Lindsley, *retrato de corpo inteiro de Harriet Tubman com as mãos no encosto de uma cadeira, cartão de visita*, c. 1871. Library of Congress Prints and Photographs Division.

p. 260 *Carta do marido para Esther Brown*. New York State Archives. Arquivo de presidiários Westfield State Farm (Anteriormente Reformatório de mulheres de Bedford Hills). Série 14610-77B, caso #2507. Cortesia de New York State Archives.

p. 268 *Billie Holiday na lista de prisões*. Série V, caixa 52. Committee of Fourteen records (1905–1932), New York Public Library.

p. 270 Trixie Smith, *"My Man Rocks Me (With One Steady Roll)"*, Black Swan Records, (78-680), Southern Folklife Collection, Louis Round Wilson Special Collections Library, University of North Carolina, Chapel Hill.

p. 276 *Fotografia de Hannah Davies*. New York State Archives. Arquivo de presidiários Westfield State Farm (Anteriormente Reformatório de mulheres de Bedford Hills). Série 14610-77B, caso #3499. Cortesia de New York State Archives.

p. 280 *Alice Kent*. New York State Archives. Arquivo de presidiários Westfield State Farm (Anteriormente Reformatório de mulheres de Bedford Hills). Série 14610-77B, caso #4501. Cortesia de New York State Archives.

p. 286 *Casal na rua vestido para o baile.* Bettman Collection, Getty Images.

p. 288 *Carta de Aron Perkins (Kid Chocolate), 7 jul. 1919.* New York State Archives. Arquivo de presidiários Westfield State Farm (Anteriormente Reformatório de mulheres de Bedford Hills). Série 14610-77B, caso #2504. Cortesia de New York State Archives.

p. 290 James Van Der Zee, *Kid Chocolate em uma loja de sapatos*, c. 1929. Cortesia de Donna VanDerZee e Studio Museum, Harlem © James Van Der Zee Archive /The Metropolitan Museum of Art.

p. 295 *Alexandria, Virgínia, interior de uma prisão de escravizados, anos 1860.* Library of Congress, Prints and Photographs Division.

p. 298 *Cantora "difícil" demais, Baltimore Afro-American*, 26 jun. 1926.

pp. 306-7 *"Baile de Fantasia" no Webster Hall, anos 1920.* Alexander Alland Sr. Collection, Wikimedia Commons.

p. 309 *"Josephine Bakers" de Chicago conversa alegremente antes de desfile de moda, Ebony Magazine*, mar. 1952. Todos os esforços foram feitos para encontrarmos os detentores dos direitos das imagens publicadas nesse livro, o que não foi possível neste caso. Estamos dispostos a incluir os créditos faltantes assim que houver manifestação.

p. 312 *Duas mulheres se abraçando.* Schlesinger Library, Radcliffe Institute, Harvard University. Reprodução autorizada por Charlotte Sheedy Literary Agency, Inc. em nome da Pauli Murray Foundation.

p. 320 *Cartão de prisão de Mabel Hampton, rua 123, 405 oeste.* Série V, caixa 70. Committee of Fourteen records (1905-1932), New York Public Library.

p. 322 *Mabel e outras dançarinas em um telhado do Harlem.* Cortesia de Lesbian Herstory Archives, Mabel Hampton Collection.

p. 328 *Gwendlyn Graham, grande dançarina de charleston, com o coro do espetáculo Blackbirds em seu primeiro ensaio no telhado do London Pavilion*, 1928. General Photographic Agency, Getty Images.

p. 330 *Amigas de Mabel na praia.* Cortesia de Lesbian Herstory Archives, Mabel Hampton Collection.

p. 341 *Anúncio de* Come Along, Mandy *no Lafayette Theater, Chicago Defender*, 22 dez. 1923, p. 17.

p. 342 *Florence Mills em* Plantation Revue. Mander & Mitchenson/University of Bristol/ ArenaPAL.

p. 345 *Ann Trevor como Gisele e Helen Menken como Irene (sentada)*, 1926. Billy Rose Theater Division, New York Public Library.

p. 348 *Cantora ganha prêmio de $10 mil*, recorte de jornal (Marian Anderson), do álbum de recortes de Mabel Hampton. Cortesia de Lesbian Herstory Archives, Mabel Hampton Collection.

p. 350 *Ismay Andrews com ukulele.* Cortesia de Lesbian Herstory Archives, Mabel Hampton Collection.

p. 354 *Mabel Hampton de camiseta listrada.* Cortesia de Lesbian Herstory Archives, Mabel Hampton Collection.

p. 357 *Retrato de Mabel Hampton com as mãos nos bolsos.* Cortesia de Lesbian Herstory Archives, Mabel Hampton Collection.

p. 360 *Jovens dançando charleston no Harlem, anos 1920.* NY Daily News Archive e Getty Images.

p. 365 Lukas Felzmann, *Enxame*, n. 92-23, p. 20, 2011. Cortesia do artista.

Índice remissivo

como prostituta, 179-80; se fingindo de esposa, 180; silenciada pela Liga Protetora dos Cidadãos, 182
era progressista, 51
escravidão, 69, 85; acumulação e, 258; continuidade entre trabalho doméstico e, 395; Du Bois sobre o legado da, 372; fuga da, 125; gênero sob a, 198, 202; imagens persistentes da, 45; legado da, 51; mácula da, 64, 136; maternidade e, 198, 200; não declarada, 126; *partus sequitur ventrum*, 217; por dívida, 104; revolta contra, 244; sobrevida da, 48, 198, 218, 271, 373; vida fungível e, 111, 246, 404; violência sexual sob a, 115, 217
estéticas, 13, 26, 39, 54, 78, 134, 250, 300-1, 345
estupro e violência sexual, 51, 64, 125-6, 363; fuga de, 125

Fagan, Eleanora (Billie Holiday), 17, 237-8, 267, 269, 305
Fanon, Frantz, 379
Filadélfia, Pensilvânia, 158; Cinturão Negro de, 50, 53; direitos de voto na, 104; experimento da democracia racial na, 103-4; grande população negra da, 103-4, 129; migrantes negros para, 103, 106, 112, 126; pobreza da população negra na, 147; policiais negros contratados pelo prefeito, 113; revolução da vida íntima negra na, 78, 108; trabalhadores negros na, 119
Filipinas, 84
Fisher, Fanny, 16, 139-41, 145-6, 149, 151, 157; bebedeira de, 139, 147; disputa de Parrish com, 139-41, 145, 383
Fisher, sr. (marido de Fanny), 16, 139, 151
Fitzgerald, F. Scott, 79
Flower Cottage (alojamento), 294, 296, 405
força policial, 263, 271, 364
Foster, Lillian, 407
fotografia, 37, 43; coerção de negros pobres por visibilidade, 40; de mães, 38-9; imagens ausentes do arquivo, 41; legendas de, 40; mulheres jovens e, 39; nus, 44-50, 54; retratos da reforma e pesquisas sociológicas, 39

Fox, Hannah, 16, 140-1; antecedentes familiares de, 142-3; influenciada por Octavia Hill, 383; relacionamento com Helen Parrish, 140, 142
Free Speech, The (jornal), 60
fuga da subsistência, 37
fugitivos, fugitividade, 38-9, 241, 257; em fuga, 275, 284, 294; fuga da subsistência, 37, 251, 322; movimento, 66, 159
funky butt, 75, 210

Gallagher, irmãos, 151, 384
Gallagher, Jim, 147
Gallen (porteiro), 147, 158, 160, 384
Garden of Joy, 79, 311, 317, 319, 336, 353
Garvey, Marcus, 308
Gay, Jan, 391
gênero: enquanto categoria racializada, 58, 198-200, 410; não generificação, 58-9, 200; normas e desvio sexual, 71, 196, 198, 200, 214, 235, 324, 339; *partus sequitur ventrum*, 217; proporções, 108, 171; transitivo, 37, 212-3, 224, 258, 335; tributação sobre o trabalho das mulheres negras, 199; violência e a linha de cor, 60, 71
Gibbons Cottage, 294, 296
Gibbs, Maizie, 157-8
Gil Ball's, bar, 153
Gilman, Charlotte Perkins, 109
Gloucester, Virgínia, 64
Goldman, Emma, 30, 243, 311, 323
Grant, George, 167-9
Greenwich Village, 221, 314
greve: *Black Reconstruction*, 125-6, 381, 396; como um grande experimento humano, 126, 381; geral, 66, 125-6, 246, 315, 381
Grundrisse (Marx), 244, 395
Guerra Civil, EUA, 69; fuga da escravidão durante, 125; greve geral e, 66, 125-6, 246, 315, 381
Guerra Hispano-Americana, 69, 194, 374
gueto, 23-4, 364, 393; alcance da plantation no, 48; cercados no, 322-4; como uma prisão a céu aberto, 107, 379; formação do, 267; nascimento do, 40, 111

Haines, Ida, 147, 150, 157
Haiti, 84
Hall, Radclyffe, 79, 224, 346
Hamer, Annie, 183
Hamilton Lodge Ball, 225, 311
Hampton Institute, 68
Hampton, Mabel, 17-8, 306, 313-58, 409;
    amizade com um "grupo seleto", 336;
    apresentações na rua na infância, 314;
    assédio sexual de, 326; carreira de
    corista; dança e canto como uma rota
    de fuga, 314; em Blackbirds of 1926,
    346, 358; em Come Along, Mandy,
    340-4, 346, 352; em Coney Island, 314-5,
    317-8; no Garden of Joy, 336; dança no
    cabaré de, 318-21, 323; desejo de
    liberdade, 315; encontra uma nova
    família em Jersey City, 331; identidade
    sapatão, 353; Ismay Andrews e, 349-51;
    lê sobre violência contra mulheres
    negras, 351, 354; morte da mãe, 325-6;
    na casa de A'lelia Walker, 337-40;
    primeiro amor (Gladys, dançarina),
    328-30, 332, 334; Ruth e, 335-6;
    sequestrada numa rua do Harlem, 355
Harlem, 53, 74, 221, 248, 279, 285, 302, 400;
    aluguéis altos no, 289; apartamentos
    abarrotados no, 252; batidas policiais
    no, 252; crescimento do, 187-8, 316;
    festas privadas no, 324; garotas
    tempestuosas no, 233; oficiais da
    polícia de costumes no, 255; quadras
    de cortiços no, 316; revoltas raciais
    no, 188
Harriman Cottage, 294, 296
Harris, Arthur (Kid), 16, 175, 182, 385;
    briga com Thorpe, 178-9, 181; como
    fugitivo, 183; mudança para Nova York
    com May, 177; no panfleto da Liga
    Protetora dos Cidadãos, 182
Harrison, Charles, 106
Harrison, Hubert, 18, 243, 305-11, 349;
    como o Sócrates Negro, 310; crítica
    a Booker T. Washington, 310; discurso
    sobre monogamia, 305-6; tendências
    sexuais de, 308-10, 406
Hawkins, Herman, 82-3, 87, 90, 93; Mattie
    e, 74-7, 79-82, 83
Henderson, Fletcher, 269, 320

Henderson, sra., 156, 166
Henderson's Music Hall, 317
Henry, George W., 391
heterossexualidade, 213, 235; como
    compulsória, 344, 392; trama conjugal,
    109, 143, 171, 213, 315
Hewitt, Mãe, 141, 155
Hill, Octavia, 383
Hoffman, Frederick L., 128, 382
Holiday, Billie (Eleanora Fagan), 17, 237-8,
    267, 269, 305
Hollywood Hotel, 49
Holt, Nora, 338
homossexualidade ver queer
Hose, Sam, 126, 186
Hudson, Charlie, romance com Harriet
    Powell, 232-3
Hughes, Langston, 352
Hughson's Tavern, 262

"I Am a Woman Again" (Bentley), 389-90
Igreja Metodista Episcopal Africana
    Bethel, 103
imigrantes chineses, 74; em bares
    dessegregados, 263
Inquirer, 107
insensibilidade estética, 135
"Insistence upon Real Grievances the Only
    Course of the Race" (Harrison), 310
intimidade: inter-racial, 40, 74, 193, 264,
    294, 324, 335; monstruosa, 69, 217, 391;
    revolução da vida íntima negra, 37,
    78-9, 108-11

Jackson, Carter, 89-90; ambições não
    realizadas, 85-6; desaparecimento de,
    87; Mattie e, 83-7
Jackson, Chester, 87, 89, 93
Jackson, Kate, 183-4
Jackson, Mattie (nascida Nelson), 15;
    acusada de roubar as roupas de
    baixo de Aurelia Bush, 87-9; aparência
    graciosa de, 72, 78; aspirações de,
    79, 82-3; cartas confiscadas, 91,
    93-4; Carter Jackson e, 83-7, 89;
    chegada em Nova York, 66-8, 70-1;
    Chester Jackson e, 87, 89; companhia
    de italianos, 88, 90; emprego em
    uma lavanderia chinesa, 74; Herman

274-5; espaço doméstico considerado desajustado, 264

Powell, Harriet, 17, 232, 239, 262, 305, 308; Charlie Hudson e, 232-3; prisão no Palace Casino, 231, 233

Prédio Disciplinar ver Bedford Hills

Preer, Evelyn, 224

Primeira Guerra Mundial, homens negros na, 231-2, 370, 393

primeira lei de emancipação gradual da escravidão (1780), 103

prisão ver Bedford Hills

prisioneira, A (peça teatral), 344-6

problemas sociais, 41, 43; das jovens, 40, 234-7; dos negros, 40, 106, 118, 265, 364

propriedade, 88, 95, 246, 384; amor, intimidade, casamento e, 285, 305, 340; autonomia e, 287; estatutos de vadiagem e, 257, 258; mulheres e meninas como, 46, 114, 136, 355, 404; relações familiares na escravidão e, 59, 200

prostitutas, prostituição, 66, 136, 143, 307, 410; assédio policial e extorsão de, 271; como escravidão branca, 114, 116, 234; como mercadoria humana, 47, 114, 137; em Philadelphia Negro, 114, 120, 129-30; encarceramento em Bedford Hills, 397; homens dependentes de mulheres como uma forma de, 198; imposição da linha de cor e, 263; lares "desajustados" e, 234; leis de vadiagem como pretexto para facilitar a prisão, 256; pesquisa de Rockefeller sobre, 195; Tenement House Act e, 264-6

Psychology of Sex (Ellis), 344

Puccini, Giacomo, 347

queer: como recurso da sobrevivência negra, 242; Harlem enquanto, 320; práticas e sociabilidade, 79, 191, 263; termos de afiliação, 226, 234, 336, 339

Quinn, Peter, 294

Rabinowitz, Frances, 307

Rachmaninoff, Sergei, 340

racismo: antinegro, 51, 188, 252, 258, 370; capitalismo e, 265, 364; ressurgimento durante a era pós-Reconstrução, 51, 77; violência estatal e, 188, 236, 238, 271

radicalismo negro, 13, 78, 364; Black Reconstruction (Du Bois), 125-6, 381, 396; configurações de vida, 51, 78-9, 246, 311; coro, 361-5; encenação de ideais revolucionários, 109, 365; greve geral, 66, 125-6, 246, 315, 381, 396; Novo Negro e a esperança de mudanças revolucionárias, 232; organizadores e intelectuais, 51, 232, 244, 305, 310-1, 316

Rag de May Enoch (canção), 180

Rainey, Ma, 301, 311

Randolph, Asa, 349

Ratcliffe Street, 115, 130, 136

Rebecca Hall, 279, 281, 285, 294, 297-8, 405

rebeldia, 231-2, 251; práticas sexuais, 307

reconstrução (conceito): da sociabilidade nos cabarés, 323-4; da vida íntima, 79

Reconstrução (época histórica), 69, 256; fim da, 104

Reed, Myrtle, 346

Reese, Maggie, 61

reformadores progressistas, 40; preocupados com a sociabilidade promíscua da classe mais baixa, 196, 263; Tenement House Act e, 264

Reformatório Feminino do Estado de Nova York ver Bedford Hills

Registro vermelho (Wells), 61

relacionamentos lésbicos, 225, 294, 331, 335, 344, 408

Renaissance Casino, 244

Renascimento do Harlem, 79

residentes da Saint Mary Street, 16

revoltas raciais, 51; Draft Riots, 187; em Detroit, 188; em Nova Orleans, 183, 186; em Nova York, 66; em San Juan Hill, 274; em Watts, 188; em Wilmington, 69; no Harlem, 188; no Tenderloin (Nova York), 181-9; otimismo pós-guerra aniquilado pelas, 313

revolução da vida íntima negra, 13, 37, 78-9, 108-9; como rompimento daquilo que foi dado, 299; mulheres negras e a promoção de ideais revolucionários,

EDITORAS Rita Mattar e Eloah Pina
ASSISTENTE EDITORIAL Cristiane Alves Avelar
PREPARAÇÃO Eloah Pina
ÍNDICE REMISSIVO Probo Poletti
REVISÃO Anabel Ly Maduar, Andrea Souzedo, Vânia Bruno e Luicy Caetano
DIREÇÃO DE ARTE Julia Monteiro
CAPA Giulia Fagundes
IMAGEM DA CAPA Ada (Aida) Overton Walker, 1912. Billy Rose Theatre
Division, The New York Public Library
TRATAMENTO DE IMAGENS Julia Thompson
PROJETO GRÁFICO DO MIOLO Alles Blau
EDITORAÇÃO ELETRÔNICA Página Viva

Dados Internacionais de Catalogação na Publicação (CIP)
(Câmara Brasileira do Livro, SP, Brasil)

Hartman, Saidiya
    Vidas rebeldes, belos experimentos : histórias íntimas de meninas
negras desordeiras, mulheres encrenqueiras e queers radicais /
Saidiya Hartman ; tradução Floresta. — São Paulo : Fósforo, 2022.

    Título original: Wayward Lives, Beautiful Experiments. Intimate
histories of riotous black girls, troublesome women, and queer radicals.
    ISBN: 978-65-89733-59-1

    1. Costumes sexuais — Estados Unidos — História 2. Mulheres jovens
afro-americanas — Comportamento sexual — História 3. Mulheres jovens
afro-americanas — Condições sociais — Século 19 4. Mulheres jovens
afro-americanas — Condições sociais — Século 20 5. Mulheres solteiras
— Estados Unidos — Condições sociais — Século 19 6. Mulheres solteiras
— Estados Unidos — Condições sociais — Século 20 7. Prostituição
— Estados Unidos — História 8. Relacionamentos I. Título.

22-101690   CDD — 305.48896073

Índice para catálogo sistemático:
1. Mulheres jovens afro-americanas : Condições sociais : Séculos 19
e 20 : Sociologia   305.48896073

Eliete Marques da Silva — Bibliotecária — CRB/8-9380

Editora Fósforo
Rua 24 de Maio, 270/276, 10º andar, salas 1 e 2 — República
01041-001 — São Paulo, SP, Brasil — Tel: (11) 3224.2055
contato@fosforoeditora.com.br / www.fosforoeditora.com.br

Este livro foi composto em GT Alpina e
GT Flexa e impresso pela Ipsis em papel
Pólen Soft 80 g/m² da Suzano para a
editora Fósforo em março de 2022.